B

BLUE BOOK

智库成果出版与传播平台

中国人力资源市场分析报告（2020）

ANALYSIS REPORT ON HUMAN RESOURCE MARKET IN CHINA (2020)

主　编 / 余兴安
副主编 / 田永坡

社会科学文献出版社
SOCIAL SCIENCES ACADEMIC PRESS (CHINA)

图书在版编目（CIP）数据

中国人力资源市场分析报告．2020／余兴安主编
．--北京：社会科学文献出版社，2020.12
（人力资源市场蓝皮书）
ISBN 978-7-5201-7668-2

Ⅰ.①中… Ⅱ.①余… Ⅲ.①劳动力市场-研究报告
-中国-2020 Ⅳ.①F249.212

中国版本图书馆CIP数据核字（2020）第235120号

人力资源市场蓝皮书
中国人力资源市场分析报告（2020）

主　　编／余兴安
副 主 编／田永坡

出 版 人／王利民
责任编辑／宋　静　张　超

出　　版／社会科学文献出版社·皮书出版分社（010）59367127
地址：北京市北三环中路甲29号院华龙大厦　邮编：100029
网址：www.ssap.com.cn
发　　行／市场营销中心（010）59367081　59367083
印　　装／天津千鹤文化传播有限公司

规　　格／开 本：787mm×1092mm　1/16
印 张：32.5　字 数：489千字
版　　次／2020年12月第1版　2020年12月第1次印刷
书　　号／ISBN 978-7-5201-7668-2
定　　价／198.00元

《中国人力资源市场分析报告（2020）》
编　写　组

主　编　余兴安

副主编　田永坡

编撰者　（按姓氏笔画排列）

丁录雷　马　赫　王　皎　王　瑱　王龙娟
王加文　王军宏　王晓辉　石丹淅　田文娜
田永坡　田媛媛　付晓薇　邢明强　朱心杰
朱庆阳　刘　杨　刘　娜　刘萌萌　江　淳
孙　超　孙承豪　孙继伟　苏永华　杜　成
李贤柏　杨　娟　杨　燕　杨伟国　何珺子
汪艳彦　张　莹　陈玉萍　林　凡　林　彤
郑慧玲　赵　洁　赵海明　郜成龙　夏　鸣
徐　锋　殷邦泽　郭旭林　黄　磊　常　濛
梁高杨　董诗波　蒋艳生　韩林平　谢　晨
赖德胜　管立军　薛　驰

编　务　王晓辉　柏玉林　王　伊　王秋蕾

主要编撰者简介

余兴安 全国政协委员，中国人事科学研究院院长、研究员，历任中国人事科学研究院研究室主任、人事部人才流动开发司副司长、人力资源和社会保障部人力资源市场司副司长、山东省日照市副市长。兼任国际行政科学学会副主席、中国人才研究会常务副会长等，主要从事行政管理体制改革、人事制度改革与人才资源开发等研究。

田永坡 中国人事科学研究院人力资源市场与流动管理研究室主任，博士、研究员，国家“万人计划”青年拔尖人才。主要研究方向为教育与劳动力市场、公共就业和劳动力市场政策。先后主持国家自然科学基金，中央组织部、人力资源和社会保障部及多个省市委托课题40多项，在《经济研究》等发表论文数篇，出版专著《劳动力市场发展及测量》《工作搜寻与失业研究》，部分成果被《新华文摘》、人大复印报刊资料等全文或者部分摘转。

中国人事科学研究院简介

中国人事科学研究院（简称“人科院”）隶属于中华人民共和国人力资源和社会保障部，是我国干部人事改革、人才资源开发、人力资源管理和公共行政学研究的唯一国家级专业研究机构，是中央人才工作协调小组办公室命名的“人才理论研究基地”。

人科院肇端于1982年6月国家劳动人事部成立的人才资源研究所、1984年11月成立的行政管理科学研究所及1988年9月国家人事部成立的国家公务员研究所，经多次机构改革与职能调整后，于1994年7月正式成立。历经30余年的发展，人科院积累了丰富的科研资源，培养了一支素质优良的科研队伍，形成了较完备的学术研究体系，产生了一大批具有较大影响的科研成果，发挥了应有的参谋智囊作用，同时也成为全国人才与人事科学研究的合作交流中心。王通讯、吴江等知名学者曾先后担任院长之职，现任院长为全国政协委员余兴安研究员。

多年来，人科院围绕大局、服务中心，研究领域涉及行政管理体制改革、人才队伍建设、公务员制度、事业单位人事制度改革、企业人力资源管理、收入分配制度改革、就业与创业、人才流动与人力资源服务业发展等多方面。曾参与《公务员法》《事业单位人事管理条例》《国家中长期人才发展规划纲要》等重大政策法规的调研与起草，推动了相关领域诸多重大、关键性改革事业的发展。人科院每年承担中央单位和各省区市下达或委托的数十项课题研究任务，组织出版十余部著作，发表百余篇学术论文，并编辑出版《中国人事科学》（月刊）、《国际行政科学评论》（季刊）、《中国人力资源发展报告》（年度出版）、《中国事业单位发展报告》

（年度出版）、《中国人力资源市场分析报告》（年度出版）、《中国企业人力资源发展报告》（年度出版）、《中国人事科学研究报告》（年度出版）等学术期刊和年度报告。

人科院是我国在国际行政科学学术交流与科研合作领域的重要组织与牵头单位，是国际行政科学学会（IIAS）、东部地区公共行政组织（EROPA）及亚洲公共行政网络（AGPA）的中国秘书处所在地。通过多年努力，人科院在国际行政科学研究领域的作用与地位不断提升，2016 年承办了国际行政科学学会（IIAS）联合大会，余兴安院长当选为国际行政科学学会副主席。

人科院注重与国家部委、地方政府、高等院校和科研院所的交流与合作，积极搭建学术交流平台，成立了“全国人事与人才科研合作网”，建立了十余家科研基地，每年举办多场有一定规模的学术研讨会，组织科研协作攻关，还与中国人民大学、首都经贸大学等院校联合招收硕士、博士研究生，设有公共管理学科博士后工作站。

摘　要

本书以国家统计局、人力资源和社会保障部、相关部门、知名高校及人力资源服务机构等统计和调查数据为基础，对人力资源市场供给与需求、就业与失业、薪酬、人力资源服务等方面进行了系统分析。全书包括总报告、宏观分析、区域人力资源市场、薪酬状况、人力资源服务五个专题，共28篇报告组成。

总报告分析了我国人力资源市场供需的规模、区域分布、能力素质结构等状况，人力资源供需匹配在城乡、区域、行业等维度上的表现和特点，以及分区域、分行业、分单位性质的劳动者收入状况等。

宏观分析篇围绕新发展理念下的劳动力市场地域空间重构、网络招聘需求、人才需求规模与结构、五大城市群之间城镇劳动者流动趋势、保险行业教育培训发展等内容，对中国人力资源市场的空间布局、流动、培训等问题进行了系统分析。

区域人力资源市场篇以各地区的调查和统计数据为基础，对上海市、江西省、乌鲁木齐市、成都市、青岛市、昆山市人力资源市场的人才供需、流动以及劳动者求职行为等进行了研究。

薪酬状况篇以调查数据为基础，分别从行业和地域两个方面对薪酬状况进行了分析。在行业层面，以高科技、金融、医疗健康行业以及智能制造产业从业者为对象，对其薪酬水平和变化趋势进行了分析；在地域层面，对北京市、广东省劳动者的薪酬水平进行了分析和研究。

人力资源服务篇从行业和区域两个维度对当前我国人力资源服务行业的发展进行了分析。在行业层面，对新冠肺炎疫情下人力资源服务行业发展、区域人力资源服务业集聚发展、上市人力资源服务公司经营状况、人力资源大数据与分析应用、新业态下的财税服务市场趋势、石油企业海外人员的人力资源需求特点等进行了分析；在区域层面，对上海、重庆、广西、云南、雄安新区的人力资源服务行业发展和人才现状进行了分析和探讨。

关键词： 劳动力　人才供需　薪酬　人力资源服务

目 录

Ⅰ 总报告

Ⅱ 宏观分析

Ⅲ 区域人力资源市场

Ⅳ 薪酬状况

Ⅴ 人力资源服务

皮书数据库阅读**使用指南**

总 报 告

General Report

B.1

中国人力资源市场发展状况分析

田永坡　王晓辉　刘　娜　郭旭林*

摘　要： 本文使用国家统计局和人社部门、部分人力资源服务机构以及高校等科研机构的统计和调查数据，对我国的人力资源市场运行状况进行了系统分析，主要包括：第一，人力资源市场供需的规模、区域分布、能力素质结构和需求的行业结构、单位类型构成、能力需求结构等；第二，人力资源供需匹配在城乡、区域、行业等维度上的表现和特点；第三，分区域、分行业、分单位性质的劳动者收入状况。

* 田永坡，博士，中国人事科学研究院人力资源市场与流动管理研究室主任、研究员，国家"万人计划"青年拔尖人才，主要研究方向为就业、人力资源服务业及劳动力市场政策；王晓辉，博士，中国人事科学研究院人力资源市场与流动管理研究室助理研究员，主要研究方向为人力资源市场；刘娜，上海电机学院商学院副教授，主要研究方向为人力资源开发；郭旭林，中国政法大学研究生，主要研究方向为经济学。

关键词： 人力资源市场　能力结构　匹配　就业　薪酬

本文以国家统计局、人力资源和社会保障部（简称“人社部”）、高校、相关研究机构以及人力资源服务机构的数据为基础，从人力资源市场的供给与需求、就业与失业以及劳动者收入等方面，对近年来我国人力资源市场运行的整体状况和特点进行了系统分析。

一　中国人力资源市场发展环境分析

（一）经济环境

2017 年，我国经济发展进入了新旧动能转换期，增速降低，进入了提高发展质量新阶段。据国家统计局数据，我国的经济总量逐步提高，从 2015 年的 68.9 万亿元，增加到 2019 年的 99 万亿元，增长了 43.8%。从增长速度看，2011 年开始我国经济增速步入个位数增长，并呈现逐年下降趋势，从 2012 年的 7.7% 降低到 2019 年的 6.1%（见图 1）。

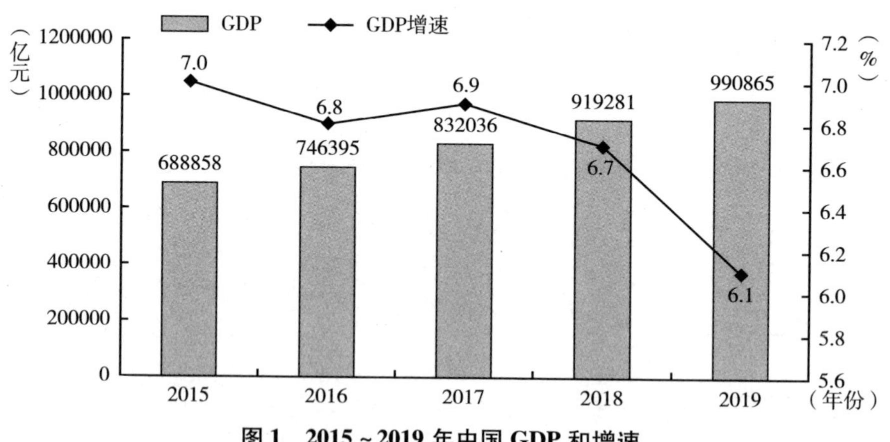

图 1　2015～2019 年中国 GDP 和增速

资料来源：国家统计局，《中华人民共和国 2019 年国民经济和社会发展统计公报》。

我国经济结构逐步优化，第一产业在国民经济中占比逐年下降，第二产业趋于稳定，而第三产业比重稳步提升。据国家统计局数据，我国第三产业增加值占 GDP 比重，2012 年首次超过第二产业，第三产业增加值占比 45.5%；2015 年第三产业增加值占比首次过半，达到 50.8%；2019 年进一步提高，第三产业增加值占比达 53.9%（见表 1）。

表 1　2015～2019 年三次产业增加值占国内生产总值比重

单位：%

年份	第一产业增加值	第二产业增加值	第三产业增加值
2015	8.4	40.8	50.8
2016	8.1	39.6	52.4
2017	7.5	39.9	52.7
2018	7.0	39.7	53.3
2019	7.1	39.0	53.9

资料来源：国家统计局，《中华人民共和国 2019 年国民经济和社会发展统计公报》。

（二）技术环境

随着我国创新驱动战略的实施，经济发展将从要素驱动、投资驱动转向创新驱动，将更多依靠人力资本质量和技术进步。当前技术进步中，最为典型的是人工智能、大数据、云计算、移动互联等信息和网络技术的快速发展。互联网和人工智能等在生产要素配置中的优化和集成作用将更好地发挥。

为更好地促进互联网、大数据等技术与经济社会融合发展，我国强力推进网络强国战略、国家大数据战略、“互联网＋”行动计划等战略举措。人力资源服务与新一代信息技术的深入融合，主要体现在提高经营效率、创新产品和服务模式、加强机构品牌建设等方面。产业互联网、人工智能、云计算、区块链技术对于更好地把脉人力资源服务需求、提供精准的人力资源服务、丰富人力资源服务方式与产品、提高人力资源和信息资源安全性将发挥更大作用。

（三）人力资源状况

2016 年我国实行了全面放开“二孩”生育的政策，效果初步显现，但是受平均寿命延长等因素影响，人力资源的总量和增速依然呈双下降趋势。

第一，劳动年龄人口在总量和占总人口的比重中依然处于双下降通道。据国家统计局数据，2015 年至 2019 年，我国劳动年龄人口（16～59 周岁）的绝对数量和占总人口的比重都处于下降的趋势。2019 年，我国劳动年龄人口 89640 万人，比 2015 年末减少 1456 万人；2019 年占总人口比重为 64%，比 2015 年末下降了 2.3 个百分点（见图 2）。

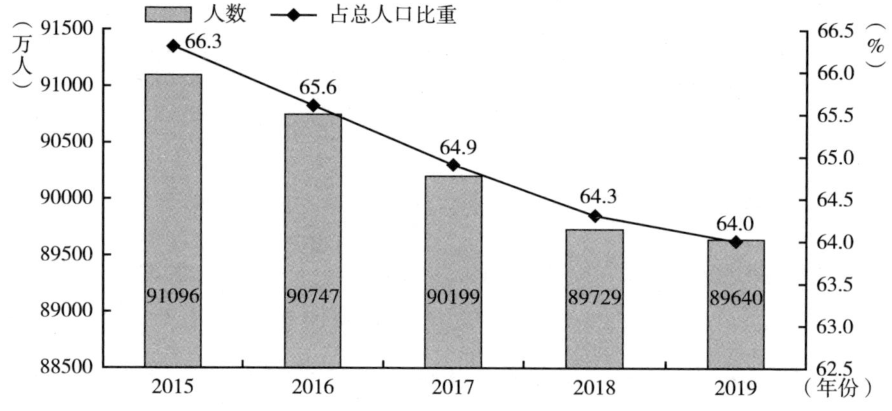

图 2　2015～2019 年我国劳动年龄人口数量与占总人口比重（16～59 周岁）

资料来源：国家统计局，2015～2019 年《中华人民共和国国民经济和社会发展统计公报》。

第二，虽然我国人口总量逐年增加，但老龄人口在规模和占比上依然呈双升状态，人口老龄化程度逐年加深。据国家统计局数据，65 岁及以上人口占比，2015 年至 2019 年每年约提高 0.5 个百分点，2019 年达 12.6%（见表 2）。

表 2　2015～2019 年中国人口老龄化状况

单位：万人，%

年份	年末总人口	65 岁及以上人口	65 岁及以上人口占比
2015	137462	14386	10.5
2016	138271	15003	10.8
2017	139008	15831	11.4
2018	139538	16658	11.9
2019	140005	17603	12.6

资料来源：国家统计局，《中华人民共和国 2019 年国民经济和社会发展统计公报》。

第三，劳动者素质总体不断提高。从高等教育状况看，研究生毕业生数和普通本专科毕业生数逐年增加。国家统计局数据显示，研究生毕业生人数，从 2015 年的 55.2 万人增加到 2019 年的 64 万人，增长了 15.9%；普通本专科毕业生数，从 2015 年的 680.9 万人增加到 2019 年的 758.5 万人，增长了 11.4%。从在校学生数看，研究生和普通本专科在校学生数也呈增长趋势。研究生在校学生数，从 2015 年的 191.1 万人增加到 2019 年的 286.4 万人，增长了 49.9%；普通本专科在校学生数，从 2015 年的 2625.3 万人增加到 2019 年的 3031.5 万人，增长了 15.5%（见表 3）。

表 3　2015～2019 年中国研究生与普通本专科学生人数

单位：万人

年份	研究生毕业生数	普通本专科毕业生数	研究生在校学生数	普通本专科在校学生数
2015	55.2	680.9	191.1	2625.3
2016	56.4	704.2	198.1	2695.8
2017	57.8	735.8	264	2753.6
2018	60.4	753.3	273.1	2831
2019	64	758.5	286.4	3031.5

资料来源：2016～2019 年《中国统计年鉴》；国家统计局，《中华人民共和国 2019 年国民经济和社会发展统计公报》。

第四，人力资源市场的流动配置能力保持较高水平。比如，近年来我国流动人口总量虽然略有下降，但外出农民工总量提高。根据国家统计局数据，我国流动人口从2015年的2.47亿人，减少到2019年的2.36亿人，下降了4.5%；外出农民工从2015年的1.69亿人增加到2019年的1.74亿人，增长了3.0%。据人力资源和社会保障部统计，2019年全国各类人力资源服务机构共帮助约2.55亿人次实现就业和流动，同比增长11.8%。

二　人力资源市场供给与需求状况分析

由于缺乏全国全口径的人力资源动态变化的供需数据，我们以全国100多个大中型城市①的人力资源市场监测数据为代表进行人力资源市场供需状况分析。根据2015年第一季度至2019年第三季度（2019年第四季度数据缺失）人力资源和社会保障部对人力资源市场的监测数据，我们对我国100多个大中型城市的人力资源市场供需状况进行了分析，结果如下。

（一）人力资源市场供给情况

1. 总体来看，2015～2019年市场求职人数略有下降；在当年的季度环比上，市场求职人数的环比增速在第一季度呈较高的正增长，其他三个季度大多为负增长

2015～2019年，市场总体求职人数的同比增速基本在0以下，这说明近年来市场总体求职人数在不断减少（见图3）。

2015～2019年，市场总体求职人数的当年环比增速呈季节性特点。每一年的第一季度环比增速较高，最高达到34.6%（2019年第一季度），最低也有11.60%（2015年第一季度），而第二、三、四季度的环比增速呈下降趋势，且大多为负增长，第四季度环比增速最低低至－17.20%（2017年第四季度），虽然2015年第四季度较第三季度环比增速有所上升，

① 每个季度参加汇总的城市总数不一致，如2018年第四季度全国共有102个城市上报了季度数据；2018年第三季度全国共有104个城市上报了季度数据，其中，哈密、广州、北京、铜川、乌鲁木齐、渭南、辽源、长春、通化、佛山、深圳、厦门、宁波、杭州等14个城市的数据未参加全国数据汇总。

但整体仍呈下降趋势。总体而言，第一季度环比增速为正，其他三个季度均为负（除2015年第二季度外），这说明市场求职人数变化具有较强的季节性特点（见图4）。

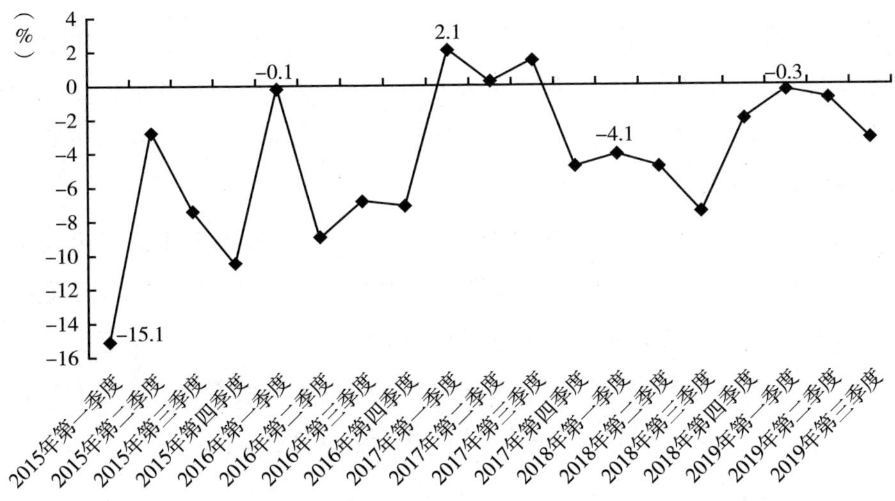

图3　2015～2019年市场总体求职人数的同比增速变化（与上年同期相比）

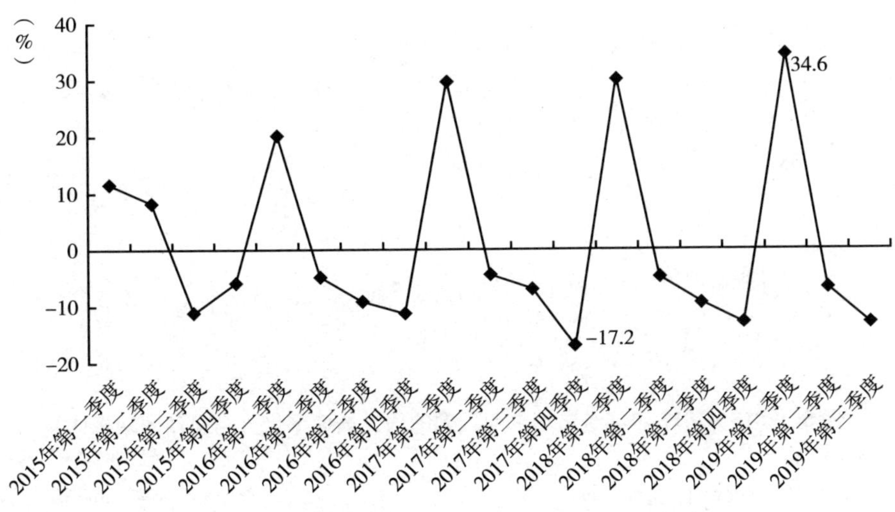

图4　2015～2019年市场总体求职人数的当年环比增速

2. 从区域看，与上年同期相比，2019年东部、中部人力资源市场供给人数略有下降，西部略有上升；在当年的季度环比上，东部、中部和西部人力资源市场供给的环比增速呈季节性变化，即第一季度出现较高的正增长，其他三个季度出现较低的正增长或者负增长

与上年同期相比，2019 年东部、中部人力资源市场供给的同比增速大多数季度在 0 以下，西部从 2018 年第四季度至 2019 年第三季度同比增速呈上升趋势且为正增长，这说明人力资源市场供给东部、中部均略有下降，而西部地区却略有上升（见图 5）。

2015 ~2019 年东部、中部和西部市场总体供给的当年环比增速呈季节性变化的特点，即第一季度出现较高的正增长，其他三个季度出现较低的正增长或者负增长。其中，中部和西部的每一年第一季度的环比增速变化高于东部地区，这说明中部和西部地区每个季度的人才供给变动幅度较大，相对而言东部地区每个季度的人才供给变动幅度较为稳定（见图 6）。

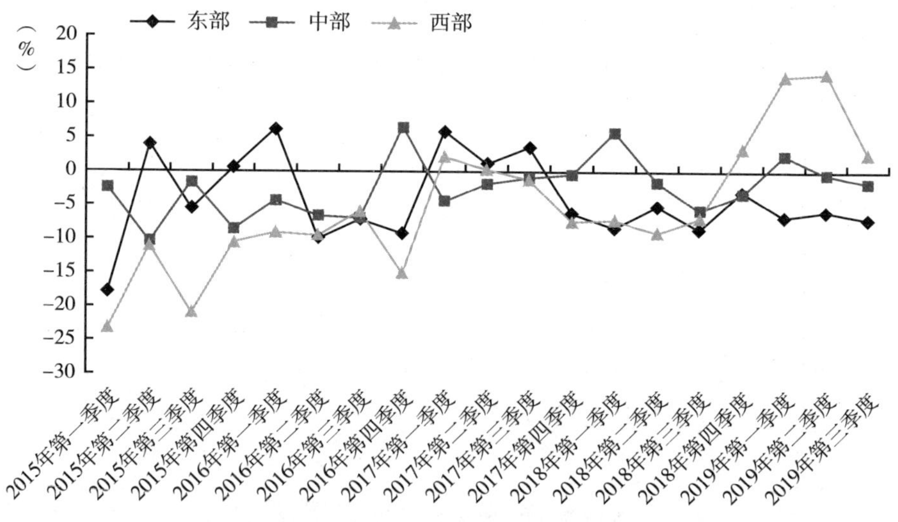

图 5　2015 ~2019 年区域市场求职人数的同比增速变化（与上年同期相比）

3. 从求职者的技术等级构成看，求职人员中具有一定技术等级或专业技术职称的占比略有下降

总体上看，求职人员中具有一定技术等级或专业技术职称的总占比略有

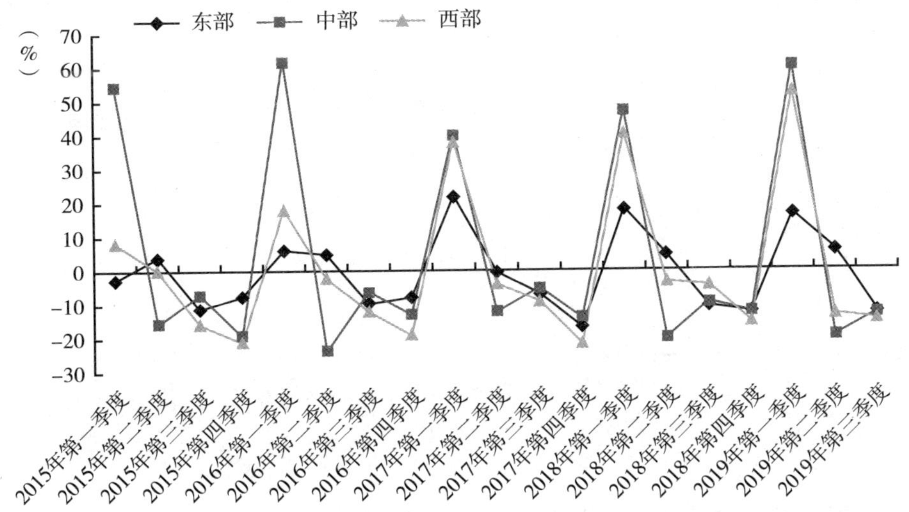

图6　2015～2019年区域市场求职人数的当年环比增速变化

下降，同时也呈季节性特点，即每一年的第一季度较低，第四季度较高；五年平均统计数据显示，52.65%的市场求职人员具有一定技术等级或专业技术职称，其中，具有一定技术等级的占33.62%，具有一定专业技术职称的占19.04%；市场求职人员中具有一定技术等级的占比在整体上有所下降，从2015年第一季度的32.60%下降至2019年第三季度的26.70%，具有一定专业技术职称的占比也从2015年第一季度的18.50%下降至2019年第三季度的15.90%（见图7和图8）。

（二）人力资源市场需求情况

1. 总体来看，2015～2019年人力资源市场需求人数呈现“先减后增再减”的特点；在当年的季度环比上，除2015年第一、二季度外，市场需求人数的环比增速在第一季度呈较高的正增长，其他三个季度均呈负增长

2015～2019年，市场总体需求人数的同比增速大致呈“先减后增再减”的特点，即2015～2016年增速在0以下，2017年第一季度至2019年第一季度增速回升至0以上，2019年第二、三季度增速再次降至0以下，这说明

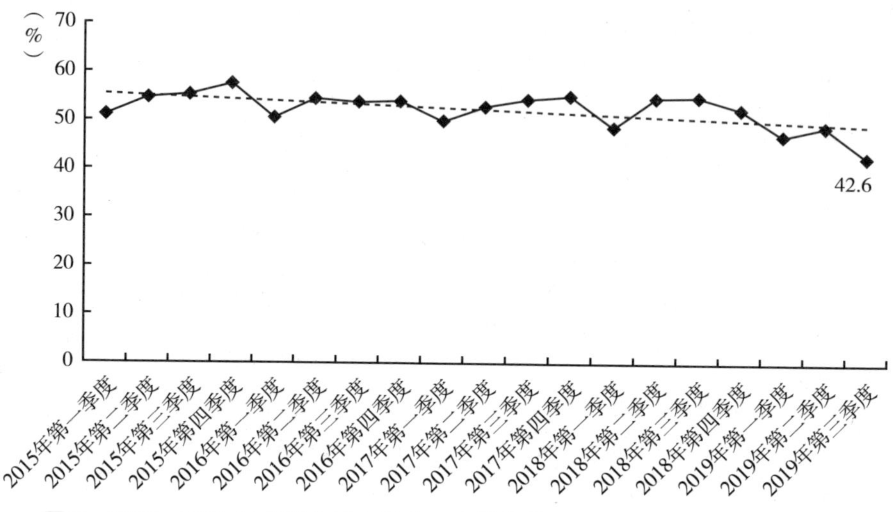

图7　2015～2019年求职人员中具有一定技术等级和专业技术职称的总占比

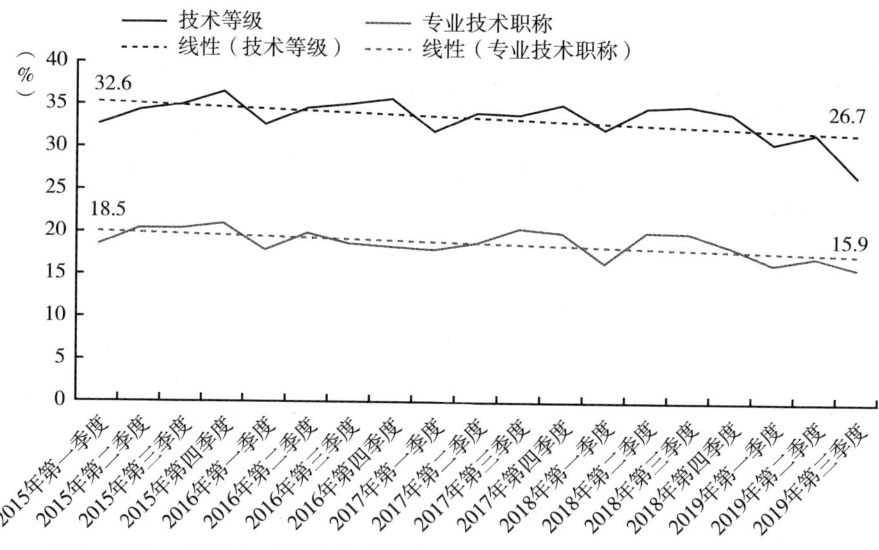

图8　2015～2019年求职人员中具有一定技术等级或专业技术职称的占比

近年来人力资源市场需求略有上升之后再次出现下降趋势，特别是2019年市场需求人数再次出现负增长（见图9）。

市场需求人数在第一季度有所增加，其他三个季度均有所减少，即每一年第一季度的环比增速具有较高的正增长（除2015年第一季度外），最高达到 34.10%（2019 年第一季度），最低也有 17.90%（2016 年第一季度），而第二、三、四季度的环比增速呈下降趋势（除 2015 年第二季度外）且均为负增长，2019 年第三季度最低低至 -13.10%。总体而言，除 2015 年第一、二季度外，其他年份的第一季度环比增速为正，而同年的其他三个季度均为负，这充分反映了人力资源市场需求具有较强的季节性特点（见图 10）。

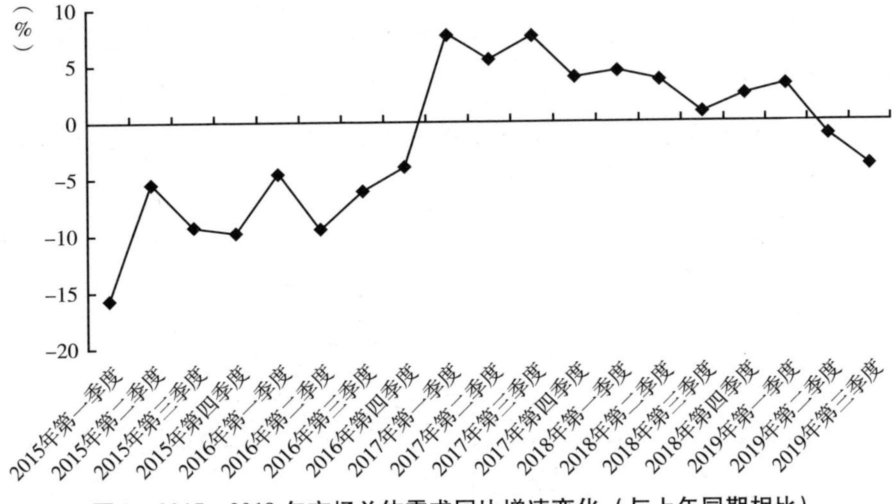

图 9　2015～2019 年市场总体需求同比增速变化（与上年同期相比）

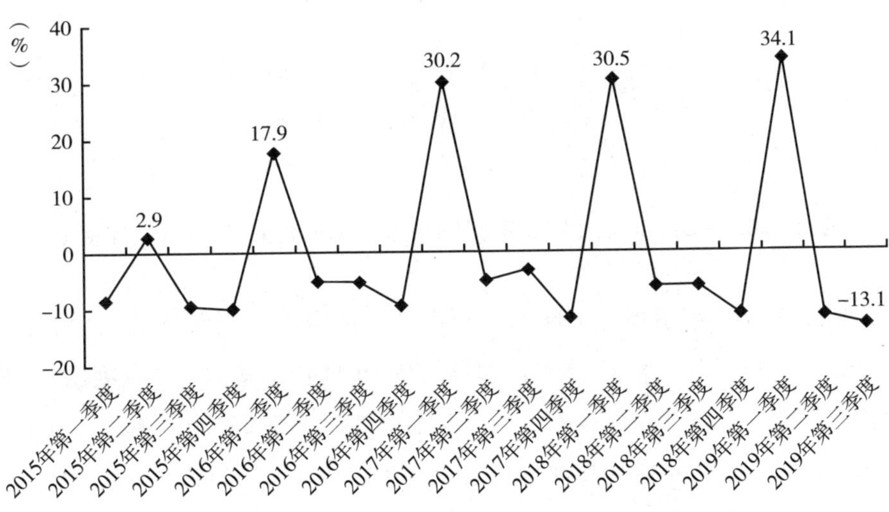

图 10　2015～2019 年市场总体需求的当年环比增速变化

2. 从区域看，东部、中部和西部人力资源市场需求呈现“阶段性”特点，自2017年开始中西部需求增速基本呈现正增长趋势，而东部2019年再次呈现负增长；在当年的季度环比上，东部、中部和西部人力资源市场需求的环比增速均呈季节性变化，即第一季度出现较高的正增长，其他三个季度出现较低正增长或负增长

近年来中部和西部人力资源市场需求有所上升，东部地区需求有所下降。中部和西部人力资源市场需求同比增速自 2017 年开始呈现正增长趋势，而东部地区在 2017～2018 年呈正增长趋势，但 2019 年不断下降且呈负增长，这说明中部和西部人力资源市场需求有所增加，东部地区略有减少（见图 11）。

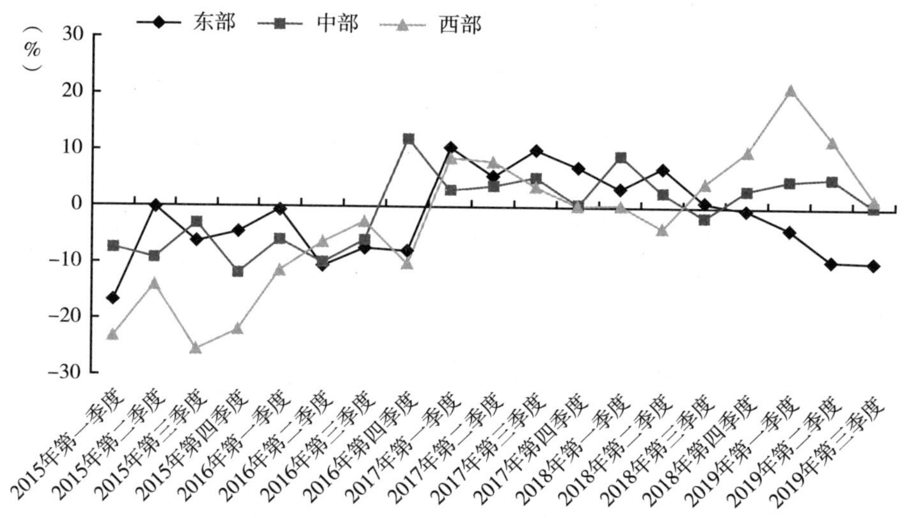

图 11　2015～2019 年区域市场需求人数的同比增速变化（与上年同期相比）

2015～2019 年东部、中部和西部市场总体需求的当年环比增速整体呈季节性变化的特点，即第一季度出现较高的正增长，其他三个季度出现较低增长或负增长（除 2015 年第一、二季度东部地区数据外）。其中，中部和西部的每一年第一季度的环比增速变化高于东部地区，这说明中部和西部地区每个季度的人才需求的变动幅度较大，而东部地区每个季度的人才需求变

动幅度与中部、西部相比较小，说明东部人力资源市场需求比中部、西部稳定（见图12）。

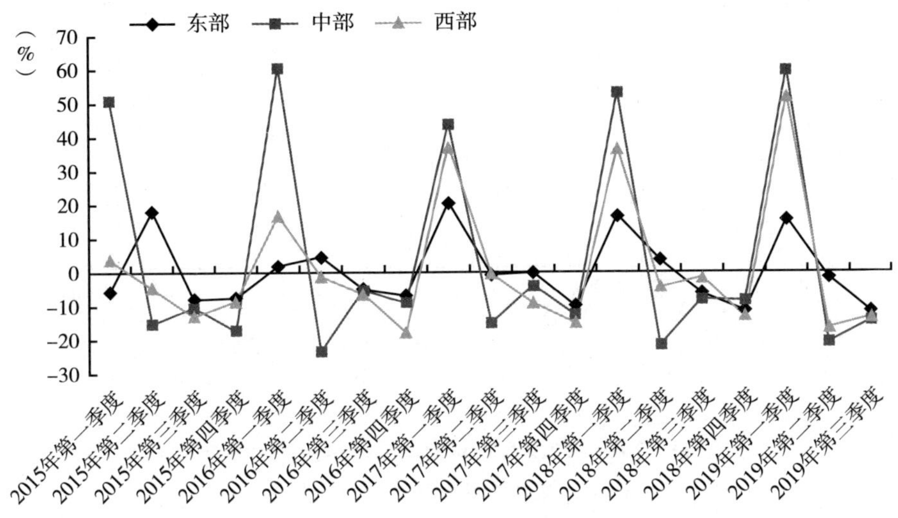

图12　2015～2019年区域市场需求人数的当年环比增速变化

3. 从技术等级来看，对具有一定的技术等级或专业技术职称的人才需求占比有所下降，但需求仍较大

从需求看，五年平均统计数据显示，对技术等级或专业技术职称有明确要求的占总需求人数的52.71%，其中对技术等级有要求的平均占33.29%，对专业技术职称有要求的平均占19.42%；主要集中在初级技能人员、中级技能人员和技术员、工程师，其所占比重合计超过50%；从对技术等级和专业技术职称需求占比来看，2019年以来下降至50%以下，2019年第三季度为41.70%，与往年稳定在50%以上的比例相比下降约8个百分点；对技术等级的需求占比2019年之前稳定在35%左右，2019年第一、二季度下降至30%左右，2019年第三季度为24.50%；对专业技术职称的需求占比2019年之前稳定在20%左右，2019年第三季度下降至15.40%。这说明对具有一定的技术等级或专业技术职称的人才需求占总需求的比重有所下降，但总体需求仍较大（见图13和图14）。

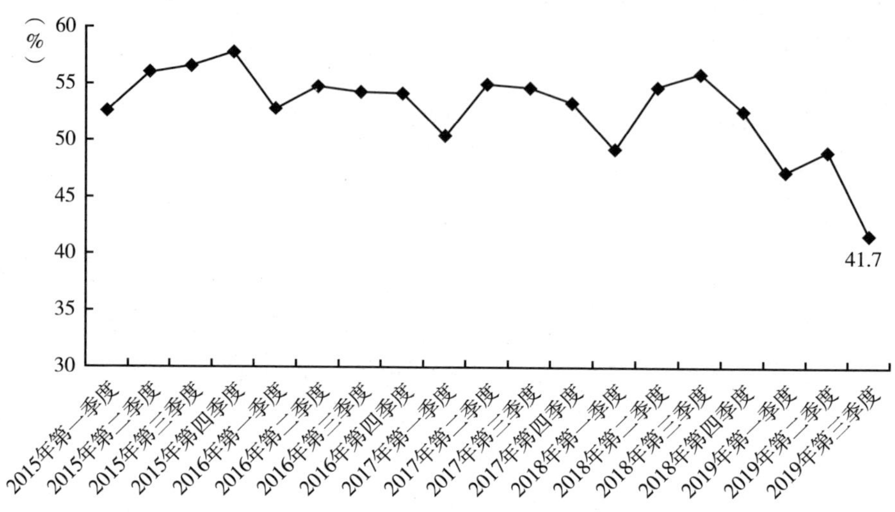

图 13　2015～2019 年市场对具有一定的技术等级或专业技术职称要求的总占比

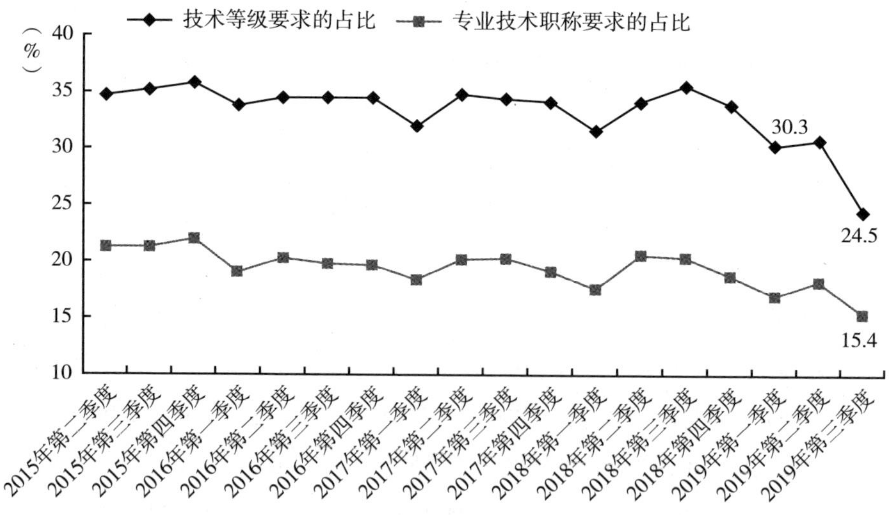

图 14　2015～2019 年市场对具有一定的技术等级或专业技术职称要求的分别占比

4. 从行业需求来看，五年来八成以上的用人需求集中在制造业、居民服务和其他服务业、批发和零售业、住宿和餐饮业、租赁和商务服务业、建筑业以及信息传输、计算机服务和软件业；其中，制造业、批发和零售业、住宿和餐饮业的用人需求占比略有下降，居民服务和其他服务业、租赁和商务服务业、建筑业以及信息传输、计算机服务和软件业的用人需求占比稳中有升

83.16%的企业用人需求集中在制造业、批发和零售业、住宿和餐饮业、居民服务和其他服务业、租赁和商务服务业、建筑业以及信息传输、计算机服务和软件业，以上各行业的用人需求比重分别为33.86%、13.39%、10.47%、9.69%、6.92%、4.21%、4.62%（见图15）。

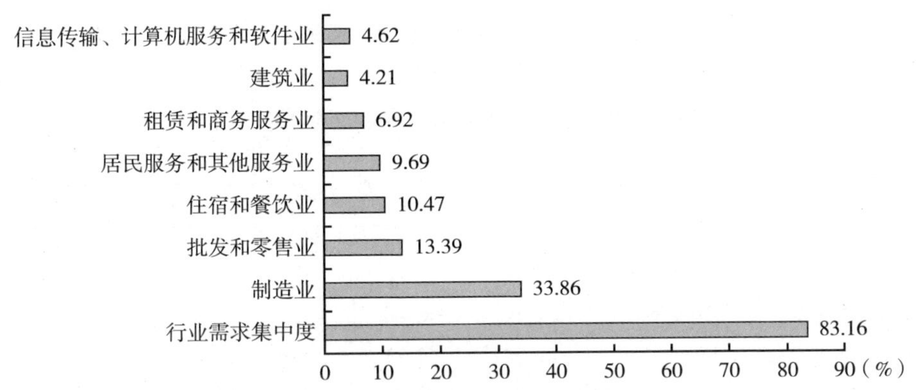

图15　2015～2019年各行业用人需求平均占比

注：有效统计数据为2015年第一季度至2019年第三季度。

2015年以来，各主要行业用人需求占比出现不同变化。其中，制造业2015年至2019年从35.25%下降到31.37%；批发和零售业、住宿和餐饮业用人需求占比都出现不同程度的下降；租赁和商务服务业2015～2019年用人需求占比总体出现较大上升，从2015年的6.38%上升至2019年的8.07%；建筑业、居民服务和其他服务业以及信息传输、计算机服务和软件业用人需求占比稳中有升（见图16和表4）。

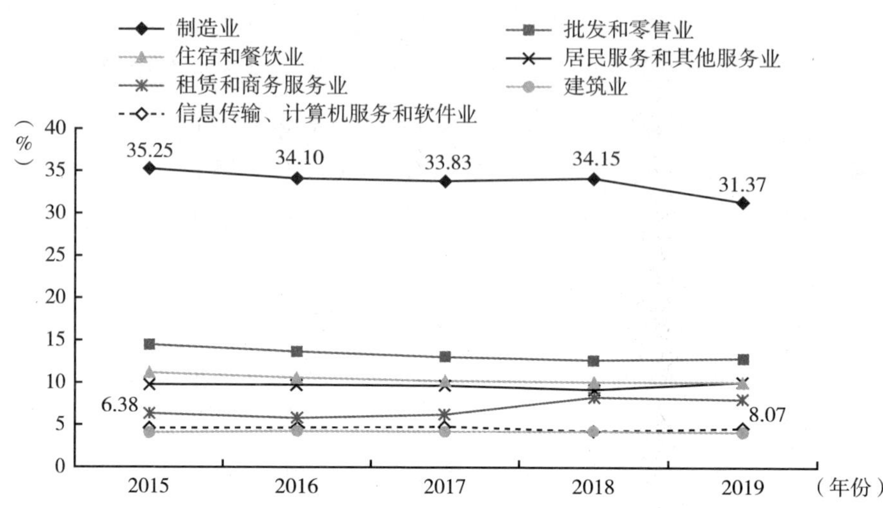

图 16　2015～2019 年主要行业用人需求占比变化

表 4　2015～2019 年主要行业用人需求占总需求平均比例变化

单位：%

主要行业	2015 年	2016 年	2017 年	2018 年	2019 年
制造业	35. 25	34. 10	33. 83	34. 15	31. 37
批发和零售业	14. 48	13. 68	13. 05	12. 70	12. 93
住宿和餐饮业	11. 18	10. 60	10. 25	10. 13	10. 13
居民服务和其他服务业	9. 78	9. 75	9. 68	9. 23	10. 13
租赁和商务服务业	6. 38	5. 83	6. 28	8. 33	8. 07
建筑业	4. 10	4. 23	4. 23	4. 30	4. 20
信息传输、计算机服务和软件业	4. 60	4. 65	4. 85	4. 33	4. 67

注：2019 年用人需求占比测算的有效统计数据为 2019 年第一季度至第三季度。

三　人力资源市场供求匹配情况

就业是人力资源市场供需匹配的结果，也是人力资源市场运行状况最为关键的指标之一，这里以全国就业数据为基础，分析人力资源市场供给与需求匹配状况。

（一）全国就业总体状况

近年全国就业总人数基本维持稳定。从年末全国就业人员总量看，2015年为77451万人，2017年增加到77640万人，2018年和2019年略微下降，2019年为77471万人。

1. 按城乡分就业状况

分城乡来看，我国城镇建设效果显著，乡村就业者逐渐向城市转移，城镇就业人员数逐年增加，乡村就业人员数逐年递减；自2014年开始，城乡就业人员数占比出现逆转，城镇就业人员数超过乡村就业人员数。2015年城镇就业人员数为40410万人，2019年增加到44247万人；2015年乡村就业人员数为37041万人，2019年减少到33224万人（见表5）。

表5　2015～2019年全国城乡就业人员数量

单位：万人

年份	就业人员	城镇就业人员	乡村就业人员
2015	77451	40410	37041
2016	77603	41428	36175
2017	77640	42462	35178
2018	77586	43419	34167
2019	77471	44247	33224

资料来源：2016～2019年《中国统计年鉴》；人力资源和社会保障部，《2019年度人力资源和社会保障事业发展统计公报》。

2. 按经济类型分就业状况

从就业类型来看，城镇就业中国有单位和集体单位的就业人数在逐渐减少，而股份有限公司、私营企业、个体就业人员逐年增加，港澳台商及外商投资企业就业人员逐渐减少。具体来看，国有单位城镇就业人员从2015年的6208万人降低到2018年的5740万人；集体单位城镇就业人员从2015年的481万人降低到2018年的347万人；股份有限公司城镇就业人员从2015

年的 1798 万人增加到 2018 年的 1875 万人；私营企业城镇就业人员从 2015 年的 11180 万人增加到 2018 年的 13952 万人；港澳台商投资单位城镇就业人员从 2015 年的 1344 万人降低到 2018 年的 1153 万人；外商投资单位城镇就业人员从 2015 年的 1446 万人降低到 2018 年的 1212 万人；个体城镇就业人员从 2015 年的 7800 万人增加到 2018 年的 10440 万人。这种变化的原因可能是，随着市场经济改革的不断深化，城镇就业中以国有企业和集体企业为代表的公有制经济占比稍有下降，而股份有限公司、私营企业和个体等就业增长较为迅速（见表 6）。

表 6　2015～2018 年主要经济类型的就业人员数量

单位：万人

类型	2015 年	2016 年	2017 年	2018 年
城镇就业人员总量	40410	41428	42462	43419
国有单位城镇就业人员	6208	6170	6064	5740
集体单位城镇就业人员	481	453	406	347
私营企业城镇就业人员	11180	12083	13327	13952
有限责任公司城镇就业人员	6389	6381	6367	6555
股份有限公司城镇就业人员	1798	1824	1846	1875
港澳台商投资单位城镇就业人员	1344	1305	1290	1153
外商投资单位城镇就业人员	1446	1361	1291	1212
个体城镇就业人员	7800	8627	9348	10440

资料来源：2016～2019 年《中国统计年鉴》。

3. 按三次产业分就业状况

按三次产业分，第一产业和第二产业就业人员向第三产业转移，第三产业占据了领先地位。具体来看，第一产业就业人员数逐年下降，第一产业就业人员数从 2015 年的 21919 万人降低到 2019 年的 19445 万人；占比从 2015 年的 28.3% 下降到 2019 年的 25.1%。第二产业就业人员数呈缓慢下降趋势，从 2015 年的 22693 万人降低到 2019 年的 21305 万人；2015 年第二产业就业人员数占比为 29.3%，2019 年下降为 27.5%。第三产业就业人员数逐年上升，从2015年的32839万人增加到2019年的36721万人；第三产业就业人员数占比从2015年的42.4%提高到2019年的47.4%（见表7和表8）。

表7　2015～2019年按三次产业分就业人员人数

单位：万人

年份	就业人员总量	第一产业就业人员	第二产业就业人员	第三产业就业人员
2015	77451	21919	22693	32839
2016	77603	21496	22350	33757
2017	77640	20944	21824	34872
2018	77586	20258	21391	35938
2019	77471	19445	21305	36721

资料来源：2016～2019年《中国统计年鉴》；人力资源和社会保障部，《2019年度人力资源和社会保障事业发展统计公报》。

表8　2015～2019年按三次产业分就业人员所占比例

单位：%

年份	第一产业就业人员	第二产业就业人员	第三产业就业人员
2015	28.3	29.3	42.4
2016	27.7	28.8	43.5
2017	27.0	28.1	44.9
2018	26.1	27.6	46.3
2019	25.1	27.5	47.4

资料来源：2016～2019年《中国统计年鉴》；人力资源和社会保障部，《2019年度人力资源和社会保障事业发展统计公报》。

4. 按国民经济行业分就业状况

从国民经济行业分就业人数看，2015～2018年，在制造业、建筑业、教育业、公共管理和社会组织中就业的城镇劳动者占比较高；从变化情况来看，有8个行业城镇就业人员数年平均增长率为正，有11个行业城镇就业人员数年平均增长率为负。其中，信息传输、计算机服务和软件业，金融业，租赁和商务服务业，房地产业的就业人员数增长较快，就业人员数年平均增长率在3%～7%（见表9）。

表 9　2015 ~ 2018 年分行业城镇就业人数

单位：万人

类型	2015 年	2016 年	2017 年	2018 年
农、林、牧、渔业城镇单位就业人员	270	263.2	255.4	192.6
采矿业城镇单位就业人员	545.8	490.9	455.4	414.4
制造业城镇单位就业人员	5068.7	4893.8	4635.5	4178.3
电力、燃气及水的生产和供应业城镇单位就业人员	396	387.6	377	369.2
建筑业城镇单位就业人员	2796	2724.7	2643.2	2710.9
交通运输、仓储和邮政业城镇单位就业人员	854.4	849.5	843.9	819
信息传输、计算机服务和软件业城镇单位就业人员	349.9	364.1	395.4	424.3
批发和零售业城镇单位就业人员	883.3	875	842.8	823.3
住宿和餐饮业城镇单位就业人员	276.1	269.7	265.9	269.8
金融业城镇单位就业人员	606.8	665.2	688.8	699.3
房地产业城镇单位就业人员	417.3	431.7	444.8	466
租赁和商务服务业城镇单位就业人员	474	488.4	522.6	529.5
科学研究、技术服务和地质勘查业城镇单位就业人员	410.6	419.6	420.4	411.5
水利、环境和公共设施管理业城镇单位就业人员	273.3	269.6	268.5	260.6
居民服务和其他服务业城镇单位就业人员	75.2	75.4	78.2	77.4
教育业城镇单位就业人员	1736.5	1729.2	1730.4	1735.6
卫生、社会保障和社会福利业城镇单位就业人员	841.6	867	897.9	912.4
文化、体育和娱乐业城镇单位就业人员	149.1	150.8	152.2	146.6
公共管理和社会组织城镇单位就业人员	1637.8	1672.6	1725.6	1817.5

资料来源：2016 ~ 2019 年《中国统计年鉴》。

（二）全国失业状况分析

我们主要以城镇失业人员的登记情况来反映全国总体失业情况。2015 ~ 2019 年全国城镇登记失业人数先增后减，但失业率逐年下降，一直处于低位。2019 年月度全国城镇调查失业率保持在 5.0% ~5.3% 区间。

从城镇登记失业人数看，2015 ~ 2019 年，全国城镇登记失业人数处于窄幅区间波动。其中 2015 年为 966 万人，2016 年为 982 万人，2017 年 972 万人，2018 年为 974 万人，2019 年降低到 945 万人。

从城镇登记失业率看，随着城镇就业人数总体增加，失业率较为稳定，近5年全国城镇登记失业率处于下降趋势。城镇登记失业率从2015年的4.05%，下降到2019年的3.6%（见表10）。

表10　2015～2019年城镇登记失业情况

单位：万人，%

年份	城镇登记失业人数	城镇登记失业率
2015	966	4.05
2016	982	4.02
2017	972	3.90
2018	974	3.80
2019	945	3.6

资料来源：2016～2019年《中国统计年鉴》；人力资源和社会保障部，《2019年度人力资源和社会保障事业发展统计公报》。

（三）人力资源市场供求匹配情况

根据人力资源和社会保障部对全国100多个城市公共就业服务机构登记招聘和登记求职信息的监测数据，我们对人力资源供给与需求匹配进行了分析，结果如下。

1. 人力资源市场供求总体状况

从市场总体来看，近5年来岗位空缺与求职人数比率①总体呈上升趋势，且比率都保持在1.05以上，说明人力资源市场需求略大于供给。特别是2016年第二季度以来，岗位空缺与求职人数比率快速上升，2017年第四季度首次超过1.2（为1.22），2019年第一季度已经上升至1.28，在第二、三季度有所下降，但仍超过1.2，这说明近几年来人力资源市场需求与供给的缺口不断扩大，特别是2017年第四季度以来岗位空缺数不断增加，市场供给乏力（见图17）。

① 岗位空缺与求职人数的比率＝需求人数/求职人数，表明市场中每个求职者所对应的岗位空缺数，如0.8表示10个求职者竞争8个岗位。

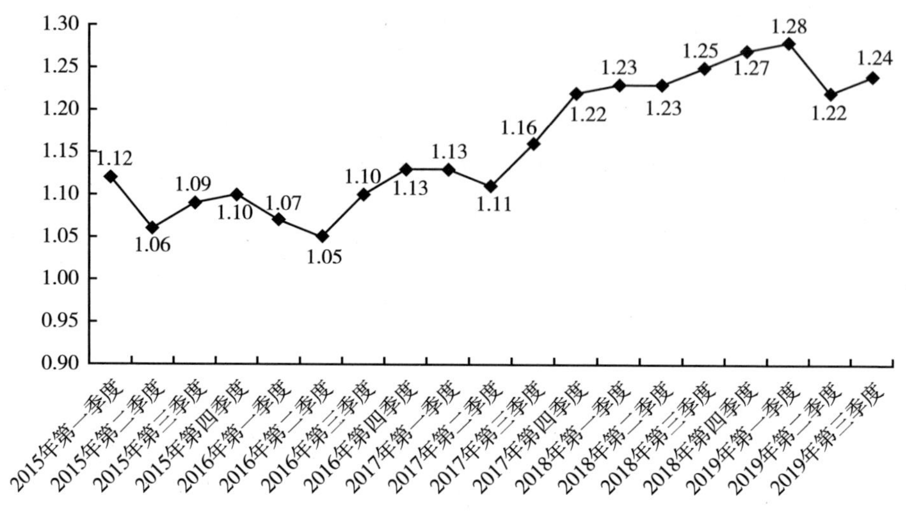

图 17　2015～2019 年岗位空缺与求职人数的比率变化

2. 按地区分人力资源供求匹配状况

分区域来看，东部、中部、西部地区岗位空缺与求职人数比率近五年来都大于 1，且总体上该比率呈上升趋势，说明市场需求略大于市场供给。同时，随着近五年来经济结构的调整，人力资源市场也发生调整，中部和西部地区用人需求不断扩大，2015～2019 年西部地区岗位空缺与求职人数比率总体远高于东部和中部地区，特别是 2016 年第一季度之后与东部、中部的比率差距不断扩大，2019 年第二、三季度有所减弱。中部地区在 2015～2017 年高于东部地区，2018 年略低于东部地区，2019 年又略高于东部地区，这说明中部地区的人才供给匹配情况比西部地区要好，但不及东部地区；东部地区人才供给匹配情况总体上比中部和西部地区好，但在 2017 年第四季度以来岗位空缺与求职人数比率开始略高于中部地区且均超过 1.2，2018 年第四季度已高达到 1.27，2019 年逐渐下降且低于中部地区，总体上东部地区呈上升趋势，这说明东部地区人才供给匹配情况近年来也不容乐观。

从东部、中部、西部地区人力资源市场变化看，人力资源市场岗位空缺和求职人数的比率，近五年平均比率东部地区为 1.13，中部地区为 1.16，西部地区为1.24，这一方面说明在我国人力资源市场需求大于供给，另一方面从区域差异来看说明在人才供给匹配方面，东部地区情况比中部、西部地区要好（见图18至图21）。

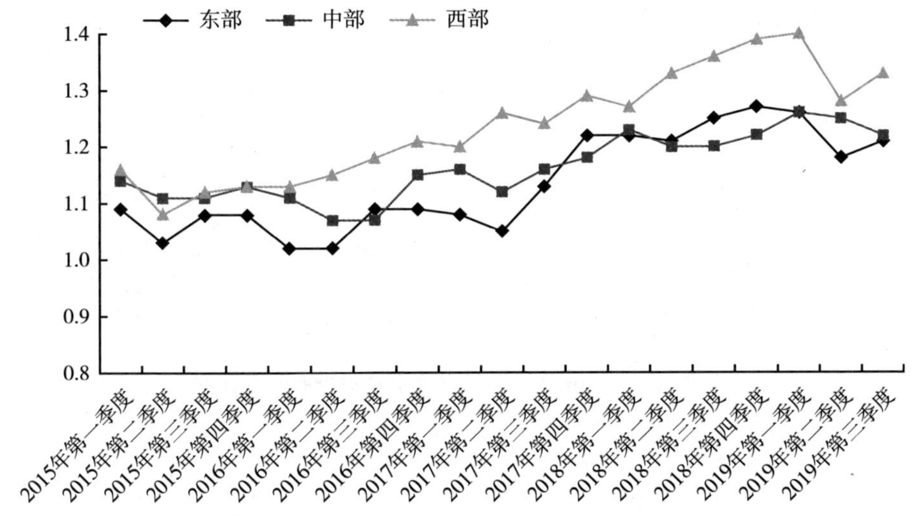

图18　2015～2019年东部、中部、西部岗位空缺与求职人数比率

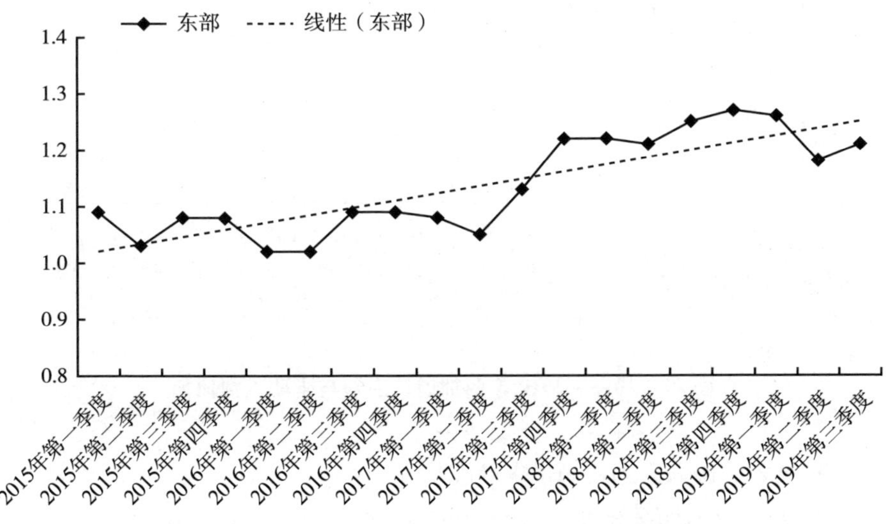

图19　2015～2019年东部岗位空缺与求职人数比率

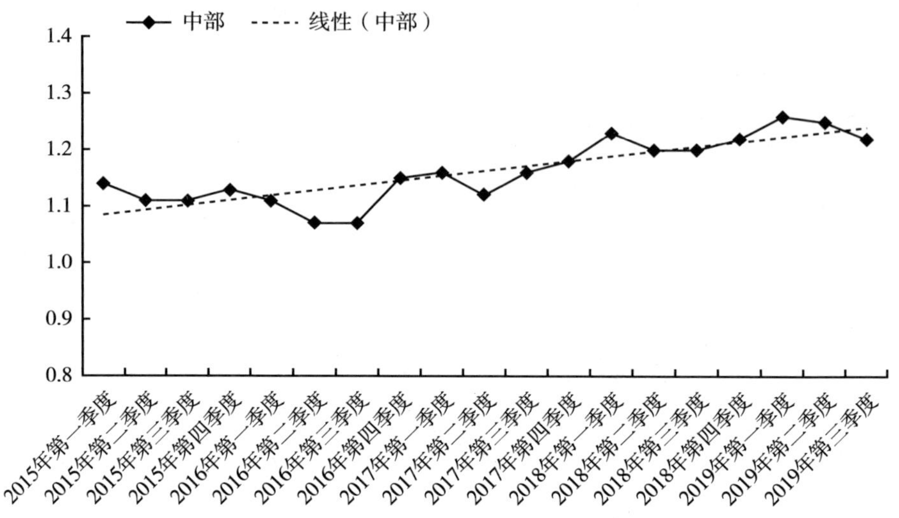

图 20　2015～2019 年中部岗位空缺与求职人数比率

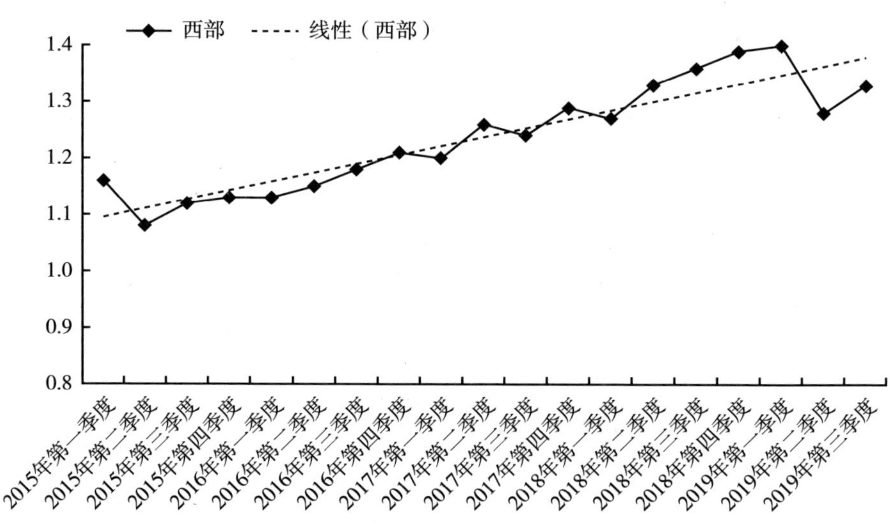

图 21　2015～2019 年西部岗位空缺与求职人数比率

3. 按技术等级分人力资源供求匹配状况

从技术等级或职称来看，2015～2019 年各技术等级和专业技术职称的岗位空缺与求职人数的比率均在 1 以上，这说明人力资源市场对具有技术等级和专业技术职称的人才需求大于供给。其中，高级技师、高级工程师和高级技能人员的岗位空缺与求职人数的比率较大，五年平均比率分别为 2.05、2.29 和 2.15。

从高级技师、高级工程师和高级技能人员的岗位空缺与求职人数的比率变化来看，整体上都有扩大的趋势。高级技师、高级工程师的比率在 2014 年都在 1.6 以上，2018 年高级技师、高级工程师和高级技能人员的比率更是在 2.0 以上，特别是高级工程师在 2019 年第三季度比率扩大到 3.81，这说明近几年来人力资源市场对具有一定技术等级和专业技术职称的人才需求缺口仍在不断扩大，尤其是对高级工程师的需求不断加强，一定程度上反映了我国劳动力需求结构在不断升级，对高素质、高技能人才的需求变得越来越紧迫（见图 22）。

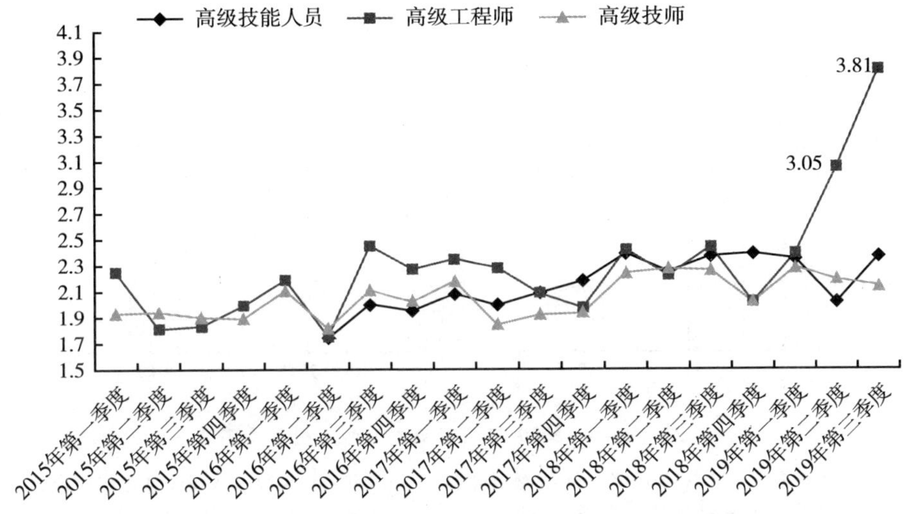

图 22　2015～2019 年技术等级或专业技术职称的岗位空缺与求职人数的比率

注：高级技能人员该比率数据为 2016 年第二季度至 2019 年第三季度。

四　劳动者收入状况

根据工资收入数据的可获得性，我们对城镇单位就业人员平均工资状况作了分析。具体分析结果如下。

（一）城镇单位就业人员平均工资总体状况

总体来看，城镇单位就业人员的平均工资稳步上升，但平均工资年增长率围绕10%波动。2015年我国城镇单位就业人员平均工资为62029元，工资增长率为10.1%；2016年城镇单位就业人员平均工资为67569元，工资增长率为8.9%；2017年城镇单位就业人员平均工资为74318元，工资增长率为10%；2018年城镇单位就业人员平均工资为82461元，工资增长率为11%；2019年城镇单位就业人员平均工资为90501元，工资增长率为9.8%。城镇单位就业人员年平均工资2019年比2015年约增长了45.9%。平均工资增速自2016～2018年缓慢提高，2019年工资增速略有下降（见图23）。

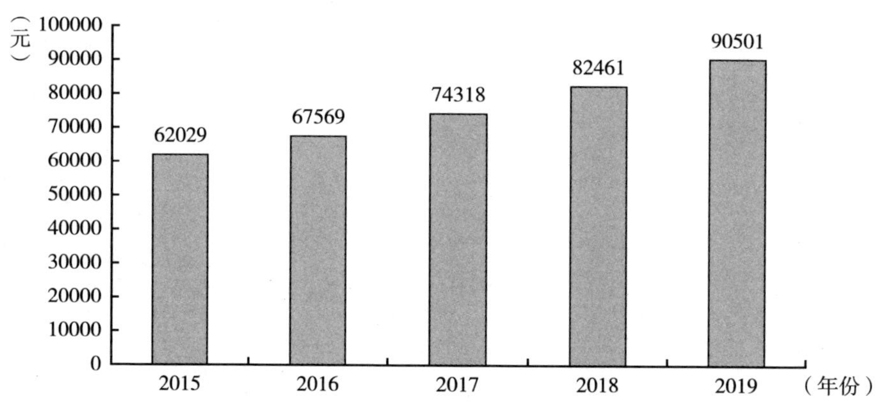

图23　2015～2019年城镇单位就业人员平均工资

资料来源：2016～2019年《中国统计年鉴》；2019年数据来源于《2019年城镇单位就业人员平均工资保持稳定增长》，http：//www.stats.gov.cn/tjsj/sjjd/202005/t20200515_1745758.html。

（二）按行业分城镇单位就业人员平均工资状况

分行业来看，行业间年平均工资差距较大，高低倍率约为4，不同行业年平均工资增速也存在一定差异。具体来说，年平均工资最高的行业是信息传输、计算机服务和软件业与金融业。科学研究、技术服务和地质勘查业从业者的年平均工资，2017 年首次突破 10 万元，2018 年为 123343 元；2018 年信息传输、计算机服务和软件业从业者年平均工资达到 147678 元，金融业从业者年平均工资达到 129837 元；农、林、牧、渔业从业者年平均工资最低，2018 年为 36466 元。

从年平均工资增速看，公共管理和社会组织，教育，卫生、社会保障和社会福利业，文化、体育和娱乐业，科学研究、技术服务和地质勘查业，信息传输、计算机服务和软件业年平均工资增长速度较快，年平均增长率超过 10%（见表 11）。

表 11　2015～2018 年按行业分城镇单位就业人员年平均工资

单位：元

行业	2015 年	2016 年	2017 年	2018 年
农、林、牧、渔业	31947	33612	36504	36466
采矿业	59404	60544	69500	81429
制造业	55324	59470	64452	72088
电力、燃气及水的生产和供应业	78886	83863	90348	100162
建筑业	48886	52082	55568	60501
交通运输、仓储和邮政业	68822	73650	80225	88508
信息传输、计算机服务和软件业	112042	122478	133150	147678
批发和零售业	60328	65061	71201	80551
住宿和餐饮业	40806	43382	45751	48260
金融业	114777	117418	122851	129837
房地产业	60244	65497	69277	75281
租赁和商务服务业	72489	76782	81393	85147
科学研究、技术服务和地质勘查业	89410	96638	107815	123343
水利、环境和公共设施管理业	43528	47750	52229	56670
居民服务和其他服务业	44802	47577	50552	55343
教育	66592	74498	83412	92383
卫生、社会保障和社会福利业	71624	80026	89648	98118
文化、体育和娱乐业	72764	79875	87803	98621
公共管理和社会组织	62323	70959	80372	87932

资料来源：2016～2019 年《中国统计年鉴》。

（三）按单位性质分城镇单位就业人员平均工资状况

分单位性质来看，国有单位、股份有限公司和外商投资单位的就业人员平均工资相对较高，其中外商投资单位就业人员平均工资最高；而国有单位、股份合作单位、港澳台商投资单位、外商投资单位的就业人员平均工资增长率相对较高。具体来看，2018 年，外商投资单位就业人员年平均工资为 99367 元，股份有限公司就业人员年平均工资为 93316 元，国有单位就业人员年平均工资为 89474 元。从 2015 年至 2018 年的平均工资增长率来看，国有单位、联营单位的平均工资增长率超过 10%；国有单位就业人员平均工资增长率最高，达到 11.07%（见表 12）。

表 12　2015～2018 年按登记注册类型分城镇单位就业人员平均工资

单位：元

类型	2015 年	2016 年	2017 年	2018 年
国有单位就业人员平均工资	65296	72538	81114	89474
集体单位就业人员平均工资	46607	50527	55243	60664
股份合作单位就业人员平均工资	60369	65962	71871	77751
联营单位就业人员平均工资	50733	53455	61467	72107
有限责任公司就业人员平均工资	54481	58490	63895	72114
股份有限公司就业人员平均工资	72644	78285	85028	93316
其他单位就业人员平均工资	46945	49759	54417	61666
港澳台商投资单位就业人员平均工资	62017	67506	73016	82027
外商投资单位就业人员平均工资	76302	82902	90064	99367

资料来源：2016～2019 年《中国统计年鉴》。

五　小结

根据对 2015～2019 年我国人力资源市场的统计分析，我们发现，近 5 年来我国人力资源市场供需、收入的变化呈现以下趋势。

（一）人力资源市场供需的规模和结构

数据分析显示，2015～2019 年，人力资源市场求职人数略有下降，市场需求略有上升，岗位空缺与求职人数比率总体呈上升趋势，且比率都保持在 1.05 以上。具体如下。

1. 市场总体求职规模不断减小

总体来看，2015～2019 年市场求职人数略有下降；在当年的季度环比上，市场求职人数的环比增速在第一季度呈较高的正增长，其他三个季度大多为负增长。在区域分布上，在当年的季度环比上，东部、中部和西部人力资源市场供给的环比增速呈季节性变化，即第一季度出现较高的正增长，其他三个季度出现较低的正增长或者负增长；而与上年同期相比，2019 年东部、中部人力资源市场供给人数略有下降，西部略有上升。从求职者的技术等级构成看，求职人员中具有一定技术等级或专业技术职称的占比略有下降。

2. 人力资源市场需求略有上升

总体来看，在当年的季度环比上，除 2015 年第一、二季度外，市场需求人数的环比增速在第一季度呈较高的正增长，其他三个季度呈负增长；2015～2019 年人力资源市场需求人数呈现“先减后增再减”的特点。

从区域看，东部、中部和西部人力资源市场需求呈现“阶段性”特点，自 2017 年开始中西部需求增速基本呈现正增长趋势，而东部 2019 年再次呈现负增长；在当年的季度环比上，东部、中部和西部人力资源市场需求的环比增速均呈季节性变化，即第一季度出现较高的正增长，其他三个季度出现较低正增长或负增长。从行业需求来看，五年来八成以上的用人需求集中在制造业、居民服务和其他服务业、批发和零售业、住宿和餐饮业、租赁和商务服务业、建筑业以及信息传输、计算机服务和软件业；其中，制造业、批发和零售业、住宿和餐饮业的用人需求占比略有下降，居民服务和其他服务业、租赁和商务服务业、建筑业以及信息传输、计算机服务和软件业的用人需求占比稳中有升。

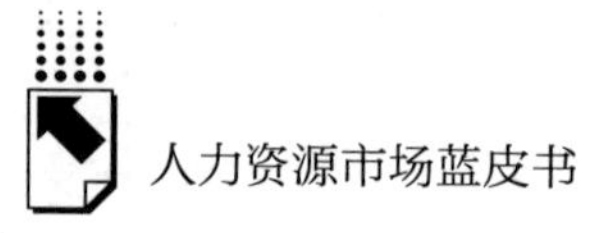

在需求的技术等级构成方面，对具有一定的技术等级或专业技术职称的人才需求占比有所下降，但需求量仍较大。

（二）人力资源市场供需匹配结果

1. 供求关系相对稳定，但供需缺口有拉大之势

总体来看，近5年来岗位空缺与求职人数比率总体呈上升趋势，且比率都保持在1.05以上，说明人力资源市场需求略大于供给。特别是2016年第二季度以来，岗位空缺与求职人数比率快速上升，2017年第四季度首次超过1.2（为1.22），2019年第一季度已经上升至1.28，在第二、三季度有所下降，但仍超过1.2，这说明近几年来人力资源市场需求与供给的缺口不断扩大，特别是2017年第四季度以来岗位空缺数不断增加，市场供给乏力，供需关系呈现紧缺的趋势。

2. 就业的结构进一步优化

在就业结构上，农村劳动力逐渐向城市转移，自2014年开始，城乡就业人数占比出现逆转，城镇就业人数超过乡村就业人数。2015年城镇就业人数为40410万人，2019年增加到44247万人；2015年乡村就业人数为37041万人，2019年减少到33224万人；在三次产业分布上，按三次产业分，第一产业和第二产业就业人员向第三产业转移，第三产业占据了领先地位。从国民经济行业分就业人数看，2015年至2018年，在制造业、建筑业、教育、公共管理和社会组织中就业的城镇劳动者占比较高；从变化情况来看，有8个行业城镇就业人员数年平均增长率为正，有11个行业城镇就业人员数年平均增长率为负。其中，信息传输、计算机服务和软件业，金融业，租赁和商务服务业，房地产业的就业人员数增长较快，就业人员数年平均增长率在3%～7%。

（三）劳动者收入

总体来看，城镇单位就业人员的平均工资稳步上升，但平均工资年增长率围绕10%波动。

分行业来看，行业间年平均工资差距较大，高低倍率约为4，不同行业年平均工资增速也存在一定差异。具体来说，年平均工资最高的行业是信息传输、计算机服务和软件业与金融业。科学研究、技术服务和地质勘查业从业者的年平均工资，2017 年首次突破 10 万元，2018 年为 123343 元；2018 年信息传输、计算机服务和软件业从业者年平均工资达到 147678 元，金融业从业者年平均工资达到 129837 元；农、林、牧、渔业从业者年平均工资最低，2018 年为 36466 元。

从年平均工资增速看，公共管理和社会组织，教育，卫生、社会保障和社会福利业，文化、体育和娱乐业，科学研究、技术服务和地质勘查业，信息传输、计算机服务和软件业年平均工资增长速度较快，年平均增长率超过10%。

宏观分析

Macro Analysis

B.2

新发展理念下劳动力市场地域空间重构与政策启示

赖德胜　石丹淅*

摘　要： 国家城市群发展战略、后疫情时代产业集群布局、科技革命与产业革命、新型城乡关系等深刻影响着劳动力市场地域空间重构。城市群或都市圈通过集聚效益和经济社会综合效益对劳动力流动和配置产生空间溢出效应。世界级产业链集群和世界级多中心网络型区域协调发展格局通过影响产业再布局进而影响劳动力地域空间分布。新一轮科技革命加速了劳动力市场异质化，使劳动力在区域之间分布不平衡不充分。新型城乡关系则通过影响劳动力的多向度流动与配置进而影

* 赖德胜，经济学博士，教育部长江学者特聘教授，中共中央党校（国家行政学院）教授，主要研究方向为教育经济学、劳动经济学；石丹淅，管理学博士，三峡大学法学与公共管理学院副教授，主要研究方向为教育经济学。

响劳动力市场状况。新的发展阶段，要以习近平新时代中国特色社会主义思想为指导，紧紧围绕创新、协调、绿色、开放、共享的发展理念，积极创新和完善劳动力市场宏观调控，重点做好就业优先、经济发展与教育变革的有效衔接，才能将我国就业制度优势更好地转化为国家就业治理效能。

关键词： 劳动力市场　地域空间重构　宏观调控创新　就业治理效能

一　问题的提出

在我国经济由高速增长阶段向高质量发展阶段转变过程中，面对经济社会发展的新机遇、新形势和新挑战，党中央提出了创新、协调、绿色、开放、共享的发展理念。新发展理念对破解发展难题、增强发展动力、促进各类要素合理流动和高效集聚，继而促进经济平稳健康可持续发展具有重要指导意义。劳动力市场既是要素市场的重要组成部分，又是国民经济体系的重要内容。一个成熟高效的劳动力市场对人力资源配置、就业促进、创新创业、城乡融合、社会和谐等都具有显著影响，是实现高质量发展和国家现代化的重要变量。在新的历史方位下，国家城市群或都市圈发展战略、区域协调发展政策、新冠肺炎疫情所引发的次生灾害、科技革命与产业革命、乡村振兴与新型城镇化等都深刻影响着我国劳动力市场地域空间格局。劳动力市场地域空间上的重塑重构也将进一步推动我国各级各类教育、政府管理、经济社会发生全景式变革。鉴于此，梳理我国劳动力市场地域空间重构影响因素、提炼演变新特征、探究新出路，对于实现更充分更高质量就业，推动创新、协调、高质量发展和现代化等具有重大价值。

二　影响劳动力市场地域重构的主要因素

当前，我国劳动力市场地域空间迭变的主要影响因素为国家城市群发展战略、后疫情时代产业集群布局、科技革命与产业革命、新型城乡关系。具体表现如下。

（一）国家城市群发展战略与劳动力市场地域空间重构

《国家发展改革委关于培育发展现代化都市圈的指导意见》（发改规划〔2019〕328 号，简称《指导意见》）指出，“城市群是新型城镇化主体形态，是支撑全国经济增长、促进区域协调发展、参与国际竞争合作的重要平台。都市圈是城市群内部以超大特大城市或辐射带动功能强的大城市为中心、以 1 小时通勤圈为基本范围的城镇化空间形态”①。《指导意见》确定了培育发展现代化都市圈的主要目标，并给出了重点任务部门分工方案和推进路线图，即到 2022 年，都市圈同城化取得明显进展，到 2035 年，现代化都市圈格局更加成熟，形成若干具有全球影响力的都市圈。《中共中央　国务院关于建立更加有效的区域协调发展新机制的意见》进一步强调，“实施区域协调发展战略是贯彻新发展理念、建设现代化经济体系的重要组成部分。推动国家重大区域战略融合发展，以‘一带一路’建设、京津冀协同发展、长江经济带发展、粤港澳大湾区建设等重大战略为引领，以西部、东北、中部、东部四大板块为基础，促进区域间相互融通补充……健全市场一体化发展机制，促进城乡区域间要素自由流动，推动区域市场一体化建设。”② 在《2019 年新型城镇化建设重点任务》（发改规划〔2019〕617 号）中，党和国家则明确要求，“要兼顾高校和职业院校（技工院校）毕业生、城市间转移就业人员，加大非户籍人口在城市落户推进力度，推动未落户城镇的常住人口平等享有基本公共服务……加快京津冀协同发展、长江三角洲区域一体化发展、粤港澳大湾区建设，支持成渝城市群高质量发展，有序推动哈长、长江中游、北部湾、中原、关中平原、兰州—西宁、呼包鄂榆等城市群发展

① 国家发展和改革委员会：《国家发展改革委关于培育发展现代化都市圈的指导意见》，http：//www. gov. cn/xinwen/2019 -02/21/content_ 5367465. htm。

② 《中共中央　国务院关于建立更加有效的区域协调发展新机制的意见》，http：//www. gov. cn/zhengce/2018 -11/29/content_ 5344537. htm。

规划实施。”①

城市群或都市圈由于在资源禀赋、市场机会、基础设施通达性、地方品质和创新能力等方面更具优越性，因此，其集聚效益和经济社会综合效益往往更加突出，会对人才流动和人力资本配置产生明显的空间溢出效应，② 继而诱使劳动市场发生动态地域空间迭变。为较为直观展现国家城市群或都市圈发展战略对劳动力市场地域空间重构的内在关系，本文使用《2020 年中国城市人才吸引力排名报告》（简称《报告》）数据给予进一步阐释。《报告》显示，2019 年，我国劳动力市场中人才流动呈现鲜明的性别、年龄、学历、行业、地域等特征，2019 年上海、深圳、北京城市人才吸引力居前三名，上海则自 2017 年起连续三年第一，广州、杭州、南京、成都、济南、苏州、天津位居前十（见表 1）。③

分地区看，在全国 296 个地级及以上建制市（不含三沙市）中，东部、中部、西部、东北城市分别有 87 个、80 个、95 个、34 个。该《报告》表明，2019 年东部、中部、西部、东北人才净流入占比分别为 5.8%、-2.4%、-0.2%、-3.2%，东部人才持续集聚，中西部持续流出但有所收窄，东北持续流出且幅度扩大。在人才流入流出占比方面，数据显示，2016～2019 年东部地区人才流入占比分别为 64.2%、63.2%、60.8%、61.6%，意味着全国流动人才超六成向东部集聚；中部地区人才流入占比呈上升趋势，而人才流出占比逐年下降；西部地区人才流入占比和流出占比均呈上升趋势；东北地区人才流入占比分别为 6.0%、5.9%、5.3%、5.3%，逐年下降，人才流出占比分别为 8.2%、8.2%、8.3%、8.5%，逐年上升。

分城市看，在全国 296 个地级及以上建制市（不含三沙市）中，一线城

---

① 国家发展和改革委员会：《国家发展改革委关于印发 2019 年新型城镇化建设重点任务的通知》，http://www.gov.cn/xinwen/2019-04/08/content_5380457.htm。

② 空间溢出效应是指某一地区在某一特征（解释变量）上的变化所引致的其相邻地区被解释变量的变动，这种间接影响通过空间交互作用进行传递，并随着空间单元的距离增加而逐渐衰退。

③ 智联招聘、恒大研究院：《2020 中国城市人才吸引力排名》，http://finance.sina.com.cn/money/fund/jjzl/2020-05-05/doc-iircuyvi1454158.shtml。

市为北上广深4个，二线城市35个，三线城市81个，四线城市176个。2019年一线、二线、三线、四线人才净流入占比分别为-2.7%、1.1%、1.8%、-0.3%，2018年分别为-0.9%、4.9%、-0.3%、-2.3%。在人才流入流出占比方面，2016~2019年一线城市人才流入占比呈下降趋势，人才流出占比基本稳定；二线城市人才流入占比分别为44.9%、46.3%、47.9%、46.4%，呈上升趋势且约半数人才流入二线城市，人才流出占比基本稳定；三线城市人才流入占比分别为20.5%、19.3%、18.6%、20.8%，2019年上升较为明显，人才流出占比逐年下降；四线城市人才流入占比分别为12.2%、11.6%、11.6%、12.6%，2019年上升较为明显，人才流出占比呈下降趋势。

分城市群看，超过60%的人才流向五大城市群，2019年长三角、珠三角、京津冀、成渝、长江中游城市群人才流入占比分别为23%、14%、13%、7%、7%，净流入占比分别为5.0%、2.8%、-4.0%、0.0%、-0.5%，长三角、珠三角人才集聚，京津冀受北京疏解非首都功能影响人才净流出，成渝和长江中游基本平衡。在人才流入流出占比方面，长三角人才流入占比和人才流出占比均呈下降趋势，2019年分别为22.6%、17.6%；珠三角人才流入占比较为稳定，人才流出占比分别逐年微降，2019年分别为13.9%、11.1%；京津冀2016~2019年人才流出占比分别为14.3%、16.2%、17.0%、17.3%，逐年上升；成渝人才流入占比和人才流出占比均较为稳定；长江中游人才流出占比逐年下降。

在2019年前50强中，东部、中部、西部、东北地区分别有33个、6个、8个、3个；一线、二线、三线、四线城市分别有4个、32个、14个、0个，分别占全部一线、二线、三线、四线城市数量的100%、91%、17%、0；长三角、珠三角、京津冀、成渝、长江中游城市群分别有12个、7个、5个、2个、3个。

此外，2019年应届生和海归人才流向北上广深的比重分别占比24.5%、28.7%，均高于流动人才流向北上广深的比重20.2%，应届生和海归人才更倾向于一、二线城市。海归人才流入占比前四名分别是北上深广，合计占比28.7%，高于北上广深人才流入占比的20.2%；海归人才流入前十城市还有杭州、成都、南京、天津、苏州、青岛，前十合计占比44.6%，高于前十城市的人才流入占比35.5%，意味着和流动人才相比，海归人才更加向一、二线城市集聚，尤其是向一线城市集聚。

表1　2019年最具人才吸引力城市100强

排名	城市	指数	排名	城市	指数	排名	城市	指数	排名	城市	指数
1	上海	100	26	常州	14.2	51	湖州	6.9	76	眉山	4.2
2	深圳	85.3	27	大连	13.9	52	威海	6.9	77	哈尔滨	4.2
3	北京	78.7	28	廊坊	13.7	53	绍兴	6.7	78	衡水	4.2
4	广州	75.1	29	昆明	13.5	54	乌鲁木齐	6.4	79	许昌	4.1
5	杭州	69.5	30	惠州	12.6	55	镇江	6.3	80	德州	4.1
6	南京	53.2	31	南昌	12.6	56	洛阳	6.3	81	遵义	4.1
7	成都	46.9	32	太原	11.3	57	三亚	6.1	82	拉萨	4.0
8	济南	39.4	33	贵阳	11.2	58	唐山	6.0	83	邢台	3.9
9	苏州	37.3	34	沈阳	10.9	59	张家口	5.4	84	济宁	3.9
10	天津	35.9	35	嘉兴	10.6	60	泉州	5.2	85	江门	3.8
11	重庆	33.4	36	南通	10.3	61	芜湖	5.2	86	西宁	3.8
12	武汉	32.9	37	中山	10.1	62	新乡	5.2	87	晋中	3.7
13	郑州	31.6	38	温州	10.0	63	开封	5.2	88	连云港	3.7
14	西安	29.9	39	保定	9.9	64	台州	5.1	89	泸州	3.7
15	东莞	29.6	40	徐州	9.6	65	咸阳	5.0	90	银川	3.6
16	青岛	28.5	41	潍坊	9.3	66	淄博	4.9	91	菏泽	3.5
17	佛山	25.3	42	烟台	9.1	67	秦皇岛	4.8	92	清远	3.5
18	长沙	24.8	43	南宁	8.7	68	绵阳	4.7	93	肇庆	3.5
19	无锡	24.2	44	扬州	8.1	69	株洲	4.7	94	日照	3.4
20	合肥	22.1	45	长春	7.9	70	盐城	4.6	95	宜宾	3.4
21	厦门	20.8	46	呼和浩特	7.9	71	渭南	4.5	96	邯郸	3.4
22	宁波	19.5	47	海口	7.4	72	宿迁	4.4	97	湛江	3.3
23	石家庄	18.9	48	金华	7.1	73	泰州	4.3	98	周口	3.3
24	珠海	16	49	临沂	7.1	74	沧州	4.3	99	上饶	3.3
25	福州	15.2	50	兰州	6.9	75	淮安	4.3	100	宜昌	3.3

注：①表中“指数”是指人才吸引力指数，即为人才流入占比、人才净流入占比、应届生人才流入占比、海归人才流入占比的加权结果，其中，人才流入占比和人才净流入占比分别反映该城市引得来和留得住的能力，应届生人才流入占比和海归人才流入占比反映城市对年轻高学历人才和海归高学历人才的吸引力；②人才流入占比＝流入某城市的人才/全国流动人才总量，人才净流入占比＝（流入某城市的人才－流出某城市的人才）/全国流动人才总量，分别反映该城市引得来和留得住的能力；③应届生人才流入占比＝流入某城市的应届生流动人才/应届生流动人才总量，海归人才流入占比＝流入某城市的海归流动人才/海归流动人才总量，分别反映城市对年轻高学历人才和海归高学历人才的吸引力。

资料来源：智联招聘、恒大研究院。

不难看出，伴随城市群和现代化都市圈发展战略的推进，人口流动的空间极化和就业人口的空间极化特征也将逐渐外显化，[①] 而劳动力的学历程度和职业技能水平则进一步固化了这一态势的形成。在未来城市发展中，都市区外围城市、都市区核心城市、区域性中心城市的效能将进一步释放，劳动力市场地域空间复杂性将会更加明显。

（二）后疫情时代产业集群布局与劳动力市场地域空间重构

新冠肺炎疫情是新中国成立以来在我国发生的传播速度最快、感染范围最广、防控难度最大的一次重大突发公共卫生事件。疫情已对整个世界格局和国际秩序造成非常大的冲击。从短期来看，疫情直接差别化地破坏了地理经济的正常运转；从长期来看，疫情考验着经济发展韧性和社会治理弹性，加速国家经济地理重塑，[②]“后疫情时代”的“中国之策”将深刻影响劳动力市场地域空间变动趋势。

1. 世界级产业链集群建设与劳动力市场地域空间变动

党的十九大报告提出，“促进我国产业迈向全球价值链中高端，培育若干世界级先进制造业集群”。[③] 此次疫情无疑加速了世界级产业链集群建设。原因在于，一方面，新冠肺炎疫情对经济社会影响是全方位的，为统筹做好疫情防控和经济社会发展，降低新发展阶段中的不确定性和风险性，提升经济发展韧性，减少外部冲击，成为国家经济战略行为的重要考量。重视促进本土化产业链发展，增强产业链集聚指向性，提升产业链区域集群度，将成为保持经济发展的主要政策工具。另一方面，新冠肺炎疫情对全球产业链的中断性影响将带来新的动态调整机遇。及时精准识别补链强链的战略机会，强化“四基”（核心基础零部件、先进基础工艺、关键基础材料和产业技术

① 谢伏瞻等：《经济蓝皮书：2020 年中国经济形势分析与预测》，社会科学文献出版社，2020。

② 杨开忠：《疫情加速重塑国家经济地理》，《社会科学报》2020 年 5 月 21 日。

③ 习近平：《决胜全面建成小康社会　夺取新时代中国特色社会主义伟大胜利——在中国共产党第十九次全国代表大会上的报告》，http：//www. gov. cn/zhuanti/2017 - 10/27/content_5234876. htm。

基础)，有序构筑高效的集群“制度—技术—市场”体系，强化产业链核心竞争优势，必然成为我国本土化产业链建设的战略行为，从而加速世界级产业链集群发展。[①] 这将会随之带动和加快各级各类劳动力在不同区域、产业间的流动与转换。

2. 现代化产业体系建设与劳动力市场地域空间变动

党的十九大报告强调，“要着力加快建设实体经济、科技创新、现代金融、人力资源协同发展的产业体系”。人力资源是现代化产业体系中最宝贵的资源，[②] 城市群或都市圈具有显著的人才集聚优势，能够更好地促进现代化产业体系的构建。因此，人力资源、现代化产业体系与城市群或都市圈战略是同频共振、交互支撑的。新冠肺炎疫情加速了国家城市群、城市群经济圈的落地和全面推进，也必然影响产业体系构建，从而推动劳动力市场地域空间重构。首先，产业链集聚指向性加强发展将推动地区综合发展。无论是在企业更加接近供应商、客户的过程中，还是在政府加强产业链发展布局过程中，那些配套条件比较优越的地区都将获得额外的优势。因此，生产力中观布局原则从改革开放后一段时期比较单纯地强调地区专业化重新螺旋式回归到强调地区专业化和综合发展相结合上来，培育发展不同层次和尺度的地域生产综合体自觉不自觉地将成为区域经济发展目标，成为制定实施国家城市群经济圈的战略目标。[③] 其次，国家城市群经济圈之地域生产综合体必然为相对独立的现代产业体系和经济体系。如我国京津冀地区、以粤港澳大湾区为核心的粤港澳地区、长三角区域、成渝地区双城经济圈、长江中游城市群等国家城市群经济圈，内外条件成熟，完全有条件在未来的发展中建立相对独立的现代产业体系和经济体系，这将反过来进一步加速各类人才流向这些城市群经济圈。

3. 世界级多中心网络型区域协调发展格局与劳动力市场地域空间重构

全球性城市是具有全球资源配置能力的城市。[④] 为适应和驾驭全球化和

① 杨开忠：《疫情加速重塑国家经济地理》，《社会科学报》2020 年 5 月 21 日。

② 郝全洪：《加快建设现代化产业体系》，《学习时报》2017 年 12 月 4 日。

③ 杨开忠：《疫情加速重塑国家经济地理》，《社会科学报》2020 年 5 月 21 日。

④ 杨开忠：《聚力全球运筹建设全球性城市》，《重庆日报》2020 年 4 月 20 日。

本土化趋势，我国从20世纪90年代中期开始提出培育发展扎根本土、辐射全球的全球性城市，并从“十一五”时期着手建设以全球性城市为核心的世界级城市群。来自全球化与世界级城市研究小组与网络（Globalization and World Cities Study Group and Network，GaWC）的数据显示，2019年，我国已有6个全球性城市（香港、北京、上海、台北、广州、深圳）和4个世界级城市群（京津冀、粤港澳、长三角和台湾海峡）。联合国进一步测算表示[①]，到2030年中国城市化率将达约70%，城镇人口将达到10.2亿；到2047年城镇人口达峰值时将增加2.76亿。到2030年2亿新增城镇人口中约50%来自城乡迁移，约80%将分布在长三角、珠三角、京津冀、山东半岛等19个城市群，约60%的人口集中分布在长三角、珠三角、京津冀、长江中游、成渝、中原、山东半岛等七大城市群。[②] 中国未来有望形成长三角、京津冀、长江中游、山东半岛、成渝等5个人口亿级城市群，10个以上1000万级城市，12个左右2000万级大都市圈。

然而，与美国等发达国家相比，我国全球性城市和世界级城市群无论是在数量还是在质量方面，都还有较大的差距。如美国拥有纽约、芝加哥、洛杉矶、迈阿密、旧金山、华盛顿、休斯敦7个全球性城市和波士华、芝加哥—匹兹堡、圣地亚哥—旧金山、南佛罗里达、新奥尔良5个世界级城市群，其中，纽约、波士顿—华盛顿城市群为一流的全球性城市和世界级城市群。由此可见，为全面建设现代化强国、实现民族伟大复兴，我国应在提升香港、北京、上海、广州、深圳等全球性城市和京津冀、粤港澳和长三角等世界级城市群的同时，大力培育发展新的全球性城市和世界级城市群，如杭州、南京、成都、重庆等城市，成渝、长江中游两个城市群，形成世界级多中心网络型区域协调发展新格局，这必然会对高端人才与普通劳动力产生双配置与再均衡。

---

① 《中国人口大迁移　未来2亿新增城镇人口去向何方?》，http：//finance.sina.com.cn/roll/2019-04-28/doc-ihvhiqax5480478.shtml。

② 张自然、张平、袁富华等：《经济蓝皮书夏季号：中国经济增长报告（2018~2019）》，社会科学文献出版社，2019。

（三）科技革命、产业革命与劳动力市场地域空间重构

放眼当下，“第四次工业革命”正在爆发，移动互联、智能制造、物联网、云计算、机器人、自动汽车、下一代基因组、储能、3D打印、新材料、先进油气勘探开采、太阳能与风能，都已陆续进入产业实践。这次革命刚刚开始，却已颠覆我们的生活、工作和互相关联的方式，无论是规模、广度还是复杂程度，都将与人类过去经历的变革截然不同。世界经济论坛创始人兼执行主席克劳斯·施瓦布（Klaus Schwab）在《第四次工业革命》（*Industry 4.0*）中进一步指出：今天的科技变革，是知识经济时代的纵深发展。它催生了新的商业模式，使现有商业模式被颠覆，生产、消费、运输与交付体系被重塑。

为适应经济发展新常态，党的十八大以来，以习近平同志为核心的党中央高度重视科技创新，明确提出实施创新驱动发展战略。创新驱动发展战略是以科技创新为核心的全面创新推动经济持续健康发展的战略。创新驱动发展战略需要牢牢把握产业革命大趋势和集聚人才大举措。我国各地为积极落实中央决策部署和战略安排，加快建设科技创新高地，竞相实施了各类人才政策，各地在各类国家级人才项目基础上，因地制宜，探索出了区域性人才创新工程项目，尽可能地引才、用才、留才，实现真正聚天下英才而用之。在实践过程中，越是经济发达、科技水平高、产业体系完整的地区，越有可能抢得先机，吸引到更好更多的人才，从而形成良性循环效应。而这些地区通常多为沿海发达城市、内陆地区对外开放新高地和国家级城市群以及都市经济圈。而西部地区、民族地区、边疆地区、贫困地区等往往在科技发展、产业变革和人才生态系统方面“不占优”，始终处于相对劣势地位，人才市场区域分布不平衡和欠发达地区人才匮乏的问题还将持续存在。

但同时，新一代信息技术快速发展导致工作时空多元化、就业方式平台型，[①] 继而催生了数字经济，成为吸纳就业的“海绵”。[②] 借助互联网信息

① 曾湘泉：《中国就业市场的新变化：机遇、挑战及对策》，《中国经济报告》2020年第3期。

② 刘禹行：《稳就业，数字经济大有可为》，《光明日报》2020年2月27日。

技术、区块链以及相关办公软件进行办公，组织内部各个工作单元可以实现跨地区、跨区域的协作乃至外包，[①] 生产时空、生产方式和工作模式都将发生巨大变化。这种新商业与经济运行模式、新个体经济[②]带来的新发展动能和就业新空间又在一定程度上促进劳动力市场的城乡融合、地域空间的一体化。

（四）新时代新型城乡关系与劳动力市场城乡融合发展

新中国成立 70 年来，城乡关系先后经历了三个重要时期，即改革开放前严重偏斜的城乡关系（1949～1978 年）、改革开放后趋于改善的城乡关系（1978～2017 年）和新时代走向融合的城乡关系（2017 年至今）。[③] 2017 年 10 月，党的十九大报告正式提出把我国城乡关系从统筹发展、一体化发展推进到融合发展阶段。城乡融合发展的途径就是坚持农业农村优先发展，实施乡村振兴战略。2018 年中共中央一号文件对乡村振兴战略的实施进行了战略部署，明确了 2020 年、2035 年、2050 年三个时间节点的重点目标和工作任务。2019 年 4 月 15 日，《中共中央　国务院关于建立健全城乡融合发展体制机制和政策体系的意见》[④]（简称《意见》）发布，从城乡融合角度对上述三个阶段目标进一步明确和具体化，指出“到 2022 年，城乡融合发展体制机制初步建立……到 2035 年，城乡融合发展体制机制更加完善……到 21 世纪中叶，城乡融合发展体制机制成熟定型”。《意见》还进一步从要素配置、基本公共服务、基础设施、乡村经济多元化发展、农民收入持续增长等方面提出了一系列具体要求，是未来一定时期内促进城乡融合发展的总纲领。

不难看出，城乡融合发展既是未来的美好愿景，又渗入每一项政策、每

① 田永坡：《零工经济：撮合而不凑合》，《中国经济导报》2020 年 6 月 12 日。

② 《关于支持新业态新模式健康发展　激活消费市场带动扩大就业的意见》，http://www.gov.cn/gongbao/content/2019/content_5392288.htm。

③ 孔祥智：《新中国成立 70 年来城乡关系的演变》，《教学与研究》2019 年第 8 期。

④ 《中共中央　国务院关于建立健全城乡融合发展体制机制和政策体系的意见》，http://www.gov.cn/gongbao/content/2019/content_5392288.htm。

一项具体工作之中。如党的十九届四中全会明确提出，“要坚持和完善统筹城乡的民生保障制度，满足人民日益增长的美好生活需要。重点要健全有利于更充分更高质量就业的促进机制”。[①] 2020 年 5 月 17 日发布的《中共中央　国务院关于新时代推进西部大开发形成新格局的指导意见》进一步强调，要大力促进城乡融合发展，有序推进农业转移人口市民化。[②] 2020 年国务院《政府工作报告》则聚焦“六稳”“六保”，从乡村振兴、新型城镇化、就业优先政策等方面为新时期城乡融合发展明确了方向和任务，[③]《中华人民共和国乡村振兴促进法（草案）》也分章分条指明要健全城乡融合发展的体制机制，尤其要鼓励城市人才向乡村流动，建立健全城乡之间人才合作与交流机制。[④] 此外，《全国乡村产业发展规划（2020～2025 年）》也提出“要坚持立农为农、市场导向、融合发展、绿色引领和创新驱动，引导资源要素更多向乡村汇聚，加快农业与现代产业要素跨界配置，把二三产业留在乡村，把就业创业机会和产业链增值收益更多留给农民。”[⑤] 这为新的历史方位下高质量推进城乡劳动力融合发展提供了新要求、新思想、新路线。

城乡劳动力市场融合发展是基于要素市场化配置下的人才在城乡之间双向自主有序流动，提高人力要素配置效率，进一步激发全社会创新创业就业活力和市场效能。乡村振兴战略与新型城镇化以及新的国家区域发展政策必然会推动城乡劳动力市场深度融合发展。本研究认为，城乡劳动力市场融合发展程度至少体现在以下三个方面。

1. 人口在城乡之间流动加快

户籍制度松动以来，“进城”“农转非”成为一代人的记忆，我国城镇

---

① 《中共中央关于坚持和完善中国特色社会主义制度推进国家治理体系和治理能力现代化若干重大问题的决定》，http://www.gov.cn/zhengce/2019-11/05/content_5449023.htm。

② 《中共中央　国务院关于新时代推进西部大开发形成新格局的指导意见》，http://www.gov.cn/xinwen/2020-05/18/content_5512759.htm。

③ 《2020 政府工作报告》，http://www.gov.cn/zhuanti/2020lhzfgzbg/index.htm。

④ 《乡村振兴这件大事　国家要立法来促进》，http://www.npc.gov.cn/npc/c30834/202006/ed5d733c12cf49088d61ad7dd308465f.shtml。

⑤ 《全国乡村产业发展规划（2020～2025 年）》，http://www.moa.gov.cn/govpublic/XZQYJ/202007/t20200716_6348795.htm。

化率显著提升。城镇人口和城镇化率从 1978 年的 1.73 亿人和 17.92% 迅速增至 2019 年的 8.48 亿人和 60.60%（见表 2）。有数据进一步显示，中国城镇人口和城镇化率到 2030 年分别为 10.2 亿人和 70%，2047 年提高到约 2.76 亿人和 80%。[①] 这意味着伴随新型城镇化的有序推进，未来将会有更多的农村人口转入城镇，我国城乡劳动力市场融合度也将大幅提升。

表 2　1978～2019 年中国城镇化率

单位：万人，%

年份	城市人口	城镇化率	年份	城市人口	城镇化率	年份	城市人口	城镇化率
1978	17250	17.92	1992	32374	27.63	2006	57706	43.90
1979	19499	19.99	1993	33351	28.14	2007	59379	44.94
1980	19139	19.39	1994	34301	28.62	2008	60664	45.68
1981	20175	20.16	1995	35173	29.04	2009	62174	46.59
1982	21479	21.13	1996	35946	29.37	2010	63693	47.50
1983	22270	21.62	1997	36989	29.92	2011	69079	51.27
1984	24013	23.01	1998	37927	30.40	2012	71182	52.57
1985	25097	23.71	1999	38855	30.89	2013	73071	53.70
1986	26361	24.52	2000	45906	36.22	2014	74916	54.77
1987	27675	25.32	2001	48064	37.66	2015	77116	56.10
1988	28656	25.81	2002	50212	39.09	2016	79298	57.35
1989	29540	26.21	2003	52376	40.53	2017	81347	58.52
1990	30195	26.41	2004	54283	41.76	2018	83137	59.58
1991	30543	26.37	2005	56212	42.99	2019	84843	60.60

资料来源：历年国家统计局，笔者整理。

2. 返乡入乡人数日益增多

实施乡村振兴战略，离不开既熟悉农村现实情况又有城市现代产业部门工作经验的返乡劳动力。[②] 农民工返乡创业的经济实质是把这部分人力资本再从城市转移到乡村，这种转移对今后 30 年实现乡村振兴和共同富裕目标

① 《中国将在 2050 年完成城镇化》，http://finance.people.com.cn/n/2014/0311/c1004－24594873.html。

② 王轶、熊文、黄先开：《人力资本与劳动力返乡创业》，《东岳论丛》2020 年第 3 期。

具有至关重要的作用。[①] 为此，党和国家高度重视返乡入乡创业活动，密集出台了一系列返乡创业政策，如《关于支持农民工等人员返乡创业的意见》（国办发〔2015〕47 号）、《关于实施开发农业农村资源支持农民工等人员返乡创业行动计划的通知》（国办发〔2015〕93 号）、《关于支持返乡下乡人员创业创新促进农村一二三产业融合发展的意见》（国办发〔2016〕84 号）、《关于加强政银企合作扎实推进返乡创业工作的通知》（2018）、《关于促进乡村产业振兴的指导意见》（国发〔2019〕12 号）、《关于进一步推动返乡入乡创业工作的意见》（人社部发〔2019〕129 号）、《关于推动返乡入乡创业高质量发展的意见》（发改就业〔2020〕104 号）、《扩大返乡留乡农民工就地就近就业规模实施方案》（农办产〔2020〕2 号）等，这极大促进了各类劳动力返乡创业积极性。农业农村部 2019 年 11 月测算显示，全国返乡入乡创业创新人员已达 850 万人，带动乡村就业超过 3400 万人，农村返乡入乡创新创业覆盖率达到 83.6%，即每 100 个行政村中有 83.6 个有返乡入乡的创业项目。[②] 当前，在乡创业创新人员达到 3100 万，成为助推乡村振兴的生力军、促进城乡劳动力市场融合的重要变量。[③]

为更好地勾勒出返乡入乡创业情况，本研究将使用《县域创业报告》（简称《报告》）的主要数据作进一步分析。[④]《报告》显示，当前返乡创业者占比 50.8%，大学生的占比约为 16%；分性别和婚姻状况看，男性占比达 71.1%，80.1% 的县域创业者已婚，73.0% 已育；分年龄看，县域创业群体中 48.0% 的创业者年龄为 26 ~ 35 岁，30.9% 的创业者年龄在 36 ~ 45 岁，45 岁以上创业者仅占约 10%，年轻人是创业主力军；从户籍上看，69.6% 的创业者为农村户口；分受教育程度看，近 60% 的创业者仅拥有高中和初中学历，15.7% 的创业者拥有大学本科以上学历。另外，《报告》还

① 李周：《农民流动：70 年历史变迁与未来 30 年展望》，《中国农村观察》2019 年第 5 期。

② 李丹青：《返乡入乡双创人员已达 850 万人》，《工人日报》2020 年 1 月 10 日。

③ 《全国农村双创人员达 850 万人》，http://www.gov.cn/xinwen/2019-11/19/content_5453639.htm。

④ 《58 同镇与清华共同发布〈县域创业报告〉返乡创业者占比过半、企业整体营收 5 ~ 7 万》，http://www.ce.cn/xwzx/gnsz/gdxw/202006/16/t20200616_35144958.shtml。

表明，75.1%的创业者家庭规模在3～6人范围内，均值为3.87人/户，家庭人口规模高于《中国人口和就业统计年鉴》公布的2018年全国地区“县平均户数”3.20人；县域创业企业多为家庭模式，整体占比达到65.6%，股份有限公司占比不到3%，这意味着，以家庭为单位的“夫妻店”“父子店”依然是县域创业企业的主流；从创业行业和规模上看，县域创业企业相对集中于第三产业，比如批发和零售业、住宿和餐饮业、居民服务和其他服务业等，这些行业与县域居民生活息息相关，大部分属于生活型服务业，同时，也有一定比例的创业者从事信息传输、计算机服务和软件业，瞄准数字化转型趋势，朝着“线上化”创业目标迈进；88.6%的企业规模在5人以下或无雇用，雇员100人以上的企业不到1%。整体而言，相比中西部地区，东部地区聚集了更多的县域创业企业。

3. 农民工就地就近就业比例逐渐提高

《2019年农民工监测报告》① 显示，2019年农民工总量达到29077万人，平均年龄为40.8岁，比2018年提高0.6岁。男性占64.9%，有配偶的占80.2%。56%的农民工文化程度为初中，高中、大专及以上分别占比16.6%和11.1%。农民工总人数比2018年增加241万人，增长0.8%。其中，本地农民工11652万人，比2018年增加82万人，女性占比39.4%；外出农民工17425万人，比2018年增加159万人，女性占比30.7%。

具体来看，在外出农民工中，在省内就业的农民工9917万人，比2018年增加245万人，增长2.5%；跨省流动农民工7508万人，比2018年减少86万人，下降1.1%。省内就业农民工占外出农民工的56.9%，所占比重比上年提高0.9个百分点。分地区看，除东北地区省内就业农民工占外出农民工的比重比2018年下降3.4个百分点以外，东部、中部和西部地区省内就业农民工占比分别比2018年提高0.1个、1.4个和1.2个百分点（见表3）。

---

① 《2019年农民工监测报告》，http://www.stats.gov.cn/tjsj/zxfb/202004/t20200430_1742724.html。

表 3　2019 年外出农民工地区分布及构成

单位：万人，%

输出地	流动规模			流动规模占比		
	总规模	跨省流动	省内流动	跨省占比	省内占比	合计
东部地区	4792	821	3971	17.1	82.9	100
中部地区	6427	3802	2625	59.2	40.8	100
西部地区	5555	2691	2864	48.4	51.6	100
东北地区	651	194	457	29.8	70.2	100
合计	17425	7508	9917	43.1	56.9	100

资料来源：历年国家统计局，笔者整理。

东部、东北地区吸纳就业的农民工减少，中西部地区吸纳就业的农民工继续增加。从输入地看，2019 年，在东部地区就业的农民工 15700 万人，比 2018 年减少 108 万人，下降 0.7%，占农民工总量的 54%。其中，在京津冀地区就业的农民工 2208 万人，比 2018 年增加 20 万人，增长 0.9%；在江浙沪地区就业的农民工 5391 万人，比 2018 年减少 61 万人，下降 1.1%；在珠三角地区就业的农民工 4418 万人，比 2018 年减少 118 万人，下降 2.6%。在中部地区就业的农民工 6223 万人，比 2018 年增加 172 万人，增长 2.8%，占农民工总量的 21.4%。在西部地区就业农民工 6173 万人，比 2018 年增加 180 万人，增长 3.0%，占农民工总量的 21.2%。在东北地区就业农民工 895 万人，比 2018 年减少 10 万人，下降 1.1%，占农民工总量的 3.1%。

此外，新冠肺炎疫情也对农民工短期就业和长期就业产生了明显影响。具体表现为，一是返乡农民工滞留乡村较多。因产业链条接续不畅，特别是服务业复工复产滞后，一线用工需求减少，不少返乡农民工仍滞留乡村。二是返岗农民工出现再次返乡。企业复工复产后，因市场消费不足，出现开工不达产情况。特别是受国外疫情持续蔓延影响，部分外贸企业、制造企业订单取消较多，出现停工限产、裁员降薪，一些已返岗农民工不得不再次返乡。三是本地企业吸纳农民工就业减少。原有在本地乡村企业就业的农民工有1.17亿人，但这些企业也因疫情影响，复工复产较慢，影响在乡农民工就业。如何找准产业就业结合点，采取灵活就业、共享就业、临时兼业等形式，激活就业岗位也将变得十分重要。针对新形势，人社部、农业农村部积极作为，加大工作力度，推动各项政策措施落到实处，已安排800多万返乡农民工就地就近就业，[①] 这在一定程度上重塑了城乡劳动力市场结构与形态。

三　结语与启示

国家城市群发展战略、后疫情时代产业集群布局、科技革命与产业革命、新型城乡关系等深刻影响着劳动力市场地域空间重构。面对劳动力市场新机遇和挑战，积极构建劳动力市场回旋体制，主动培育劳动力市场吸纳机制（cooptation mechanism），大胆探索灵活稳定（flexicurity）的劳动力市场善治之策，既是做好“六稳”“六保”工作，推进常态化疫情防控和经济社会发展需要，又是加快形成以国内大循环为主体、国内国际双循环新发展格局需要，最终将有助于人民实现美好生活。为此，新的发展阶段，要以习近平新时代中国特色社会主义思想为指导，紧紧围绕创新、协调、绿色、开放、共享的发展理念，积极创新和完善劳动力市场宏观调控，加强劳动力市场定向调控、相机调控和精准调控，[②] 开展系统治理、依法治理、综合治理、源头治理，重点做好就业优先、经济发展与教育变革有效衔接，才能将我国就业制度优势更好地转化为国家就业治理效能。

① 常钦：《800多万返乡农民工就地就近就业》，《人民日报》2020年5月30日。

② 赖德胜、石丹淅：《新时代劳动力市场的宏观调控与实践路径》，《求是学刊》2018年第6期。

B.3

基于大数据视角的网络招聘需求分析

杨伟国　何珺子　管立军*

摘　要： 在当今这样一个数据无处不在的数字经济时代，网络招聘正逐渐成为工作搜寻的主要方式。本研究基于大数据视角，从宏观和微观两个层面，以全网发布的所有招聘信息为研究对象，细分到区域、行业、企业、学历等多个维度，探求劳动力市场需求的运行规律。研究发现，网络招聘需求将成为劳动力流动的风向标，预测性招聘将会大大提高劳动力市场的匹配效率。新零售、生活性服务业的快速发展带来了大量招聘需求，新需求催生了新职业，并且折射出新的经济增长点。同时，招聘新生态将有力提升就业服务和体验，大数据、用户画像等数字优势将助力高质量就业的实现。

关键词： 网络招聘　大数据　招聘人数　平均薪酬

大数据是当今高科技时代的产物，也是我们重新认识世界的新途径。“这是一场革命，庞大的数据资源使各个领域开始了量化进程，无论是学术界、商界还是政府，所有领域都将开始这种进程。”哈佛大学社会学教

* 杨伟国，教授，博士生导师，中国人民大学劳动人事学院院长，主要研究方向为就业理论与政策、数字经济与工作市场、人力资本服务、战略人力资源审计、战略人力资本管理等；何珺子，博士，北京市工会干部学院讲师，主要研究方向为劳动经济学、人力资本与创新创业；管立军，中国人民大学商学院 MBA，佰职科技创始人兼 CEO。

授加里·金这样说道。在大数据时代，数据不仅是一种“资源”，更是一种重要的“资产”。2020 年 4 月 9 日，中共中央、国务院印发《关于构建更加完善的要素市场化配置体制机制的意见》（简称《意见》），将数据作为一种新型生产要素写入了《意见》。如何发挥数据要素对其他要素效率的倍增作用，使大数据成为推动经济高质量发展的新动能，成为各界关注的热点。

2020 年的新冠肺炎疫情，无疑成为我国及全球范围内的典型“黑天鹅”事件，不仅打乱了原有社会的生活节奏和经济秩序，更对全球产业链、商业模式、供应链条产生重大影响。学生网络听讲，职场居家办公，招聘在线面试，消费线上买单，大家的生活一夜之间都上传在了“云”端，每天没有“碰面”却又时刻都在“见面”，生活从与“人”打交道变成了和“数据”“网络”打交道。那么在这样一个数据无处不在、网络触手可及、软件包容万物的数字经济时代，人们的生活方式、工作模式、研究范式都发生了极大的改变。如何利用大数据的混杂性使我们把握整体方向，在宏观层面更具洞察力；如何利用大数据的全貌性使我们准确分析对象之间的相关性，预判或者提醒公众什么事情将会发生，将是数据要素发挥作用的重要手段。

重视“数据”这个要素本身就是肯定数字经济在国民经济中的重要作用。从总量上来看，近年来我国数字经济规模保持快速增长，占 GDP 比重持续上升。2018 年，我国数字经济规模达 31.3 万亿元，占 GDP 比重达 34.8%（见图 1），数字经济已成为我国经济增长的新引擎。①

随着数字经济和数字化技术的发展，招聘服务也变得更加智能化和自动化，视频面试、面试机器人甚至实时招聘等成为招聘机构推出的创新功能。2019 年 2 月 12 日，全球最大社交招聘平台领英（LinkedIn）推出 LinkedIn Live，进入视频直播市场。同时，基于人工智能推荐职位的招聘机构也获得

① 《中国互联网发展报告 2019》指出，2018 年，我国数字经济规模达 31.3 万亿元，占 GDP 比重达 34.8%。

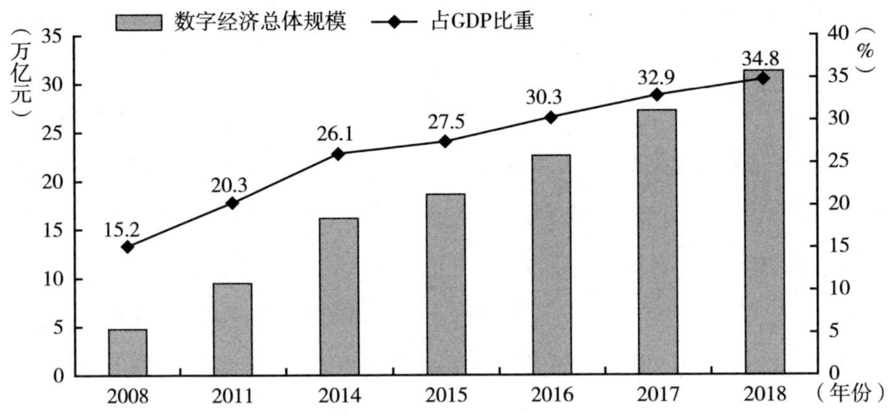

图 1　中国数字经济总体规模及占 GDP 比重情况

资料来源：https：//www. shangyexinzhi. com/article/112273. html。

了资本青睐。以短视频形式展示公司氛围及招聘需求的在线求职 App——抖聘，已获得数百万美元 A + 轮战略投资。可以预见，在未来，人工智能与招聘管理的融合将更为深入，大数据技术在简历筛选、人才画像、智能面试等应用场景中会得到更加充分的发展。

本研究从劳动力需求的视角研究五种生产要素中的两种，即劳动力和数据，聚焦网络招聘市场的需求方面，从宏观和微观两个方面展现我国劳动力市场网络招聘的现状。宏观层面主要以需求人数、薪酬水平为主线，展现近三年网络招聘的整体情况和发展趋势；微观层面将聚焦新冠肺炎疫情对劳动力市场的冲击。

一　研究方法和数据

本研究的数据由佰职科技公司提供，其通过独创的求职领域全网搜索引擎，对网络招聘信息进行全网搜索，再将深度学习技术、自然语言处理技术和人工智能相结合，对数据进行智能分类和标准化处理，以进行大数据统计和分析。其数据源来自全国各招聘网站、企业官网以及大学校园发布的招聘职位信息数据，数据覆盖招聘网站 413 家（智联招聘、前程无忧、中华英才等）、求职 BBS 论坛 2135 家（应届生求职 BBS、高校就业指导中心官网等）、公司官网 1221 家（招聘量比较大的部分 500 强公司），时间范围为 2017 年 1 月到 2019 年 12 月。从这些网站得到的数据要通过机器学习和人工智能技术进行汇总整理，整理工作主要包括招聘信息的结构化、缺失、杂乱和冗余四个方面的问题。具体来说，要对重复数据进行归一处理，并删除部分无效数据和异常数据。通过智能相似度匹配算法，去除重复的职位信息，如同一公司的同一岗位在多个网站发布，以及同一公司的同一岗位在多个网站某段时间的重复发布，类似的招聘信息数据只计算一次。同时使用深度语义解析模型，对虚假、无效职位数据进行过滤，诸如描述过于夸大的职位、信息虚假的职位、遭到大量用户举报的职位等招聘信息数据都将被删除。目前的统计信息中，重复和无效职位信息过滤比例已达 66.2%。此外，对发布的招聘信息中，需求在 30 人以上的招聘信息也进行了人工过滤。

二　全国劳动力市场网络招聘需求状况

（一）需求概况

2019 年，全国劳动力市场网络招聘的需求总人数为 20211 万人，与 2018 年的需求人数总量 24420 万人相比减少 17.24%，分别占当年末就业人数的 31.47% 和 26.09%，[①] 反映出劳动力市场整体需求比较旺盛。图 2 显示的是全国分月度的网络招聘需求人数总体情况。整体来说呈波浪式状态，2018 年 5 月、2018 年 11 月、2019 年 6 月和 2019 年 11 月是需求高峰月份，平均需求量可以达到 2526 万人，2018 年 2 月和 2019 年 2 月是低谷时段，平均需求量仅为 1204 万人。

① 数据来源于 2018 年、2019 年国民经济和社会发展统计公报，http：//www.stats.gov.cn/tjsj/tjgb/ndtjgb/。

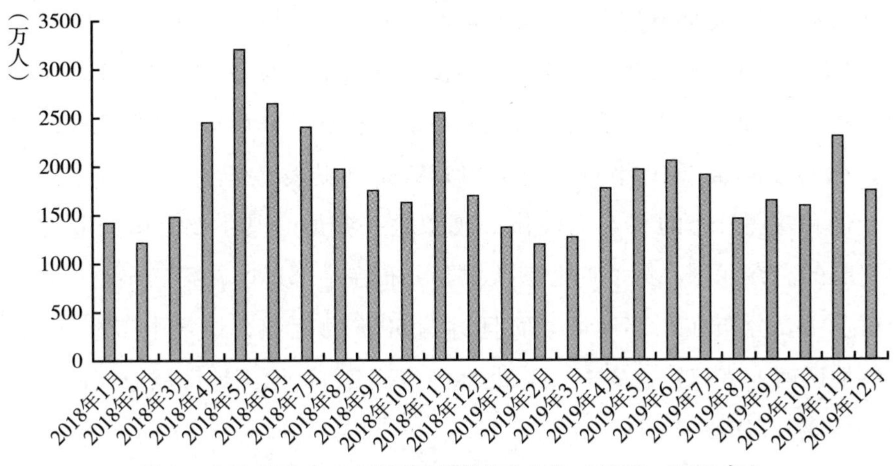

图 2　全国劳动力市场网络招聘需求人数（2018～2019 年）

（二）全国分地区需求情况

1. 分区域需求情况

从分区域的网络招聘需求人数（见图 3）可以看出，[①] 东部地区和中部

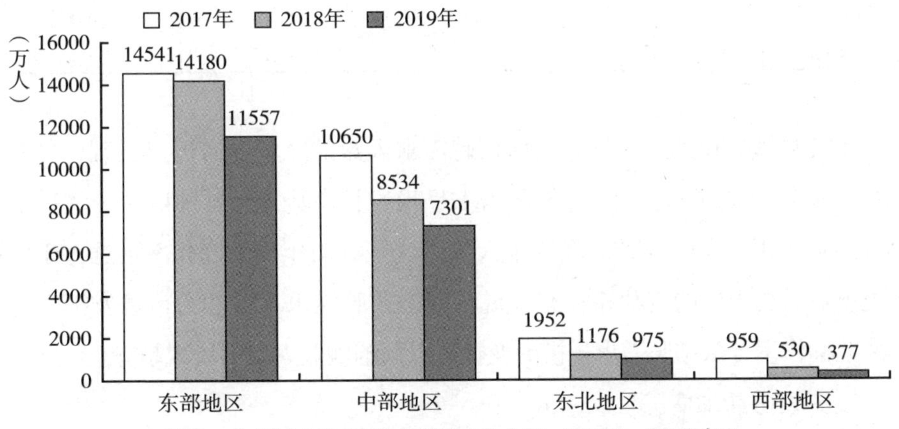

图 3　全国分区域网络招聘需求人数（2017～2019 年）

① 按照国家统计局的划分标准，本研究将北京、天津、上海、河北、江苏、浙江、福建、山东、广东、海南划分为东部地区；黑龙江、吉林、辽宁划分为东北部地区；内蒙古、山西、安徽、江西、河南、湖北、湖南、广西、四川、重庆、贵州、云南、陕西划分为中部地区；甘肃、青海、宁夏、新疆、西藏划分为西部地区。

地区占据了绝大部分的招聘需求份额，2017～2019 年，东部占比分别为 51.74%、58.07% 和 57.18%。中部占比分别为 37.90%、34.95% 和 36.13%，东北地区和西部地区的占比持续下降，分别从 2017 年的 6.95% 和 3.41% 下降至 2019 年的 4.82% 和 1.87%（见表 1）。

这和就业分布的“空间极化”现象是一致的，其主要是由产业集聚现象引起的。在我国，第一产业就业主要分布在中部地区，第二产业和第三产业就业主要分布在东部地区。而且有约 50% 的就业人口集中于东部地区，中部地区就业人口占比 39%，东北地区占比 7%，西部地区就业人口仅占全国总就业人口的 4%。①

表 1　全国分区域的城镇单位就业人员和网络招聘需求人数占比（2017～2018 年）

单位：%

区域	2017 年		2018 年	
	城镇单位就业人员	网络招聘需求人数	城镇单位就业人员	网络招聘需求人数
东部地区	49.41	51.74	50.32	58.07
中部地区	39.24	37.90	38.71	34.95
东北地区	7.03	6.95	6.80	4.81
西部地区	4.32	3.41	4.17	2.17

对比城镇单位就业人员和网络招聘需求人数的区域分布可以发现，二者的趋势是完全一致的，除了东部招聘需求呈现增长态势外，其他区域均呈现下降趋势（见图 4）。同时网络招聘需求人数占比在这两年间的变化率远远大于城镇单位就业人员占比的变化率，充分说明网络招聘需求在劳动力市场发挥了明显的风向标作用，从招聘需求规模的变化可以预测就业人员的增减趋势。

2. 分省份需求情况

从 2017～2019 年各省份的招聘需求趋势来看，26 个省份逐年下降，呈现和全国相同的趋势。北京、广东、上海、重庆呈现倒“U”形趋势，即

① 数据来源于《中国劳动统计年鉴（2017 年）》《中国劳动统计年鉴（2018 年）》中“表 1－6　各地区分登记注册类型城镇单位就业人员年末人数及构成”。

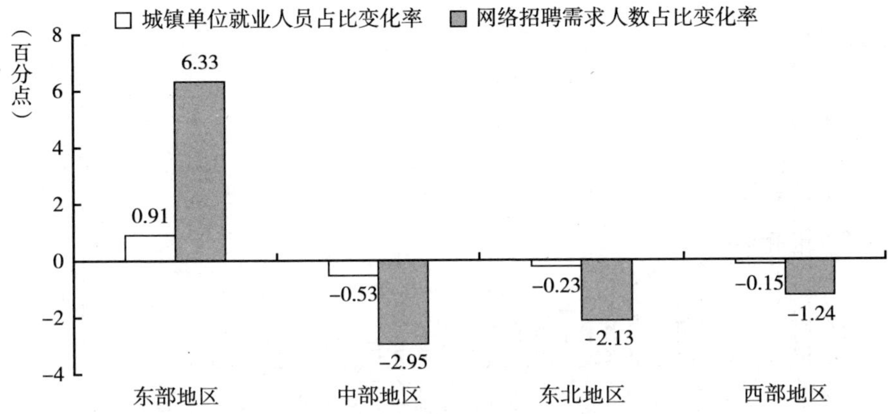

图4　全国分区域的城镇单位就业人员和网络招聘需求人数占比变化率（2017～2018年）

2018年较2017年有所增长，2019年较2018年却有所回落。而黑龙江呈现“U”形趋势，2018年比2017年有所减少，2019年比2018年略有增长。

2017年招聘需求排在前列的省份是广东、江苏、北京、河南、山东、湖北和浙江，2018年招聘需求排在前列的省份是广东、江苏、北京、上海、浙江和山东，2019年招聘需求排在前列的省份是广东、江苏、上海、北京、四川和浙江。2017年招聘需求最多的前7个省份占据了将近一半的总体需求（比例为49.28%），而在2018年和2019年，需求量最大的前6个省份就占据了总招聘需求的一半规模。广东和江苏两省连续三年都是网络招聘需求最多的两个省份。

2019年全国各省份劳动力市场网络招聘需求人数及占比如图5所示，广东以3562万人的招聘规模居于首位，江苏和上海分别以1566万人和1476万人位于其后。新疆（108万人）、海南（75万人）、宁夏（44万人）、青海（42万人）和西藏（17万人）是招聘需求最少的5个省份。以招聘需求最多的广东省和招聘需求最少的西藏为例，2019年末广东省常住人口是西藏常住人口的34倍，[①] 而招聘需求则达到210倍。

① 《2017年西藏自治区国民经济和社会发展统计公报》，http：//www. tjj. linzhi. gov. cn/tjj/c103535/201901/b151dfa7fa4446d497b8715f9ae20405. shtml；《2019年广东省国民经济和社会发展统计公报》，http：//gdzd. stats. gov. cn/gzdt/202003/t20200310_ 175574. html。

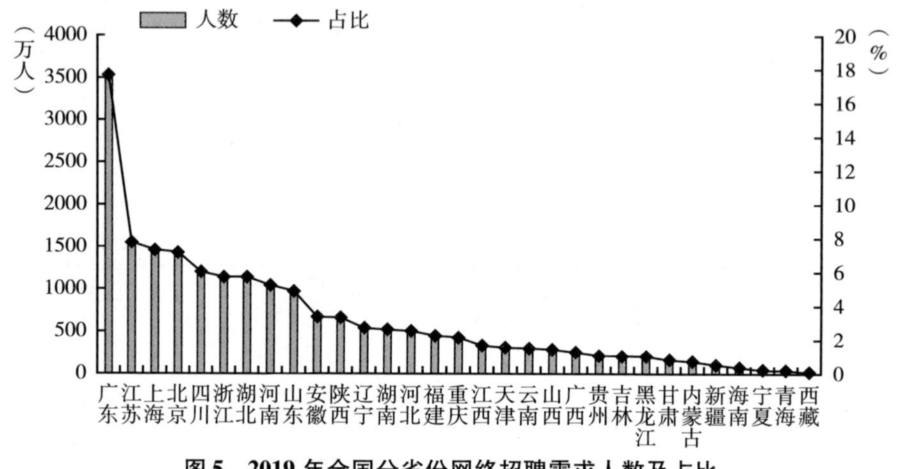

图5　2019 年全国分省份网络招聘需求人数及占比

3. 分城市需求情况

4 个一线城市的网络招聘需求情况如图 6 所示。2017～2019 年，上海和深圳的招聘需求人数占全国的比例呈现逐年上升的趋势，这充分说明了一线城市对就业人口的巨大吸引力。上海从 2017 年的 5.16% 上升到 2018 年的 6.85%，2019 年达到 7.30%，深圳则从 5.92% 上升到 6.24%，至 2019 年达到 7.02%。北京则是先上升，从 2017 年的 5.65% 上升到 2018 年的 7.40%，2019 年稍有回落，为 7.17%。广州先下降后上升，从 2017 年的 5.62% 到 2018 年的 5.53%，2019 年增长至 6.24%。

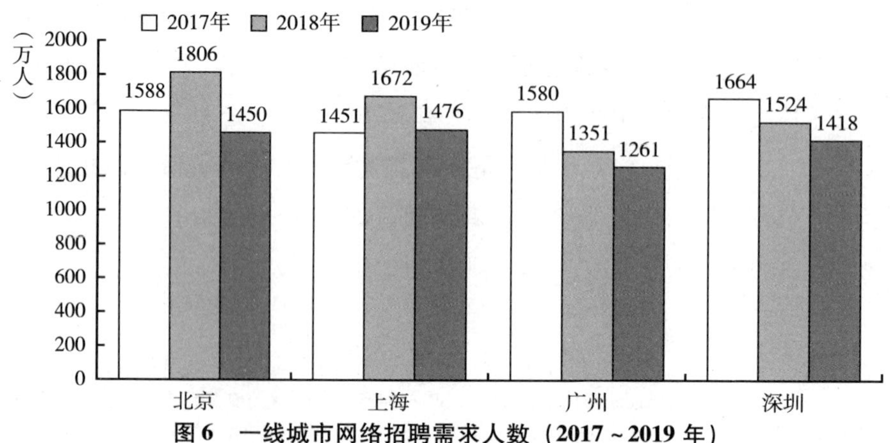

图6　一线城市网络招聘需求人数（2017～2019 年）

从2019年新发布15个新一线城市（见图7）[①] 的招聘需求来看，武汉的招聘需求人数总量在2017年和2018年连续两年居第一位，2019年成都居第一位。这15个新一线城市占全国招聘需求人数的比重高达1/3，从2017年的30.53%增长到2018年的32.47%，2019年增至33.22%。

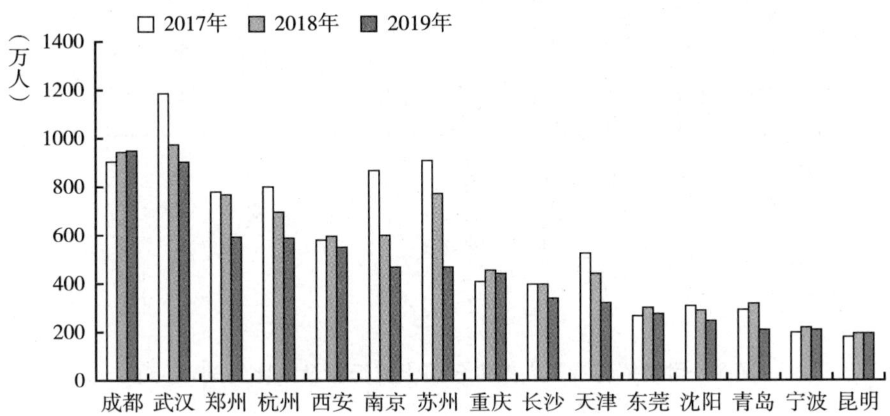

图7　新一线城市网络招聘需求人数（2017～2019年）

（三）分行业类别需求情况

从各行业的劳动力需求人数来看，2017年到2019年排名前十位的行业分别是互联网、房地产建筑、教育培训、咨询财会法律人力、房地产服务、软件、医疗健康、酒店餐饮、基金证券、中介服务。这十个行业占据了总招聘需求的一半份额。互联网行业招聘需求占比从2017年的11.88%增长到2018年的12.49%，2019年稍有回落，但仍然有11.09%。房地产建筑行业在这三年的平均占比为7.82%，教育培训行业的平均占比为6.5%，而且这两个行业的占比份额逐年增加。

2019年排名后十位的行业（见图9）分别是水利水电、政府非营利组

① 数据来源于新一线城市研究所发布的《2019城市商业魅力排行榜》。

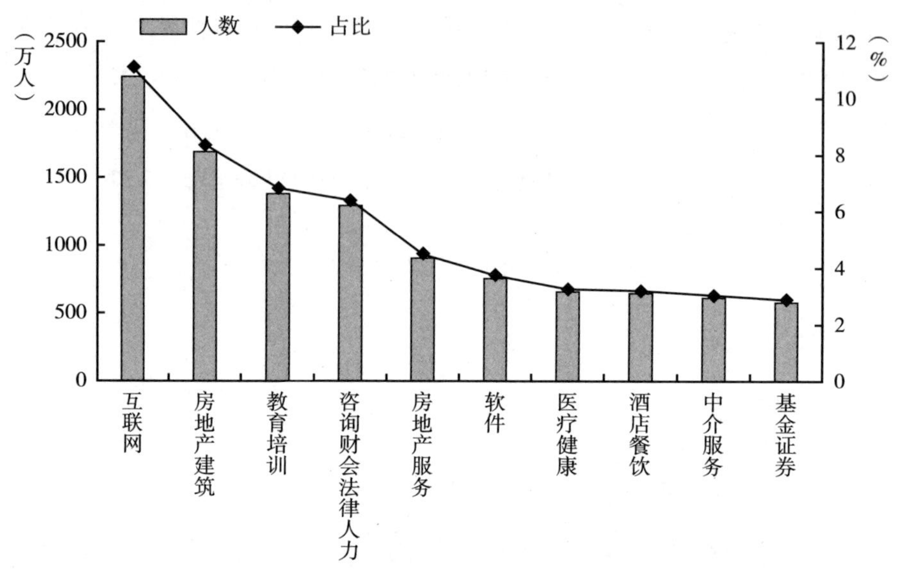

图 8 网络招聘需求人数排名前十位行业及占比（2019 年）

织、石油化工、学术科研、检验认证、印刷造纸、奢侈品礼品、信托、办公用品、航空航天。

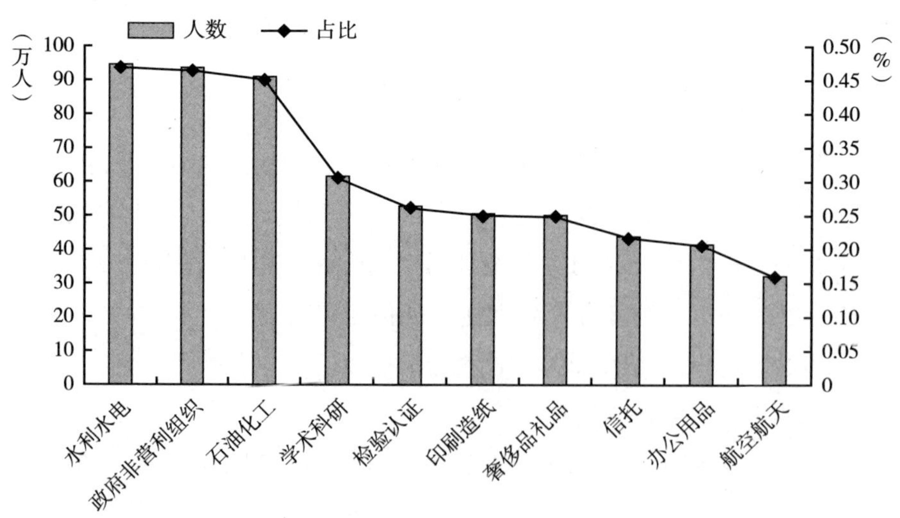

图 9 网络招聘需求人数排名后十位行业及占比（2019 年）

（四）分职业类型需求情况

在各种职业中，2019 年网络招聘需求人数最多的是销售，需求人数为 3916 万人，其次是技工操作工，达 1492 万人，再次是售前售后，达 1063 万人。紧随其后的是酒店商超娱乐从业者、物流从业者、房地产开发与经纪、教育从业者、行政、食品餐饮从业者、交通运输从业者，这十个职业占据了 60% 的招聘需求（见图 10）。

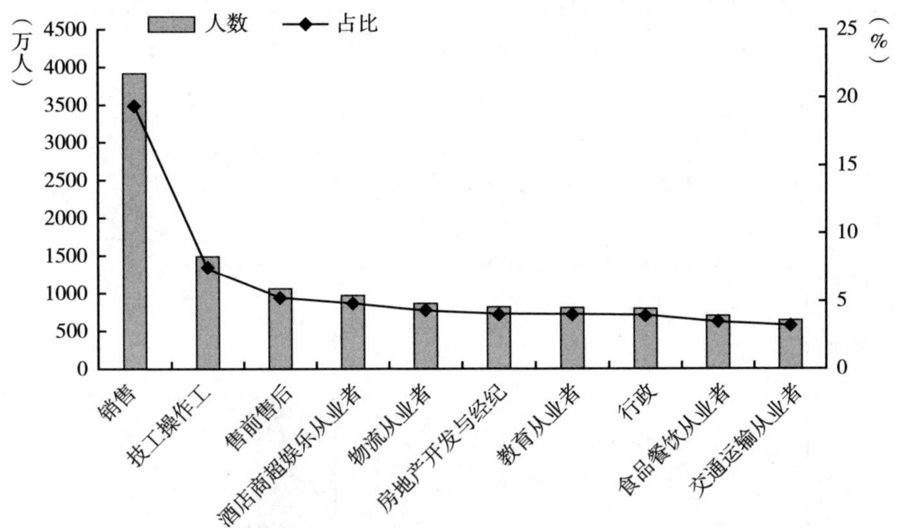

图 10　网络招聘需求人数排名前十位职业及占比（2019 年）

而招聘需求人数排名后十位的职业分别是农林牧渔从业者、汽车制造、硬件开发、翻译、IT 项目管理、化工从业者、能源矿产从业者、公务员/科研人员、信托从业者和社会工作者（见图 11）。

（五）分企业性质需求情况

按照全网发布招聘需求的企业性质，将其分为四类：国有企业、外资企业、民营企业和其他，其他包括事业单位、非营利组织和创业公司。从三年的平均占比来说，民企占到了总体招聘需求的 83.35% 左右，其次是外企 10.17%，再次是国企 4.79%，最后是事业单位、非营利组织和创业公司，占比 1.69%（见图 12）。

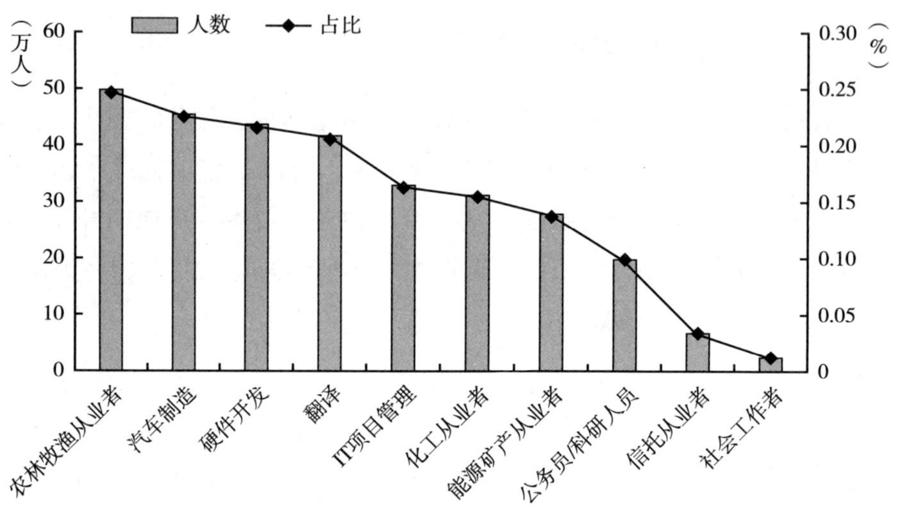

图 11　网络招聘需求人数排名后十位职业及占比（2019 年）

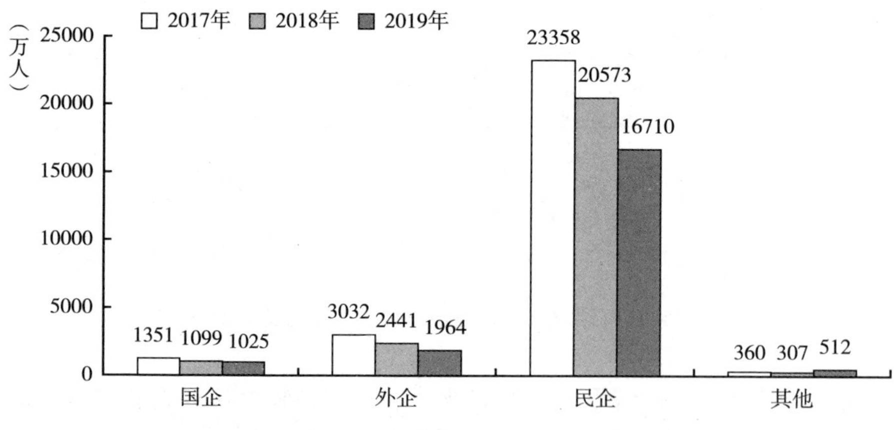

图 12　分企业性质的网络招聘需求人数（2017～2019 年）

（六）分企业规模需求情况

分企业规模来看，① 2019 年微型企业招聘人数最多，为 8530 万人，大

① 参考国家统计局发布的《统计上大中小微型企业划分办法（2017）》，该研究将少于 100 人的企业定义为微型企业，101～500 人的企业定义为小型企业，501～1000 人的企业定义为中型企业，超过 1000 人的企业定义为大型企业。

型企业 4853 万人，小型企业 4590 万人，中型企业 2237 万人（见图 13）。从趋势来看，中型企业占比约为 10%，较为稳定。大型企业 2017～2018 年占比 19% 左右，2019 年上升为 24%。小型企业占比从 2017 年的 27% 降低到 22% 左右。微型企业占比先从 43.57% 上升到 47.2% 又回落到 42.21%。

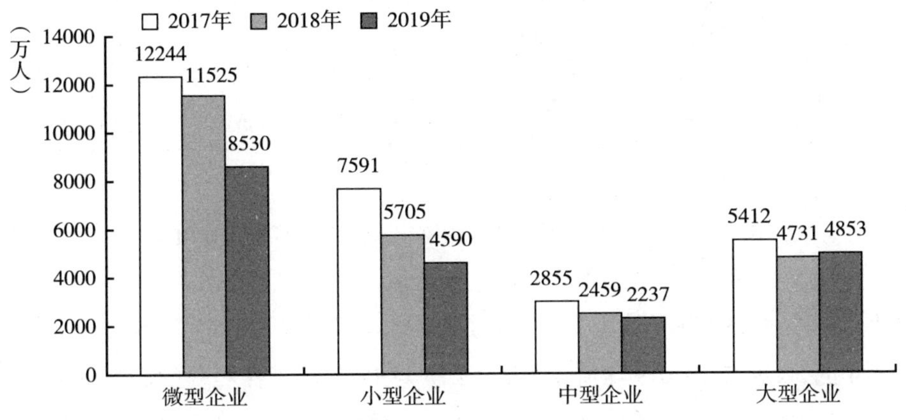

图 13　分企业规模的网络招聘需求人数（2017～2019 年）

（七）分学历要求需求情况

按照用人单位对学历的要求，2019 年对大专学历的需求量最大，为 8157 万人，其次是大专以下学历为 7686 万人，再次是本科学历 4147 万人。硕士和博士学历共 221 万人（见图 14）。从近三年的趋势来看，对大专及以下学历的需求在减少，本科学历的占比从 2017 年的 13.64%，增长到 2018 年的 16.55%，2019 年上升为 20.52%。硕士学历也从 2017 年的 0.58%，增长到 2019 年的 0.98%，增长 0.4 个百分点。博士学历需求也增长了 0.05 个百分点，从 2017 年的 0.06% 增长到 2019 年的 0.11%，说明社会对高学历人才的重视和青睐。

（八）分工作经验需求情况

相比 2017 年，网络招聘需求对于工作经验的变化不大，需求人数最多的

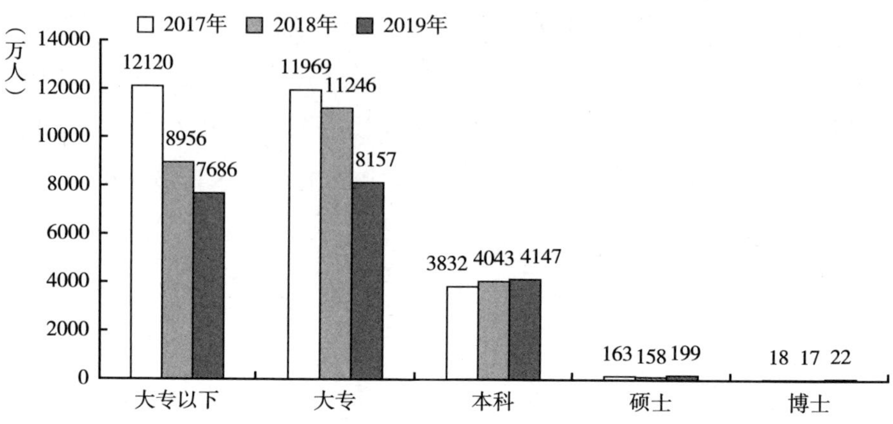

图 14　分学历要求的网络招聘需求人数（2017～2019 年）

是对工作经验无限制，但其占比呈现下降趋势，从 2017 年的 58.51%，下降到 2018 年的 56.42%，2019 年降至 54.93%。对 1～3 年工作经验的需求量也相对较大，占比从 25.22% 增长到 26.01% 又下降到 23.63%。对 1 年以内工作经验的需求呈现上升态势，从 2017 年的 5.59% 增长到 2019 年的 7.81%。对 3～5 年工作经验的需求量从 2017 年的 7.34% 增长到 2019 年的 8.94%。对 5～10 年工作经验的需求量从 2017 年的 2.93% 增长到 2019 年的 4.15%。虽然 10 年以上工作经验的占比最少，但也从 0.40% 增长到 0.54%（见图 15）。

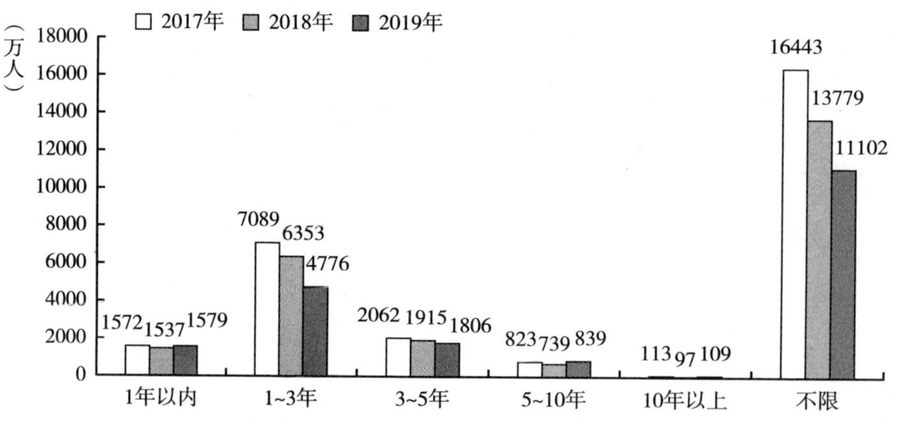

图 15　分工作经验的网络招聘需求人数（2017～2019 年）

三　全国劳动力市场网络招聘薪酬情况

（一）分地区薪酬情况

1. 分省份薪酬情况

从各个省份情况来看，2017～2019 年，全国有 11 个省份的月平均薪酬呈现持续上升的态势，20 个省份在 2019 年上半年出现回落。平均薪酬持续增长的 11 个省份是北京、山西、上海、江苏、浙江、福建、湖北、湖南、广东、重庆、陕西，有 6 个属于东部地区，5 个属于中部地区。2017～2019 年，北京、上海、山西分别以 37.22%、30.22%、30.18% 的增速居前三位（见图 16）。

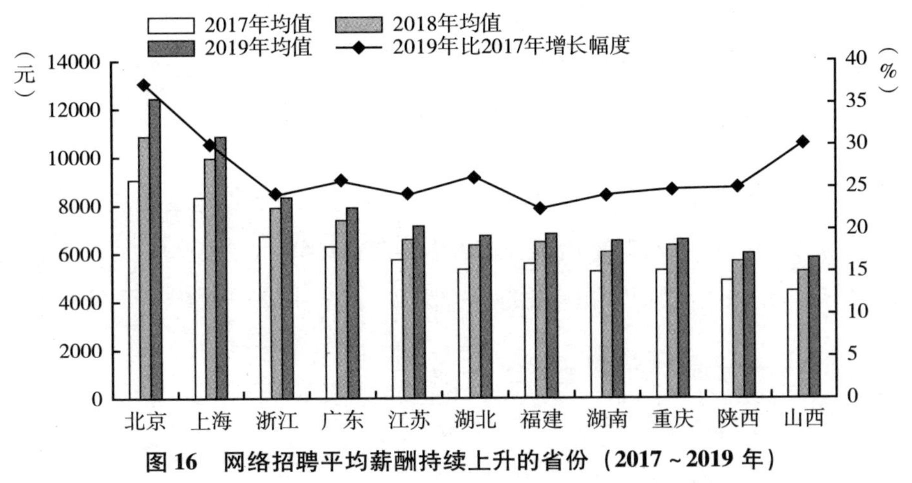

图 16　网络招聘平均薪酬持续上升的省份（2017～2019 年）

2017～2019 年，北京、上海、西藏、浙江和广东一直位于月平均薪酬的前 5 名。北京和上海在 2019 年的月平均薪酬为 12458 元和 10903 元，浙江 8343 元，西藏 8102 元，广东 7944 元。网络招聘平均薪酬较高的省份，其职工的平均工资也相应较高。[①] 北京的职工平均工资在 2018

① 数据来源：《中国统计年鉴 2018》《中国统计年鉴 2019》中的“表 4－15　按行业分城镇非私营单位就业人员平均工资”，由各省份年度平均工资除以 12 得到月度平均工资。

年为12147元，上海11700元，西藏9668元，浙江7407元，广东7386元（见图17）。

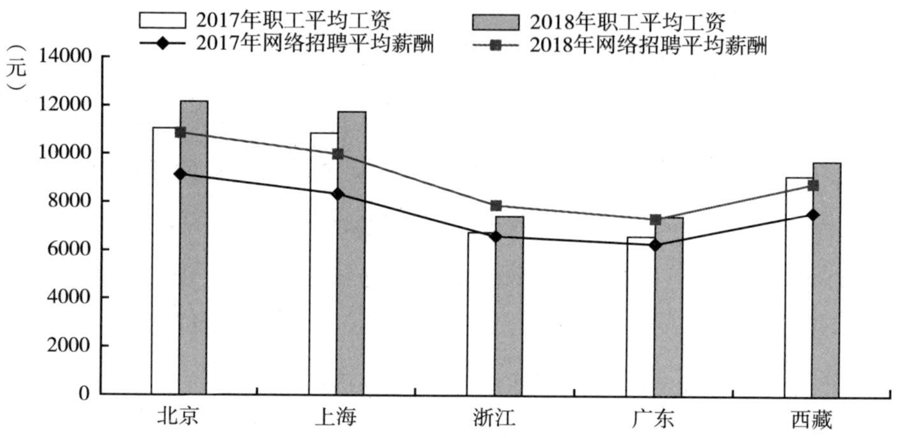

图17　网络招聘平均薪酬和职工平均工资的对比（2017～2018年）

2. 分城市薪酬情况

从4个一线城市来看，北京和上海的月平均薪酬增长速度较快，分别从2017年的9079元、8372元增长到2019年的12458元、10903元，增幅为37.22%和30.23%，深圳和广州的增速为27.77%和25.19%（见图18）。

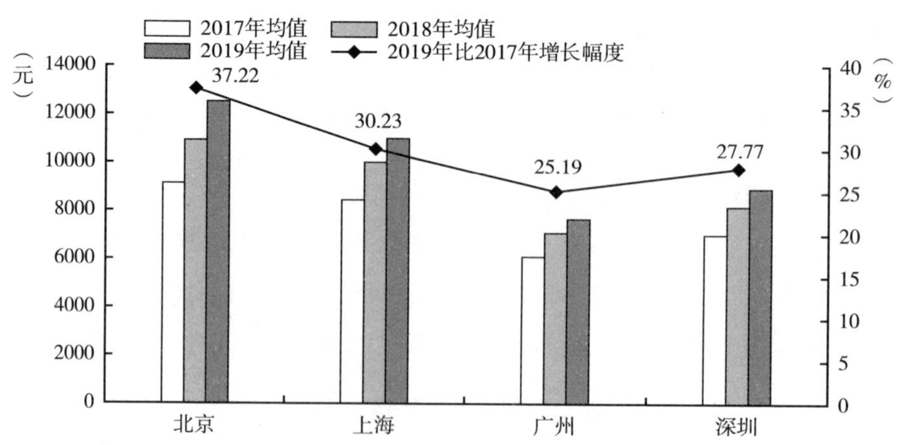

图18　一线城市网络招聘平均薪酬（2017～2019年）

从 15 个新一线城市来看，2017 ~2019 年，月平均薪酬前 4 位的城市一直是杭州、南京、苏州和宁波。杭州和南京的月平均薪酬增速也最快，分别为 27. 31% 和 27. 15% 。郑州的增幅最慢，只有 9. 82% （见图 19）。

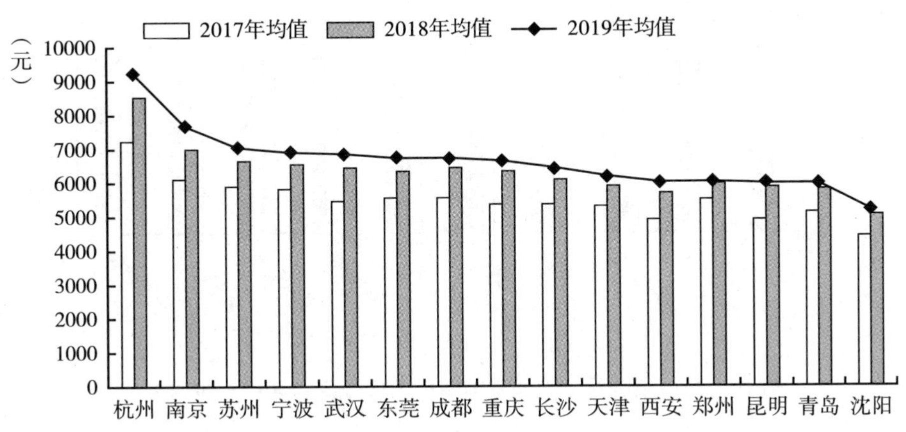

图 19　新一线城市网络招聘平均薪酬（2017 ~2019 年）

（二）分行业类别薪酬情况

从行业类别来看，2019 年月平均薪酬排名前十位的行业是银行、游戏、基金证券、保险、软件、互联网、硬件、学术科研、航空航天、房地产建筑。虽然银行业连续三年的月平均薪酬都超过 1 万元，但是平均薪酬从 2017 年的 13116 元降至 2019 年的 10045 元，降幅达 23. 42% 。保险行业的薪酬也呈现下降趋势，从 2017 年的 9203 元降至 2019 年的 8747 元，降幅为 4. 95% 。平均薪酬增幅最快的行业是软件行业，从 2017 年的 5855 元增长到 2019 年的 8340 元，增幅高达 42. 44% 。其次是游戏行业，增幅为 32. 30% ，2019 年为 9981 元。房地产建筑和互联网行业的月平均薪酬增幅也达到 19. 74% （见图 20）。

薪酬排名后十位的行业是旅游、贸易进出口、检验认证、房地产服务、快消品、零售批发、酒店餐饮、印刷造纸、制造业、办公用品，月平均薪酬只有 5920 元。制造业的薪酬较低，而且增幅最慢，只有 15. 50% 。旅游业的月平均薪酬增幅最快，从 2017 年的 4960 元增长到 2019 年的 6373 元，增幅为 28. 49% （见图 21）。

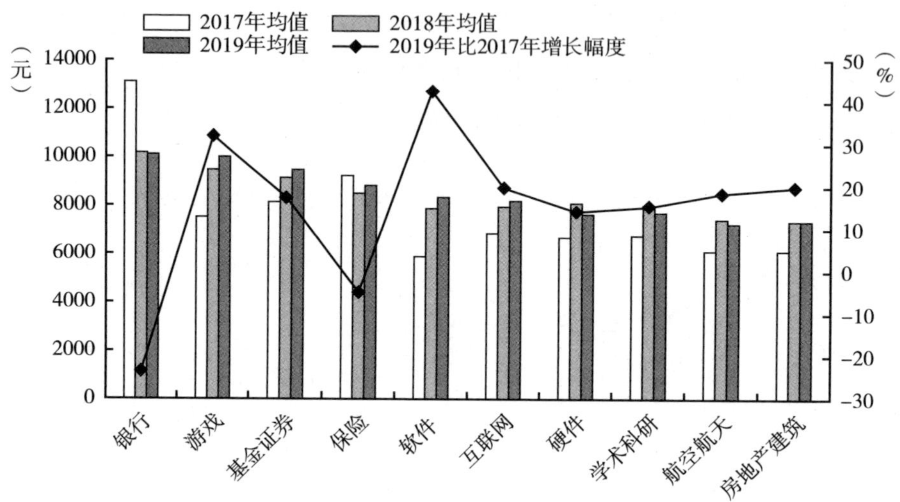

图 20　网络招聘月平均薪酬排名前十位行业（2017～2019 年）

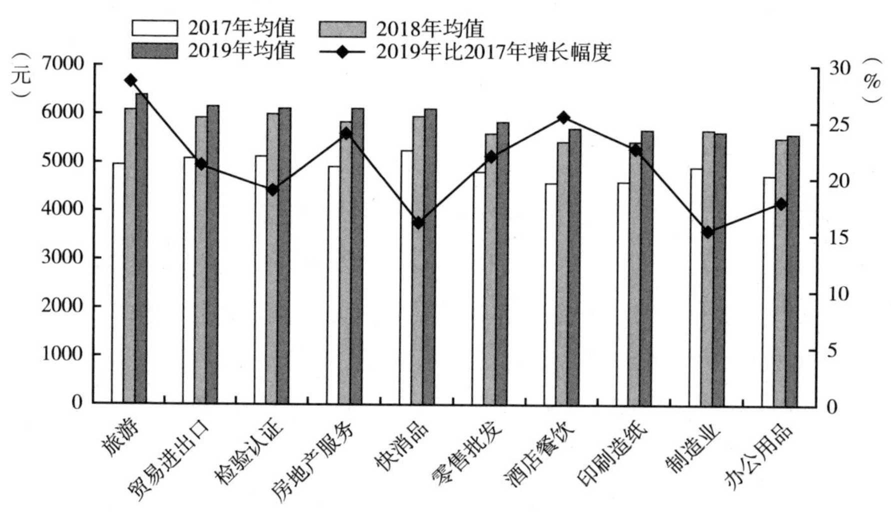

图 21　网络招聘月平均薪酬排名后十位行业（2017～2019 年）

（三）分职业类型薪酬情况

从职业类型来看，薪酬排名前十位的职业是高级管理、软件开发、汽车制造、IT 项目管理、IT 测试、硬件开发、律师法务、证券从业者、项目管理、银行从业者，2019 年月平均薪酬约为 14645 元。2017 ~ 2019 年，项目管理从业者的薪酬增长速度最慢，但依然有 8.81% 的增长。高级管理者 2019 年的月平均薪酬为 29240 元，是 2017 年月平均薪酬 16082 元的 1.8 倍，是平均薪酬增长最快的职业（见图 22）。

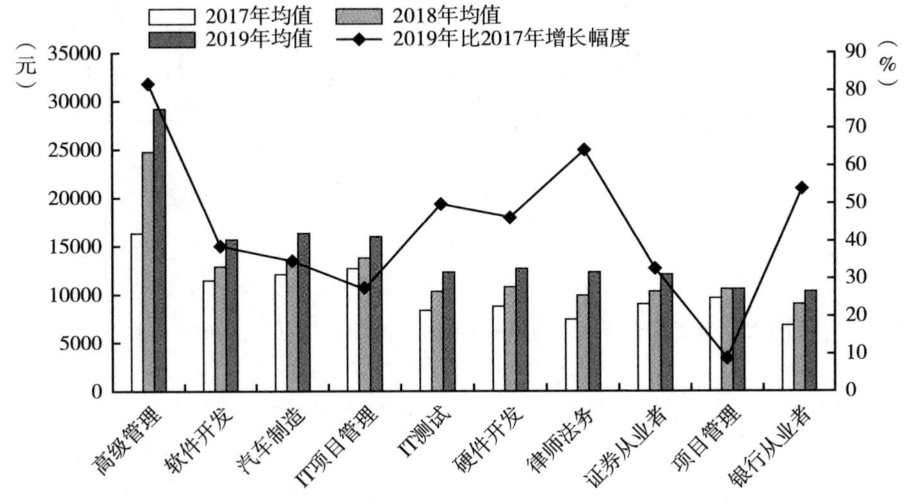

图 22　网络招聘月平均薪酬排名前十位职业（2017 ~ 2019 年）

薪酬排名后十位的职业是交通运输从业者、技工操作工、售前售后、物业管理、物流从业者、酒店商超娱乐从业者、食品餐饮从业者、行政、社会工作者、家政从业者，2019 年月平均薪酬只有 5500 元。虽然这三年平均薪酬水平有所提升，平均涨幅 26.89%，但仍然处于较低水平。其中，食品餐饮从业者的平均薪酬从 2017 年的 3997 元增长到 2019 年的 5384 元，涨幅最快达 34.70%。售前售后从业者的薪酬从 2017 年的 5015 元增长到 2019 年的 5763 元，增幅最慢，只有 14.92%（见图 23）。

（四）分企业性质薪酬情况

分企业性质来看，国企的月平均薪酬一直处于较高水平，但增长幅度最

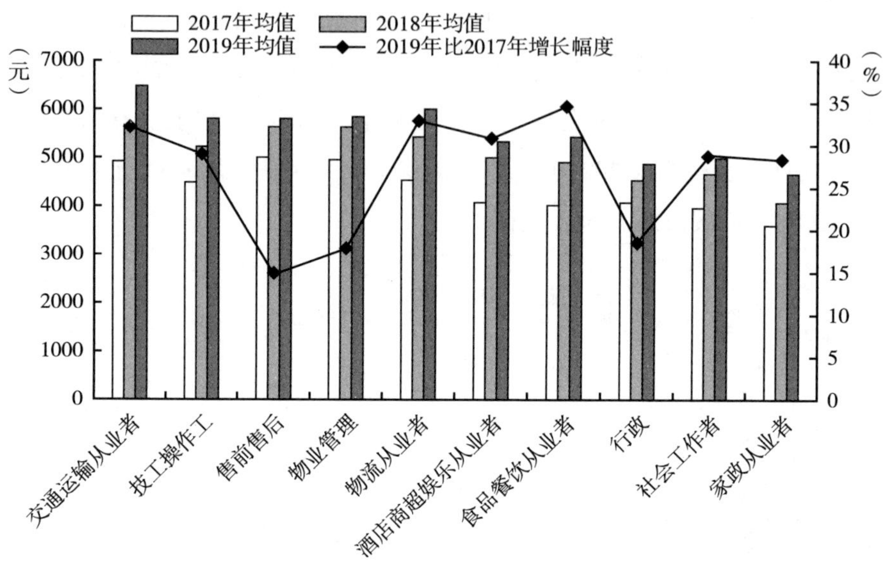

图 23　网络招聘月平均薪酬排名后十位职业（2017～2019 年）

小，2017 年月平均薪酬为 6804 元，2019 年为 7776 元，增幅仅 14.29%。创业公司的薪酬水平较低，但增幅最大，从 2017 年的 5425 元增长到 2019 年的 7351 元，增幅 35.50%（见图 24）。

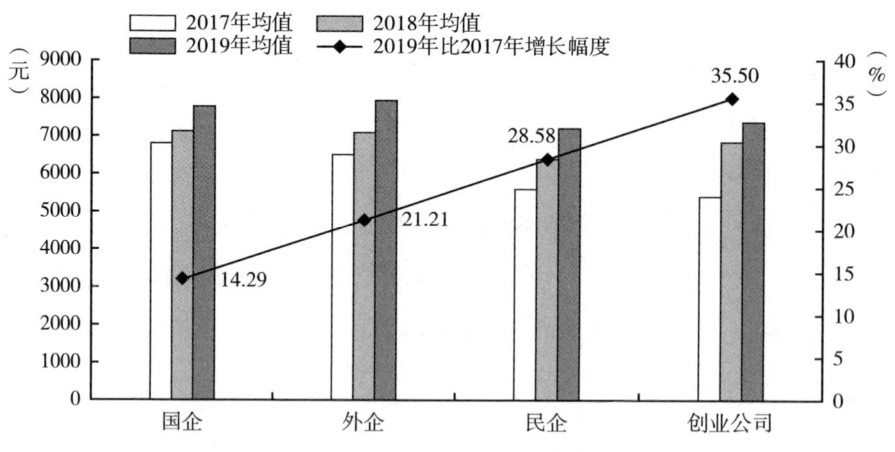

图 24　分企业性质的网络招聘月平均薪酬（2017～2019 年）

（五）分企业规模薪酬情况

分企业规模来看，大型企业的平均薪酬最高，但是增长速度最慢，从2017 年的7594 元，增长到2019 年的8323 元，仅有9.60%，中型企业平均薪酬较高而且增幅最快，从2017 年的6061 元增长到2019 年的7619 元，增幅25.71%。微型企业的平均薪酬最低，增幅24.46%，小型企业平均薪酬增幅为23.95%（见图25）。

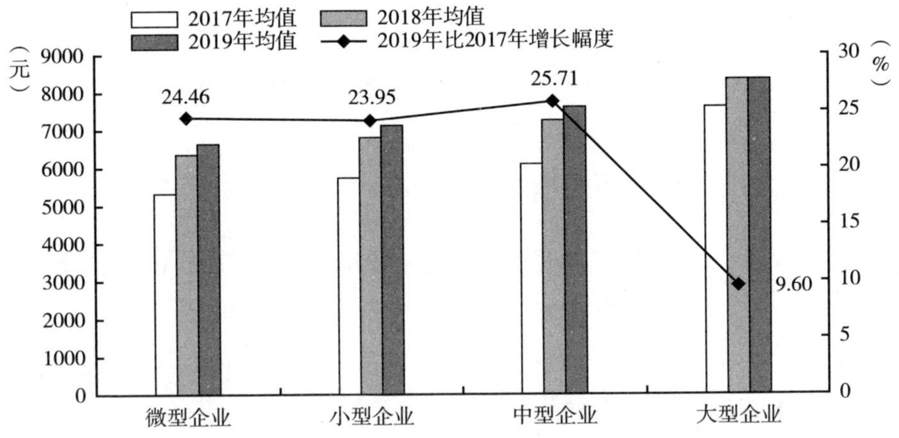

图 25　分企业规模的网络招聘月平均薪酬（2017~2019 年）

（六）分学历要求薪酬情况

从学历要求来看，平均薪酬随着学历程度的提高而上升，这和人力资本理论关于教育回报率的结论是一致的。2019 年本科以上学历的平均薪酬为19332 元，大专以下的只有6110 元。2017~2019 年，博士的平均薪酬增长了39.42%，从2017 年的19883 元增加到2019 年的27720 元。大专学历的平均薪酬增长最慢，从2017 年的5598 元增加到2019 年的6674 元，仅为19.22%。而且不同学历程度之间的薪酬差距呈现扩大趋势，在高等教育中，博士与本科的平均薪酬差距从2017 年的2 倍扩大到2019 年的2.34 倍，博士与大专的薪酬差距从3.55 倍扩大到4.15 倍（见图26）。

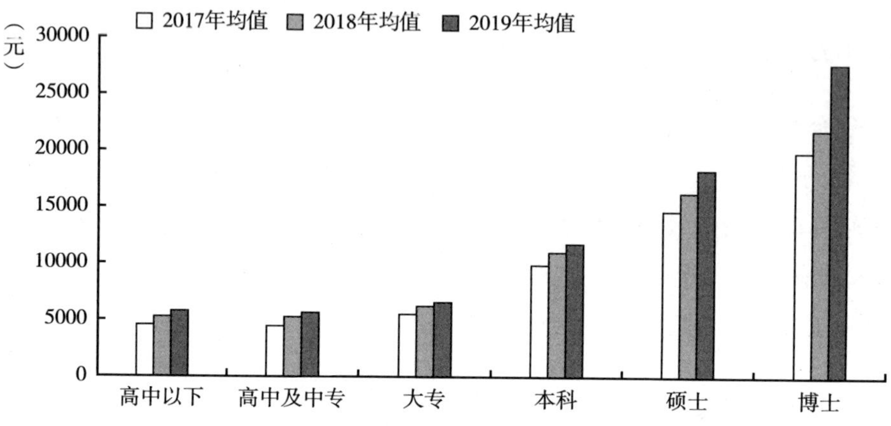

图 26　分学历要求的网络招聘月平均薪酬（2017 ~ 2019 年）

（七）分工作经验薪酬情况

从工作经验来看，工作年限越长，平均薪酬越高。工作 10 年以上的从业者平均薪酬从 2017 年的 27333 元增长到 2019 年的 33810 元，增幅最快，达 23.70%。1 年以内的从业者薪酬增长最慢，从 2017 年的 4815 元增长到 2019 年的 5135 元，仅有 6.65%（见图 27）。

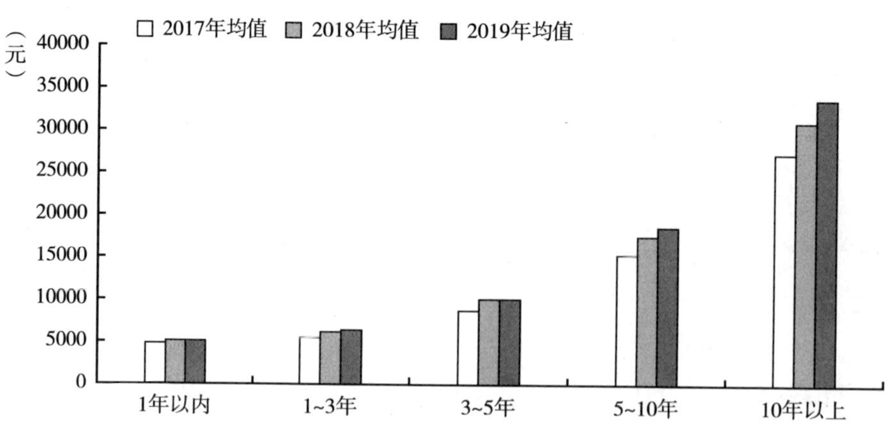

图 27　分工作经验要求的网络招聘月平均薪酬（2017 ~ 2019 年）

四　新冠肺炎疫情对网络招聘需求的影响

2020 年的新冠肺炎疫情对整个经济社会带来了巨大的影响，尤其是疫情带来的求职危机显而易见，但是与此同时也给某些行业、城市带来机遇。此次数字经济和先进制造业、医疗、大健康等相关产业在疫情中发挥了重大作用，而与此对应的岗位需求也在上升。

从目前趋势判断，短期负面影响较大的行业有餐饮、旅游、酒店、客运航空；线下培训教育、会展，同时汽车、制造、高科技行业短期内也会受到影响。当然，危机中也常常蕴含着转机。比如，医疗、防护用品、在线医疗的迅速发展，很多企业也开始开展相应的业务，一方面为疫情防护做贡献，另一方面缓解企业的经营压力。本研究将从以下七个方面探求疫情对网络招聘需求的影响。

（一）分省份需求情况

从社会招聘需求情况来看，相较于上年第一季度，2020 年第一季度需求人数增加的省份是海南、云南、新疆、广西、西藏、黑龙江、宁夏、广东、内蒙古和贵州，其中海南和云南的增幅为 38. 81% 和 33. 05% 。降幅最大的五个省份是河南（ –50. 34% ）、山西（ –42. 52% ）、北京（ –36. 21% ）、河北（ –34. 23% ）、湖北（ –32. 32% ）（见图 28）。

（二）分行业类别需求情况

与 2019 年第一季度相比，2020 年第一季度需求人数增加最多的十个行业是矿产冶炼、生物医药、软件、学术科研、石油化工、检验认证、机电设备、电子半导体、水利水电、房地产建筑。其中矿产冶炼和生物医药的需求量翻了一倍以上，分别达到上年同期的 2. 6 倍和 2. 03 倍（见图 29）。

需求人数减少最多的十个行业是体育休闲、信托、酒店餐饮、旅游、房地产服务、广告公关、医疗健康、影视传媒、家居装潢、办公用品。其中，体育休闲降幅达 86. 71% ，酒店餐饮降幅为 68. 26% ，旅游降幅为 60. 06% （见图 30）。

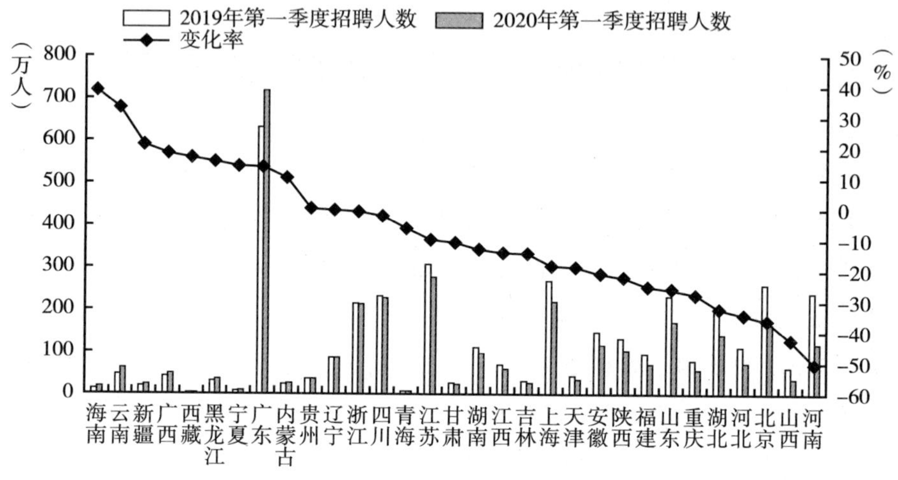

图 28　全国分省份网络招聘需求人数及变化率

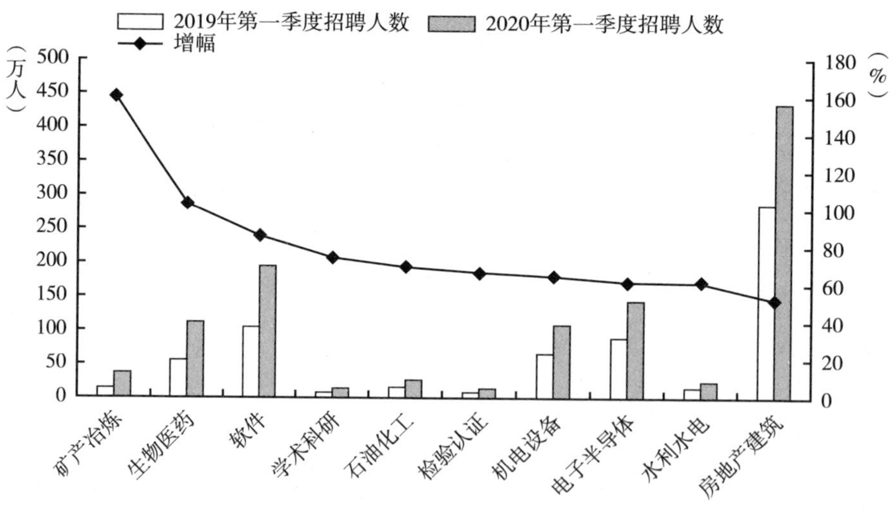

图 29　网络招聘需求人数增加最多的十个行业及增幅

（三）分职业类型需求情况

与 2019 年第一季度相比，2020 年第一季度需求人数增加最多的十个职业是机械制造、生物医药从业者、化工从业者、IT 项目管理、管培生、电

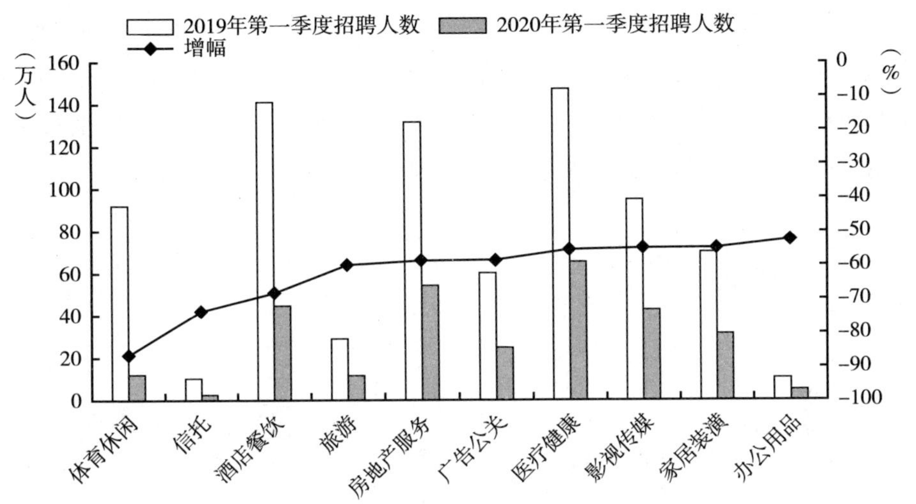

图 30　网络招聘需求人数减少最多的十个行业及增幅

子研发工程师、质量管理、农林牧渔从业者、咨询及数据分析、信托从业者。其中，机械制造、生物医药从业者、化工从业者、IT 项目管理的需求量翻了一番（见图 31）。

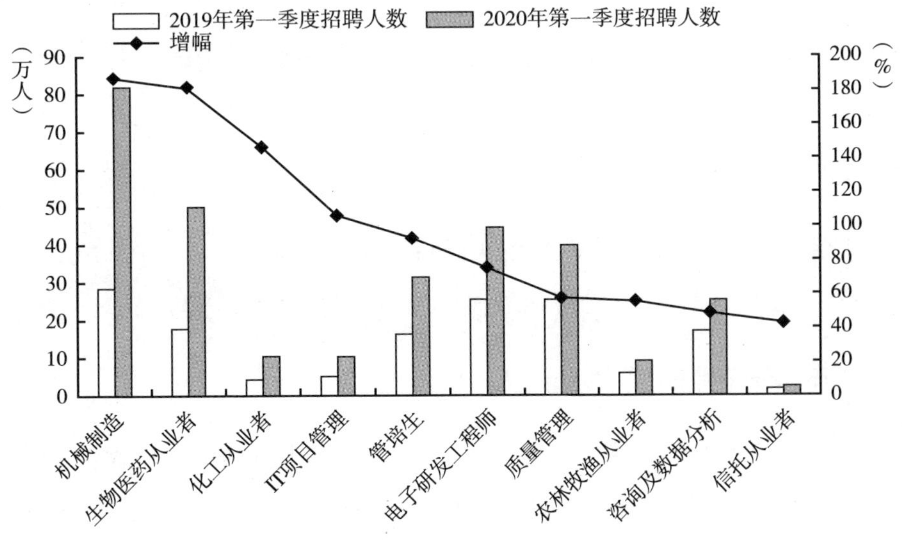

图 31　网络招聘需求人数增加最多的十个职业及增幅

需求人数减少最多的十个职业是社会工作者、美容美发健身、物流从业者、艺术设计、食品餐饮从业者、交通运输从业者、汽车销售、酒店商超娱乐从业者、行政、IT 测试。与上年同期相比，社会工作者下降幅度最大，达 98.95%，物流从业者下降 63.62%（见图 32）。

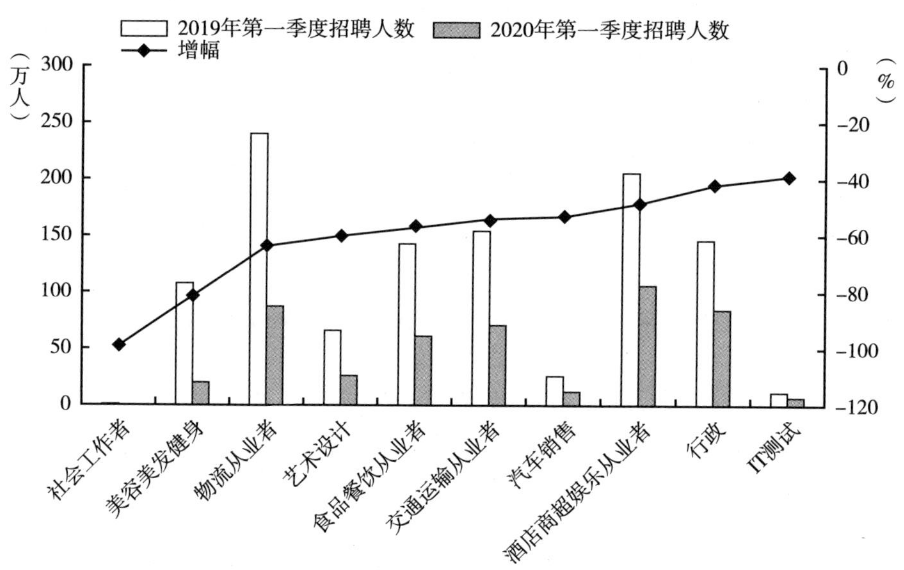

图 32　网络招聘需求人数减少最多的十个职业及增幅

（四）分企业性质需求情况

从企业性质来看，社会招聘中非营利机构、事业单位、国企的需求量增加，外企减少 0.82%，民企降幅最大，为 17.57%（见图 33）。

（五）分企业规模需求情况

从企业规模来看，500 人以上的大中型企业需求量增加，小微企业需求量减少，其中 0～20 人的公司需求减少 33.53%，20～100 人的公司减少 36.84%，100～500 人的公司减少 11.11%（见图 34）。

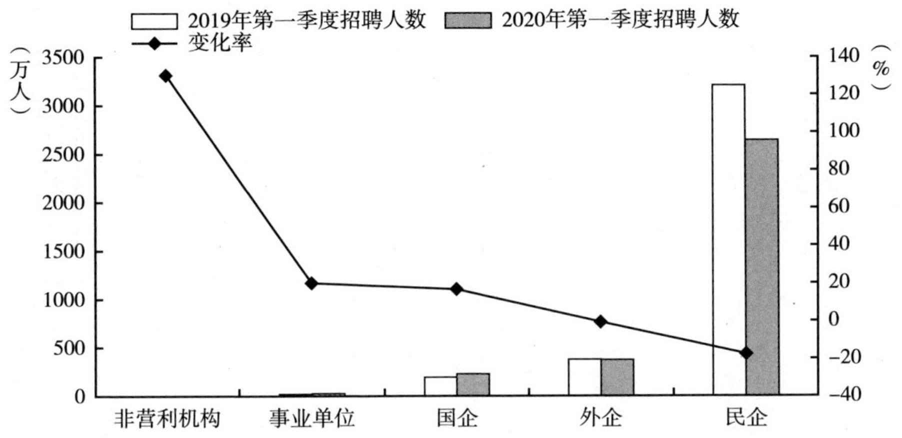

图 33　分企业性质的网络招聘需求人数变化情况

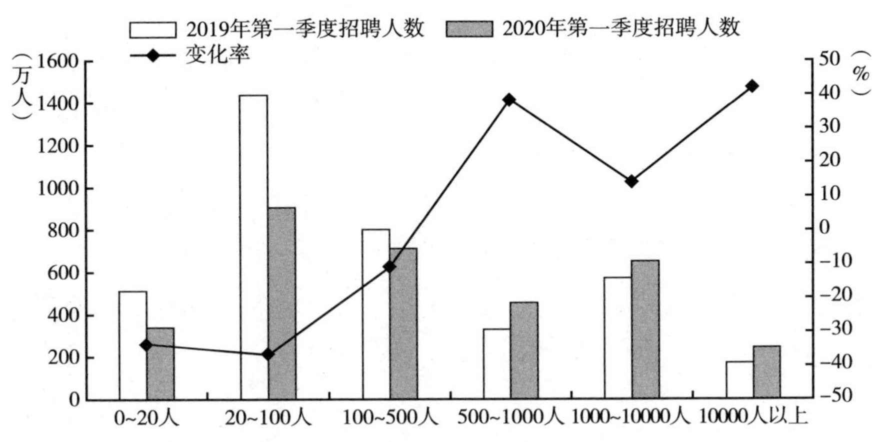

图 34　分企业规模的网络招聘需求人数变化情况

（六）分学历要求需求情况

社会招聘中，对本科、硕士和博士的需求量分别增加 8.88%、17.24% 和 28.79%。对大专及以下的需求量下降（见图 35）。

（七）分工作经验需求情况

从工作经验来看，对 5～10 年从业者的需求增加最多，为 30.26%，其

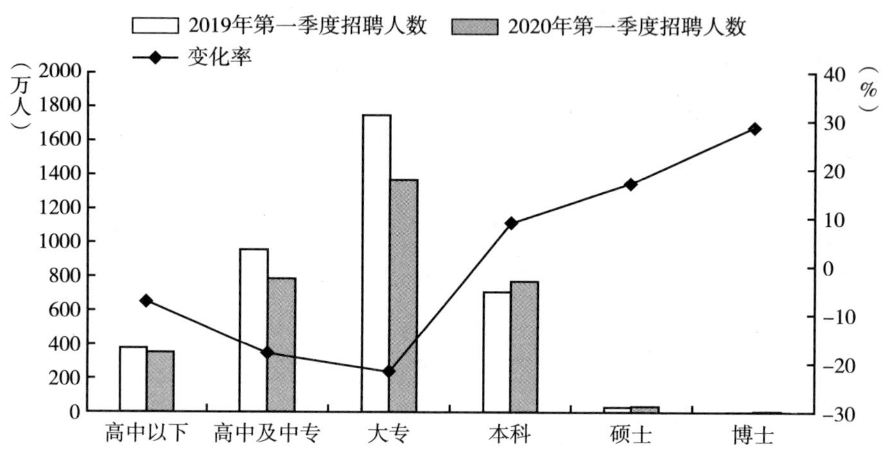

图 35　分学历要求的网络招聘需求人数变化情况

次是 10 年以上的从业者，为 21.53%，3～5 年从业者的需求量增加 1.3%。对 1 年以内从业者的需求量减少 20.42%，1～3 年的从业者减少 15.30%，工作经验不限的减少 13.91%（见图 36）。

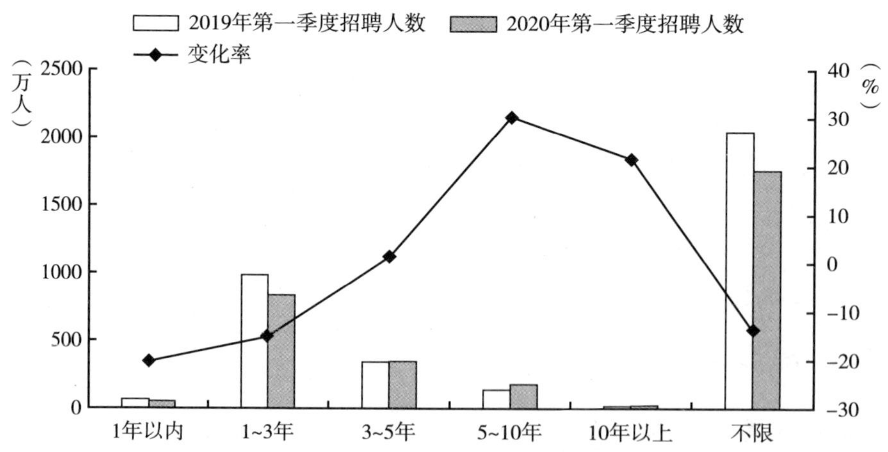

图 36　分工作经验的网络招聘需求人数变化情况

五　研究结论和展望

本研究从劳动力需求的视角，基于所有招聘网站发布的招聘信息，分为宏观和微观两个层面，以网络招聘所需要的招聘人数和平均薪酬为主线对海量大数据进行分析，得到的结论有以下三点。

（一）网络招聘需求将成为劳动力流动的风向标

2019 年，全国劳动力市场网络招聘的需求总人数为 20211 万人，东部地区和中部地区占据了绝大部分的招聘需求份额，东北地区和西部地区的占比持续下降，这和我国就业分布的“空间极化”现象是一致的。此外，网络招聘需求的区域分布趋势和城镇就业人员的区域分布趋势是完全一致的，除了东部招聘需求呈现增长态势外，其他区域均呈现下降趋势，并且网络招聘需求人数占比在近三年的变化率远远大于城镇单位就业人员占比的变化率，这说明网络招聘的需求走势具有一定的前瞻性，可以作为预测劳动力市场择业方向的先行指标。

（二）数据时代促生新需求，新需求催生新职业

数据时代的来临不仅极大丰富了人们的生活方式，更重要的是激发了人们的新需求，相应地一大批新职业便接续而生。① 新职业出现的原动力是技术的革新，另一个重要因素就是需求升级。尤其在疫情期间，各类电商迅猛发展，专职外卖、生鲜、药品、代购等网约配送员随之大量涌现，新零售、生活性服务业的快速发展带来了大量招聘需求，生物医药行业的需求量翻了

① 2020 年 3 月初，人力资源和社会保障部与国家市场监管总局、国家统计局向社会发布了智能制造工程技术人员、工业互联网工程技术人员、虚拟现实工程技术人员、连锁经营管理师、供应链管理师、网约配送员、人工智能训练师、电气电子产品环保检测员、全媒体运营师、健康照护师、呼吸治疗师、出生缺陷防控咨询师、康复辅助技术咨询师、无人机装调检修工、铁路综合维修工和装配式建筑施工员等 16 个新职业。这是自 2015 年版《中华人民共和国职业分类大典》颁布以来发布的第二批新职业。

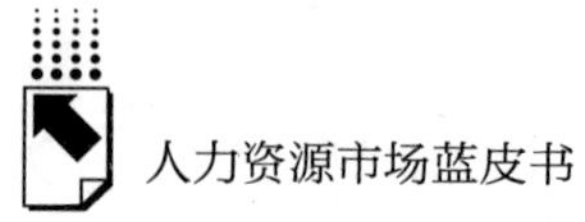

一倍以上，机械制造、生物医药从业者、化工从业者、IT 项目管理的需求量也翻了一番。“见微以知萌，见端以知末。”新职业的出现，也在一定程度上折射出中国经济的新活力、产业升级的新动能。

（三）招聘新生态提升就业服务，就业服务助力高质量就业

“云招聘”与数字经济相伴而生，多元化的招聘主体与招聘渠道也逐渐增多，空中宣讲会、线上招聘、远程面试等各种方式不仅大大突破了时间与规模的限制，更提高了就业服务的效率和体验。除了各类网招平台，钉钉上线了超级招聘会，支付宝上线了在线求职，抖音上线了抖音春招，诸如这样的流量平台也在做招聘。“互联网 + 就业”的模式通过大数据进行精准匹配、重点推送，不仅可以为求职者提供精准合适的智慧招聘服务，也可以为招聘方进行预测性招聘，降低不良招聘实践的风险。随着时间的推移，大数据必将在求职和聘用流程中发挥更加核心的作用，从而助推高质量就业。

参考文献

Kuhn P. , Shen K. , “Gender Discrimination in Job Ads: Evidence from China ”, *Quarterly Journal of Economics*, 2013, 128 (1): 287 – 336.

张车伟：《中国人口与劳动问题报告 No. 18》，社会科学文献出版社，2017。

B.4
从量到质：中国大陆的人才需求变化

杨　燕*

摘　要： 以高生产力和高利润为驱动的自动化技术给人才需求乃至整个就业环境带来影响：人工智能和大数据技术与电商领域的深度融合助推了行业的人才升级，人工智能、大数据、云计算、物联网高质量人才需求量攀升；制造业人才需求规模和构成发生改变，由劳动密集型产业继续向技术密集型产业转变，从对大量劳动力的依赖转变为对技术人才和设备的依赖；创新型经济推动基础设施建设升级，运输及公用事业表现稳健，为该领域带来更多就业机会；大湾区在政府的重要举措下，释放市场潜力，国际化人才需求旺盛；大型企业的抗风险能力与创新能力增强，员工数量增速放缓，但创新型人才需求稳健；随着技术的进一步升级和自动化水平的提升，技术型人才成为热需；技能需求和工作角色变化加快，人才短缺将成为常态；重塑员工技能将成为企业持续化的人力资源解决方案。

关键词： 高质量人才　技术型人才　技能重塑

本文以 2017 ~2019 年万宝盛华雇佣前景调查与万宝盛华人才短缺调查结果为依据，从量到质，总结中国大陆人才需求的趋势变化。

---

* 杨燕，万宝盛华大中华有限公司（人力资源公司）市场部研究员，主要研究方向为国内雇佣趋势变化及人才短缺问题。

万宝盛华雇佣前景调查每个季度都进行一次，以调查下一季度雇主在增加还是减少员工方面的意向。该调查基于对全球59000多家各类企业的访问，已经超过55年。从2005年第二季度开始，中国大陆地区也加入了这个调查，受访对象为中国大陆地区4200多家各类企业的人力资源负责人。万宝盛华人才短缺调查，覆盖全球43个国家或地区，其中1900多家企业样本来自中国大陆，已开展12次，主要目的在于了解当前的人才市场中，填补职位空缺的困难程度、难以填补的职位。

一　行业人才需求变化

（一）批发及零售业高质量人才需求明显

当下的中国市场充满挑战。错综复杂的宏观经济和贸易环境，从一定程度上影响了经济的发展。尤其是美国与中国两大经济体之间的贸易摩擦已经持续了相当长的一段时间，作为贸易纷争的中心，中国经济增速降至近30年来最低水平。

作为直接受贸易摩擦影响的批发及零售业，员工人数增长的企业比例下滑趋势较为明显。批发及零售业2019年第二季度与第四季度的净雇佣前景指数分别为5%与3%，在六大行业中处于较低水平（见表1）。

与此同时，这一趋势的形成还与产业的升级息息相关。数字化经济推动新的消费需求与习惯的形成，倒逼线上直营零售业创新模式，中间批发经销环节减少，一些传统的实体经营店面数量减少或关闭，网点和柜面一线人员，包括店长和店员的需求数量在不断减少。

目前，随着大量电商企业向智能化快速迈进，智慧电商时代已经全面开启，定制化、VR/AR虚拟现实技术、智能物流配送等技术的嵌入，使高科技智能技术与电商深度融合，提升了运营效率。零售行业电商领域的智能升级，加大了行业的人才升级，人工智能、大数据、云计算、物联网高质量人才需求量攀升。

表 1　2019 年六大行业雇佣前景

单位：%

行业	第一季度	第二季度	第三季度	第四季度
金融、保险及房地产业	12	9	11	4
制造业	8	5	7	5
矿业及建筑业	9	8	5	2
服务业	9	9	8	3
运输及公用事业	11	8	10	5
批发及零售业	8	5	5	3

注：净雇佣前景指数是指所有接受调查的企业中，期望在下季度增加员工人数的雇主比例减去期望减少员工人数的雇主比例之差。季节性调整是统计学上的一种数据处理方法。这一调整可去除一年中因季节性因素影响而产生的波动，如天气变化、公共节假日等。排除季节性因素的影响使劳动力市场趋势分析更准确。

资料来源：万宝盛华雇佣前景调查。

（二）制造业向技术密集型产业转变

从“中国制造”到“中国智造”，经过数十年的快速发展，中国经济越来越注重增长的质量。科技创新发展引领的数字化转型降低了人才需求的数量，转为对人才质的需求。随着技术的不断迭代升级，这些影响还将持续。

万宝盛华雇佣前景调查发现，制造业从 2018 年第三季度以来，净雇佣前景指数回落且保持了稳健的增长态势。制造业 2019 年第一季度净雇佣前景指数为 8%，较 2018 年第四季度维持不变，但第二季度较前一季度略有放慢，净雇佣前景指数为 5%（见图 1）。

这一趋势与制造业的发展相吻合。根据国家统计局的数据，2019 年前三季度制造业投资累计同比增长 2.5%，较上半年回落 0.5 个百分点，仍处低位，整体比较低迷。与此同时，前三季度高技术制造业投资增速为 12.6%，明显高于整体制造业投资增速。由此可见，尽管制造业投资整体仍处低位，但投资结构正在逐步优化。

2017 ~2019 年中国大陆制造业人才需求的最大亮点归功于产业结构升

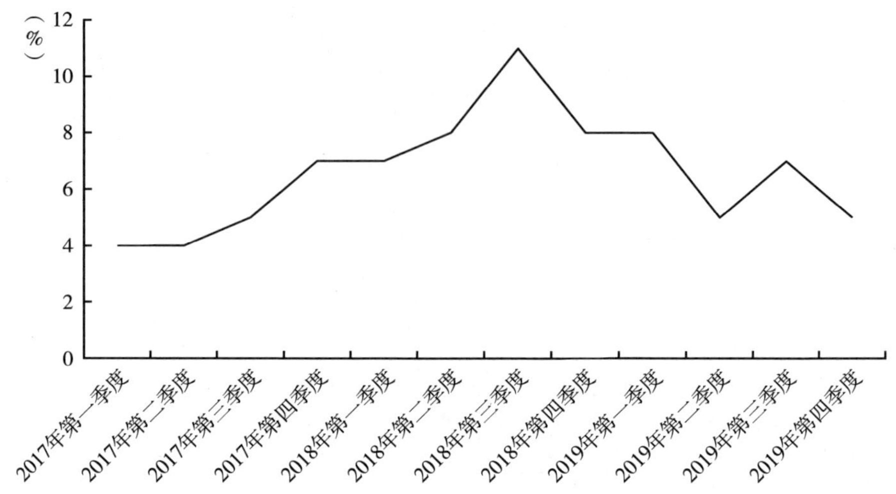

图 1 中国大陆制造业 2017～2019 年净雇佣前景指数（季节性调整后）

资料来源：万宝盛华雇佣前景调查。

级。以机器人技术和人工智能（AI）的形式出现的自动化技术使更高生产率和更高利润成为可能，但这将给制造业的人才需求带来直接影响，行业的人才需求规模和构成发生了改变，由劳动密集型产业向技术密集型产业转变，从对大量劳动力的依赖转变为对技术人才和设备的依赖。

在全球大环境下，面对越南、柬埔寨等国家在人力成本方面的激烈竞争，在华企业更加依靠工业机器人应对人力成本日益提高的问题。根据国际机器人联盟的报告，预计到 2021 年，中国购买的工业机器人数量将占到全世界出货量的 45%。体现在人力需求上，则是一线体力劳动者的减少和技术操作型人才的增加，制造业的人力需求已经从量变转为质变。

（三）运输及公用事业人才需求稳健

万宝盛华雇佣前景调查发现，相较于其他行业，运输及公用事业的雇佣前景近几年表现积极。2019 年第一季度与第三季度净雇佣前景指数分别为 12% 与 10%，处于六大行业高位（见表 2）。

表 2　2019 年运输及公用事业行业雇佣前景

单位：%

时间	净雇佣前景指数（季节性调整后）
2018 年第一季度	11
2018 年第二季度	8
2018 年第三季度	10
2018 年第四季度	8
2019 年第一季度	12
2019 年第二季度	7
2019 年第三季度	10
2019 年第四季度	5

资料来源：万宝盛华雇佣前景调查。

这与宏观经济现状相匹配，中国基础设施建设取得了醒目成绩，官方统计显示，2019 年上半年，各类投资同比均有增长，这些举措为该领域带来了更多的就业机会。但仍有很大的发展空间，尤其是在推进京津冀、粤港澳大湾区、长三角区域一体化的协力发展上。城市群建设、区域一体化相关的基础设施建设将是重要发力点；同时，产业升级的基建投入，如以 5G、人工智能、工业互联网、物联网为代表的新型基础设施，随着 5G 基站建设在全国逐步覆盖，也将成为未来基建投资的重点；除此之外，伴随着小康社会的实现，与民生相关的社会保障类基建领域也将成为投资重点。

二　区域及城市人才需求变化

（一）华南区引领人才需求

经季节性调整后，华南区在 4 个区域中，雇佣前景表现最积极稳健。华南区 2019 年第一季度净雇佣前景指数为 11%，表现最为显著，明显高于其他区域（见表 3）。

表 3　2019 年中国大陆 4 个区域雇佣前景

单位：%

区域	2019 年第一季度	2019 年第二季度	2019 年第三季度	2019 年第四季度
华北区	8	5	5	2
华南区	11	8	7	4
华东区	8	6	7	4
华中与华西区	8	7	7	2

注：净雇佣前景指数（季节性调整后）；华北区包括北京、天津、大连、青岛；华东区包括上海、南京、苏州、杭州；华南区包括广州、深圳、厦门、长沙；华中及华西区包括成都、重庆、西安、武汉。

资料来源：万宝盛华雇佣前景调查。

这与中国经济区域一体化发展战略休戚相关。由广州、深圳及周边城市东莞、惠州、中山等，及香港和澳门组成的粤港澳大湾区塑造了区域经济发展的新格局，从而带动华南区经济的发展，为打造中国经济升级版提供有力支撑。

粤港澳大湾区具有侨乡、英语和葡语三大文化纽带，是中国面向东南亚和世界的窗口。粤港澳大湾区靠近中高端的产业结构，正在为华南区的发展释放新的市场潜力，人才需求也正在随着产业结构的调整与升级，从量到质发生着改变，国际化人才、创新型人才、技术型人才成为热需。

（二）深圳创新人才需求旺盛

经季节性调整后，在参与调查的 5 个城市中，深圳的雇佣前景积极稳健。其中深圳 2019 年第一季度与第三季度的净雇佣前景指数分别为 10% 与 9%（见表 4）。

表 4　2019 年中国大陆 5 个城市雇佣前景

单位：%

区域	2019 年第一季度	2019 年第二季度	2019 年第三季度	2019 年第四季度
北京	7	4	6	1
广州	10	10	6	5
深圳	10	7	9	4
上海	7	4	7	4
成都	6	4	6	3

注：净雇佣前景指数（季节性调整后）。

资料来源：万宝盛华雇佣前景调查。

这与深圳在中国经济发展中的地位相符。科技创新在中国经济提高国际竞争力方面具有十分重要的作用，而深圳在此领域拥有明显的领先优势。深圳创新创业氛围浓，腾讯、华为、大疆等高科技企业均在深圳孕育而生，苹果、谷歌、微软等国际知名企业均在深圳设立研发中心或实验室。

在产业结构优化升级和技术创新方面，深圳市具有国际化特色的创新驱动发展格局已初步形成，随着大湾区的一体化发展，更多国际科技企业落户，高端创新类人才需求将日益旺盛。

在营商环境上，正如我们所知，中国深圳证券交易所借鉴美国纳斯达克的风格，使创业板更具包容性，支持创新和创业，提高了科技创新公司、私营企业和高增长潜力企业的直接融资能力，激活市场并带来就业。

（三）广州在稳定就业方面发挥积极作用

广州不遗余力扶持企业发展壮大，提振了企业家落户广州的信心。在稳定就业方面，同样发挥着积极作用。政府官方信息显示，2019 年上半年广州固定资产投资同比增长 24.8%，增速创 6 年新高。这些都有利于促进城市的经济增长，带动就业。

表 4 中 2019 年中国大陆 5 个城市雇佣前景数据显示，经季节性调整后，广州的雇佣前景同样表现积极稳健。其中广州 2019 年第一季度与第四季度的净雇佣前景指数分别为 10% 与 5%。

广州作为中国智能制造中心，广州开发区正积极向高端制造业转型升级，以“机器人换人”的方式推动传统制造业转型智能化，集中打造了新能源汽车、智能装备、新型显示、人工智能、生物医药、互联网等新兴产业集群。其中，广州科学城就集结了发那科、广州数控、瑞松科技、弘亚机械、明珞装备等 10 多家机器人及智能装备研制公司。

为了支持高质量的发展，广州更加渴求高端技术类人才。政府的人才引进政策支持力度进一步加大，尤其是在科技创新、高端制造、航运物流、金融商务等主导产业以及新一代信息技术、人工智能、生物医药等新兴产业领域。

这一系列的政策进一步夯实了广州作为中国智能制造中心的地位，增强了城市的人才需求，提高了人才需求的质量。

三　不同规模企业人才需求变化

（一）大型企业雇佣预期稳健

万宝盛华雇佣前景调查发现，四类规模型企业中，大型企业的雇佣预期最稳健。2019 年第一季度至第四季度，净雇佣前景指数均高于其他类型的企业，其中第一季度净雇佣前景指数为 21% （见表 5）。

表 5　2019 年中国大陆四大规模企业雇佣前景

单位：%

企业规模	第一季度	第二季度	第三季度	第四季度
微型企业	2	1	1	1
小型企业	7	7	8	5
中型企业	12	12	12	7
大型企业	21	14	18	13

注：净雇佣前景指数（季节性调整后）。
资料来源：万宝盛华雇佣前景调查。

这一趋势与当前大型企业的发展相吻合，大型企业在人才需求上从量到质最为明显。目前中国经济正面临结构转型期，人口红利缩减，社会老龄化趋势加快，且全球经济疲软和中美贸易摩擦加大了外部不确定性，依靠外需拉动帮助中国经济走出困境显然困难重重。

不断改变的贸易风向迫使跨国企业重新思考战略布局，为此它们考虑的因素也在增多，如运营风险、组织架构、人力成本、数字化等。越来越多的大型企业尝试重组供应链布局，把生产厂和组装厂搬到中国境外，如人力成本较低的越南、柬埔寨、缅甸等东南亚地区，与此同时，还要在中国销售运营，服务中国国内市场。这种趋势下，企业在华的人力结构也在发生变化，一线员工数量减少，销售、国际化管理人才、供应链人才增加。

受技术不断升级的影响，越来越多的大型企业加速变革，通过自动数字化技术提高运营效率，这一措施将进一步减少企业员工数量，进而提升对员工技能的要求，尤其是技术应用能力与创新能力。

随着中国创新能力的提升，以及受益于大环境增长和资本热捧，中国“独角兽”企业的数量和估值双双持续高速增长。据统计，近年来中国“独角兽”企业数量稳定在全球“独角兽”企业总量的1/3，仅次于美国。2019年中国估值100亿美元以上的超级“独角兽”有12家，其中估值超过500亿美元的有5家。此外，中国“独角兽”企业增速也远高于市场平均水平，而高速增长掩盖了专业能力不足，表现在研发、生产、供应链、市场销售和数字化的各个环节。相应地，也将增加这些环节的人才配置。

在吸引外资企业在华投资方面，相较于其他新兴经济体，中国宏观经济发展的前景和韧性、持续改善的营商环境和不断扩大的对外开放，以及完整的上下游产业链和优质的要素资源，使中国仍具有较强的竞争力。《中国知识产权保护与营商环境新进展报告（2019）》显示，2019年新设外商投资企业5.98万家，1亿美元以上外资项目834个；2019年，共建“一带一路”国家、东盟国家对华投资分别增长36%和40.1%，中国保持全球第二大外资流入国地位。这在一定程度上，也增强了大型企业的人才需求。

（二）微型企业人才需求萎缩

如表5中2019年中国大陆四大规模企业雇佣前景所示，微型企业雇佣前景持续低迷，2019年第二季度至第四季度，净雇佣前景指数一直维持在1%。

微型企业无论是在资本运作还是创新能力方面，整体的抗风险能力较低，容易受到外界环境的影响。全球经济下滑，持续性的贸易摩擦，加剧了它们的业务萎缩，给中国大批曾经生机勃勃却很脆弱的微型企业带来了沉重打击。

四　不同技能人才的需求变化

（一）技术型人才成热需

万宝盛华人才短缺调查报告显示，前所未有的人才短缺已成为时代的常态。全世界有超过一半的公司找不到它们所需要的技能人才，几乎是十年前的两倍。万宝盛华全球2019年度人才短缺调查显示，中国大陆地区16%的企业面临人才短缺困扰，比2018年上升了3个百分点，短缺程度还在上升。

在过去几年里，企业寻求的技能类型人才发生了明显的转变。企业迫切需要精通某项技术的领导者和员工。

万宝盛华全球2019年度人才短缺调查发现，2019年中国大陆地区最难填补职位前三位分别是销售与市场人员、技术工匠、技术人员。值得注意的是，随着中国制造产业升级，技术型人才的需求大幅增加。技术工匠、生产制造分别由2018年的第4位及第8位上升至第2位与第4位（见表6）。

表6　2019年和2018年中国大陆地区雇主最难找到合适员工的十大职位（按填补难度排列）

2018年雇主最难填补的十大职位	2019年雇主最难填补的十大职位
销售代表	销售与市场人员
技术人员	技术工匠
工程师	技术人员
技术工匠	生产制造
专职人员	专职人员
管理层/高管	管理层/高管
办公行政	会计/财务
生产制造	工程师
会计/财务	IT人员
餐饮/酒店人员	工人

注：技术工匠包括烘焙师、厨师、电工、木工、焊工、泥瓦工/砖匠、管道工、水暖工、橱柜制造工、石匠、皮匠等，这类职位大多与建筑行业相关；技术人员通常与工程/技术、生产/运营或维修保养类职位相关；专职人员包括项目经理、律师、研究员。

资料来源：万宝盛华人才短缺调查。

多重因素加剧技能型人才的需求。首先，作为一项渗透性的技术系统，自动化近几年被视为公司的重要事项，目前在制造业及其他行业的部署与应用还处于初级阶段。随着智能化水平的提高，工业生产过程日趋自动化，数字化人才的需求将不断上升，如研发人才与技术操作类人才。

其次，从乐观的一面看，从“中国制造”到“中国智造”，中国从研发设计、生产到销售上下游相对完整的工业链条，更加便利、高效。例如长三角地区是中国的工业生产高地，集群优势明显。就汽车产业链而言，中国很多汽车零部件公司均集中在长三角地区，围绕汽车的全产业链非常完备。上海的创新研发水平较高，周边的苏浙皖劳动力密集，且智能制造能力强，这也吸引了诸多跨国车企在该地区布局、投资、建厂，这一趋势将加剧市场对技术型人才的需求。

（二）IT 人才需求加剧

从表 6 中，我们发现，较 2018 年的十大最难填补的职位，2019 年，IT 人员又重新回归最难填补十大职位之列。

这与消费升级带动线上经济，以及人工智能领域在各个行业的渗透相关。人们对生鲜配送、网络医疗、远程办公、在线教育、游戏娱乐等各类线上激增的服务需求，助推了线上经济，加剧了线上经济业态爆发式的增长，而人工智能在各个行业领域的应用，都加剧了 IT 类人才的需求。

五　结论及建议

面对人才需求的变化，除了智能自动化和机器人外，员工驾驭新科技的能力对提高企业竞争力发挥方面至关重要，高素质、高技能、高创造力的劳动力供给将有助于先进制造业、现代化服务业等高新产业链条的长期发展，提升全社会劳动生产率。技能提升是一项复杂的议题，需要教育工作者、国家、地区和当地政府以及企业管理者多方面的决策者携手应对。

乐观的是，为了在数字化时代培养和提高 10 亿劳动人口的技能，中国国务院表示，将从失业保险基金中调拨1000亿元用于职业技能培训，支持帮助小微企业开展在职技能培训，推动劳动力转型以适应数字化经济，与工作场所数字化进程保持一致。

然而，对于个人而言，数字化技能生命周期短暂，因此员工的学习意愿必须是持之以恒、深入企业发展战略的。对于企业来说，为了寻找、培养和保留最佳人才，公司需要紧密地关注劳动力需求，知道员工想要什么，以满足所需人才的需求和愿望，并扩大人才库来源。

长期来看，提升现有员工技能和技术应作为企业持续化的人力资源解决方案，为了适应自动化和机器人主导的工作场所，企业应成为人才的创造者，通过教育的方式，帮助员工持续提升工作技能，解决不断增长的技能缺口问题，让他们能够完全参与到数字化时代之中，适应未来工作，而这项工作必须始于当下。

B.5

2018~2019年五大城市群间城镇劳动者流动趋势分析

田媛媛　谢 晨　常 濛*

摘　要： 人才流动是劳动力市场的一个重要元素。本报告基于网络招聘平台大数据，对2018年和2019年城镇劳动者在我国五大城市群之间以就业为主要目的进行流动的情况加以分析。研究发现，五大城市群的区域人才留存能力普遍有所提高，青年高学历人才是迁移主体。高新技术人才的流动更加频繁和分散，蓝领人群则具有较强的职业上升意愿。同时，五大城市群的人才吸引力和协同发展程度上存在明显差异。

关键词： 五大城市群　人才流动　高新技术

2017年以来，城镇劳动者跨地区工作的情况更加普遍。2020年发布的《关于构建更加完善的要素市场化配置体制机制的意见》和《2020年新型城镇化建设和城乡融合发展重点任务》两份重要文件明确指出，将督促城区常住人口300万以下的城市全面取消落户限制，推动城区常住人口300万以上的城市基本取消重点人群落户限制。

---

* 田媛媛，BOSS直聘研究院高级分析师，主要研究方向为劳动力市场就业趋势，擅长薪资和人才流动分析；谢晨，BOSS直聘研究院首席分析师，主要研究方向为大数据在人岗匹配和人才流动分析中的应用；常濛，BOSS直聘研究院院长，主要研究方向为产业技术变迁和人才资本要素的变革。

这两份文件为我国进一步促进人才的社会性流动创造了重大的政策利好，除个别超大城市外，事实上已不存在明确的落户限制。劳动力无差别地自由流动有利于市场充分竞争和资源优化配置，实现全要素生产力的提高。而重点城市群内部积分互认等制度，正式将以地县为单位的“抢人大战”上升到了以城市群为单位进行人才竞争的新阶段。

根据2018年《中共中央国务院关于建立更加有效的区域协调发展新机制的意见》，我们选取长三角城市群、京津冀城市群、粤港澳大湾区、长江中游城市群和成渝城市群这五大城市群作为观察对象，分析2018～2019年，城镇劳动者以就业为目的在五大城市群内部和城市群之间迁徙的情况（见表1）。2019年，这五大城市群的常住人口占到了全国总人口的53.8%，其人才流动和就业的情况具有很高的代表性和研究价值。

表1　五大城市群2018～2019年常住人口变化情况

单位：人，%

城市群	2018年总常住人口	2019年总常住人口	变化幅度
长三角城市群	22535.1	22714.0	0.79
京津冀城市群	11270.1	11307.4	0.33
粤港澳大湾区	12161.4	12339.0	1.46
长江中游城市群	17463.4	17511.5	0.28
成渝城市群	11442.8	11499.3	0.49

资料来源：各地统计局、界面新闻（安徽、河北和山西省有若干地区同时分属不同城市群，故有重复计算）。

本报告的主要样本来源是BOSS直聘人力资源大数据平台，采样范围为2018年1月1日至2019年12月31日，在五大城市群之内存在跨城市求职行为和就业记录的劳动者样本。部分内容涉及2017年7月1日至12月31日的数据。我们对数据进行了去重和异常值清洗，严格保护用户隐私。如无特别标注，本报告中所有图表的数据来源均为BOSS直聘研究院。

一 2019年五大城市群人才跨城市流动就业整体情况

2017～2019 年，人力资本跨区域流动的便捷性得到显著提升，五大城市群内部和互相之间的人口流动十分频繁，构成了我国城镇人口因就业而迁移的主要圈层。

（一）城镇就业人口在本城市群内部流动情况：区域留存能力整体有所提升

BOSS 直聘研究院数据显示，2019 年，五大城市群选择跨城市更换工作的人群中，仍然选择在本城市群内部发展的比例整体呈上升趋势，上升比例在 1.5%～3.9% 区间。长三角城市群是唯一人才区域流动比例保持在 50% 以上的城市群，呈现较好的区域人才留存能力。

2018 年人才内部流动率较低的京津冀城市群和长江中游城市群，在 2019 年的指标增幅均超过 3 个百分点。然而，这两个城市群的人才流动仍然表现出对中心城市（北京和武汉）较为严重的依赖。当这两座千万级人口的超级城市出现人才外流的情况时，城市群内部其他城市的人才吸引力尚显不足（见图 1）。

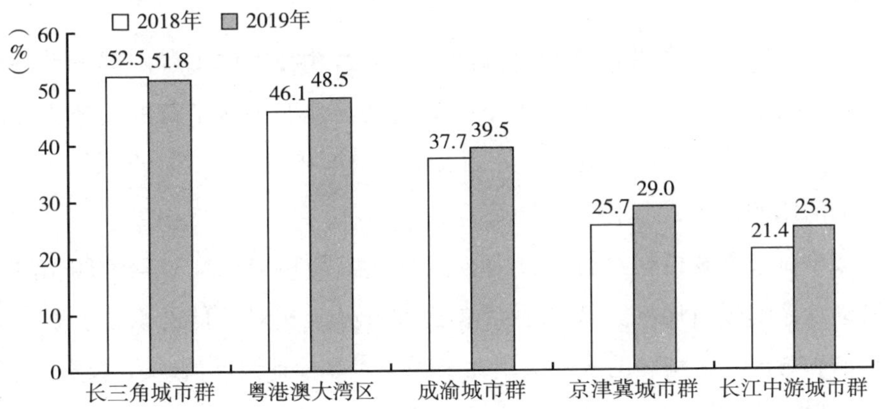

图 1 2018～2019 年城镇劳动者在本城市群内部跨城更换工作的比例变化

（二）城市群之间的人才流动：长三角人才留存能力最强，京津冀人才外流分散度高

2019 年，五大城市群中选择更换城市就业的人才中，有 75.4% 仍期望在这五个城市群之内发展。长江中游城市群的人才离开本区域后去另外四个城市群之一工作的比例始终超过 80%，而京津冀城市群的人才在五大城市群内部的流动比例最低（见图 2）。

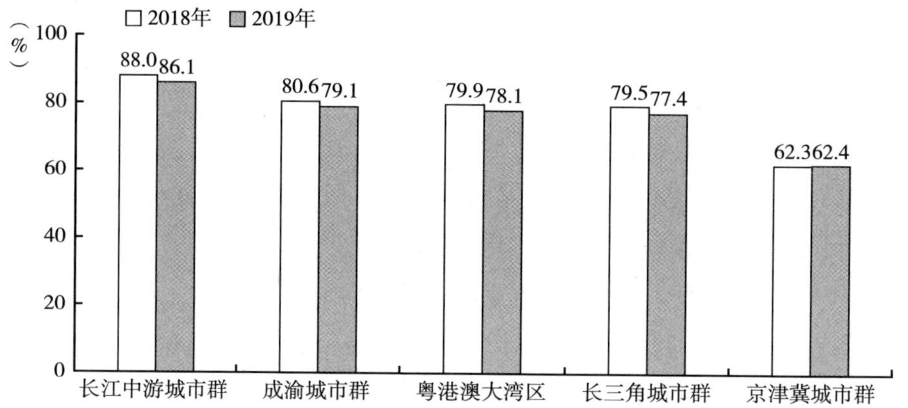

图 2　2018～2019 年在五大城市群之间流动的人才比例情况

2019 年，长三角城市群和粤港澳大湾区人才在本城市群内部流动的意愿比例位居前两位，均在 50% 上下，流动到其他四个城市群的人才占比均不足三成；京津冀城市群流动人才的去向分散度相对最高，在五大城市群之内流动的比例在六成上下。

成渝城市群规模相对较小，中心城市（成都和重庆）对其他四个城市群流动人才的吸引比例在 2.5%～5% 区间，处于相对较低的水平。长三角城市群和粤港澳大湾区的人才吸引力最强，对其他地区的流动人才吸引力基本均占据前两位。京津冀城市群流动人才的去向最为分散，最集中的流入地区仍然是长三角城市群（见图 3）。

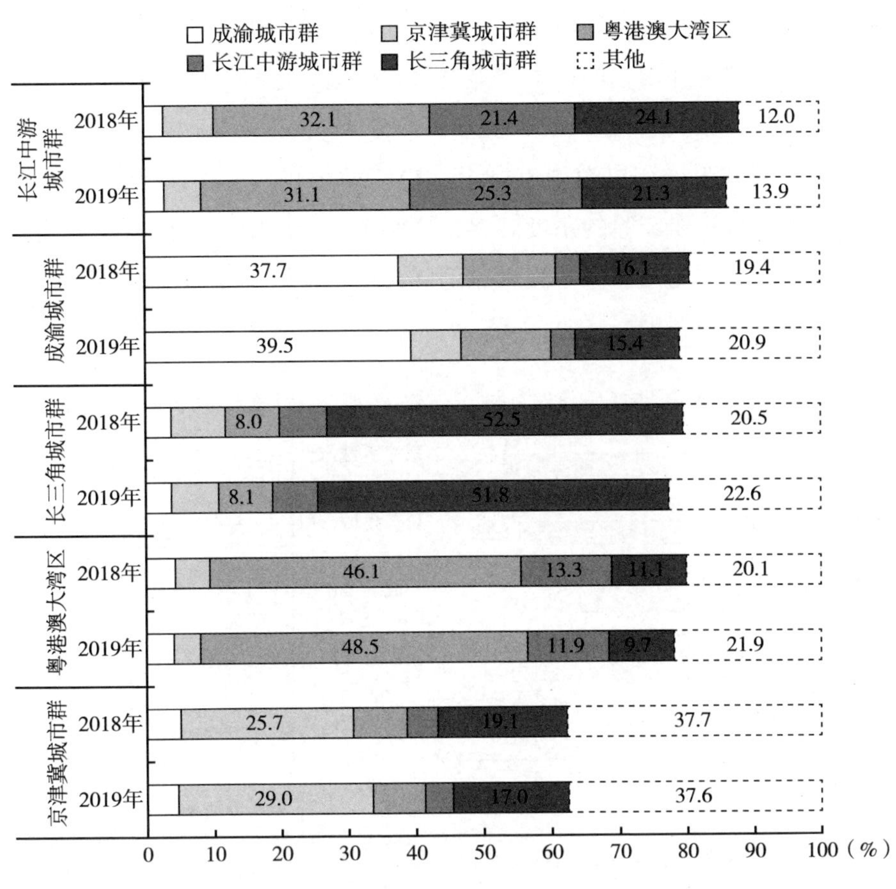

图3　2018～2019年五大城市群之间人才交互流动情况

（三）五大城市群跨城市就业人才画像：各有优劣，青年人口成为竞争关键

五大城市群的跨区域流动人才中，男性占比普遍高于女性。其中，长三角和京津冀两个城市群流出人才的男性比例高于流入群体，其他三个城市群则正好相反。

五大城市群的跨区域流动人才中，流入人才群体的整体学历水平均高于流出人才群体。京津冀城市群的流动人才中本科及以上学历占比最高，达到

60%左右；而粤港澳大湾区由于轻工业、外贸和生活服务业高度发达，本地高等教育资源较另外四个城市群稍显弱势，流动人才群体中本科及以上学历的占比最低。

长江中游城市群和成渝城市群中，20～30岁的青年劳动者流出比例高于流入比例。从工作经验的角度观察，这两个城市群中，具有三年及以上工作经验人才的流出比例要低于流入比例。其他三个城市群则是中高年限工作经验人才的流失比例更高（见图4）。

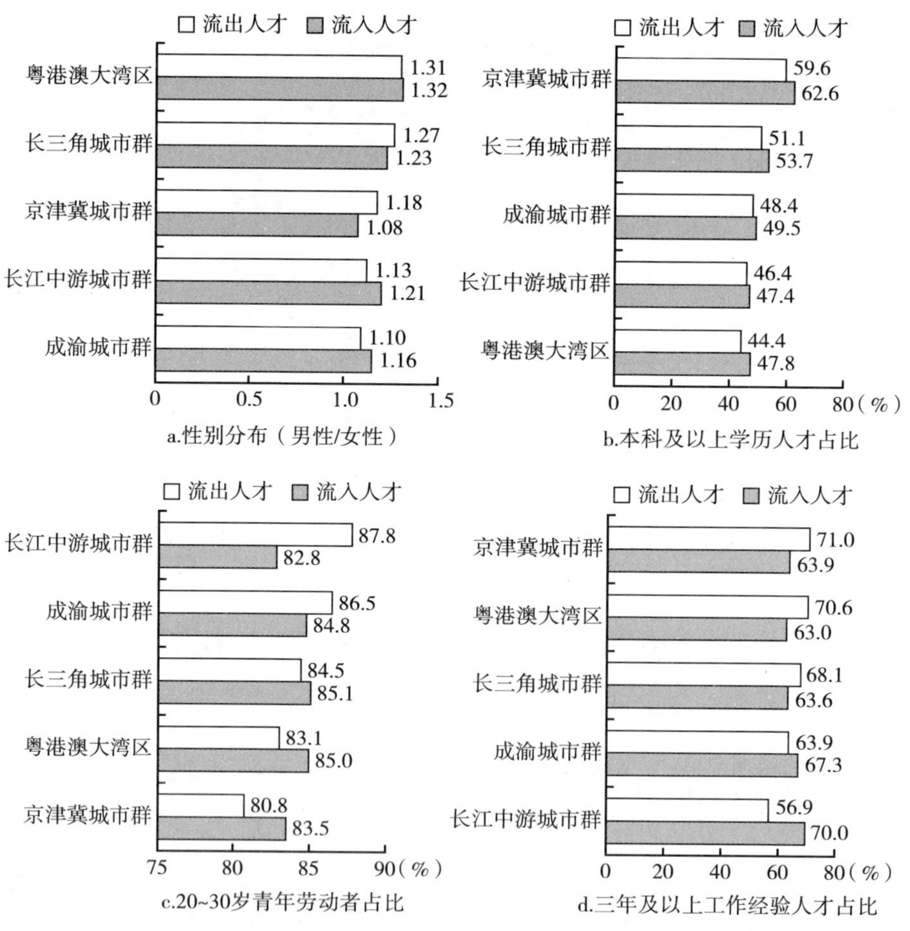

图4　五大城市群跨城市流动人才画像：性别、学历、年龄、工作经验

通过基础人才画像分析，我们发现五大城市群在人才留存和吸引上各自存在长短板。在各地“人才大战”政策中，对于高学历青年劳动者的竞争普遍处于中心地位，而各区域对于该群体的留存能力，都存在相当大的提升空间。

（四）中心城市人才流入来源地和流出目的地重合度高

我国的五大城市群中，长三角城市群的区域均衡发展程度最高，京津冀和长江中游城市群则呈现中心城市发展水平显著领先于区域其他城市的状态。本部分我们选取了五大城市群的七个中心城市，对2019年各地主要的10个流入人才来源地和流出目的地进行分析。

七个中心城市的人才流入来源地分布较人才流出目的地普遍更为集中。其中，重庆最为集中，前10个人才流入流出城市总占比均超过65%；人才流动区域分散度最高的是北京，最主要的10个流入流出城市总占比均不足50%。

我们还发现，七个中心城市的人才流入来源地和人才流出目的地重合度相当高，人才主要在中心城市和省会城市之间双向流动。反映的现状是：各城市群内部人才吸引力的离散程度仍然较高，距离真正的以城市群为一个整体实现人才吸引，进而实现区域内部高效的人才流动目标还有很长的路要走（见表2）。

表2　2019年七大中心城市的前10个人才流入来源城市和流出目标城市

单位：%

a. 北京				b. 上海				c. 深圳			
流出地	占比	流入地	占比	流出地	占比	流入地	占比	流出地	占比	流入地	占比
上海	8.3	上海	9.6	杭州	10.0	北京	12.7	广州	19.1	广州	21.2
天津	6.0	天津	7.6	北京	8.6	杭州	10.8	武汉	6.5	北京	8.3
深圳	5.7	石家庄	5.1	深圳	6.5	苏州	6.3	长沙	6.4	上海	7.0
杭州	5.6	杭州	5.0	苏州	6.4	南京	5.8	东莞	5.8	武汉	6.2
郑州	4.2	深圳	4.6	南京	5.0	深圳	5.3	上海	5.7	长沙	6.1
石家庄	4.0	郑州	3.9	合肥	4.7	郑州	4.4	北京	4.9	杭州	4.1

续表

a. 北京				b. 上海				c. 深圳			
流出地	占比	流入地	占比	流出地	占比	流入地	占比	流出地	占比	流入地	占比
西安	3.9	西安	3.4	郑州	4.3	合肥	4.3	杭州	3.8	东莞	3.9
成都	3.8	成都	3.4	武汉	4.0	武汉	3.8	成都	3.3	成都	3.2
太原	3.1	沈阳	3.3	成都	3.5	成都	3.3	惠州	2.9	南昌	2.4
沈阳	2.8	太原	3.1	广州	3.2	广州	2.8	佛山	2.2	惠州	2.3
合计	47.6		48.9	合计	56.2		59.5	合计	60.7		64.7
d. 广州				e. 成都				f. 武汉			
流出地	占比	流入地	占比	流出地	占比	流入地	占比	流出地	占比	流入地	占比
深圳	27.3	深圳	23.8	重庆	9.8	北京	12.9	深圳	18.3	深圳	17.7
佛山	10.6	佛山	8.2	北京	7.4	重庆	9.6	上海	10.5	上海	13.3
东莞	5.6	北京	5.2	深圳	7.4	上海	8.7	杭州	7.1	北京	11.6
上海	3.4	上海	4.9	上海	7.2	深圳	6.8	广州	7.0	杭州	7.6
长沙	3.3	东莞	4.6	绵阳	3.9	杭州	4.4	北京	6.9	广州	6.1
北京	2.7	长沙	4.5	广州	3.8	绵阳	4.2	宜昌	2.4	成都	2.3
武汉	2.6	武汉	3.4	杭州	3.8	广州	3.4	长沙	2.4	长沙	2.1
珠海	2.5	杭州	3.2	西安	2.7	西安	3.1	襄阳	2.4	郑州	1.9
杭州	2.4	珠海	2.7	南充	2.5	南充	2.3	成都	2.3	襄阳	1.9
惠州	2.3	成都	2.4	德阳	2.3	德阳	2.2	荆州	1.8	宜昌	1.7
合计	62.6		62.9	合计	50.8		57.6	合计	61.0		66.2
g. 重庆											
流出地	占比	流入地	占比								
成都	23.5	成都	23.9								
深圳	8.8	北京	10.1								
上海	8.3	上海	9.2								
北京	6.9	深圳	8.0								
杭州	4.6	杭州	4.6								
广州	4.5	广州	4.0								
贵阳	2.6	武汉	2.3								
武汉	2.2	贵阳	2.2								
西安	2.0	西安	1.9								
昆明	1.6	昆明	1.6								
合计	65.0		67.8								

（五）一线城市流出人才画像：高学历、年轻化、近四成在两年半之内回流

2017 年下半年，各地的“人才大战”正式打响。杭州、成都、武汉、西安等新一线城市作为典型代表，密集出台了一系列人才吸引政策。政策陆续落地后两年，这几个新一线城市的常住人口规模均实现增长，其中，来自北京、上海、深圳和广州四个一线城市的人才占据了重要比例。

BOSS 直聘研究院的数据追踪发现，2017 年第三季度，在一线城市活跃求职和就业的人群中，有 17.0% 在接下来两年离开了所在的一线城市。截至 2019 年底，这部分曾经“逃离一线城市”的人才中，有 39.4% 又回到了一线城市。

2017 年下半年以来，从一线城市流出的人才画像基本特征为：男性占比高、高学历、年轻化、工作经验少。

一线城市的整体流出人才中，男性占比为 57.3%，拥有本科及以上学历的人才比例为 58.2%，20～30 岁的青年劳动者占比高达 73.9%。同时，拥有 3 年以上工作经验的人才占比明显低于未流动的人才。回流一线城市的人才特征也基本如此（见图 5）。

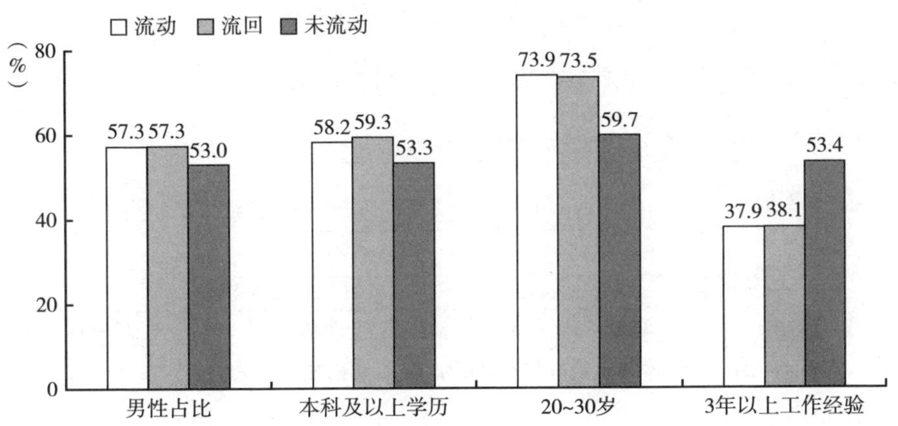

图 5　一线城市跨城市就业人才画像（2017 年第三季度至 2019 年底）

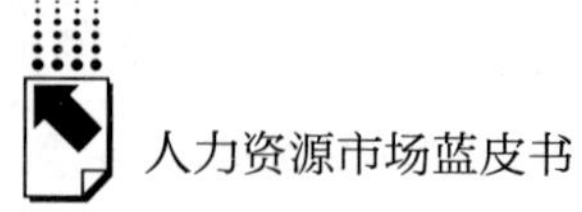

（六）五大城市群跨区域就业人才流动后整体能够实现涨薪

涨薪始终是人才跨区域流动的主要驱动力之一。BOSS 直聘研究院数据显示，2019 年五大城市群人才在跨城市流动后整体能够实现涨薪，平均月薪为 8523 元，较流动前增长 317 元，月薪中位数为 6549 元，较流动前增长 278 元，具体见图 7 和图 8。

流动前
流动后
长江中游城市群
4895
6053
成渝城市群
4906
5654
粤港澳大湾区
5815
6320
长三角城市群
6455
6885
京津冀城市群
7249
7155
0
1000
2000
3000
4000
5000
6000
7000
8000（元）

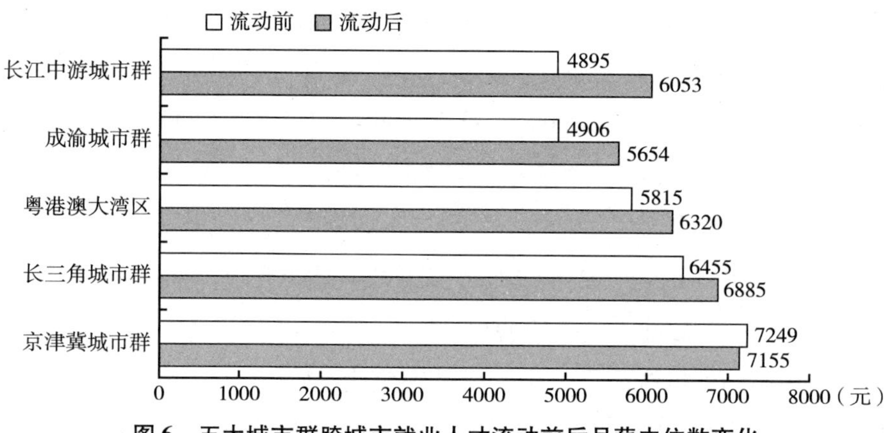

图 6　五大城市群跨城市就业人才流动前后月薪中位数变化

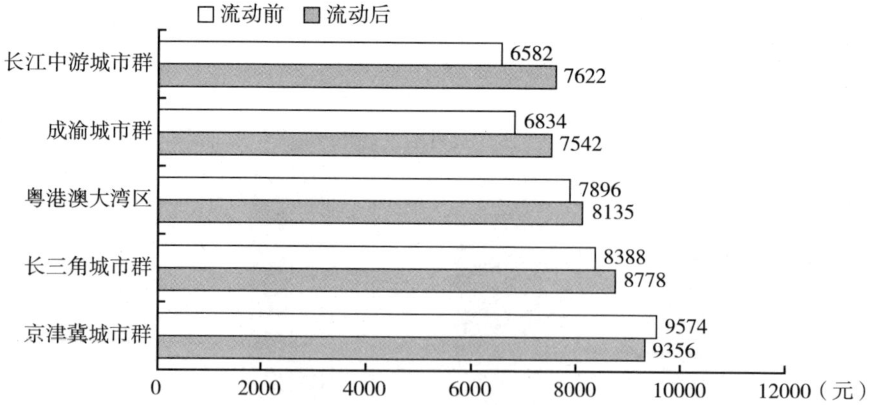

流动前
流动后
长江中游城市群
6582
7622
成渝城市群
6834
7542
粤港澳大湾区
7896
8135
长三角城市群
8388
8778
京津冀城市群
9574
9356
0
2000
4000
6000
8000
10000
12000（元）

图 7　五大城市群跨城市就业人才流动前后平均月薪变化

京津冀城市群的人才更换城市发展后，薪资水平出现下降，导致京津冀城市群跨区域就业人才薪资水平下降的主要原因是“北京效应”。北京的平均薪资水平长期位列榜首，除了一线城市之间的流动，相当多的人才以降薪换取生活工作平衡的方式外流到其他城市。

京津冀城市群的跨城市就业人才中，仅有北京的人才在离开后整体薪资待遇下降，而北京市的流动人才占到京津冀总体的75.6%，直接拉低了人才流动后的薪资水平。

（七）2019年五大城市群本科及以上学历劳动者的教育就业均衡指数①

为了对五大城市群的人才结构和岗位容纳能力进行深入评估，我们采用了BOSS直聘研究院的教育就业均衡指数进行分析。

BOSS直聘研究院数据显示，2019年，五大城市群本科及以上学历人才的教育就业均衡指数为1.32，即2019年五大城市群的活跃求职者中，拥有本科及以上学历的人才规模是本地高校毕业生规模的1.32倍。但五个城市群的内部差异显著，粤港澳大湾区的教育就业均衡指数高达2.30，长江中游城市群的教育就业均衡指数则仅为0.57。

2019年，粤港澳大湾区本科和硕士及以上学历人才的教育就业均衡指数均为最高，指数绝对值分别为2.25和3.49，这表明粤港澳大湾区本地高校培养的人才数量远不能满足当地对高学历人才的需求，对外埠高学历人才具有较高的依赖性。

成渝城市群2019年的教育就业均衡指数为0.98，基本处于平衡状态。值得注意的是，长江中游城市群本科和硕士及以上学历的教育就业均衡指数绝对值分别为0.56和0.75。可以看到，长江中游城市群更多在进行高学历人才输出，本地高质量就业岗位规模不足。提高岗位质量和规模，尽可能地提升本地高校毕业生留存率，是长江中游城市群应该重点关注的问题（见图8）。

① 2019年教育就业均衡指数＝2019年本地活跃人数/2019年本地活跃的高校毕业生人数。其中，“本地活跃人数”指获得本科及以上学历且2019年在观察城市有求职行为的人才数量；“本地活跃的高校毕业生人数”指2019年活跃人数中从该地区高校毕业的人数。

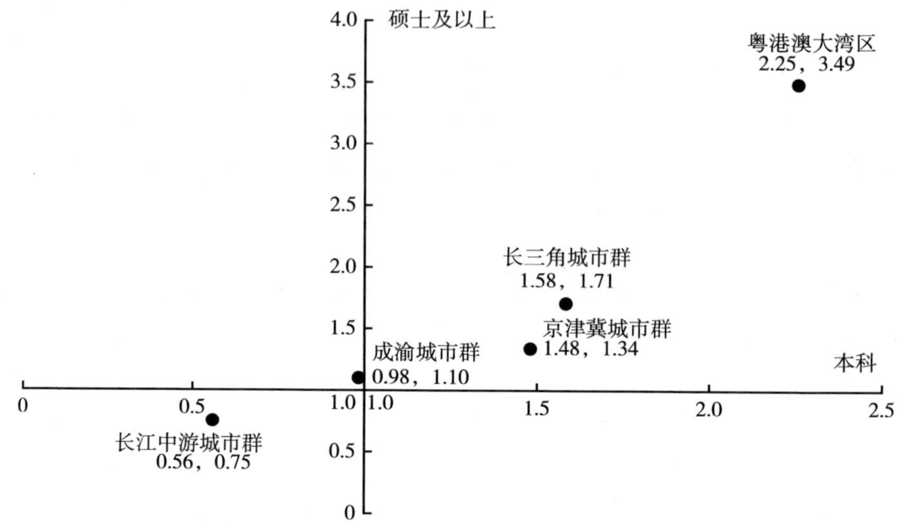

图8　2019 年五大城市群本科/硕士以上学历人群教育就业均衡指数

二　2019年五大城市群高新技术人才[①]流动分析

（一）八成高新技术人才集中于五大城市群，规模快速增长

高新技术人才已成为推动技术创新、实现产业升级、提升我国社会经济发展质量的重要驱动力。BOSS 直聘研究院数据显示，2019 年，81% 的高新技术从业者集中在五大城市群，人才规模同比上升 27.3%。其中，长江中游城市群、成渝城市群和粤港澳大湾区的高新技术人才增幅在 30% 以上。京津冀城市群的高新技术人才规模增速尽管不足 20%，但由于基数大，其整体人才规模依然居全国首位（见图 9）。

① 本文中的“高新技术人才”指互联网科技、电子通信、高端制造、能源环保和生物医疗五大领域中从事专业技术岗位的人才。选择这五个领域的主要原因是：市场化水平高、行业规模大、人才流动频繁，且广泛分布于民营企业。在涉及行业表述时，分别归类至互联网/IT、电子/通信、机械/制造、能源/化工/环保和制药/医疗行业。人才样本提取自 BOSS 直聘人力资源大数据平台。

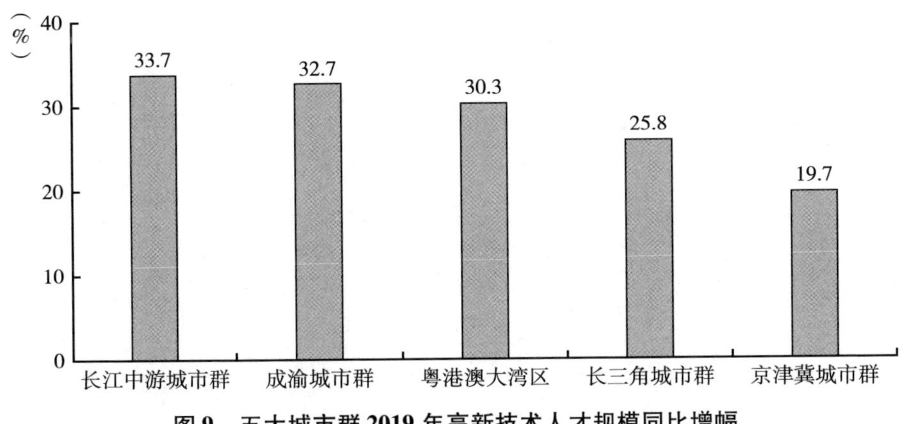

图9　五大城市群2019年高新技术人才规模同比增幅

（二）高新技术人才流动性强，在五大城市群内部流动比例不高

从人才流动状况来看，各城市群内部的流动比例差异显著。京津冀城市群尽管高新技术人才储备丰厚，但由于高新技术资源和工作岗位大多集中在北京、天津两个核心节点，2018年的城市群内部流动率仅为35.1%，高达64.9%的求职者在离开原城市后会向其他城市群转移。相比之下，长三角城市群和粤港澳大湾区由于存在多中心格局，城市群内的人才联动与融合也更为频繁。2018年，长三角城市群和粤港澳大湾区高新技术人才在城市群内部的流动占比分别达到50.4%和41.1%。成渝城市群和长江中游城市群由于高新技术产业承载能力相对较弱，2018年的内部流动比例仅为24.7%和10.7%（见图10）。

另外我们也观察到，随着各大城市高新技术产业的快速发展，人才跨城市群流动的现象越发普遍。高新技术产业人才由于适应度更高，跨区域流动更加高频和分散。2019年，五大城市群高新技术人才离开本城市群的流动比例较2018年普遍提高3～5个百分点。

（三）高新技术人才在五大城市群之间流动：京津冀和长三角成为最主要流入地

我们发现，高新技术人才对空间距离的敏感度较低，更看重所在城市的

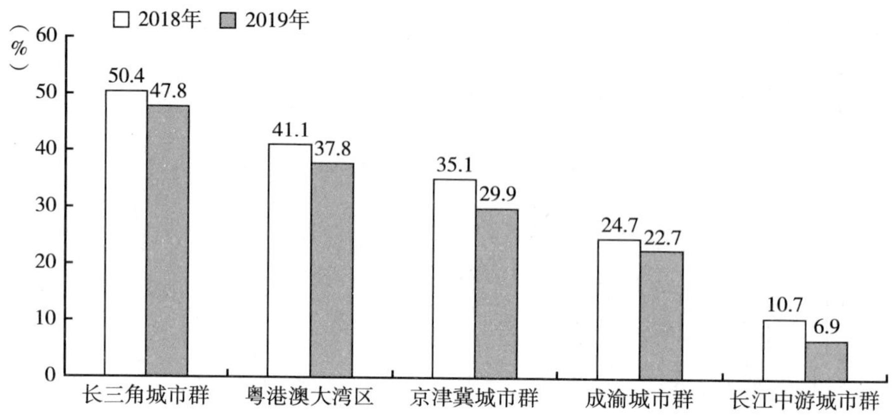

图 10　五大城市群高新技术人才在城市群内部跨城市就业的比例变化

技术产业资源及规模。举例来看，2019 年从成渝城市群离开的求职者，46.8% 流向京津冀和长三角城市群，只有 2.2% 的求职者向地理距离更近的长江中游城市群转移（见表 3）。

近两年，除了粤港澳大湾区和长江中游城市群之间的人才流动相对密切外，其余城市群高新技术人才向外流动的目的地均以京津冀和长三角为主。京津冀城市群科技企业集中，高新技术人才吸引力较长三角更胜一筹。2019 年，除粤港澳大湾区外，各城市群人才向京津冀迁移的比例均较前一年增加 3 个百分点以上。

表 3　2019 年高新技术人才在五大城市群之间的流动比例及变化

单位：%

项目		2019 年最新工作所在城市群					
		成渝城市群	京津冀城市群	粤港澳大湾区	长江中游城市群	长三角城市群	其他
上一份工作所在城市群	成渝城市群	22.7	28.3	15.5	2.2	18.5	12.8
	变化	-2.0	8.2	0.4	-1.4	-2.5	-2.6
	京津冀城市群	3.6	29.9	7.1	3.7	18.6	37.1
	变化	-0.1	-5.2	0.2	-0.1	-0.1	5.4
	粤港澳大湾区	4.4	12.0	37.8	16.0	16.0	13.8
	变化	0.3	2.8	-3.3	0.0	1.1	-1.0

续表

项目		2019 年最新工作所在城市群					
		成渝城市群	京津冀城市群	粤港澳大湾区	长江中游城市群	长三角城市群	其他
上一份工作所在城市群	长江中游城市群	1.7	17.0	36.0	6.9	33.0	5.5
	变化	-0.4	3.9	-1.0	-3.9	2.3	-1.0
	长三角城市群	2.6	16.9	7.8	6.7	47.8	18.2
	变化	-0.5	3.2	0.5	0.2	-2.7	-0.7
	其他	2.7	34.1	11.9	2.1	24.4	24.7
	变化	-0.8	6.9	-0.7	-0.5	0.1	-4.9

（四）高新技术人才流动人群特征：男性主导、高学历、互联网科技领域为主

BOSS 直聘研究院数据显示，2018～2019 年，五大城市群有跨城就业情况的高新技术人才平均工作经验为 4.3 年，流动群体以男性为主，平均占比达到 85.6%（见图 11）。

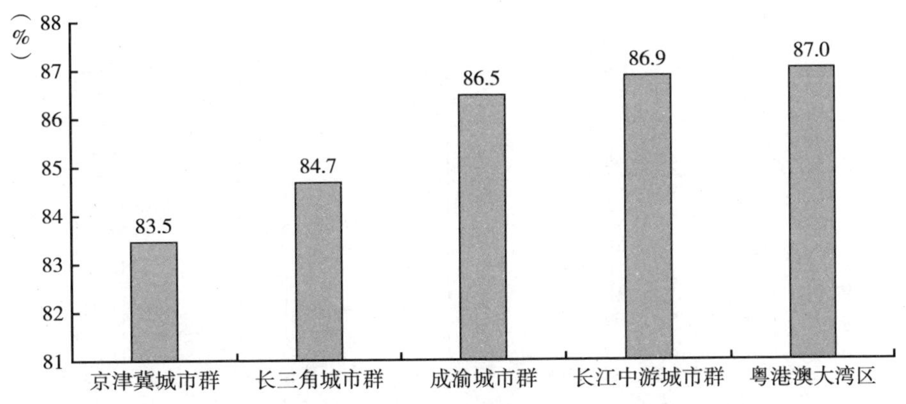

图 11　五大城市群跨城求职的高新技术人才男性占比分布

跨城市求职的高新技术人才中，拥有本科和硕士及以上学历的占比分别为 62% 和 12%，较留存在同一城市群的人才分别高出 2.8 个和 1.8 个百分点，表明在高新技术群体中，高学历人才的流动倾向性较低学历人才更强（见图 12）。

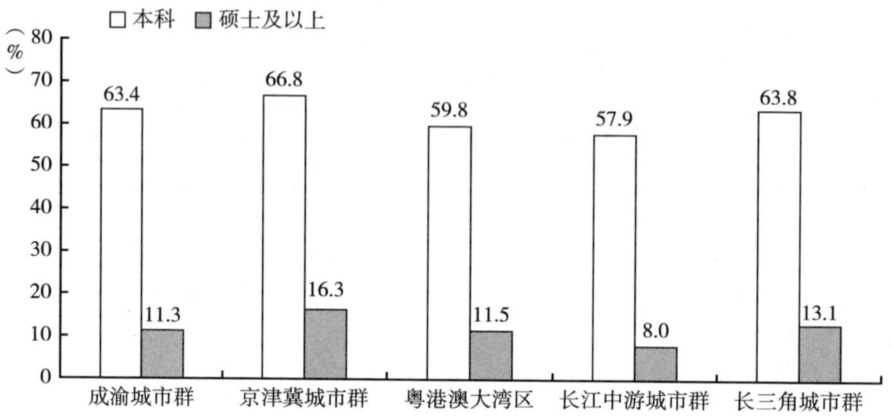

图 12　五大城市群跨城求职的高新技术人才学历占比分布

从行业分布来看，互联网/IT 是高新技术流动人才最为集中的细分领域，其次是电子/通信和机械/制造。京津冀城市群尽管就业机会丰富，但因互联网人才竞争强度高，选择离开的高新技术人才中近六成来自互联网/IT 行业（见图 13）。

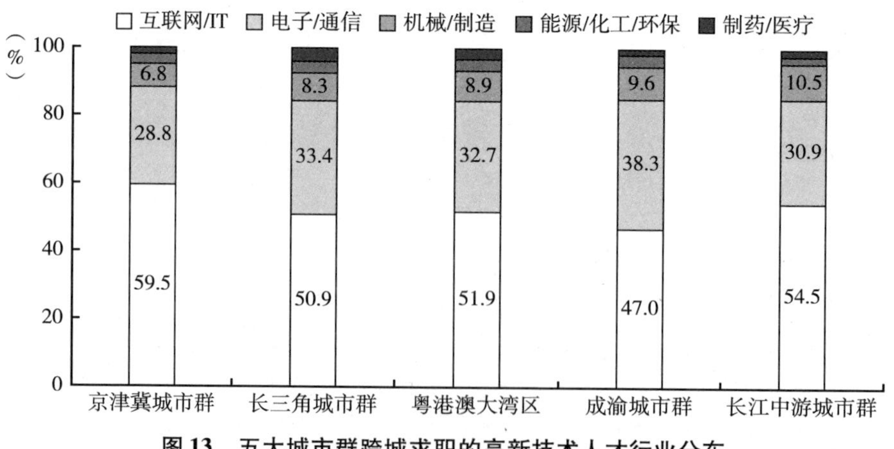

图 13　五大城市群跨城求职的高新技术人才行业分布

（五）高新技术人才的平均跳槽间隔不足18个月

2019 年，五大城市群高新技术人才的平均跳槽间隔为 16.7 个月，在岗时间平均不足18个月，流动高度频繁。从时间段分布上看，2019年跳槽的求职者，上一份工作仅维持半年的占比达到24.0%（见图14）。

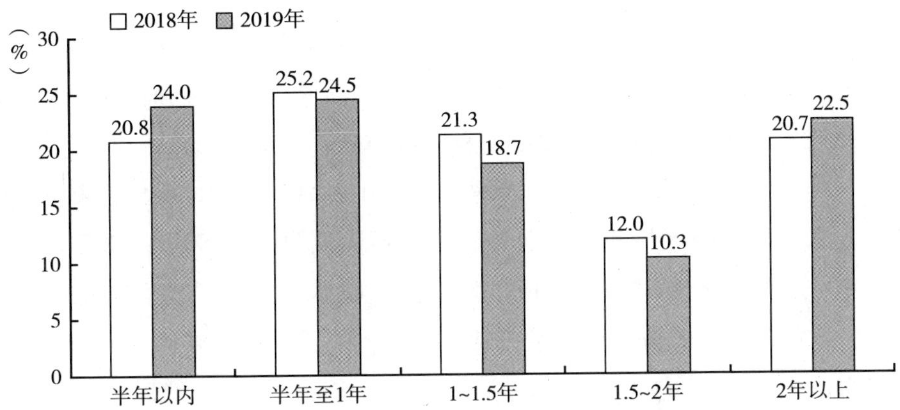

图14　五大城市群跨城求职的高新技术人才跳槽时间时间分布

京津冀城市群高新技术人才的平均在岗时间最长，在2019年达到18.6个月，较其余四个城市群高出2个月以上，同时也是2019年唯一的人才跳槽频率下降的区域。相比之下，长三角城市群、粤港澳大湾区及成渝城市群的高新技术人才跳槽频率接近，过去两年全部在16.1个月上下浮动（见图15）。

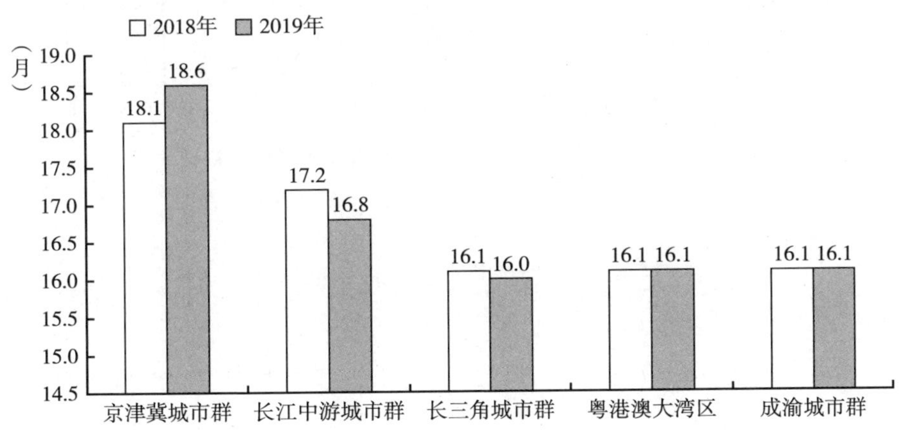

图15　五大城市群跨城求职的高新技术人才平均在岗时间

（六）高新技术人才跨地区流动前后薪资涨幅各异

由于经济水平和高新技术产业发展程度不一，且高新技术人才在各地都属于高收入群体，各城市群高新技术人才的薪资差异显著。京津冀城市群高新技术人才2019年的平均薪资达到1.55万元，成渝城市群和长江中游城市群高新技术人才的平均薪资则仅为京津冀的60%～70%。

另外，由于薪资基数较低，原来在长江中游城市群和成渝城市群就业的高新技术人才在跨区域流动后，薪资涨幅更为明显。2019年，离开长江中游城市群和成渝城市群流向其他区域的高新技术人才，平均薪资涨幅达到42.1%。相比之下，同一时期从京津冀城市群流出的从业者，下一份工作平均薪资涨幅仅为9.9%（见图16）。

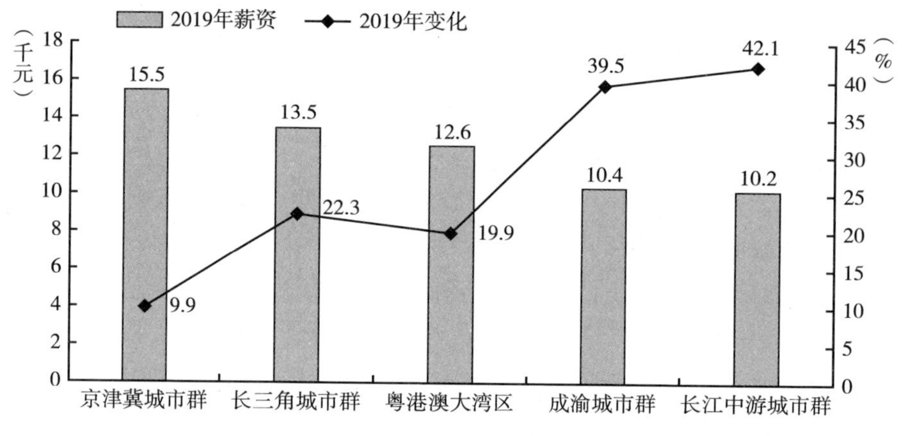

图16　五大城市群跨城求职的高新技术人才跳槽后薪资变化

三　五大城市群蓝领从业者[①]流动分析

如前文所述，2017年以来各地推出的人才吸引政策普遍以高学历青年

① 本文中的蓝领从业者定义依照BOSS直聘研究院的岗位属性梳理，主要包含建筑、物流运输、生活服务、普通制造四个领域。

劳动力和高端人才为主，对于提供城市基础设施建设和生活服务保障的海量蓝领从业者并没有太多针对性的政策。然而，人才吸引除了以产业结构为导向吸引精英人群之外，规模庞大的蓝领从业者同样需要受到重视，这部分人群的充分就业、流动意愿和技能提升，对于城市能够提供的生活和环境质量起到相当关键的作用。

（一）蓝领主要流动人群超过80%为30岁以下年轻人，男性是迁徙主力

BOSS 直聘研究院数据显示，2019 年，在跨城求职的蓝领从业者中，男性的数量是女性的 1.55 倍，30 岁以下的青年劳动者占比高达 84.2%。在所有岗位中，流动率最高的岗位是服务员（见图 17 和图 18）。

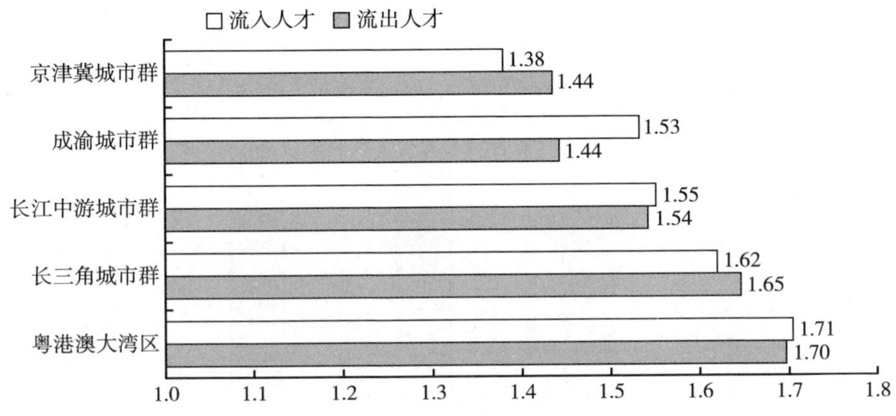

图 17　2019 年五大城市群跨城求职的蓝领从业者性别比例（男性/女性）

（二）蓝领人群工作稳定度远超白领，迁移前后薪资水平没有显著变化

BOSS 直聘研究院一个有趣的发现是，过去两年中，蓝领求职者的平均跳槽间隔超过 27 个月，稳定性大幅好于白领。

2019 年，蓝领从业者向另外四个城市群流动的比例为 5.6%，这个比例相较白

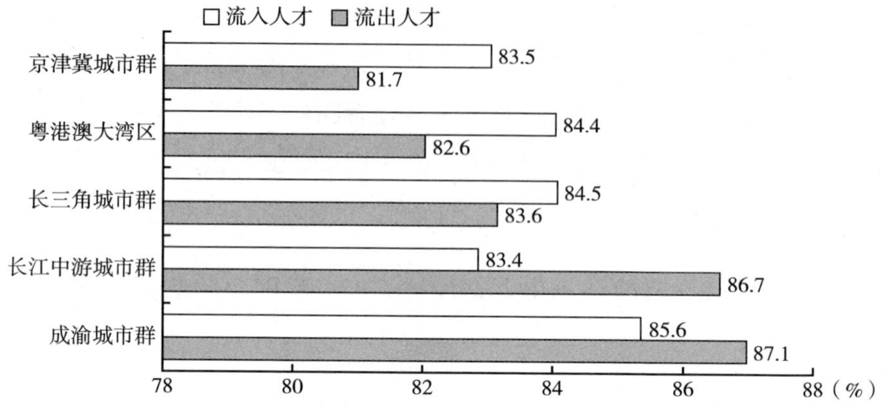

图18　2019年五大城市群跨城求职的蓝领从业者中20～30岁青年劳动者占比

领有相当大的差距（见图19）。也就是说，有40%～60%的蓝领从业者如果换个城市工作，会是五大城市群之外的地区，对于"大城市"的执着度远低于白领。

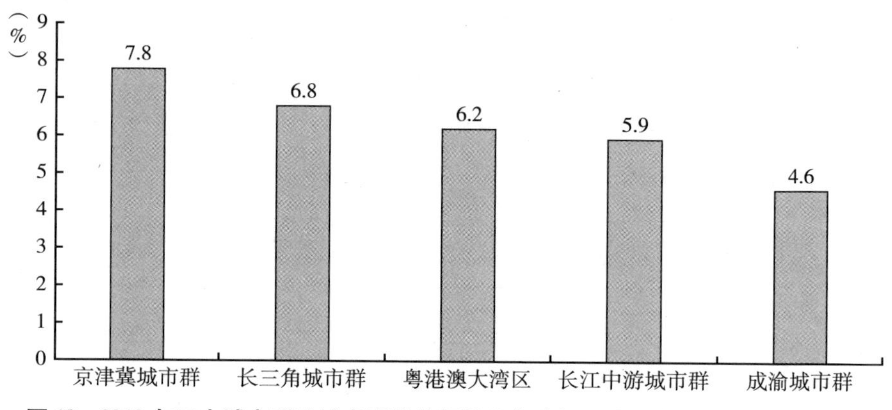

图19　2019年五大城市群跨城求职的蓝领从业者选择另外四个城市群之一的比例

（三）跨岗位流动成为蓝领从业者常态，超六成渴望从事白领岗位

相较上一代农民工，"95后"甚至"00后"的蓝领从业者的"职业观念"有了较大变化，他们不再甘于长年从事基本劳动，希望学习更多技能，从事白领职业，获得更多收入。

BOSS直聘研究院数据显示，2018年跨城市工作的蓝领从业者中，80.9%的人换了岗位，2019 年这一比例上升至 81.1%。细分来看，2019 年换白领岗位的蓝领比例超过六成，仅有不到 20% 的蓝领从业者一直没有更换过岗位（见图 20）。

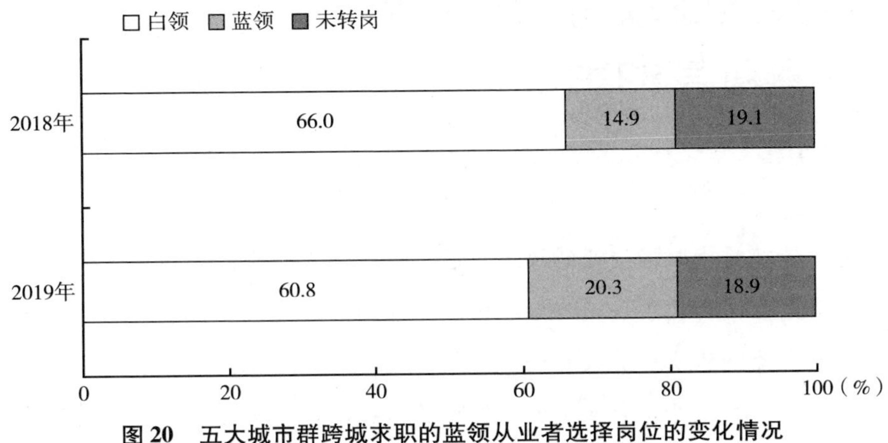

图 20　五大城市群跨城求职的蓝领从业者选择岗位的变化情况

尽管超过六成的蓝领从业者在换工作时希望申请白领岗位，获得更大的上升空间，然而受到学历和专业技能的限制，大部分转岗的蓝领从业者至少在起步阶段，只能选择对专业能力要求较低的基础岗位，集中在行政专员/助理、销售专员等岗位（见图 21）。对于教育程度相对较高的年轻蓝领来说，有更丰富的渠道获得职业技能培训，以及更多的再教育机会，这将是改变他们人生轨迹的重要方式。

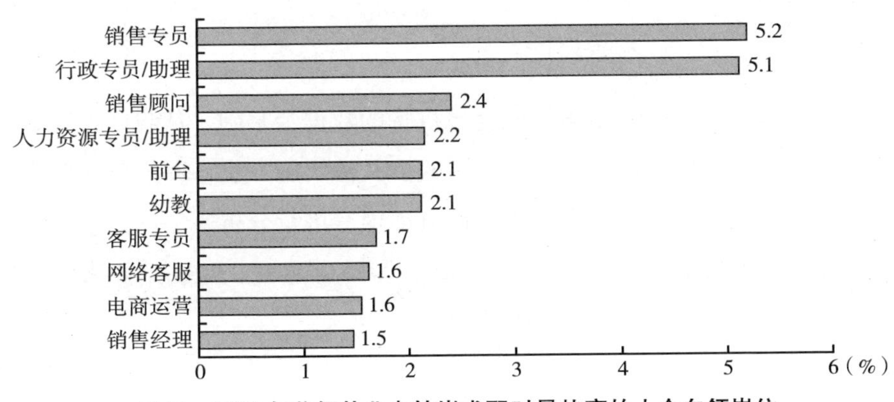

图 21　2019 年蓝领从业者转岗求职时最热衷的十个白领岗位

B.6
中国保险业教育培训现状及疫情对其的影响

刘 娜　王 皎*

摘　要：　随着我国保险业的快速发展，新经济、新业态背景下，保险公司之间的竞争日益加剧。保险市场的产品大同小异，培养高素质的保险从业人员成为企业发展的关键。保险业的教育培训对象除了客户之外，重点集中于保险的从业人员。本文以保险业教育培训市场为研究对象，从体系、要素、销售模式、疫情对其影响等多个方面探求我国保险业教育培训市场的发展现状。研究发现，在未来的发展中，保险业教育培训市场将逐渐由线下转为线上，各大保险公司也将应时而变，完善线上培训体系，积极开拓线上业务，并随之产生一系列关于线上销售的新型产品。

关键词：　保险业　教育培训市场　线上培训

本文以国家统计局、中国保监会等机构的数据为基础，从我国保险业传统教育培训市场的体系和要素、销售模式、具体实施方法，以及新冠肺炎疫情影响下的保险业教育培训市场现状四方面内容进行分析。

本文的数据跨度为2015年1月开始至2020年5月，数据主要来源于国家统计局、中国保监会、2019年保险年鉴。

* 刘娜，博士，上海电机学院商学院副教授，主要研究方向为劳动经济与人力资源管理；王皎，上海电机学院商学院学生。

一　我国保险业教育培训市场的体系和要素

随着我国保险业教育培训市场不断完善，我国逐渐形成了保险业教育培训市场的一套相对完整的体系和相应的配套要素。总的来说，我国保险业教育培训市场的体系主要分为保险教育培训的结构体系、保险教育培训的内容体系、保险教育培训的师资体系、保险教育培训的评估体系。

（一）保险业教育培训的结构体系

保险业教育培训的结构体系包括保险普及教育、保险职业教育、保险学历教育等全方位、多层次的保险教育结构体系。

1. 保险普及教育

保险普及教育，顾名思义，就是将保险知识教育列入现代学校和社会公众教育的内容之中，旨在提高全民保险意识，使之成为现代公民必备基本素质。目前，我国保险业虽然发展迅速，逐渐成为我国金融经济发展的重要组成部分，但是我国保险知识的普及教育程度较低，宣传工作不到位，社会各界对保险知识了解甚微，因此保险普及教育培训市场，有待进一步完善。

2. 保险职业教育

保险职业教育是主要面向保险从业人员展开的专业教育和技术培训。随着保险业的不断发展，各保险公司对专业技能强、综合素质高的人才的需求越来越迫切，促使保险职业教育逐渐成为保险教育培训市场的重要内容。

如图 1 所示，2015～2019 年这一时段，虽然我国保险行业的保费收入增长的速度有快有慢，但总体来说一直在不断地增长，尤其是 2015 年到 2016 年增长最为迅速。不仅保费收入持续增加，我国保险行业总资产规模也在持续扩大。如图 2 所示，我国保险行业资产总额从 2015 年的近 12.4 万亿元增长到 2020 年 5 月的近 22 万亿元，可见保险业在金融行业的地位越来越重要，预示着保险行业发展前景越来越好。但这也向各保险公司敲响了警钟：保险行业的竞争加剧，在保险产品逐渐趋同的情况下，人才的竞争才是最重要的竞争。这就需要各保险公司重视高素质人才队伍的培养，结合公司具体实际，建立合适的员工培训体系，致力于培养出更多的专业技能和综合素质一流的人才，以此来提升公司的核心竞争力，维持公司的健康持续发展。

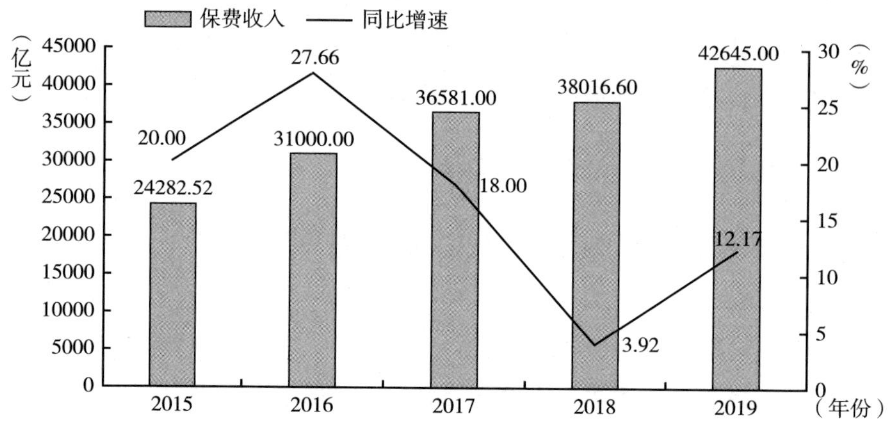

图1　2015～2019年保险行业保费收入增长情况

资料来源：国家统计局。

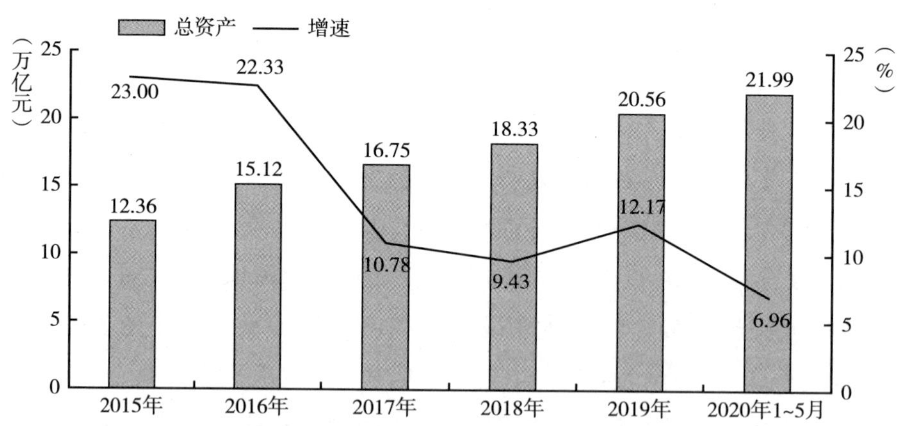

图2　中国保险行业总资产规模发展概况（2015年至2020年5月）

资料来源：保监会官网。

现今国内保险公司运营能力愈加完善，大多数保险公司成立了专门的培训部门，不同部门也有自己的教育培训体系和内容，但并不都拥有自己的讲师团队。

从图3可以看出，“老七家”寿险公司，中国人寿原保费收入不仅占比最大，而且达到12.9%的增幅，可以说成绩相当优异；而新华保险则以34.7%的增幅，跃升至第四位。保险业的业绩主要来自保险代理人的规模和人力资本水平，新华保险和中国人寿这两家公司实现高位增长，保险代理人自然功不可没。由此可见，保险代理人的教育培训对各保险公司的发展至关重要。因此各保险公司通过加大对保险代理人的教育培训来增强自己企业在业内的影响力，并成立“组织发展部”等职能部门，专门进行保险代理人的培训和培养。

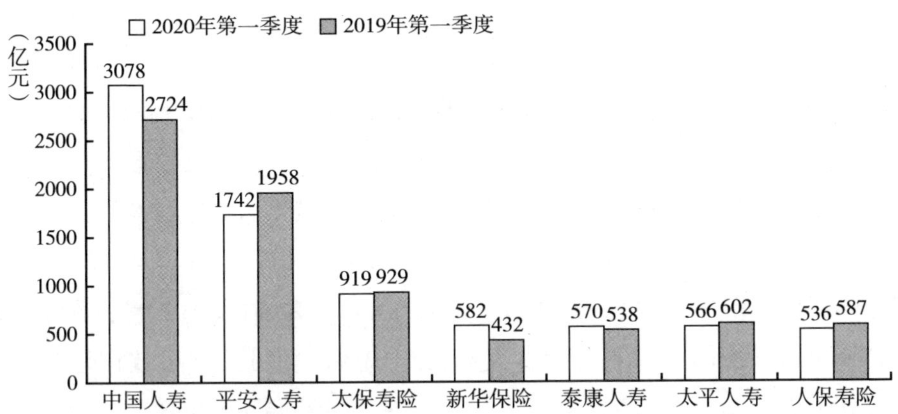

图3　“老七家”2020年第一季度、2019年第一季度原保费收入对比

资料来源：各保险公司官网。

中国人寿以它较为全面的职业培训体系培养了大量保险从业人才，下面我们就以中国人寿为例，分析中国人寿的职业培训组织体系。

如图4所示，中国人寿保险职业培训的组织体系较为完善，而且每一个细分的体系都由网络培训管理体系统一管理和控制，从培训组织的管理到相关课程的设计，再到对职员实施培训，都有相应的一套制度体系，权责分明，具有很强的可操作性，以协助公司高效完成对职员的保险教育培训工作。

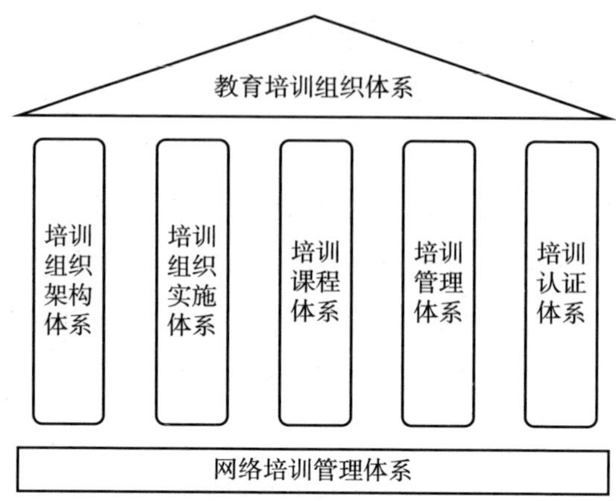

图4　中国人寿保险职业培训组织体系

3. 保险学历教育

保险业是智力密集型的服务行业，保险从业人员要有较高的综合素质，既要有丰富的理论知识，又要有较强的实务操作能力，还要有诚信的职业品德。[①] 因此，各保险公司需要更注重对道德教育和专业技能教育的平衡，培养全面发展的人才。目前我国较多的保险从业人员学历在本科及以上，但是保险人才的学历教育还有待提高。从表1来看，2019年新华人寿的本科及以上学历的人员约占到总人员的89.3%；从表2来看，2019年平安人寿的本科及以上学历的人员约占到总人员的61.8%，职员的学历教育是衡量保险公司人力资本水平的重要指标，因此，对公司发展同样重要。

表1　2019年新华人寿人员的受教育程度

单位：人

学历	人数
博士	5
硕士	834
学士	18350
大专及以下	2300

资料来源：2019年保险年鉴。

① 丁孜山：《试论我国保险教育培训市场的培育》，《保险职业学院学报》2012年第1期。

表 2　2019 年平安人寿人员的受教育程度

单位：人

学历	人数
博士	36
硕士	3345
学士	56137
大专及以下	36768

资料来源：2019 年保险年鉴。

（二）保险业教育培训的内容体系

保险业教育培训的培训内容自然不能千篇一律，要根据公司自身的发展战略、文化建设、竞争地位、地域特点、人才培养计划来相应制定，符合公司的实际情况，满足公司发展的需要。国内保险企业集团基本上形成了完整科学的培训体系。我们同样以中国人寿保险职业培训实施体系为例，如图 5 所示，中国人寿保险职业培训实施体系的涉及面很广，划分很细致。公司能够根据各部门人才的需要，对症下药，因材施教。中国人寿不仅将培训内容划分为必修类和选修类两种，有利于公司高效率培养人才，还针对新入职的员工建立了新人教育培训体系，有利于新员工适应公司环境，加快成长。

目前，中国人寿、平安人寿、泰康人寿等这些大型企业集团的教育培训体系相对比较完备，国内其他中小型保险公司还需继续结合自身发展水平，逐步完善自身的培训体系。

（三）保险业教育培训的师资体系

师资是培养保险业人才的基石，保险业的教育培训需要一支专业技能过硬、素质水平高的师资队伍。我国从 1959 年到 1980 年，没有任何正式的保险教育，这一时段是保险教育的一个空档期。1980 年到现在，也只有少数的高校能提供保险专业教育，可见保险教育并没有大范围地普及。因此，保险教育还处于发展阶段，需要当代保险业教师的共同努力。当代保险业教师

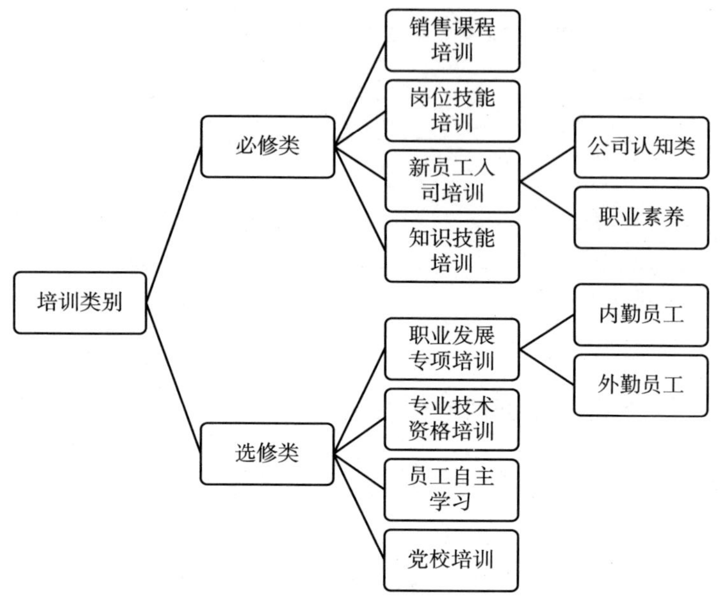

图5　中国人寿保险职业培训实施体系

应具备创新探究精神、职业道德素养、专业知识素质和实务处理能力，为我国保险事业的发展培养更多的人才。

（四）保险教育培训的评估体系

健全的保险评估体系是促进高质量高效率培训的有力手段。一套完备的保险评估体系能对保险教育培训过程中的有效性和合理性进行整体评估，较为准确地纠正偏差，确保培训活动能够长期有效地开展。

现今，最常见的同时被企业普遍采用的培训评估模式是威斯康星大学D. L. Kirkatriek教授在1959年提出的评估四层次模式，[①] 它从学员的反应状况、学习程度、应用能力以及给企业带来的效益这四个维度对学员的培训状况进行了具体的评估。

目前我国的保险教育培训欠缺完备有效的培训考核和评估机制，考核与

① 许凡丁：《培训评估研究》，天津大学硕士学位论文，2004。

评估机制浮于表面，只是对受训员工进行考试，并没有深入追踪参训员工后期的工作状态和工作细节，公司管理层也没有研究这种培训方式长期应用是否符合公司的发展理念。这种问题出现的原因有可能是公司片面追求短期效益而忽略长期发展，有些公司开展培训只是为了满足当下的需要，并不打算长期持续进行，从而轻视员工的教育培训；也有可能是原先的评估体系已不适应公司的发展现状。新经济、新业态既给保险业带来了许多机遇也带来了挑战，如果保险公司一直固守原来的教育培训策略，不与时俱进，积极改善创新，就会出现很多实际问题。

要使保险公司长期持久地发展下去，并且业绩一直平稳向好，企业就应该根据实际需要不断完善和发展自身的评估体系，不只拘泥于表面，要逐渐将保险教育培训的评估体系变为检验培训成果的一面镜子，从镜子中找问题、寻答案、谋发展。

二　我国保险业教育培训市场的销售模式

我国保险业教育培训市场的销售模式大致分为三种：系统型教育培训模式、咨询型教育培训模式和学习型教育培训模式。

（一）系统型教育培训模式

系统型教育培训模式是指通过一系列符合逻辑的步骤，有计划实施的教育培训活动。一般国内各保险公司都应用这种培训模式，源源不断地向企业输送人才。如图 6 所示，一个完善的企业培训体系运作模式，需要依据企业自身的核心能力、培训战略来制定，培训计划制定好后，要尽可能多地利用培训资源推动培训的运营。从培训的需求分析到培训计划的制定，再到培训计划的实施，最后到培训效果评估，构建一个可操作的流程，进行流程管理。整个流程又将课程、教材、师资、培训方式、培训基地等要素穿插其中，形成了现代保险公司最常见的培训系统运作模式。

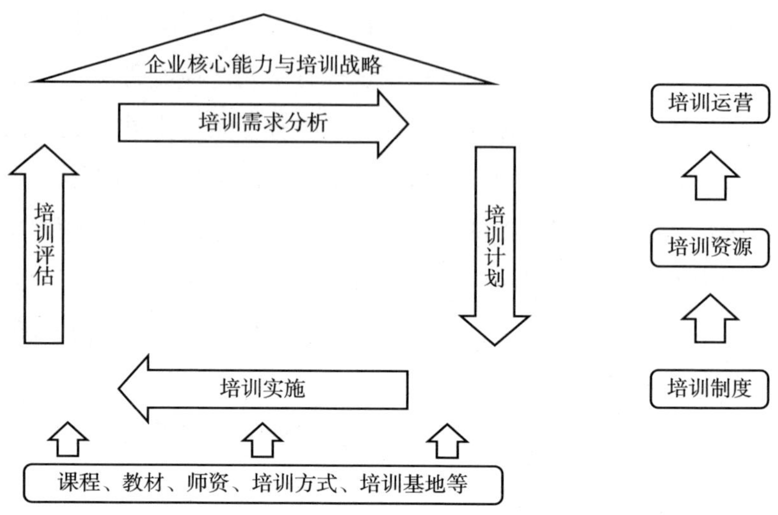

图 6　完善的企业培训体系运作模式

（二）咨询型教育培训模式

这种模式是站在培训者的角度考虑培训方案及实施过程。培训学校首先对保险公司进行了解，收集公司的信息并经过分析，发现公司的培训需求，写出培训策划书，在获得培训保险公司和有关部门的审批后，才能组织与实施培训工作。这是一种双向互动的教育培训模式，能最大限度地保证双方的互利共赢。目前在国内大多数保险公司为了保持自身的核心竞争力，提升公司业绩，都已在公司内部建立自己的教育培训部门，统一受公司管理和控制，这种和第三方合作的模式适用于刚刚起步、没有及时建立自己的培训体系的保险公司。

（三）学习型教育培训模式

学习型教育培训模式以“学习”为主，相对比较自由，以网课的形式开展，多数不受时间地点的限制，注重培养企业员工的自主学习能力。这种模式也是企业文化的一部分，助力了培训策略的完善和执行。国内有些大型保险集团就采用这种学习型的教育培训模式，也是一种学习型组织，例如中国平安，如图 7 所示。

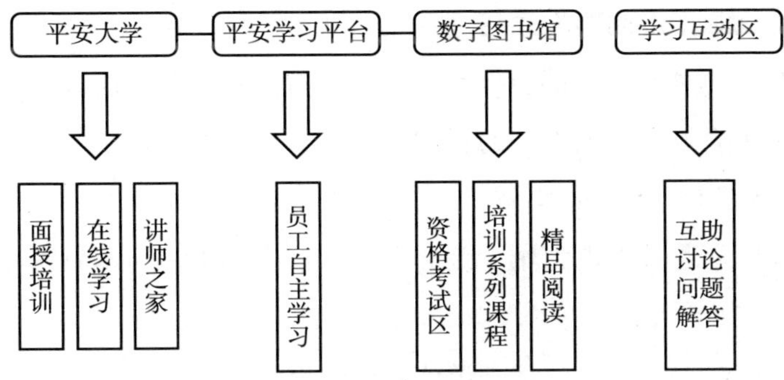

图 7　中国平安保险职业培训模式

中国平安的培训模式就是典型的学习型。公司建立了四个学习平台供员工学习，首先开设平安大学，进行学校式的教育培训，包括面授培训、在线学习和讲师讲授。公司员工可以选择任意一种适合自己的教学方式。其次开设平安学习平台，给员工自主学习的空间，重要的是还设立了数字图书馆，针对需要资格考试、职业培训等的员工开放网络资源，为这些员工学习和培训提供了便利。最人性化的设计是建立了学习互动区，公司员工可以互相学习、共同进步。

中国平安的这种培训模式能够让员工在不断学习中增长自己的专业知识，提升员工整体的素质，还激发了员工自主学习的动力，为公司各个部门培养了大量人才，更好地为公司创造价值。

三　我国保险业教育培训市场的具体实施方法

保险业的培训方法有很多种，但它们都有一个目标就是满足客户的实际需求，贴合具体实际。最常见的两种方式是满足客户个性化需求的教育培训和紧贴客户的教育培训。

（一）满足客户个性化需求的教育培训

满足客户个性化需求的教育培训就是指以客户的需求为宗旨，针对不同的客户的特点制定不同的教育培训计划。我国的保险市场是一个不均衡的市场，地区差异、对象差异都会导致教育培训方法的改变，所以我们要具体分析差异化对保险教育培训方式的影响。

1. 地区差异化教育培训实施

地区差异化通常表现为城乡差异化、经济发达地区与不发达地区的差异化。

城市和经济发达地区，基础设施完善，网络便利，更加适合开展网络保险教育。同时，客户需求更趋向多样化。对此，各保险公司应该注重培训销售人员的网上业务能力，包括对保险专业知识掌握的熟练程度、较强的口语表达能力以及良好的服务态度。

农村和经济欠发达的地区，基础设施建设不完备，且人们的保险意识淡薄，一般采用直接推销、委托推销等方式。在这种情况下，要注重销售人员专业素质和外在形象的培养，更要致力于服务态度的培养，这样才能给客户留下好印象。

2. 对象差异化教育培训实施

由于客户的偏好、需求、购买习惯不同，培训机构应具体问题具体分析，针对不同的客户需求制定不同的培训方案，做到尽可能让客户满意。

（二）紧贴客户的教育培训

紧贴客户的教育培训，就是说这一培训的目的是以客户为中心展开的。在保险公司产品相差不大的情况下，顾客往往将决策的重点放在各保险公司及其产品的服务水平上。为此必须从两方面同时入手，一是延伸服务领域及教育培训实施，要求各保险公司加强对销售队伍的业务培训，提高对保险专业知识的理解力，增强口语表达能力。二是强化售后服务及教育培训实施，提高员工的综合素质水平，打造优质的售后服务团队，促进保险消费增长，提高公司经营业绩。

四　新冠肺炎疫情对保险业教育培训现状的影响分析

新冠肺炎疫情发生以来，我国各行业都受到了不同程度的影响，有的行业在疫情暴发期间抓住机会，得到发展；而有些行业在此期间受到冲击，发展面临威胁，需要寻找机会规避威胁，实现行业发展。对于保险业来说，此次疫情更像是一把双刃剑，一方面，遭遇突发疫情的冲击，线下业务开展困难，原保费收入下降，保险业面临挑战；另一方面，保险销售由线下转向线上，扩大了线上市场，迎来了新的发展机遇。随着保险业线上销售兴起，对应的保险业教育培训也形成了线上课堂的趋势，为客户以及保险从业人员提供了合适的教育培训方式。

本文主要从三个方面分析疫情对保险业教育培训市场的影响。

（一）疫情下的保险业教育培训发生的变化

2020 年 2 月 3 日，银保监会中介部下发《关于保险中介从业人员队伍积极配合做好新型冠状病毒感染肺炎疫情防控工作的通知》，明确禁止保险从业人员拜访客户，举行宣讲会、演说会、培训等聚集性活动。这一通知的公布，使线下销售大打折扣，同时也导致线下的教育培训活动不能及时进行，暂时性地搁置了向保险公司输送人才的计划。

2020 年前四个月是疫情较为严重的阶段，据图 8 所示，可以看到 2020 前四个月原保险保费收入较 2019 年增加缓慢，增幅偏低，甚至在 2 月增幅骤降 5. 72 个百分点，随后两个月同比增长也未能超过 5% 。由此可见疫情对保险行业的冲击很大。各保险公司面临线下培训和线下业务不能及时开展的双重压力，导致公司业绩下滑，不利于公司未来的发展。因此，必须及时止损、转变思路、重新规划，找到适用于疫情期间的人才培养方案。而在信息和数字化时代，进行线上培训和线上销售成为必然选择。

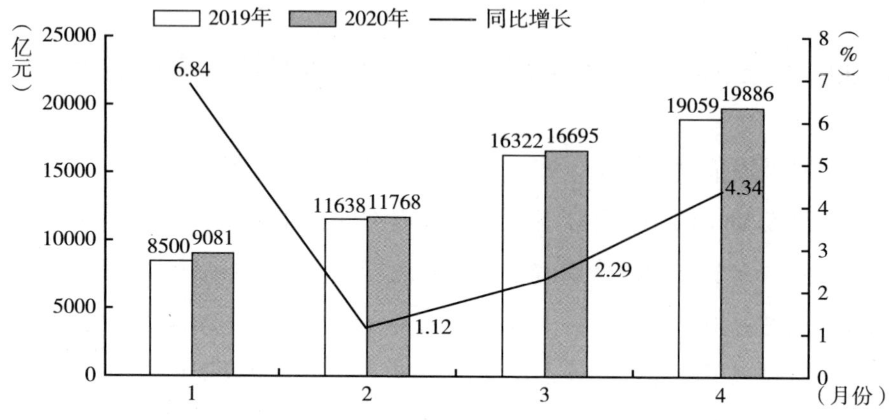

图8　1~4月原保险保费收入变化情况（2019~2020年）

资料来源：保监会官网。

（二）疫情下的保险业教育培训模式的特点

疫情期间，保险业的教育培训由线下转为线上，在避免人与人正面接触的同时，合理有效地安排线上培训工作。线上培训有许多有利因素，虽然会因为场地的限制，缺少实际体验而影响培训效果，在扩大培训规模上却又突破了时间和空间限制，人数几乎不受限制。

1. 线上培训比较灵活，可以随时随地进行培训，不限人数，不分场地

与传统的线下培训方式相比，线上培训不受疫情影响。平安公司最先在代理人队伍中开启线上化经营模式，开发各类企业内部 App 及线上平台，确保代理人早晚会议、培训、客户服务等活动正常开展。泰康人寿也采用自己企业内部平台进行线上培训，先后邀请“抗议第一线”权威专家李兰娟院士、樊登读书会的创始人樊登先生等名人做线上教育培训，并希望邀请张文宏医生和白岩松等有影响力的专家进行线上培训，以增加企业的影响力。此外，与有成熟的培训模式的机构进行合作也是一个不错的选择，如中信保诚和华泰人寿两家保险公司进行合作，利用脚印互动的直播平台开展运营课程，形成互利共赢的局面。

2. 线上数据资料充足，信息完备，可以根据时事热点、客户动态适时进行线上教学

疫情的发生激发了人们的保险意识，本着满足客户需求的理念，保险公司接连推出与新冠肺炎责任等有关的产品，之后又出台了复工防疫保险。在这个阶段，各个保险公司线上培训的内容中相应地加入了疫情防控的有关课程。如表 3 所示，人保财险石河子分公司线上培训助力疫情防控，开设疫情下保险行业发展的相关课程，课程与部门对应，旨在加深员工在疫情期间对部门业务的熟练程度。

表 3　人保财险石河子分公司线上培训安排

开设课程	发起部门	参与人员
人保 e 通的使用技巧	销管部	公司全员
疫情防控期间如何与客户交流	销管部	公司全员
关于抢抓春耕时节做好疫情期间农业发展的通知	农业保险部/保险扶贫部	分管领导、涉农部负责人、三农网点主任
安易行及法定传染病新险种的宣导;助力复工企业的方向	非车险事业部	公司全员
对财务核算模式的讲解、2020 年各项核算考评办法的讨论答疑	财会部	各县支公司经理及核算员

另外，中国保险网络大学针对这次疫情面向社会大众提供免费课程，让人民群众能够进一步了解疫情期间的保险知识以及相关的风险防范。

3. 线上培训的组织形式多样，针对不同的岗位需求提供不同的培训计划，形成了完整的一套体系

面对疫情，作为“老七家”险企之一的太平人寿，实行了“业务条线”模式进行线上培训（见图 9）。

（1）个险条线。首先以“分享”为主，线上微课的大部分内容由优秀代理人录制的个人分享课程组成。其次开设面向主管、星级讲师等不同对象的线上培训课程，最有特点的是推出了线上新健康险种子讲师培训，保障了线上业务计划的开展。

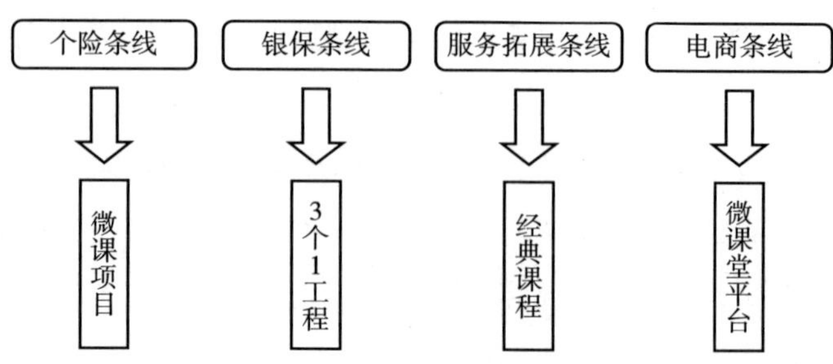

图9　太平人寿线上培训模式

（2）银保条线。设计“3 个 1 工程”培训体系，公司员工每人每天一个晨会学习，一套线上学习课程，一次线上考试，大大增加了员工的知识储备，进而提高了员工的业务技能，推动线上业务发展。

（3）服务拓展条线。总公司以推出“经典课程”为切入口，鼓励员工每日学习两门经典课程。同时借助培训微课堂促进员工自主学习，并且每日跟踪反馈。

（4）电商条线。启动微课堂平台，开展“凝心聚力，共享智慧”的线上培训计划。

（三）疫情下的保险业教育培训市场的发展前景

如图 10、图 11 所示，随着互联网的普及，人们的生活方式发生改变，企业的业务推广力度加大，未来几年在线教育用户规模将持续扩大，到 2024 年预计达到 4.13 亿人，总体市场规模将达到 4541 亿元。从中可以看出，电子化、线上化已成为教育发展的主要趋势。对保险行业来说，许多保险业务都已实现了电子化，而线上保险业务交易留下了不少的资料数据，这些电子资料储备丰富了线上培训的内容，助力了线上培训工作的开展。现在大多数年轻人的空闲时间都在网上，开展线上教育培训，可以引发更多人的关注，有利于社会公众了解保险知识，提高保险意识，同时还可以吸引更多的年轻人加入保险行业，壮大保险从业人员队伍。因此，保险业教育培训由线下转向线上不再是应对疫情的暂时性举措，而是未来发展的常态。

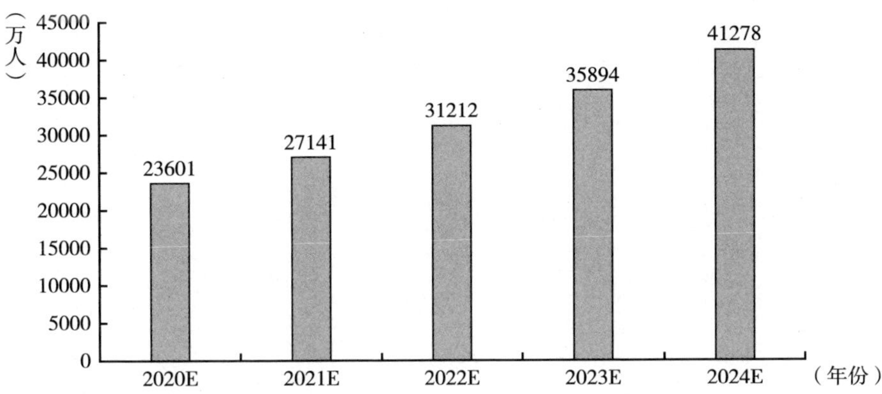

图 10　2020～2024 年中国在线教育用户规模预测

资料来源：前瞻数据库。

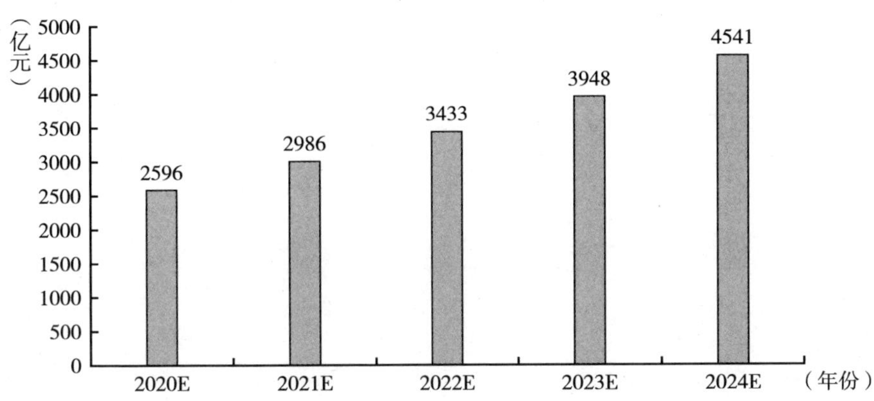

图 11　2020～2024 年中国在线教育市场规模预测

资料来源：前瞻数据库。

参考文献

丁孜山：《中国保险教育培训市场分析》，《湖南保险》2009 年第 2 期。

关蔚雯：《试论我国保险教育培训市场的培育》，《现代经济信息》2017 年第 23 期。

张莉：《我国保险职业培训体系的发展及优化研究》，西南财经大学硕士学位论文，2016。

区域人力资源市场

Regional Human Resources Market

B.7 上海市流动劳动力求职与就业状况调查

郑慧玲　王加文*

摘　要： 改革开放以来，我国劳动力市场的运行机制经历了重大变革，劳动力的流动性显著增强。全国各省份进入上海的流动劳动力是推动上海创新驱动、转型发展的重要力量，也是上海城市人口构成的实际组成部分。在全国范围内“人口争夺战”不断升级的社会背景下，上海流动劳动力的求职行为与就业状况具有明显的时代特征、群体特点和区域特色。在新形势下全面系统地研究流动劳动力的就业状况，是研判就业形势、制定就业政策、改进就业服务的客观要求，也是推动上海经

* 郑慧玲，上海交通大学档案馆馆员，主要研究方向为劳动经济、劳动力市场和公共就业服务；王加文，上海市就业促进中心副处长，《乐业报告》主要撰稿人，东方讲坛特聘讲师，主要研究方向为劳动就业理论、失业预警与劳动力市场。

济社会高质量发展的现实需要。

关键词： 劳动力市场　流动劳动力　公共就业服务

党的十九届四中全会提出要“健全有利于更充分更高质量就业的促进机制”，对我国政府促进就业的工作机制提出了新的更高要求。随着上海深化改革的步伐逐步加快，从全国各个省、自治区、直辖市进入上海劳动力市场，但户籍仍然保留在原户籍地的流动劳动力（简称“流动劳动力”），在上海经济社会高质量发展的过程中发挥着日益重要的作用，已经成为推动上海创新驱动和转型发展的重要建设性力量。从当前的情况看，上海流动劳动力的数量总体呈现逐年增长的态势，几百万流动劳动力长期在上海居住、生活、学习，他们正在逐步深度融入上海的城市生活之中，成为上海城市建设、发展所需要的人力资源的实际组成部分。在国内部分大中城市人才与人口争夺战愈演愈烈、政策措施不断升级的社会背景下，上海流动劳动力的总量规模、结构特征和变化趋势也发生了深刻变化，引发了社会各界的广泛关注。全面、准确地认识流动劳动力就业的实际状况，是研究就业形势、制定就业政策、提升服务水平的工作基础和客观要求，也是满足人们生活需求、促进区域产业发展、推动上海经济社会高质量发展的现实需要。

为了深入研究流动劳动力在上海就业的状况、特征、规律和趋势，上海交通大学自2015年起，每年11月开展“上海流动劳动力就业状况千人调查”（简称“千人调查”）。千人调查采取分层概率比例（PPS）抽样的方式，每年对2500名在沪就业的劳动年龄段内的流动劳动力进行访谈式问卷调查，累计回收有效问卷12727份。本文以历年“千人调查”为基础，结合国家统计局、上海市人力资源和社会保障局发布的权威数据，对上海流动劳动力的求职与就业状况进行研究分析。

一　就业结构与基本特征

（一）1/4从事第二产业，七成从事第三产业

从流动劳动力的产业分布情况来看，2019 年，在沪就业的流动劳动力中，从事第二产业的约占 26.8%，从业人数与上年同期相比减少 9.1%，与 2015 年相比减少 5.7%；从事第三产业的约占 73.1%，从业人数与上年同期相比增长 9.1%，与 2015 年相比增长 55.2%。从最近几年的变化规律来看，流动劳动力在上海从事第二产业的比重持续呈现小幅下降的趋势，从事第三产业的比重近年来增长的速度相对较快（见图 1）。

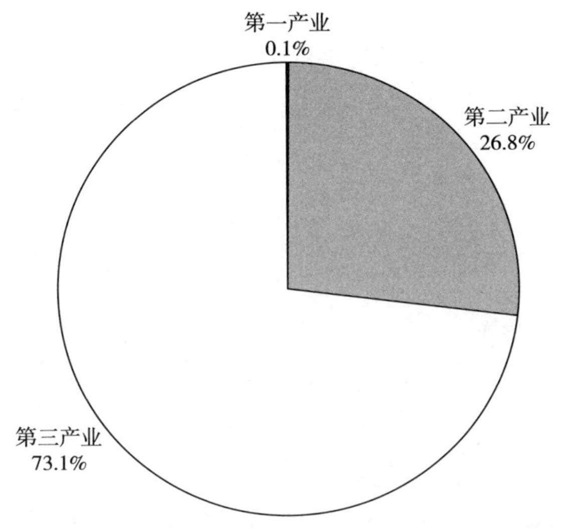

图 1　2019 年上海流动劳动力的产业分布

随着上海产业结构的持续转型升级，从事第二产业的就业人数总体上持续小幅下降，但第二产业的劳动生产率不断提高，产值也保持稳定增长的态势，这与劳动力素质、技术水平和管理水平等生产要素的总体提升是密切相关的，更是上海创新驱动、经济转型升级取得重要进展的体现。

（二）租赁和商务服务业、制造业、批发和零售业等行业吸纳的流动劳动力最多

从流动劳动力在沪就业的行业分布情况来看，2019 年，租赁和商务服务业吸纳的流动劳动力最多，约占上海流动劳动力总量的 24.3%，与上年同期相比增长 16.2%，与 2015 年相比增长 31.0%；其次是制造业，约占 21.1%，与上年同期相比减少 13.4%，与 2015 年相比减少 18.6%；居第三位的是批发和零售业，约占 15.9%，与上年同期相比增长 9.6%，与 2015 年相比增长 56.1%（见表 1）。

表 1　2019 年上海流动劳动力的行业分布

单位：%

行业	比重
租赁和商务服务业	24.3
制造业	21.1
批发和零售业	15.9
科学研究和技术服务业	12.1
建筑业	5.7
信息传输、软件和信息技术服务业	5.7
交通运输、仓储和邮政业	3.6
房地产业	2.5
金融业	2.3
住宿和餐饮业	2.2
居民服务、修理和其他服务业	1.5
教育	0.9
文化、体育和娱乐业	0.8
卫生和社会工作	0.7
水利、环境和公共设施管理业	0.6
农、林、牧、渔业	0.1
公共管理、社会保障和社会组织	0.1
电力、热力、燃气及水生产和供应业	0.1
采矿业	0.0
国际组织	0.0

（三）平均年龄32.8岁，40岁以下的青壮年劳动力约占八成

调查结果表明，2019 年，在上海劳动力市场实现就业的流动劳动力，平均

年龄32.8岁，与上年的平均年龄相比增加了0.3岁，与2015年的平均年龄相比增加了1.3岁，在沪就业的流动劳动力平均年龄近年来持续上升（见图2）。

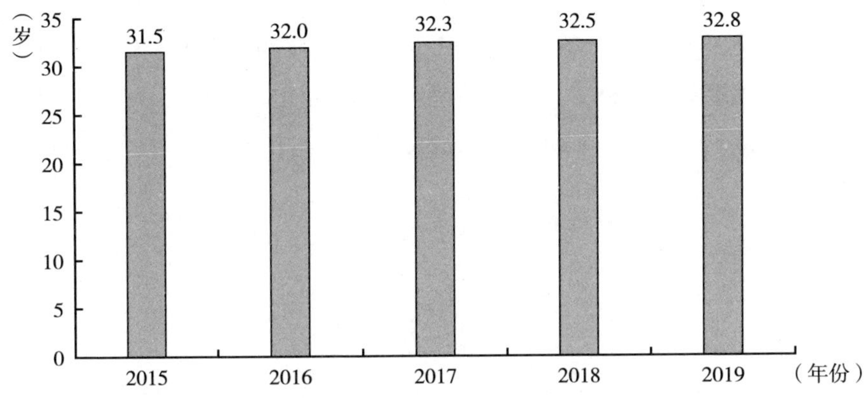

图2　2015～2019年上海流动劳动力平均年龄的变化趋势

从流动劳动力的年龄结构来看，2019年，16～20岁的流动劳动力占2.1%，21～30岁的占45.6%，31～40岁的占32.4%，41～50岁的占16.9%，51～60岁的占3.0%（见图3）。

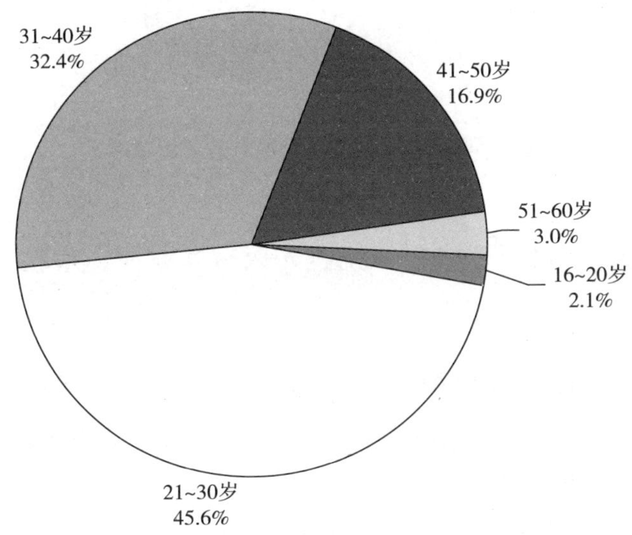

图3　2019年上海流动劳动力的年龄结构

（四）初中以下学历约占一半，大专以上学历所占比重快速增长

调查结果显示，2019 年，49.9% 的上海流动劳动力的学历水平为初中及以下，12.3% 为高中学历，大专学历所占比重为 15.3%，本科及以上学历所占比重为 22.5%。在上海就业的流动劳动力中，大专及以上学历所占比重为 37.8%，与 2015 年（21.4%）相比增加了 16.4 个百分点（见图 4）。

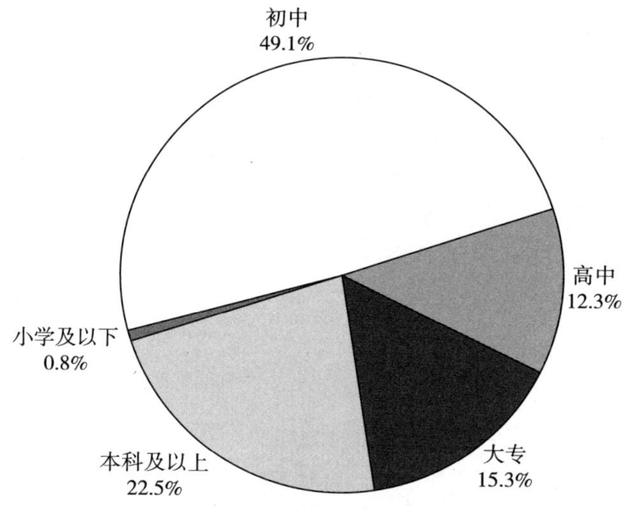

图 4　2019 年上海流动劳动力的学历结构

（五）四川、贵州等省在沪就业人数有所减少，东北三省增长势头迅猛

从流动劳动力的户籍结构来看，安徽户籍数量最多，约占 22.4%；其次是江苏，约占 17.9%；再次是河南，约占 10.7%。在全国大部分省份流动劳动力数量不断增加的条件下，作为人口大省之一、长期为上海输入劳动力的四川省，流动劳动力数量却持续减少，2019 年所占比重已低于湖北省，退居排行榜第 5 位。同处西南地区的贵州省，也出现了逆势下降的现象。与

之相应的是，东北地区的黑龙江、吉林、辽宁等省份在沪就业的流动劳动力增长势头迅猛（见图5）。

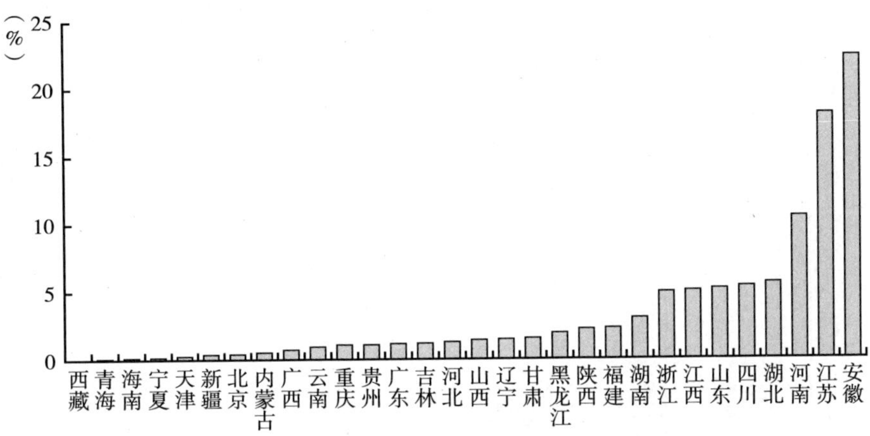

图5　2019年上海流动劳动力的户籍结构

（六）劳动力流动的季节性规律明显，简单劳动力流入规模缩减

调查结果显示，从流动人员进入上海劳动力市场的时间来看，每年有两个高峰期，一是春节过后的三、四月，回老家过年的流动劳动力陆续返回上海，并以呼朋引伴的方式介绍亲友、老乡结伴而来，大量进入劳动力市场。二是每年七、八月的大学生毕业季，大量应届毕业生集中涌入上海劳动力市场。前者以低学历、无技能、年龄偏大的简单劳动力为主，后者则以大专以上学历的应届高校毕业生为主。从近几年的情况来看，七月的劳动力流入高峰屡创新高，三月的劳动力流入高峰则呈现缩减的趋势。这意味着外省市来沪从事简单劳动的人员规模在缩减，高学历劳动力的流入规模则不断扩大。

二　求职偏好与择业意向

（一）熟人推荐仍是流动劳动力求职的首要渠道

从流动劳动力求职择业的主要渠道来看，36.6%的流动劳动力是通过亲友或老乡等人推荐而找到当前的就业岗位的，“亲缘”“地缘”等社会关系网络对流动劳动力的就业贡献最大，在流动劳动力求职的过程中发挥着重要的作用。从近年来的变化趋势看，通过亲友或老乡推荐获取就业机会的比例有所下降，2019 年与上年相比这一比例下降了 0.4 个百分点，与 2015 年相比则下降了 7.4 个百分点（见图 6）。

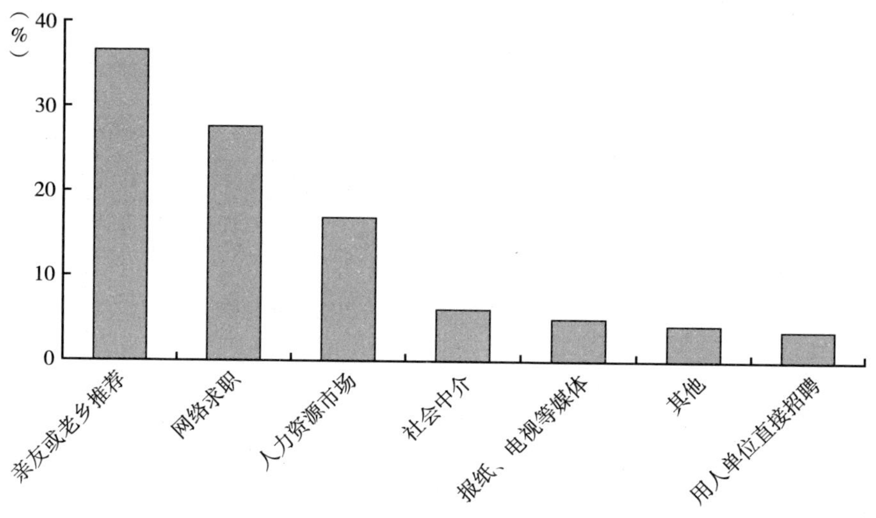

图 6　2019 年上海流动劳动力的主要求职渠道

流动劳动力获取岗位信息和资源的渠道，对于“熟人圈”的依赖程度仍然偏高，特别是对于中低学历以下的流动劳动力来说，受劳动力市场信息不对称的影响依然较为突出，求职择业的效率往往并不高。

（二）手机是流动劳动力最重要的信息来源，网络求职所占比重持续上升

从流动劳动力获取信息的主要方式来看，主要通过手机获取信息的约占 82.6%，浏览互联网的约占 69.7%，收看电视的约占 37.2%，经常阅读报纸杂志的约占 27.3%，收听广播的约占 13.3%。从变化规律看，手机已经成为流动劳动力获取信息的首要渠道，通过手机获取劳动力市场和社会信息的流动劳动力所占的比重持续上升（见图 7）。

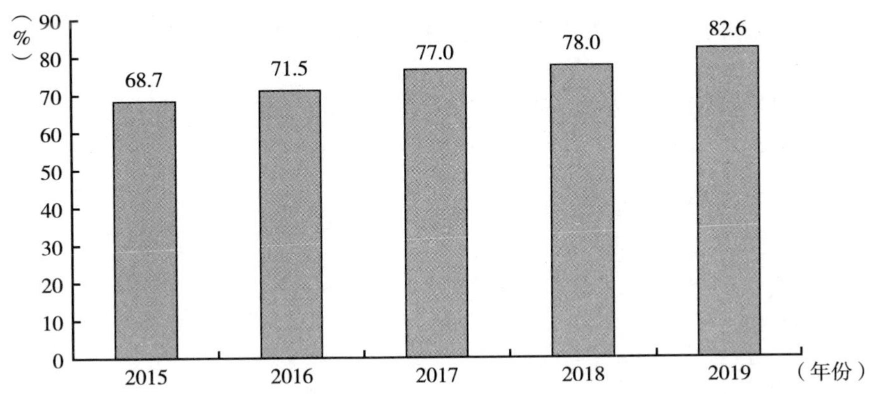

图7　通过手机获取信息的流动劳动力所占比重

调查结果同时显示，2019 年通过招聘网站、微信公众号等网络求职方式找到当前就业岗位的流动劳动力所占比重为 27.6%，居第二位，与上年同比上升了 1.0 个百分点，与 2015 年相比上升了 9.6 个百分点；近年来的变化规律显示，这一比例上升的速度较快，特别是大专以上学历的流动劳动力群体，通过“互联网 +”等网络求职方式求职的比例达 51.7%（见图 8）。

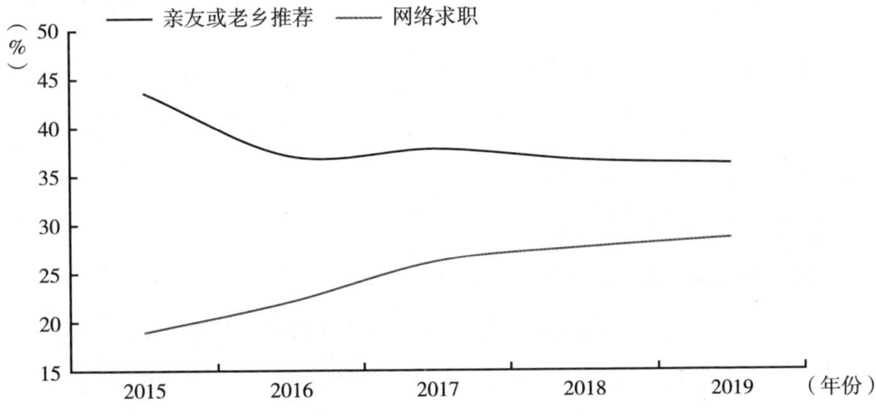

图8　2015～2019 年上海流动劳动力主要求职渠道的变化趋势

（三）求职择业最关心薪资待遇、工作环境和社会保险

调查结果表明，上海流动劳动力在求职择业的过程中，最关心的因素是薪资待遇，约占 35.4%；对于工作环境的关注度位居其后，约占 21.6%，关心社会保险的约占 19.5%（见图 9）。

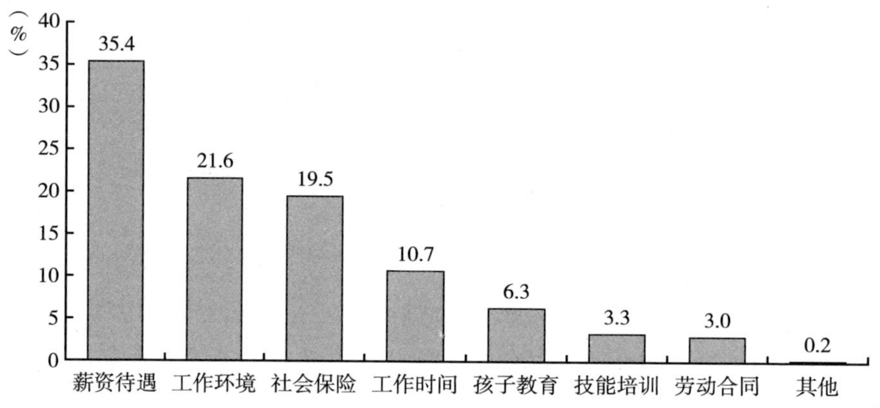

图 9　2019 年上海流动劳动力求职择业最看重的因素

（四）七成认可参加职业技能培训的作用，职前准备渐受重视

从流动劳动力的求职准备情况来看，40.7% 的劳动者在外出前接受过职业技能培训，有 66.9% 的劳动者在进入上海劳动力市场后接受过培训。流动劳动力来沪就业的“盲目性”逐渐降低，进入职场前的准备工作越来越多地受到流动劳动力的重视。

从培训期限看，65.4% 的流动劳动力接受职业技能培训的时间不到 1 个月，参加培训 1 个月及以上的约占 34.6%。从培训效果看，超过七成的流动劳动力认为参加职业技能培训对找工作有帮助。参加过培训的流动劳动力中，认为其对于寻找工作“有帮助，培训与工作对口”的占 76.8%，认为“有帮助，但培训与工作不对口”的占 16.1%，认为“没有帮助”的占 7.1%。

（五）民营企业发展势头良好，首度成为流动劳动力最理想的就业选择

调查数据显示，2019 年，最希望进入民营企业工作的求职者约占 32.1%，与上年调查结果相比上升了 8.1 个百分点，所占比重及增幅均高于其他各种类型的企业，首度跃居该排行榜的首位。位居第二的是国有企业，22.1% 的求职者将其作为理想单位，与上年相比下降了 11.6 个百分点。将外资企业、港澳台资企业作为理想就业单位的求职者分别约占 11.5%、1.1%，与上年相比均有所下降（见图 10）。改革开放以来，民营企业蓬勃发展，管理运行机制日趋成熟完善，更加重视招揽和培养人才，在突破自身发展瓶颈、积极应对国际经贸摩擦等方面均有令世人瞩目的表现，极大地提振了民族凝聚力和市场信心，员工认同感和归属感也不断增强。

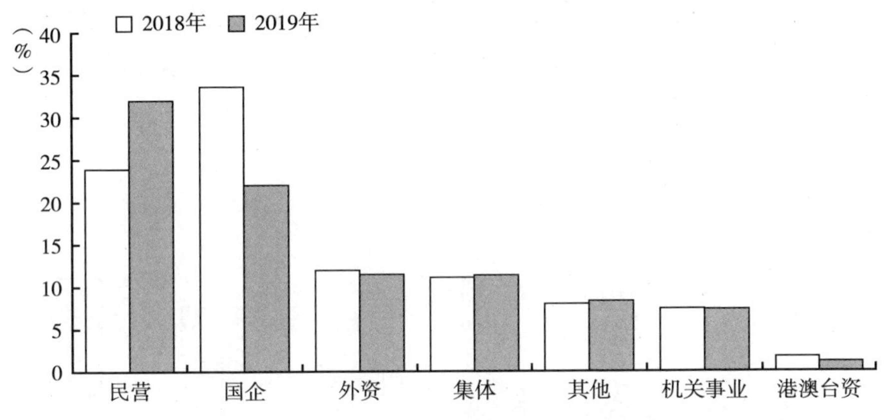

图 10　2019 年上海流动劳动力的理想就业单位

（六）知识型、技能型人才更受市场青睐，学历和技能是提振求职信心的重要因素

调查数据显示，大专学历的流动劳动力求职信心指数为 141.3，高中以下学历的流动劳动力求职信心指数仅为 119.8。这充分表明求职信心与学历

具有较强的相关性，高学历群体的求职信心较高，中低学历群体的求职信心则相对不足（见图 11）。

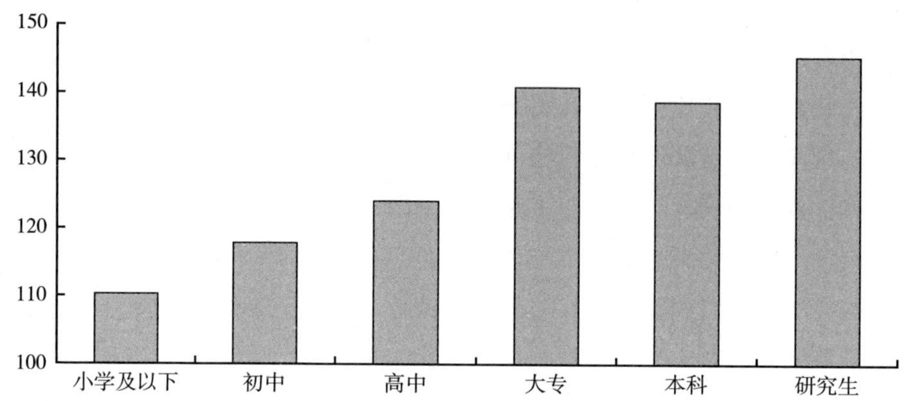

图 11　上海流动劳动力求职信心的学历差异

从职业技能对求职信心的影响来看，没有任何职业技能的流动劳动力求职信心指数为 123.9，有初级职业技能证书的流动劳动力求职信心指数为 146.1。流动劳动力的职业技能等级高，求职信心指数也高（见图 12）。

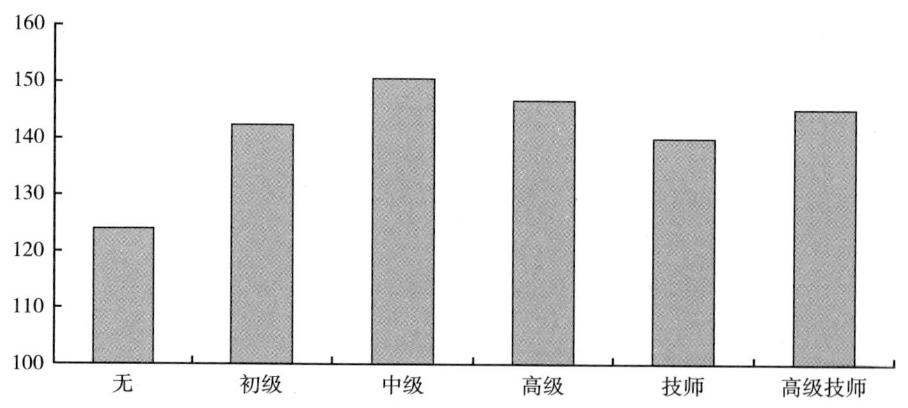

图 12　上海流动劳动力求职信心的技能水平差异

在市场经济条件下，通过供求双方之间的双向选择实现人力资源的匹配，已经成为我国现阶段最主要的择业方式，自主择业、竞争就业的观念已经深入人心。在劳动力市场化配置的过程中，企业最为看重的则是劳动者能够创造的工作成果和经济效益，劳动者的学历和技能则是企业考察求职者能力的标志性要素。

（七）就业服务政策措施不断完善，公共就业服务影响力不断扩大

调查结果显示，9.7%的流动劳动力是通过政府部门开办的公共就业服务机构成功找到当前工作的，在各类求职渠道中名列第四。长期以来，上海持续提升就业服务水平，不断加强流动劳动力的综合管理工作，居住证管理和社会保险制度日趋完善，专门面向外省市来上海求职择业人员提供公共就业服务的机构，不仅免费介绍招聘岗位信息，还提供职业指导、职业培训等方面的配套服务，受到越来越多的流动劳动力的广泛认可和高度评价，公共就业服务的影响力不断扩大。

三　就业稳定与职业流动

（一）在当前单位持续就业时间平均超过3年，就业稳定程度不断提高

从流动劳动力在当前就业岗位持续就业的时间长度来看，2019 年平均就业期限是36.7 个月，与上年平均就业期限相比增加了0.5 个月，与2015 年相比增加了2.5 个月，总体呈现逐年增长的变化趋势。在同一就业岗位持续就业时间长度的不断增加，说明流动劳动力在上海就业的稳定程度不断提高（见图13）。

（二）平均在沪生活年限超过8年，家庭式迁徙所占比重逐年上升

调查结果表明，2019 年流动劳动力在上海工作、生活的平均年限是8.1 年，与上年平均年限相比增加了0.4 年，与2015 年相比增加了1.4 年，呈现连年上升的趋势。流动劳动力就业稳定程度不断提高的同时，留在上海长

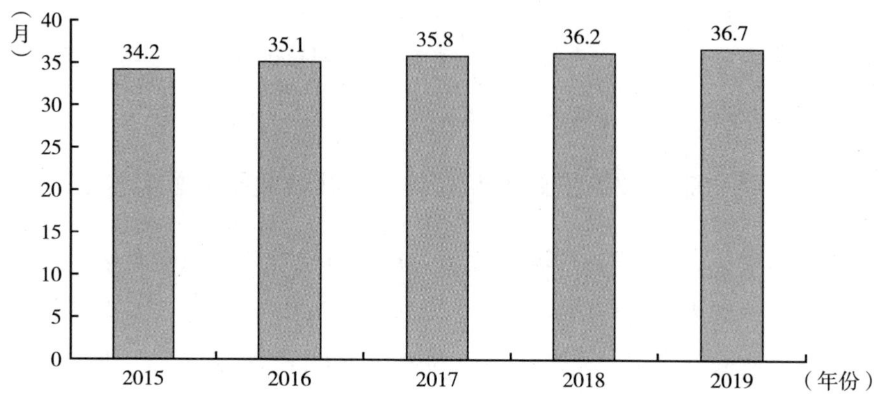

图 13　2015～2019 年上海流动劳动力在当前单位持续就业时间

期生活的意愿也在提高。从未来发展趋势看，流动劳动力在沪生活年限还将持续提高（见图 14）。

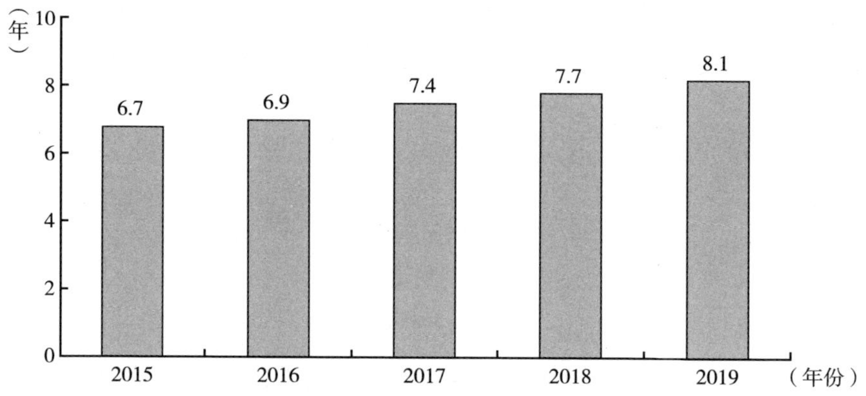

图 14　2015～2019 年上海流动劳动力平均在沪年限的变化趋势

家人全部在上海的约占 20.3%，家人部分在上海的约占 53.8%，家人全部或部分在上海的所占比重为 73.8%；独自一人在上海就业，其他家人均不在上海的流动劳动力所占比重为 26.2%。从发展趋势看，家人全部在上海工作或生活的“家庭式迁徙”，所占的比重连年上升（见图 15）。

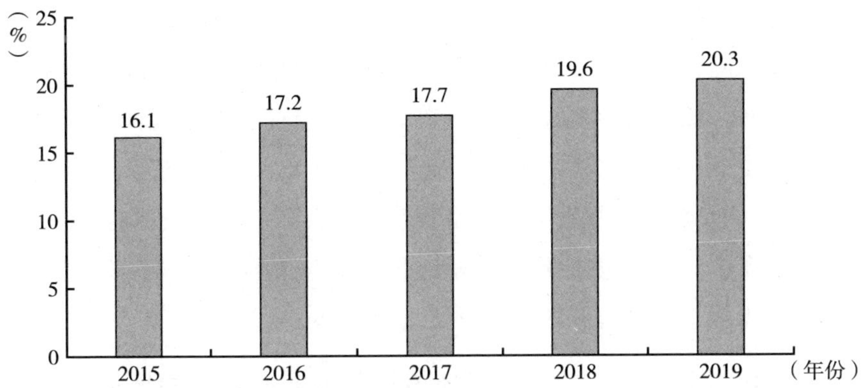

图 15　2015～2019 年家庭式迁徙的流动劳动力所占比重的变化趋势

（三）返乡过年的意愿有所下降，春节引发的就业形势波动明显降低

从流动劳动力春节期间返回家乡过年的意愿来看，2019 年选择返乡过年的流动劳动力所占比重是 67.6%，与上年相比这一比例下降 10.2 个百分点；32.4% 的流动劳动力选择在上海过年，与上年相比在沪过年的比例上升 10.2 个百分点。流动劳动力春节期间返回家乡过年的意愿有所下降，这也意味着春节因素对于企业生产经营稳定性、持续性的影响有所降低（见图 16）。

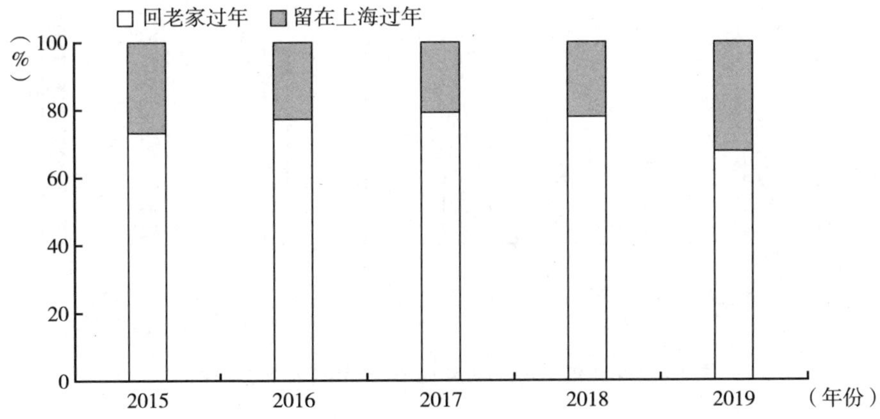

图 16　2015～2019 年流动劳动力返乡过年意愿的变化趋势

上海近年来持续推动实现基本公共服务的均等化，流动劳动力的劳动权益得到切实保障，在沪就业和长期发展的意愿在增强。在面对是否返回家乡过年的选择时，流动劳动力“意愿下降、离沪趋晚、返岗提前”的特征较为明显，其中相当一部分流动劳动力选择留在上海或者把家人接到上海“反向过年”。流动劳动力的就业稳定程度更高了，这不仅有利于企业维持稳定的生产需求，也有利于更好地满足城市居民的生活服务需求，还有利于流动劳动力积累工作经验和职业生涯的发展进步。

（四）因“钱少”“事多”“离家远”离职的现象有所减少，流动劳动力的职场定位更趋理性

从上海流动劳动力离职的主要原因来看，2019 年因“单位经营不善”而离开上一家单位的约占 20.1%，与上年调查结果相比上升 2.1 个百分点，成为上海流动劳动力离职的最主要原因。因“薪资待遇”“离家太远”“工作压力”而离职的分别约占 18.2%、17.2% 和 13.2%，与上年调查结果相比均有所下降（见图 17）。

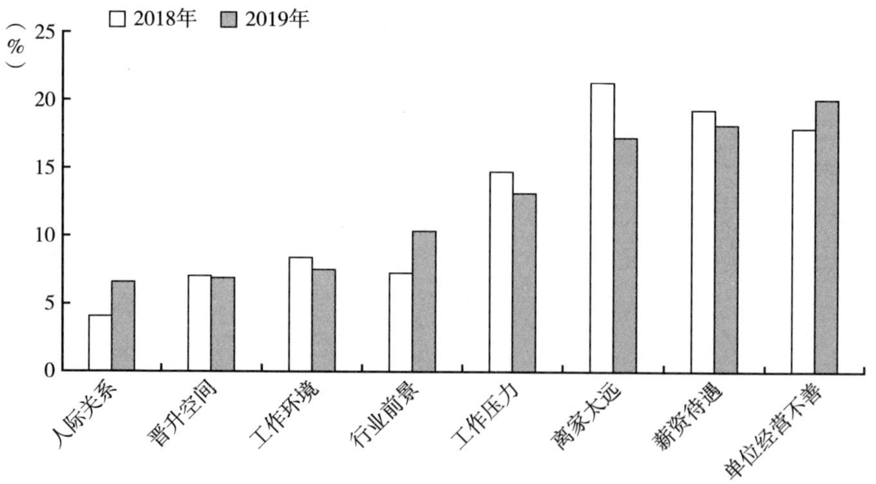

图 17　2019 年上海流动劳动力选择跳槽的主要原因

钱多事少离家近，是部分初涉职场的年轻人理想中的“完美工作”，符合人们对于美好生活的期待。但如果把职业选择仅仅局限于如此小的范围

里，刻意追求那些十全十美甚至脱离自己实际情况的工作，求职者无疑会错过很多就业机会，给自己的就业带来人为的困难。调查结果显示，因“单位经营不善”离职的现象增多，因“钱少”“事多”“离家远”离职的则有所减少，这意味着由于市场因素的变化，上海流动劳动力在面对职场选择时更趋谨慎，因薪资待遇、工作压力、上班远近等因素而任性离职的现象有所减少。求职者考虑更多的是职业发展空间，而不是个人的舒适度，劳动者的职场定位和职业选择更趋理性。

（五）就业稳定的劳动者就业满意度较高，跳槽越频繁就业满意度越低

调查结果显示，长期在同一家用人单位就业、没有换过工作的流动劳动力所占比重为30.5%，这类群体的就业满意度为145.5；曾经换过1次工作单位的流动劳动力所占比重为33.4%，其就业满意度为144.4；曾经换过5次及以上工作单位的流动劳动力所占比重仅为1.6%，其就业满意度为141.6（见图18）。

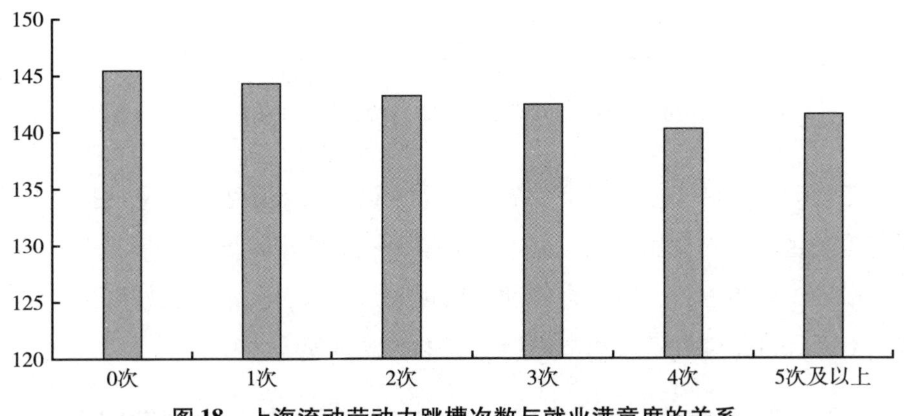

图18　上海流动劳动力跳槽次数与就业满意度的关系

从流动劳动力变换工作单位的次数与其就业满意度之间的关联性看，这两个指标之间的相关系数为－0.92。也就是说，流动劳动力变换工作单位的次数与其就业满意度之间具有高度相关性，频繁跳槽的流动劳动力，

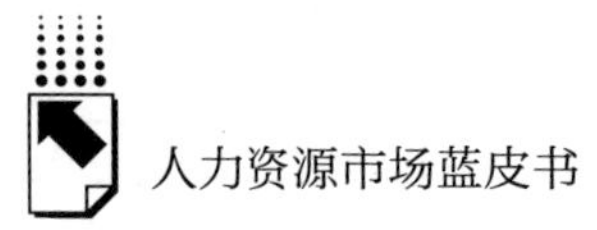

其就业满意度往往比较低，跳槽次数是影响流动劳动力就业满意度的重要因素。

四 就业质量与权益维护

（一）平均月薪5181元，年均增长8.1%

统计数据显示，在沪就业的外省市户籍流动劳动力，2019 年全年的平均月薪为 5181 元，过去五年年均增长 6.92%（见图 19）。

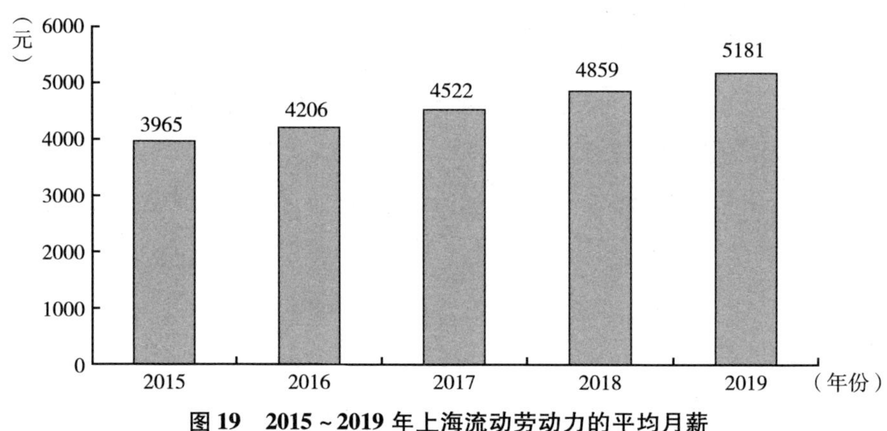

图 19　2015～2019 年上海流动劳动力的平均月薪

流动劳动力对于上海经济发展、城市建设以及人民生活水平的提高，发挥着越来越重要的作用，同时其也充分享了上海改革发展的成果，平均月薪水平实现了稳步增长，既符合劳动者增加收入、改善生活的美好期待，也反映了上海经济繁荣稳定、市场健康发展的客观现实。

（二）近九成签订固定期限劳动合同，平均劳动合同期限为20.9个月

调查结果显示，接受调查的流动劳动力基本上与用人单位签订了劳动合同，其中，签订固定期限劳动合同的约占 86.9%，签订以完成一定工作任

务为期限的占10%，签订无固定期限的占3.1%。

从流动劳动力和就业单位签订劳动合同的期限来看，平均劳动合同期限是20.9个月；其中，合同期限为1年以下的占12.9%，劳动合同期限1~2年的占49.7%，2年以上的占37.4%（见图20）。

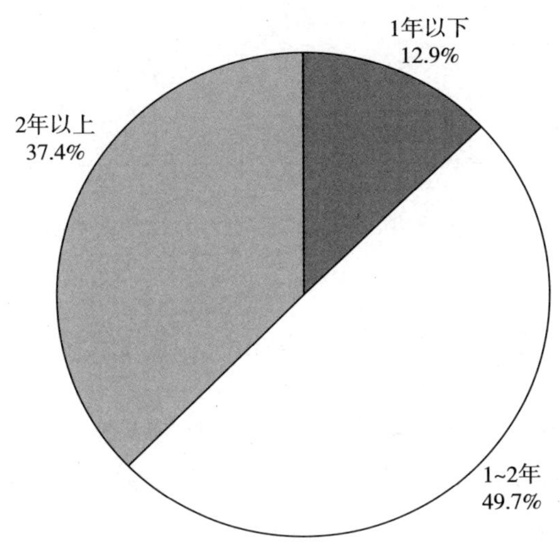

图20 上海流动劳动力与单位签订劳动合同的期限

劳动合同期限是用人单位和劳动者双方享有权利和履行义务的时间。合理确定劳动合同的期限，对于用人单位和劳动者来说都很重要。双方签订较长期限的劳动合同，意味着用人单位愿意为劳动者提供长期稳定的职业发展平台，既有利于企业统筹规划、合理安排生产经营活动，也有利于劳动者持续获得稳定的就业机会和收入来源。

（三）社会保险基本实现全覆盖，参保率连年提高

从上海流动劳动力参加社会保险的情况来看，2019年已有99.6%参加了各类社会保险，没有参加社会保险的仅占0.4%，基本实现了全覆盖。从近年来的变化趋势看，上海流动劳动力社会保险的参保率连年快速提高（见图21）。

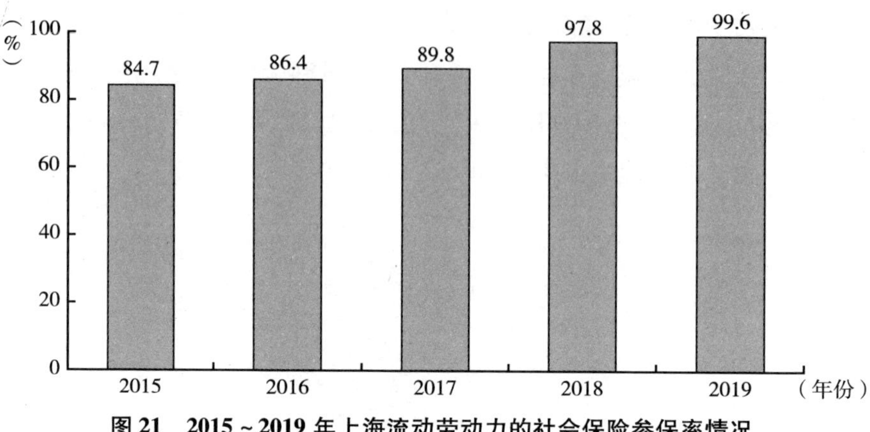

图 21　2015～2019 年上海流动劳动力的社会保险参保率情况

（四）每月工作23天、每周44.3小时，逾九成对工作时间感到满意

调查结果显示，上海流动劳动力每月平均工作 23 天，每周平均工作 44.3 小时。其中，每周工作 40 小时以下的占 57.2%，工作 40～50 小时的占 28.0%（见图 22）。

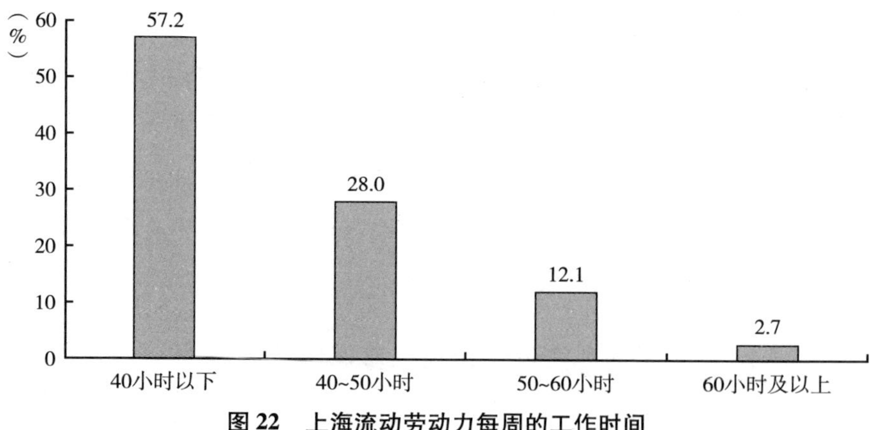

图 22　上海流动劳动力每周的工作时间

从流动劳动力对于工作时间的满意度评价情况来看，93.3% 的流动劳动力表示对于本人的工作时间感到“非常满意”或“比较满意”，总体呈现稳步提高的趋势。在影响就业满意度的各项因素中的排名由上年的第 4 位上升

到第3位。

随着我国经济社会的持续发展和人们生活质量的快速提高，越来越多的劳动者在努力工作的同时，也更加注重增加休闲娱乐时间，提升生活品质。从上海劳动力市场的现实情况来看，逾九成劳动者对工作时间感到满意，这说明上海劳动力市场的大多数企业，能够科学合理地安排在岗员工的工作时间，维护劳动者的休息权等合法权益。

（五）逾六成有加班经历，近九成加班经历获得了相应的加班费

调查结果显示，上海流动劳动力中，2019年有过加班经历的占64.4%，没有加班经历的占35.6%。其中，每次加班都有加班费的占88.8%，多数加班有加班费的占8.1%，两者合计占96.9%，上海流动劳动力大多数情况下的加班经历取得了相应的回报；表示少数加班有加班费的流动劳动力约占0.4%，从来没有加班费的约占2.7%（见图23）。

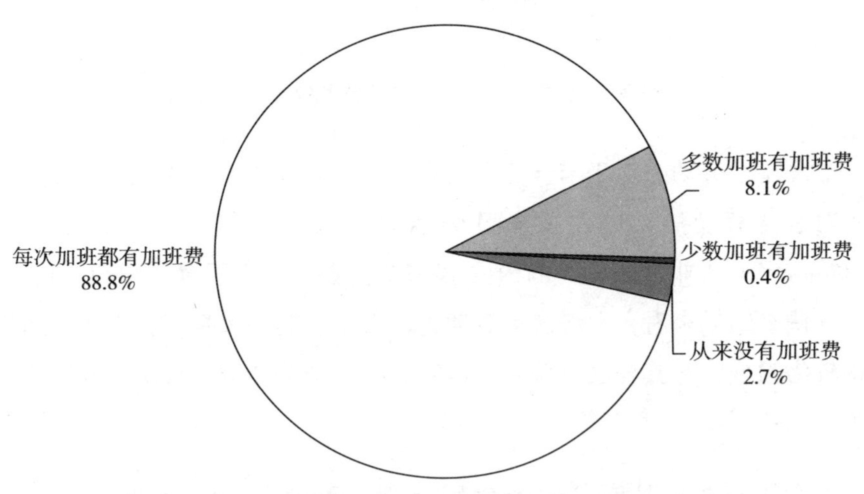

图23　上海流动劳动力获取加班报酬的情况

（六）合法理性维护自身权益，上海流动劳动力的法律意识较强

当被问到“工资被拖欠，您首先选择什么途径解决问题”时，选择人

数最多的三个选项分别是劳动监察、劳动仲裁和法院，选择比例分别占41.9%、31.4%和15.1%，三者合计约占88.4%；选择通过亲戚朋友、工会或其他途径的仅占一成左右（见图24）。

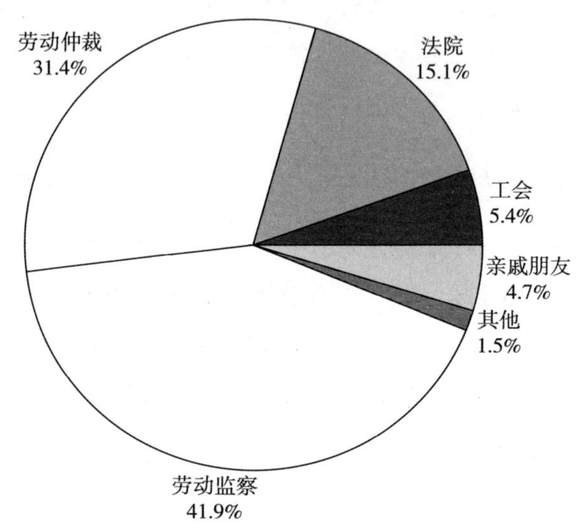

图24　上海流动劳动力维护自身权益的渠道

上海流动劳动力对于与自身利益密切相关的法律法规的知晓度也较高，其中对于《劳动法》的主要条款表示“大致了解”的流动劳动力约占52.4%，表示“非常熟悉”的约占47.0%，表示“不了解”的约占0.6%。

从调查结果来看，上海流动劳动力具有较强的法律意识，学法、用法的意识较为强烈，在其合法权益受到侵害时，大部分会选择合法、理性的方式解决。

（七）基本公共服务均等化程度高，流动劳动力就业满意度与上海户籍劳动力基本持平

从不同户籍劳动者的就业满意度来看，上海户籍劳动者的就业满意度为142.2，外省市流动劳动力的就业满意度为142.8，两者之间的差距微乎其微（见图25）。

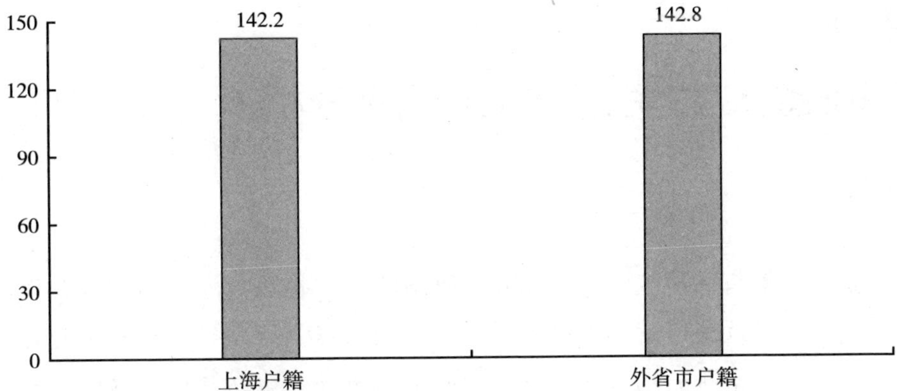

图 25　就业满意度的群体差异

流动劳动力是上海经济社会建设的重要力量，劳动年龄人数已超过上海户籍劳动年龄人数，作用巨大、不可替代。上海一贯高度重视推动实现基本公共服务均等化，在综合考量城市发展水平和承受能力的前提下，致力于让符合条件的流动劳动力平等地享有基本公共服务，数以百万计的流动劳动力已经深度融入上海的城市生活，就业质量大多要明显高于在家乡的同龄人。

B.8 江西省人力资源市场供需分析

韩林平　张 莹*

摘　要： 本文运用江西省人力资源市场基础数据及人力资源和社会保障行政部门所属人力资源市场监测数据，结合前期对人力资源市场主体的调研情况，对江西省人力资源市场总体情况、人力资源市场供求情况及人力资源服务效能情况进行了系统分析。研究发现，江西省人力资源市场发展趋于繁荣，市场供求总体平稳，这与人力资源服务供给能力提升密切相关，但人力资源服务供需匹配效率还不够高。在此基础上，本文提出了加强人力资源市场建设、进一步促进人力资源供需平衡的对策建议。

关键词： 人力资源市场　服务　供需　江西

人力资源市场是生产要素市场的重要组成部分，是实施人才强省战略和就业优先战略的重要载体。人力资源市场供需状况直接反映用人单位用工和劳动者就业情况，也直接反映人力资源市场运行效率。

一　人力资源市场总体情况

目前江西省人力资源市场呈现繁荣发展趋势，形成了多元化多层次的人力资源市场格局。

* 韩林平，江西省人力资源和社会保障厅人力资源流动管理处一级调研员，主要研究方向为人力资源开发与管理、人力资源服务业；张莹，江西省人力资源和社会保障厅人力资源流动管理处副处长，主要研究方向为人力资源开发与管理、人力资源服务业。

（一）市场主体发展情况

人力资源服务机构作为人力资源市场的主体之一，近年来发展势头强劲，成长活力很足，体量增长很快。据统计，2019 年底，全省共有各类人力资源服务机构 1636 家，比 2016 年增加 746 家，增长 83.82%；全年营业收入达到 380 亿元，比 2016 年增加 250 亿元，增长了近 2 倍；全省建成 11 个人力资源服务产业园，包括国家级 1 个（中国南昌人力资源服务产业园）、省级 5 个、市级 3 个、县（区）级 2 个，产业园入驻机构已达 523 家，营业收入达 235 亿元，对全省人力资源服务业产值的贡献率达到 50% 以上，产业集聚效应显著。人力资源服务产业规模增长速度呈现两个“高于”的特征：一是高于全国产业规模增速，2017～2018 年江西人力资源服务业营业收入的平均增速为 43.58%，远高于全国 22.47% 的增速；二是高于全省经济增长速度，人力资源服务业对全省经济增长的贡献率从 2016 年的 0.7% 提高到 2019 年的 1.5%。

（二）市场体系建设情况

从市场主体结构看，经营性人力资源服务机构成长迅速，目前占全部机构总量的比例达到 90% 以上，形成了各类人力资源服务机构共同发展的良好格局；从公共就业和人才服务体系看，经过人力资源市场整合改革，全省各级人力资源市场实现“五统一”，即统一领导、统一制度、统一管理、统一服务标准、统一信息系统，形成了统筹城乡、区域一体的人力资源市场体系，公共就业和人才服务水平得以提升；从市场服务体系看，包括招聘服务、劳务派遣、人力资源服务外包、人力资源培训、流动人员档案管理、人力资源管理咨询、高级人才寻访、人才测评等多元化多层次的服务体系初步形成，特别是管理咨询、猎头等高端业务保持较快增长。

（三）市场机制运行情况

市场在人力资源配置中的决定性作用进一步显现，引才引智主阵地功能进一步发挥，配置效能明显提升。2019 年，全省各类人力资源服务机构服务用人单位 41 万家次，比 2016 年增长 87.82%；服务人员 956.7 万人次，比 2016 年增长 19.66%；共帮助 235.59 万人实现就业和流动，比 2016 年增长 15.65%。随着产业规模的扩大，人力资源服务行业本身吸纳就业能力也有所增强，从业人员从 2016 年的 1.01 万人，增加至 2019 年的 2.2 万人，增长了 1 倍多。

（四）市场环境优化情况

2018 年，江西省人民政府出台《关于加快人力资源服务业发展的意见》，提出了六大发展目标任务和十项力度空前的支持政策措施，明确省财政每年安排 2000 万元专项资金用于扶持人力资源服务业发展。在此基础上，全面实施“三计划”（骨干企业培育计划、领军人才培养计划、产业园区建设计划）和“三行动”（“互联网 +”人力资源服务行动、诚信主题创建行动、“一带一路”人力资源服务行动）。2018 年、2019 年连续两年举办中国（江西）人力资源服务创新发展论坛，在人力资源服务领域产生了较大影响力。一系列政策措施的落地，有效促进了营商环境和市场环境的优化，推动全省人力资源服务业在短期内实现了快速发展。

二 人力资源市场供求情况

我们根据江西省人力资源和社会保障部门对其所属人力资源市场（共 122 家公共就业和人才服务机构）监测数据，对 2019 年全省人力资源市场供需状况进行了分析，结果如下。

（一）人力资源供给分析

2019 年，进入人力资源市场登记求职各类人员共计 203 万人。从当年季度情况看，市场求职人数第一季度人数最多，其他三个季度相对减少，求职人数变化具有较强的季节性特点，符合每年第一季度为求职高峰期的现实情况（见图 1）。

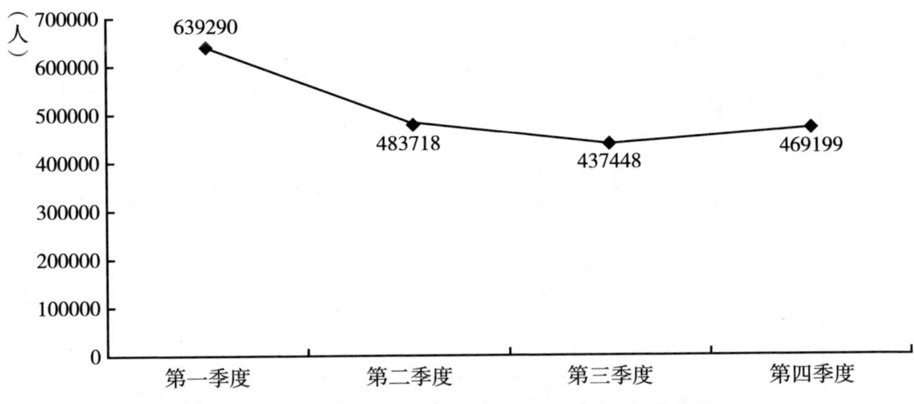

图 1　2019 年人力资源市场登记求职人数分季度情况

资料来源：江西省人力资源市场监测数据。

（二）人力资源需求分析

1. 需求总量情况

2019 年，全省共登记招聘用人单位 138818 家，提供有效岗位 249.9 万个。从当年季度情况看，第一季度同样为招聘高峰期，招聘用人单位数和提供有效岗位数据均为年度最多的时期，其他三个季度则相对减少。这一变化趋势与求职人数总量变化趋势一致（见图 2 和图 3）。

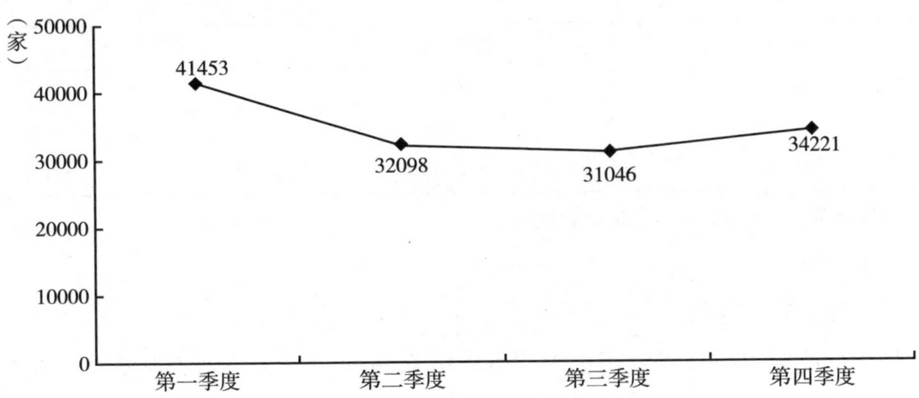

图 2　2019 年登记招聘用人单位数分季度情况

资料来源：江西省人力资源市场监测数据。

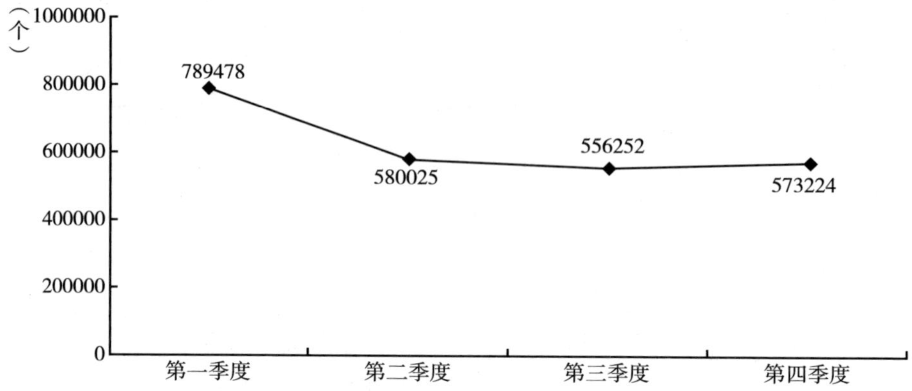

图 3　2019 年登记招聘用人单位提供有效岗位数分季度情况

资料来源：江西省人力资源市场监测数据。

2. 产业需求情况

从产业用工需求看，第一、二、三产业需求人数分别为 15 万人、141 万人和 99 万人，分别占比为 5.9%、55.2% 和 38.9%，用工需求主要集中在第二、三产业，占总需求的 94.1%（见表 1 和图 4）。

表 1　2019 年按产业分组的用工需求情况

单位：人，%

产业	需求人数	所占比重
第一产业	150186	5.9
第二产业	1411560	55.2
第三产业	993318	38.9

资料来源：江西省人力资源市场监测数据。

3. 行业需求情况

从行业用工需求看，用工需求人数排在前五的行业分别为制造业 114.8 万人，餐饮、住宿业 24.6 万人，零售、批发业 22.8 万人，建筑业 19.4 万人和信息传输、计算机服务业 16.3 万人，五个行业需求人数占总需求人数

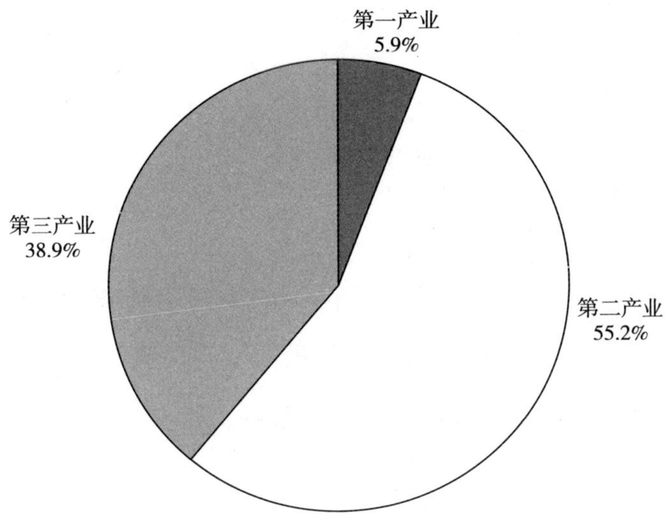

图4　2019年按产业分组的用工需求分布情况

资料来源：江西省人力资源市场监测数据。

的77.89%，特别是制造业需求人数占到近一半，说明用工需求主要集中在劳动密集型行业（见表2和图5）。

表2　2019年按行业分组需求情况

单位：个，%

行业	提供岗位数量	所占比重
农林牧渔业	107277	4.22
制造业	1148055	45.16
建筑业	194470	7.65
交通运输业	124556	4.9
信息传输、计算机服务业	162992	6.41
零售、批发业	228242	8.98
餐饮、住宿业	246164	9.68
房地产业	128976	5.07
金融业	90827	3.57
科教文卫等业	110503	4.35

资料来源：江西省人力资源市场监测数据。

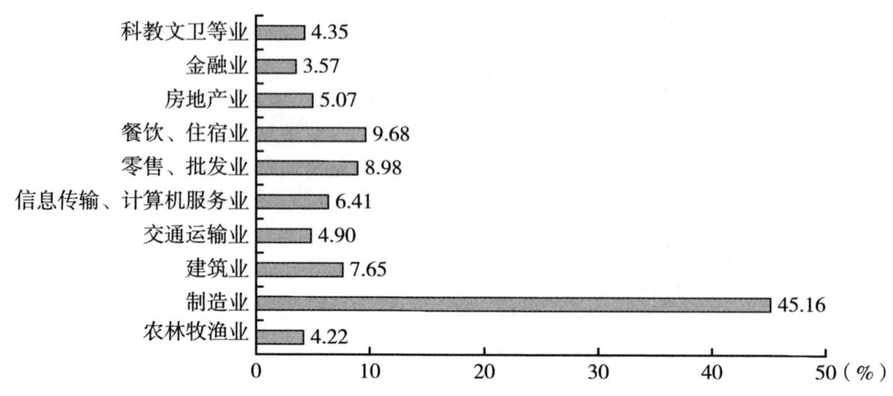

图 5　2019 年行业用工需求分布情况

资料来源：江西省人力资源市场监测数据。

（三）供需匹配情况分析

2019 年，全省人力资源市场求人倍率为 1.23，岗位供应数多于求职人数，人力资源市场供求保持总体平稳。从当年分季度情况来看，第一季度和第三季度迎来招聘旺季，求人倍率相对较高（见表 3）。

表 3　2019 年人力资源市场求人倍率分季度情况

季度	求人倍率
第一季度	1.23
第二季度	1.20
第三季度	1.27
第四季度	1.22

资料来源：江西省人力资源市场监测数据。

人力资源市场供求状况与宏观经济形势、区域产业发展、人力资源特点等因素密切相关。据了解，江西省目前依然存在用人单位“招工难”和劳动者“就业难”并存的问题，高级工程师、高级技工、高级技师的市场求人倍率较高，高层次、高技能人才短缺，就业结构性矛盾突出。

三　人力资源服务效能情况

人力资源市场是连接用人单位和求职者的桥梁，人力资源服务效能直接决定了人力资源供需匹配的效率。当前江西省人力资源市场供求总体平稳与近年来人力资源服务效能提升密切相关。我们从人力资源服务供给、需求及供需匹配方面分析江西省人力资源服务效能情况。

（一）人力资源服务供给情况分析

近年来，江西省人力资源服务业态不断丰富，现场招聘会、网络招聘、劳务派遣、人力资源管理咨询、人力资源服务外包、流动人员档案管理、人力资源培训、人才测评、高级人才寻访等各类服务蓬勃发展，人力资源服务产品供给呈现多元化趋势，供给能力大幅提升。据统计，2019 年，全省人力资源服务机构举办现场招聘会 7034 场次，其中高校毕业生专场招聘会 1769 场次，农民工专场招聘会 2671 场次，提供招聘岗位共计 226.8 万个；通过网络发布岗位信息 293.7 万条，发布求职信息 391.6 万条；为 2 万多家用人单位提供劳务派遣服务，派遣人员共计42.6 万人；分别为5.7 万家、1.2 万家用人单位提供人力资源管理咨询服务和人力资源外包服务；累计存放流动人员档案 137.5 万份；举办人力资源培训班 9519 次，培训人员 34.2 万人；提供人才测评服务 7.7 万人次；通过高级人才寻访服务成功推荐人才 25860 人。与 2018 年相比，现场招聘会、劳务派遣、人力资源管理咨询、人力资源培训、人力资源外包服务、高级人才寻访等服务增长较快，特别是人力资源管理咨询服务增长了 61%，高级人才寻访服务增长了 29.7%（见表 4）。

（二）人力资源服务需求情况分析

从需求总量来看，对用人单位的负责人或者人力资源部门负责人调查显示，有 26.25% 的被调查者使用第三方提供的人力资源服务。根据对求职者的调查，曾经使用过人力资源服务的比例为 31.74%，跟用人单位的调查结

表 4 2018～2019 年人力资源服务供给情况

年份	现场招聘会		网络招聘		劳务派遣		人力资源管理咨询	人力资源外包服务	流动人员档案管理	人力资源培训		人才测评	高级人才寻访
	举办招聘会（次）	提供岗位数（个）	发布岗位信息（条）	发布求职信息（条）	服务用人单位（家）	派遣人员总量（人）	服务用人单位数（家）	服务用人单位数（家）	现存档案数量（份）	举办培训班（次）	培训人数（人）	测评人数（人）	成功推荐人才（人）
2018	5334	2159273	2724446	3556150	8791	253447	35114	8556	1367932	8020	296886	68465	19940
2019	7034	2267558	2936859	3915792	20834	425738	56595	12200	1374953	9519	342130	76660	25860

资料来源：江西省人力资源市场监测数据。

果类似[1]。这说明，无论是用人单位还是求职者，对人力资源服务的需求都不算充分，需求市场还有较大开发和拓展的空间（见图 6 和图 7）。

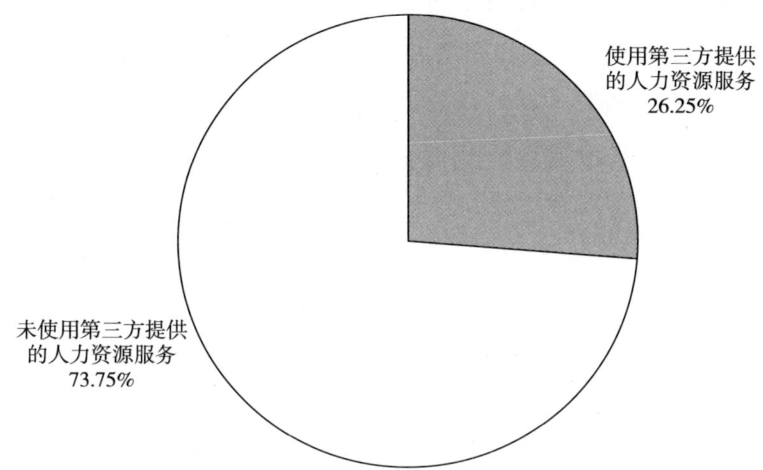

图 6　用人单位使用第三方提供的人力资源服务的情况

资料来源：江西省人力资源市场监测数据。

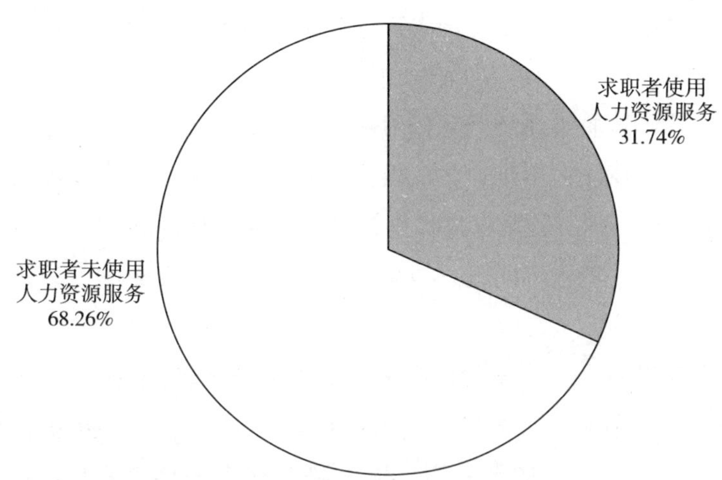

图 7　求职者使用人力资源服务的情况

资料来源：江西省人力资源市场监测数据。

① 《江西省人力资源服务业发展调研报告》。

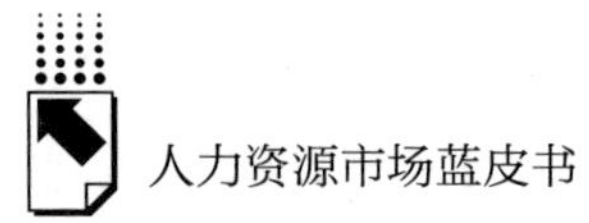

从需求产品来看，根据对用人单位的调查，在已经使用的人力资源服务产品中，“网络招聘”、“现场招聘会”和“劳务派遣”位居前三位，被选的频率分别为68.25%、52.38%和34.92%。根据对求职者的调查，“网络招聘”、“现场招聘会”和“劳务派遣”位居前三位，被选的频率分别为67.61%、54.93%和19.72%，跟用人单位的结果相似①。这说明，网络招聘、现场招聘会和劳务派遣是人力资源服务需求“老三样”，目前江西省人力资源服务需求依然以传统业务为主。

（三）人力资源服务供需匹配情况分析

根据人力资源服务供给与需求的分析，说明江西省人力资源服务供给能力有所增强，但供给端和需求端还存在一些问题，匹配效率还不够高。

从供给端来看，人力资源服务供给水平还不能充分满足市场需求。第一，行业人才队伍整体素质不高直接影响到服务供给水平。2019年，江西省人力资源服务行业从业人员占全国的比重为3.3%，比2018年提高了0.8个百分点，接近全省人口占全国人口的比重。从业人员里，本科及以上学历的人员仅占21%，与2018年持平，中高级专业人才较为匮乏，人才队伍专业性不强、总体素质不高的问题依然存在。第二，人力资源服务机构普遍缺乏前瞻眼光，创新能力不足，中低端产品同质化竞争与中高端产品供给不足并存，“专、精、深”及具有高科技含量的服务产品供给较少。第三，大部分企业体量较小，特色不明显，缺少在国内有竞争力和影响力的龙头企业和领军企业。

从需求端来看，人力资源服务需求市场尚未充分开发。一方面，江西属于内陆欠发达地区，很多省内实体企业在发展理念、创新思维等方面与沿海发达地区还是存在较大差距，人力资源管理的理念和模式较为落后，对人力资源服务业的认知不足，对人力资源服务促进企业提质增效的作用体会不深，主动寻求人力资源服务的积极性不高。即便有需求也大多停留

① 《江西省人力资源服务业发展调研报告》。

在人才招聘、劳务派遣等传统服务项目，对高端服务项目需求较少。另一方面，对求职者而言，更多习惯于传统的求职方式，即与用人单位的直接对接，这主要源自求职者与人力资源服务机构存在信息不对称的问题，市场中存在的一些“黑中介”也影响了部分求职者通过人力资源服务机构求职的意愿和信心。

总的来看，江西省人力资源服务供需两端都需要进行升级，即供给水平和需求层次的同步升级，在这个过程中要充分发挥市场的作用，不断提高供需双方的匹配度，从而提升人力资源服务效能，更好地促进人力资源市场的供需匹配。

四　加强市场建设，促进供需平衡

进入新的发展时期，江西省应进一步加强人力资源市场建设，推动人力资源服务业高质量发展，充分发挥市场服务用人单位用工和劳动者就业的双向作用，持续促进人力资源供需平衡。

（一）完善人力资源市场建设政策体系

进一步加强统筹规划和政策创新，在重点落实好现有各项政策措施的同时，根据经济形势和市场需求的变化，不断完善人力资源市场建设有关政策，完善财税、金融、人社、政府购买公共服务等方面配套政策措施，形成全省向下联动、相互协调的政策体系和政策合力，加大对人力资源市场建设的指导和保障力度。

（二）推进人力资源市场管理法制化进程

贯彻落实《人力资源市场暂行条例》，制定实施人力资源市场地方性法规，明确人力资源市场建设和管理职责，规范人力资源市场活动，促进人力资源市场繁荣发展，营造公平竞争、监管有力的市场发展环境。同时，完善人力资源市场管理制度体系，健全监管机制，推进市场诚信体系建设，加大人力资源市场整顿力度，维护市场秩序，保障公平竞争。

（三）加大人力资源市场培育

一方面，大力发展各类人力资源服务机构，培育龙头企业和领军企业，鼓励专业性强、特色鲜明的中小微企业发展，促进人力资源市场主体多元化，充分激发市场活力；另一方面，大力推进人力资源服务产业园建设，以国家级产业园建设为引领，加快推进省级及以下产业园建设，并逐步向县（区）延伸，形成各级产业园共同发展的良好格局，打造综合实力强、辐射范围广、集聚效应显著的市场载体。

（四）加强人力资源市场信息化建设

建立健全覆盖城乡和各行业的人力资源供求信息系统，定期发布人力资源供求信息，解决信息不对称的问题，为求职、招聘提供高效、便捷的服务。鼓励人力资源服务机构充分运用互联网、大数据、人工智能等高科技，促进传统业态升级，开拓发展高端业态，为用人单位和劳动者提供更高水平、更高质量的人力资源服务。

（五）提升人力资源服务供给水平

加大对人力资源市场管理人员和从业人员培训力度，提升人力资源市场管理人员和从业人员的专业素养和认知水平，提高对发展形势和市场需求变化的快速适应和创新能力，从而更好地引领和推动市场发展，提升人力资源服务供给能力水平，由人力资源服务向人力资本服务转变，更加充分满足服务对象需求。

（六）促进人力资源供需对接

促进人力资源市场充分发挥引才引智主阵地功能，加大高层次、高技能人才引进力度，弥补人才需求缺口。引导人力资源服务机构围绕用工需求较大的产业和行业，大力发展人才招聘、高级人才寻访、人力资源供求信息收集和发布、就业和创业指导等服务项目，加强对市场供求情况的监测，为用人单位和求职者提供精准的对接服务。以人力资源服务领域交流合作活动为载体，举办专项招聘活动，为用人单位和劳动者搭建高端的对接平台。

B.9 2019~2020年乌鲁木齐市重点企业人才供求现状与趋势分析

刘萌萌　陈玉萍*

摘　要： 本文通过线上问卷、线下座谈、线下走访相结合的调研方法，分析得出超过四成的乌鲁木齐市重点企业 2019～2020 年计划扩大人员规模，其中一线技术与一线营销岗位需求量最大。市场缺少所需人才、人才流动率较大、薪酬缺乏吸引力、缺乏有效招聘渠道成为企业人才引进的痛点。本地缺少专业人力资源服务商成为阻碍企业使用人力资源服务的主要障碍。

关键词： 人才引进　人才培养与发展　人力资源服务

本文以乌鲁木齐市重点行业企业作为调研对象，对其人才需求进行了调研和分析。该调研由乌鲁木齐市委组织部、乌鲁木齐高新区（新市区）区委组织部提出人才调研需求，乌鲁木齐科锐高新人才服务公司开展实施。

调研对象涵盖电子信息、智慧安防、生物医药、化工能源、新材料、先进制造、资源与节能环保、高科技/互联网、金融、地产、零售消费品、物流、餐饮酒店、文化创意/文化旅游、现代服务等 10 余个行业。调研紧贴市场、紧贴企业真实反馈，重在了解乌鲁木齐市企业人力资源现状（人

* 刘萌萌，科锐国际市场总监，主要研究方向为经济学、人力资源市场、人才吸引与流动；陈玉萍，博士，新疆财经大学工商管理学院院长、教授。

才数量、质量、结构等)、人才需求状况(岗位、人才引进方式等)、人才培训状况(培训方式、培训内容等)及对人力资源服务业的使用现状,从而为乌鲁木齐市乃至自治区优化人才引进和人才服务工作提供理论依据和数据支持。为落实新疆社会稳定和长治久安总目标,提供必要的人才智力支持。

本文数据跨度为2019年5月至2020年5月,数据主要来源于线上问卷收集、线下企业座谈、走访等多样化的方式,最终完成参与线上调研有效样本企业509家、线下座谈及走访代表企业20家。

一 调研样本描述

(一)企业性质

在本次调研样本中,国有企业占比32.2%;民营企业占比55%;中外合资企业和外商独资企业占比相对较低,不足3%;机关/事业单位/非营利机构等其他性质单位占比10.2%(见表1)。

表1 被访企业样本分布——企业性质

单位:家,%

企业性质	国有	民营	中外合资	外商独资	机关/事业单位/非营利机构等其他
数量	164	280	6	7	52
占比	32.2	55	1.2	1.4	10.2

(二)企业所属行业

在本次调研样本中,涉及乌鲁木齐市10余个重点行业。其中,电子信息业企业占比8.4%,金融类企业及零售/消费品企业分别占比6.9%,现代服务企业占比6.3%,相对集中(见表2)。

表2　被访企业样本分布——所属行业

单位：家，%

行业	电子信息	智慧安防	生物医药	化工能源	新材料	先进制造	资源与节能环保	高科技/互联网
数量	43	11	25	22	18	19	28	24
占比	8.4	2.2	4.9	4.3	3.5	3.7	5.5	4.7
行业	金融	地产	零售/消费品	物流	餐饮/酒店	文化创意/文化旅游	现代服务	其他
数量	35	22	35	4	10	11	32	170
占比	6.9	4.3	6.9	0.8	2.0	2.2	6.3	33.4

（三）企业营收规模

在本次调研样本中，2018年营业额在1000万元以上的规模性企业占比57.1%，超过1/4的被访企业营业额过亿元；营业额在100万元以下企业占比18.2%（见表3）。

表3　被访企业样本分布——营收规模

单位：家，%

营业额	<20万元	20万~50万元	50万~100万元	100万~500万元	500万~1000万元	1000万~5000万元	0.5亿~1亿元	1亿~10亿元	≥10亿元
数量	48	20	25	61	64	109	52	84	46
占比	9.4	3.9	4.9	12	12.6	21.4	10.2	16.5	9.0

二　人才引进举措及挑战

（一）企业新增人员规模变化

调研显示，从整体来看，46.2%的乌鲁木齐市被访企业2019~2020年较2018年相比将扩大人员规模，32.6%的企业规模不变，21.2%的企业人员规模缩减。表明尽管受经济下行及疫情影响，仍有近半数企业采取人员扩张举措（见表4）。

表4　企业新增人员规模变化

单位：%

变化趋势	增加	持平	减少
占比	46.2	32.6	21.2

从企业性质来看，国有企业新增人员占比最高，其次为机关/事业单位/非营利机构等其他性质单位（见图1）。

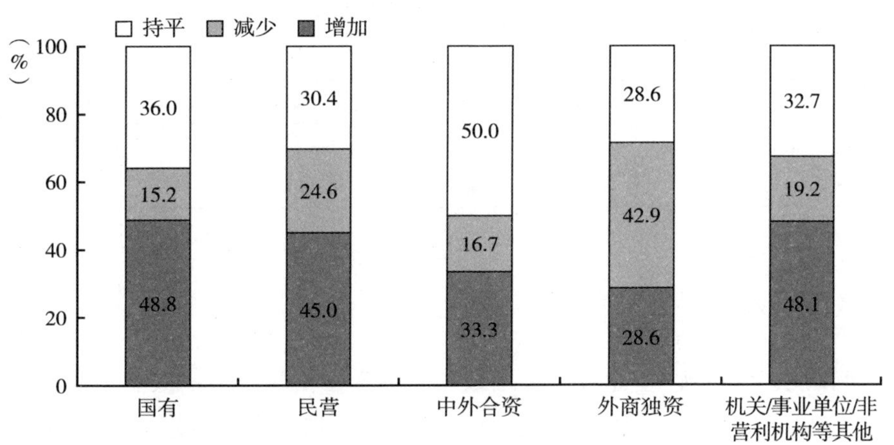

图1　不同性质企业新增人员规模变化

（二）岗位需求类型

从受访企业岗位需求类型来看，一线技术岗位占比最高，达62.1%；其次，是一线营销岗位需求量较大，占比40.9%；此外，需求较高的岗位依次为中高端管理岗位、职能支持岗位和研发岗位（见表5）。

表5　企业岗位需求类型

单位：家，%

岗位类型	一线技术岗位	一线营销岗位	中高端管理岗位	职能支持岗位	研发岗位	其他
数量	316	208	129	127	114	44
占比	62.1	40.9	25.3	25	22.4	8.6

（三）人才引进来源地

调查结果显示，人才引进来源地最多来自乌鲁木齐市本地，占比87.6%；其次来自疆内乌鲁木齐市以外地区，占比45%；从国内其他地区引进人才占比38.7%；企业从海外引进人才比重相对较低，仅占4.9%（见表6）。

表6　企业人才引进来源地

单位：家，%

来源地	乌鲁木齐市	疆内乌鲁木齐市以外地区	国内其他省份	海外
数量	446	229	197	25
占比	87.6	45	38.7	4.9

（四）人才招聘渠道

调研结果显示，企业过往采用最主要的人才招聘渠道依次为：专业招聘网站（占比73.1%），内部员工推介（占比47.7%），校园招聘（占比45.4%），人才招聘会（占比41.3%），人才市场/人社局官网（占比34.8%），而从专业猎头公司、合作项目团队和人才引进项目等渠道招聘人才的企业占比相对较低（见表7）。

表7　企业人才招聘渠道

单位：家，%

招聘渠道	专业招聘网站	内部员工推介	校园招聘	人才招聘会	人才市场/人社局官网
数量	372	243	231	210	177
占比	73.1	47.7	45.4	41.3	34.8
招聘渠道	同城网招聘板块	专业猎头公司	合作项目团队	人才引进项目	其他
数量	160	36	34	28	25
占比	31.4	7.1	6.7	5.5	4.9

（五）当前人才引进存在的困难

调查显示，当前乌鲁木齐重点企业人才引进存在的困难依次为：当地市场缺少符合要求人才；人才流动性大，重复招聘工作繁重；薪酬水平对人才缺乏吸引力。因此，加大人才培养力度，以满足企业人才需求成为全市人才工作的重点。同时，增强人才保留方式方法、加大薪酬吸引力等成为企业人力资源管理工作的重心（见表8）。

表8　当前人才引进存在的困难

单位：家，%

困难	当地市场缺少符合要求人才	人才流动性大，重复招聘工作繁重	薪酬水平对人才缺乏吸引力	缺乏有效招聘渠道	企业知名度、雇主品牌对人才缺乏吸引力	企业缺乏有效人才评估工具及方法	不存在困难	缺乏专业招聘人员	企业招聘预算不足	其他	企业缺乏合理招聘计划
数量	296	223	161	79	72	47	45	37	36	25	14
占比	58.2	43.8	31.6	15.5	14.2	9.2	8.8	7.3	7.1	4.9	2.8

三　企业人才培育与发展

企业的人才培育与发展是企业的核心造血能力，也是企业打造持续人才供应链的重要环节。在调研中，本文针对企业的人才培育与发展进行了不同角度的洞察。

（一）员工培训项目/培训平台

关于企业当前已经开展的员工培训项目/培训平台，结果显示，整体来看绝大部分企业均有不同形式的员工培训：其中，50.5%的企业选择自建员工固定培训课程或项目；43.8%的企业选择自建员工培训中心；42.6%的企业选择与培训机构合作定期开展员工培训项目；17.5%的企业选择与院校或科研院所共建培训中心/培训基地。自建企业大学的企业所占比重为6.7%（见表9）。

表9 当前员工培训项目/培训平台

单位：家，%

培训项目/平台	自建员工固定培训课程或项目	自建员工培训中心	与培训机构合作定期开展员工培训项目	与院校或科研院所共建培训中心/培训基地	以上均无	其他	自建企业大学
数量	257	223	217	89	44	41	34
占比	50.5	43.8	42.6	17.5	8.6	8.1	6.7

（二）培训人群覆盖率

结果显示，企业对于培训重视程度较高，近七成企业选择面向全员开展培训，25%的企业选择仅针对部分员工开展；仅有7.3%的企业选择没有开展培训（见表10）。

表10 当前员工培训人群覆盖率

单位：家，%

覆盖率	全员开展	仅针对部分员工开展	没有开展
数量	345	127	37
占比	67.8	25	7.3

（三）已经开展的培训内容

调查结果显示，企业当前已经开展的培训内容依次为：专业技能类（占比84.3%）、规章制度类（占比79.4%）、通用管理类（占比48.9%）、市场营销类（占比39.5%）、职业资格类（占比36.9%）、学历/学位教育类（占比11.4%）、语言类（占比7.3%）。说明企业对专业技能要求相对较高，同时，需要规范化管理和提升营销能力（见表11）。

表 11　当前已经开展的培训内容

单位：家，%

培训内容	专业技能类	规章制度类	通用管理类	市场营销类	职业资格类	学历/学位教育类	语言类	其他	以上均无
数量	429	404	249	201	188	58	37	17	15
占比	84.3	79.4	48.9	39.5	36.9	11.4	7.3	3.3	3

（四）人才激励措施

人才激励是人才保留的重要手段，调查结果显示，乌鲁木齐市企业采取的主要人才激励措施依次为：薪资激励（占比84.5%）、提供晋升机会（占比66.6%）、提供培训机会（占比49.3%）、授予荣誉或表彰（占比34.2%）、物质激励（占比22.8%）、股权激励（占比20.8%）、提供公费旅游等福利奖励（占比15.9%）、成果和产业化奖励（占比7.9%）、科研条件扶持和住房条件改善（各占比5%左右）（见表12）。

表 12　采取的人才激励措施

单位：家，%

激励措施	薪资激励	提供晋升机会	提供培训机会	授予荣誉或表彰	物质激励	股权激励	提供公费旅游等福利奖励	成果和产业化奖励	科研条件扶持	住房条件改善	其他
数量	430	339	251	174	116	106	81	40	27	26	10
占比	84.5	66.6	49.3	34.2	22.8	20.8	15.9	7.9	5.3	5.1	2

四　专业人力资源服务使用情况

（一）已使用的专业人力资源服务

合理使用专业人力资源服务，是优化企业人力资源配置、改善人力资源管理效能的重要路径。调查显示，当前乌鲁木齐市企业使用的专业人力资源服务中，使用占比前5位的服务类别依次为：网络招聘（84.1%）、专场招聘会（42.2%）、人才培训（24.2%）、人才派遣（23%）、员工福利（22.6%）；而在人才测评、人力资源管理咨询、人力资源外包、招聘管理系统/应用等领域使用率较低，不足10%（见表13）。

表13　当前已经使用的人力资源服务类型

单位：家，%

类型	网络招聘	专场招聘会	人才培训	人才派遣	员工福利	委托招聘	团队建设	员工关系、劳动法咨询	中高端猎头	人力资源管理系统/应用
数量	428	215	123	117	115	108	107	73	62	60
占比	84.1	42.2	24.2	23	22.6	21.2	21	14.3	12.2	11.8
类型	背景调查	人才测评	人力资源管理咨询	人事代理	人力资源外包	招聘管理系统/应用	薪税管理	以上均无	招聘流程外包	其他
数量	57	49	45	31	29	28	19	19	16	5
占比	11.2	9.6	8.8	6.1	5.7	5.5	3.7	3.7	3.1	1

（二）阻碍使用人力资源服务的主要原因

当问及阻碍使用人力资源服务的原因时，42.6%的企业认为新疆当地缺少专业人力资源服务商支持；27.7%的企业认为公司对于人才和人力资源工作重视不够；26.7%的企业认为没有使用专业人力资源服务的预算；24%的企业认为不了解有哪些专业人力资源服务及服务商；9.6%的企业认为服务商多而难以甄选（见表14）。

表14　阻碍使用人力资源服务的主要原因

单位：家，%

原因	新疆当地缺少专业人力资源服务商支持	公司对于人才和人力资源工作重视不够	没有使用专业人力资源服务的预算	没有使用专业人力资源服务的需要	不了解有哪些专业人力资源服务及服务商	服务商众多，难以甄选	其他
数量	217	141	136	122	122	49	41
占比	42.6	27.7	26.7	24	24	9.6	8.1

（三）促进使用人力资源服务的有效措施

结果显示，77.6%的企业认为应搭建人力资源服务与企业需求对接平台；55.2%的企业认为政府对于使用专业服务实施引才给予相应激励及补贴；39.5%的企业认为有必要定期举办服务推介与案例分享活动；20%的企业认为应制作优秀人力资源服务商推荐名录（见表15）。

表15　促进使用人力资源服务的有效措施

单位：家，%

措施	搭建人力资源服务与企业需求对接平台	政府对于使用专业服务实施引才给予相应激励及补贴	定期举办服务推介与案例分享活动	制作优秀人力资源服务商推荐名录	举行优秀人力资源服务商奖项评选	其他
数量	395	281	201	102	41	22
占比	77.6	55.2	39.5	20	8.1	4.3

五　优化乌鲁木齐市人才供求的对策建议

针对优化乌鲁木齐市人才供求的对策，人才供求各方需要进行角色定位和任务分工（见图2），即政府通过财政投入、优惠政策扶持等方式创建良好的人才制度环境，是人才供求中重要的宏观调控者；高校和科研机构通过提供人才支持成为有效供给者；人力资源专业服务机构通过创建信息服务平台、人才配置平台、人才交流与服务平台等方式为人才供求提供良好的平台载体支持；企业则是人才需求主体和主导者，应通过组织保障、制度建设、信息化建设，最终实现人力资源管理的“选用育留”。

（一）企业自身完善路径

1. 组织人员保障：重视人力资源部工作

企业应充分重视人才管理工作，在组织建设上给予支持和保障。一是组

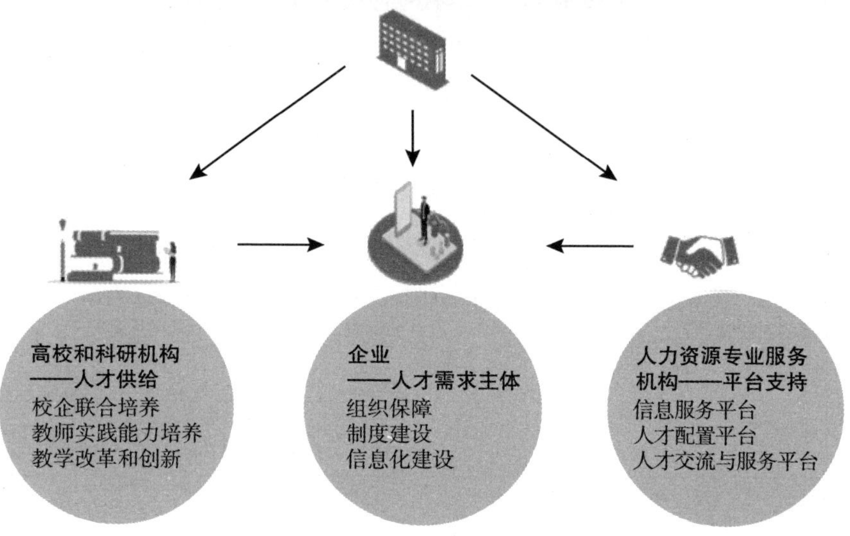

图 2　优化人才供求各方角色分工

建专业的人力资源部，由专业人员负责企业人员招聘、培训和绩效考核等工作。二是加强对人力资源部工作研究和指导工作，切实做好人才组织实施工作。三是积极推动人力资源部与专业人力资源服务机构、高校和政府部门的沟通和互动，完善人力资源服务平台建设，以保障企业人才需求和有效供给。

2. 经费保障：建立人员招聘及培训刚性投入机制

将人才引进以及提高员工整体素质作为打造企业核心竞争力的战略任务来落实。积极推进经费保障制度建设，建立刚性投入机制，将人才工作经费列入企业预算并采用制度化的方式明确予以保障，如每年人才引进以及员工培训投入必须占到企业销售收入的 10% 以上，为人才供应链打造提供充足的经费保障。

3. 制度保障：强化人才培育发展、激励绩效考核和文化打造

强化人才培育发展。拓宽人才培养方式方法，积极为企业人才干事创业和实现价值提供机会和条件。全面推行激励绩效考核，根据不同的考核对象，完善岗位考核办法和考核评价指标体系，强化履行岗位职责情况和工作业绩考核，将绩效考核结果与薪酬挂钩，突出薪资的激励作用，拉开差距，形成能上能下、能高能低的激励竞争机制，真正体现激励效果。注重薪酬激励的多元化。具有一定规模的企业可考虑在行业内或企业内开展员工技能竞赛等，通过表彰奖励等方式增强人才的价值感和荣誉感，在企业内部形成典型带动标杆示范效应。此外，完善人才约束机制，不断加强企业文化建设，建立学习型组织，建设凝聚力工程，以良好的文化环境，做到感情留人、事业留人和待遇留人，对员工形成一种“软约束”，以使企业人才流动率保持在可控范围内。

4. 信息化建设：人工智能、大数据、云软件的应用

推进人才管理信息化建设。围绕“选用育留”在招聘管理、培训管理、薪酬管理、绩效管理、胜任力模型、职业生涯规划等不同模块积极推进人力资源 SaaS、软件等智能化工具的运用，提升人力资源管理效能。同时，基于大数据的实时分析和人工智能应用，尝试基于数据建模实现人才动态预警和预测等高阶应用，即通过人岗匹配算法改善人才甄选效率；通过人才晋升模型寻找工作能力强、发展意愿强的员工；通过人才流失模型预测高流失风险员工，以便主动应对。

（二）政府人才管理优化路径

政府人才管理工作优化路径可归纳为：一个中心、两个环节、三项服务、四种机制。

1. 一个中心

人才发展应以产业发展为导向。“以产业集聚人才、以人才引领产业”，人才规模、质量和结构与产业发展相匹配，实现人才发展与产业发展的深度融合。

2. 两个环节

即政府宏观层面引导，帮助企业抓好乌鲁木齐市人才工作两个重点环节。

（1）多措并举引进各类人才。一是在借助网络招聘的同时，通过专场招聘会、中高端猎头、高层次人才洽谈会、校园招聘等多种方式引进发展急需的各类紧缺人才。二是引导企业用好用活各类优惠政策，申领紧缺适用人才补贴、企业研究生补贴、高技能人才一次性补贴等，以提高人才吸引力，降低人才流动率。三是推动“产学研”联合引才模式。积极创新引才形式，按“不求为我所有、但求为我所用”的原则，采用项目合作、才智帮扶、学术讲座、技术指导、考察咨询、团队聘请等多种渠道，搭建“产学研”联合引才平台。

（2）推动多层次培养人才。一是鼓励企业与高校合作，“量身定制”实现人才供需无缝对接。二是强化行业协会和专业人力资源服务机构力量，加强行业内的培训。可由政府牵头，组织对口部门，对接大型企业经验丰富的高管人才或有关培训机构参与授课，统筹企业经营管理人才、技能人才、营销人才等开展各项职能培训，费用由政府和企业按一定比例承担。三是扶持优质培训机构，壮大职业培训师资队伍建设，做强做好精品培训。

3. 三项服务

（1）政府政策服务。优化政府政策服务。如放宽引进条件，不断完善人才优惠政策，并出台使用人力资源专业服务的补贴政策，降低企业的使用门槛，充分发挥市场专业机构的力量助力企业。

（2）公共配套服务。即强化人才服务，具体表现在：一是持续改善大学生就业促进、创业引领、基层成长等计划；二是促进高层次人才一次性补贴政策落实；三是畅通人才服务绿色通道；四是协调人才公寓建设，增强人才归属感，为人才的落地生根和创新创业打造优质环境；五是强化人力资源专业服务，持续改善“人力资源服务产业园”建设，健全人力资源市场管理制度，发挥人力资源服务市场的市场化功能；六是适度增加对人才建设的财政投入，保证人才发展专项资金在财政一般预算收入中的比例。

（3）人才智库信息化平台服务。一是由党委组织部、人社局等主管部门牵头，企业等相关单位负责人整理提供各类人才信息，完善人才信息库建设，大范围、多渠道、深层次掌握各类人才资源信息和企业经营发展所需的人才需求信息，每年定期发布各类人才供求信息，借助网络人才推荐等服务，为政府人才工作开展、政策制定等提供基础的数据支撑，为企业人才引进提供支持和决策依据。二是加强企业与就业服务网、人力资源市场网等新媒体相关资源的整合，实现全国联网，最大限度地实现资源共享，为企业提供零距离、高效率的劳动力供需服务。三是推动人力资源人工智能、大数据应用平台建设，借助各类平台，实现人力资源管理的实时动态分析。

4. 四种机制

充分发挥市场在人力资源配置中的决定性作用，加强政府的宏观调控，强化企事业单位人才工作的主体地位，落实企事业单位和社会组织的用人自主权，不断完善四种机制，包括：建立符合人才成长规律和人才资源开发规律的人才培养机制；建立制度健全、运行规范、服务周到、指导监督有力的人才合理流动机制；建立与工作业绩和贡献相联系的人才评价和激励机制；建立与新时代和新就业形态相适应的人才保障机制。

（三）充分发挥人力资源专业服务市场化力量

设立人力资源服务业发展专项资金和专项行动计划，积极培育人力资源服务机构和加快人力资源服务产业园建设，并吸引国内一流人力资源服务机构在乌鲁木齐设立分支及开展业务，发挥市场化专业优势有序支持及承接政府外包的人才培养、评价、流动、激励等公共服务职能，并直接为企业及人才提供专业化服务。

1. 搭建信息服务平台

支持政府部门定期开展人才专项研究和信息发布，包括但不限于人才供需大数据、招聘景气指数、岗位薪酬指导信息、紧缺人才目录编制等。

2. 搭建人才配置平台

通过实体及线上人力资源服务产业园，打造优质人力资源服务机构的集聚平台，并通过整合及协同线上招聘平台、中高端猎头人才精准推荐、灵活用工多样化用工模式、人才专场招聘、校园招聘等多样化的服务以及人岗智能匹配、人才管理系统等最新技术，为政府及企事业单位搭建人才配置平台及服务支撑，使人才找到“用武之地”，企业找到“适配人才”。

3. 搭建人才交流与服务平台

针对重点帮扶的人才群体，与政府相关部门协作联动，举办专场人才招聘活动和人才培训活动。一是积极推动高校毕业生就业。如在入场招聘单位选取及招聘岗位申报等方面，紧紧围绕高校毕业生充分就业需求，重点着眼于适合应届、往届高校毕业生就业职位及岗位的选取。二是积极了解企业人才需求状况，加大对用人单位用人数量、空岗信息、工资待遇等问题的了解，针对企业用工岗位和人才需求，实现“产学研”联动。三是针对人才开展人才测评、职业生涯辅导、就业创业辅导，打造优质人才集聚平台和社交环境，为高端人才提供从引入到落地的保姆式咨询服务。

（四）高校人才培养优化路径

1. 加强校企协作，联合培养

高校与企事业用人单位建立伙伴关系，理解用人需求，基于用人需求创新课程和专业，强化高校对外部市场的适应能力，增强高校人才培养的质量。

2. 提升教师社会实践能力

如采用高校教师企业挂职锻炼等制度，采取多种手段提升教师的实践能力。当前高校在教师管理方面，大多关注其学历和科研成果，而忽视了实践能力，这在一定程度上会影响到人才培养质量和学生的实践能力。为保证人才培养质量，应注重提升教师的实践能力。

3. 持续推动教学改革和创新

（1）定位清晰。优化专业设置和课程建设，以满足市场对人才的需求，不断优化学科设置和专业课程设置，改革教学模式，使学生所学专业知识与企业人才需求相适应，满足企业对人才的需求。

（2）持续改善教学模式。加强以通识教育为目的的通识型教学、以培养学生就业能力与学习能力为内容的能力型教学、以强化学生的参与和投入为目标的参与型教学。

（3）改革评价考核体系。由单一评价转化为多元评价，评价体系既要体现社会和学校的要求，又要体现学生个性发展的要求，将企业评价、毕业生就业状况等作为衡量教学质量和学生发展的一项重要指标。同时，借助现代技术手段，实现实时记录、诚信反映、适时反馈，真正让学生增强自主发展、自我规划、不断进步的能力。

B.10
成都市人才供需状况分析

殷邦泽　江 淳　薛 驰*

摘　要： 本文以2019年为报告期，在成都市人才服务中心现场招聘会及成都人才网（www. rc114. com）招聘求职数据统计基础上，结合招聘、求职行为抽样调查结果，经分类比较、特点分析而形成，旨在以数据配以简要说明的形式反映报告期成都市人才服务中心招聘、求职双方的主要情况。对反映报告期成都地区该机构人才供需状况有一定参考作用。

关键词： 人才供需　市场配置　成都

2019年，成都市人才服务中心组织举办“蓉漂”“创交会”“特大招”等市场化人才配置活动267场次，线上线下累计服务用人单位1.2万家次、求职人才39.8万人次，发布需求岗位44.7万个次，岗位空缺与求职人数之比为1.12。

一　人才需求

（一）需求总量：人才需求同比减少

从招聘单位数和需求岗位数看，招聘单位1.2万家次，同比减少4905

* 殷邦泽，成都市人才服务中心策划发展部企业人力资源管理师；江淳，成都市人才服务中心策划发展部部长；薛驰，成都市人才服务中心副主任，高级经济师，主要研究方向为人力资源市场、工商管理。

家次，减少29.1%；提供需求岗位44.7万人次，同比减少11.5万人次，减少20.5%，人才需求同比减少（见图1）。

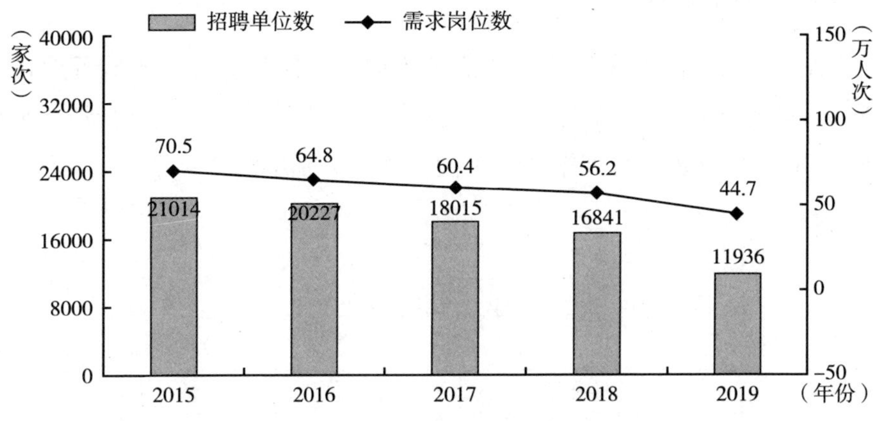

图1　招聘单位数和需求岗位数

资料来源：成都市人才服务中心人才招聘业务管理系统。

（二）产业需求：第三产业人才需求持续占比在六成左右

从各产业人才需求岗位数看，第一、二、三产业占比依次为3.1%、37.1%、59.8%。其中，第三产业人才需求同比略降0.3个百分点，近五年持续占比在六成左右（见图2）。

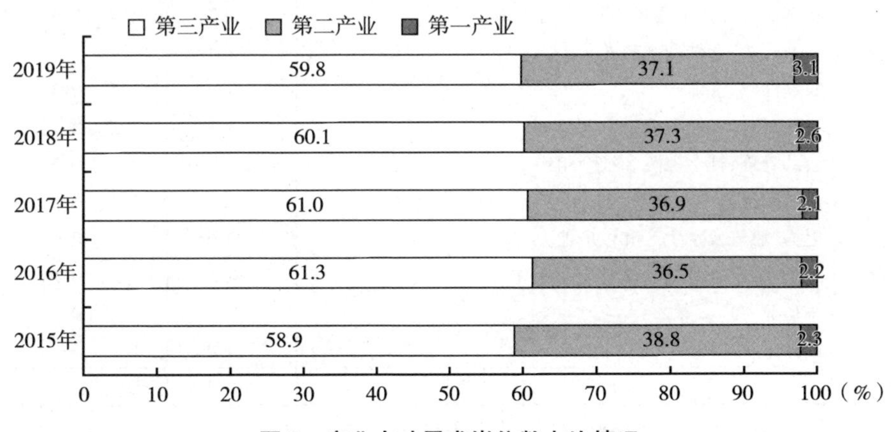

图2　产业人才需求岗位数占比情况

资料来源：成都市人才服务中心抽样调查。

（三）行业需求：信息传输、软件和信息技术服务业，教育，房地产业人才需求占比居前三位

从各行业人才需求岗位数看，信息传输、软件和信息技术服务业占比17.6%，同比下降0.8个百分点，仍居需求首位。教育、房地产业以13.5%、11.9%的占比分列第二、三位，同比分别下降0.4个、1.5个百分点（见表1）。

表1　行业人才需求岗位统计

单位：%，百分点

排序	行业类别	所占比重	同比百分点变化
1	信息传输、软件和信息技术服务业	17.6	-0.8
2	教育	13.5	-0.4
3	房地产业	11.9	-1.5
4	制造业	10.1	-2.1
5	租赁和商务服务业	8.8	3.1
6	建筑业	7.0	0.8
7	住宿和餐饮业	6.9	2.2
8	批发和零售业	6.7	0.1
9	居民服务、修理和其他服务业	4.4	-0.4
10	金融业	3.5	-1.3
11	科学研究和技术服务业	2.7	0.6
12	交通运输、仓储和邮政业	2.4	-2.1
13	农、林、牧、渔业	0.9	0.3
14	文化、体育和娱乐业	0.8	-0.1
15	公共管理、社会保障和社会组织	0.7	0.5
16	卫生和社会工作	0.6	0.3
17	电力、燃气及水生产和供应业	0.6	0.6
18	水利、环境和公共设施管理业	0.5	0.5
19	采矿业	0.3	-0.3
20	国际组织	0.0	—
合计		100.0	

注：行业类别依据《中华人民共和国国家标准（GB/T 4754—2017）》。

资料来源：成都市人才服务中心人才招聘业务管理系统。

二 人才供给

（一）供给总量：求职人数同比回落

从求职人数看，通过成都市人才服务中心现场招聘会和成都人才网求职的各类人才 39.8 万人次，同比减少 6.7 万人次，减少 14.4%（见图 3）。

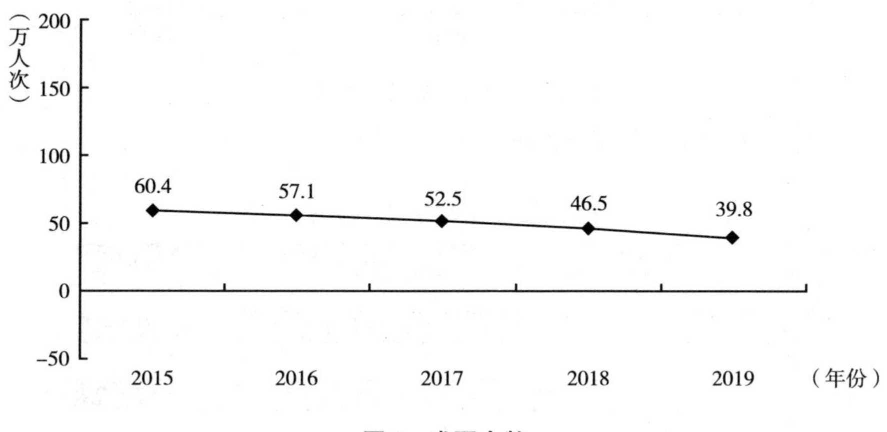

图 3 求职人数

资料来源：成都市人才服务中心人才招聘业务管理系统。

（二）学历层次：高学历人才比例同比上升

从求职人员学历层次情况看，硕士研究生及以上占 14.9%，同比上升 0.7 个百分点；本科学历占 62.3%，同比上升 2.9 个百分点（见图 4）。

（三）年龄分布：35 岁以下青年人才占比九成

从求职人员年龄分布情况看，25 岁及以下占比 41.7%，25～35 岁占比 48.3%。35 岁以下青年人才合计占比 90.0%，同比增加 1.0 个百分点。近五年，35 岁以下青年人才为求职主要群体，占比保持在九成左右（见图 5）。

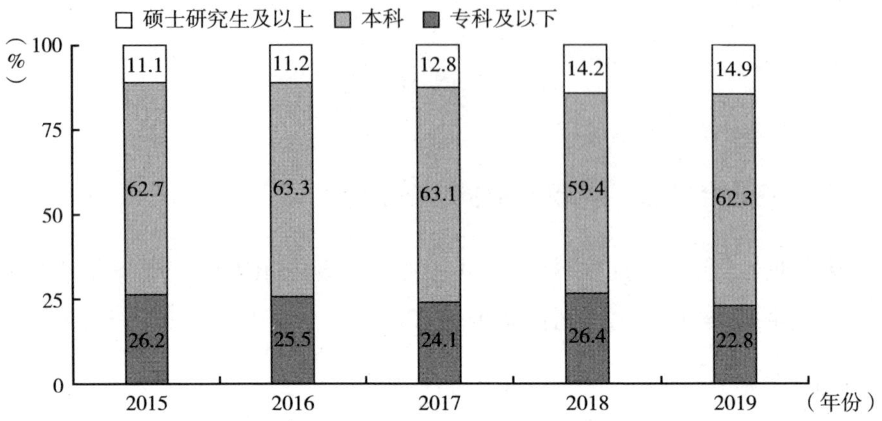

图4 求职人员学历层次情况

资料来源：成都市人才服务中心抽样调查。

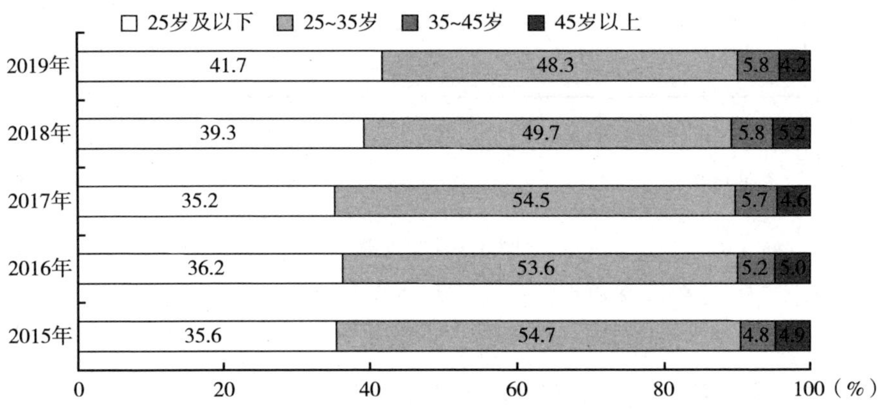

图5 求职人员年龄分布情况

资料来源：成都市人才服务中心人才招聘业务管理系统。

三 供需分析

（一）总体情况：人才需求高于供给

从供需双方总体情况看，需求岗位数同比减少20.5%，求职人数同比减少14.4%，岗位空缺与求职人数的比率由1.21降至1.12，即平均每100名求职人员对应112个需求岗位，人才需求高于供给（见图6）。

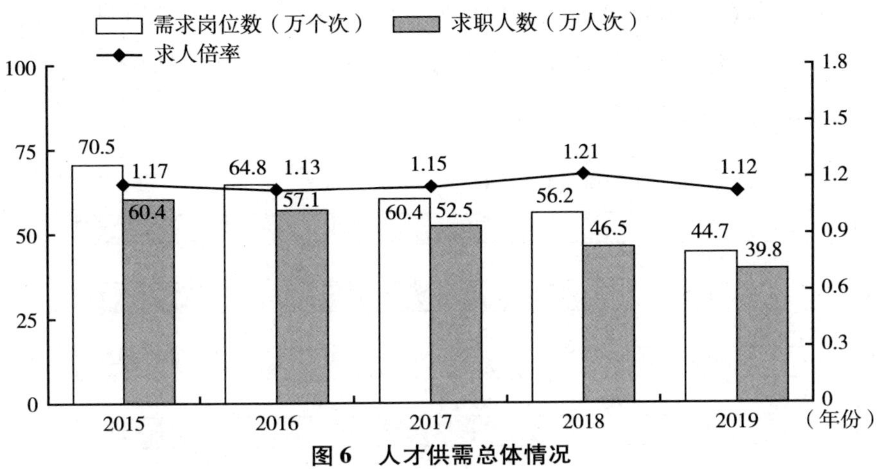

图6　人才供需总体情况

资料来源：成都市人才服务中心人才招聘业务管理系统。

（二）招聘感受：用人单位感受乐观比例持续上升

用人单位调查结果显示，认为招聘形势“很乐观”和“乐观”的用人单位占比77.9%，同比上升0.9个百分点。近五年来，用人单位乐观感受持续转好，占比累计上升10.1个百分点（见图7）。

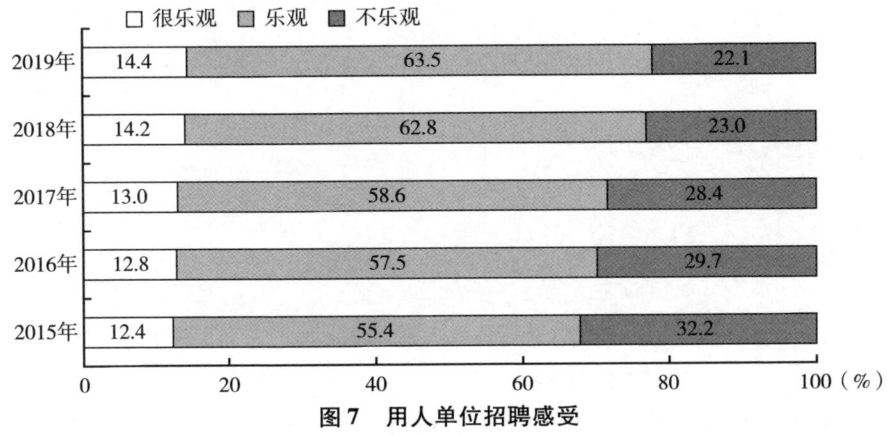

图7　用人单位招聘感受

资料来源：成都市人才服务中心抽样调查。

（三）求职感受：求职人员感受乐观比例有所回落

求职人员调查结果显示，认为求职形势“很乐观”和“乐观”的求职人员占比 86.9%，同比回落 1.2 个百分点。其中，认为求职形势“很乐观”的占比 34.1%，同比上升 2.1 个百分点（见图 8）。

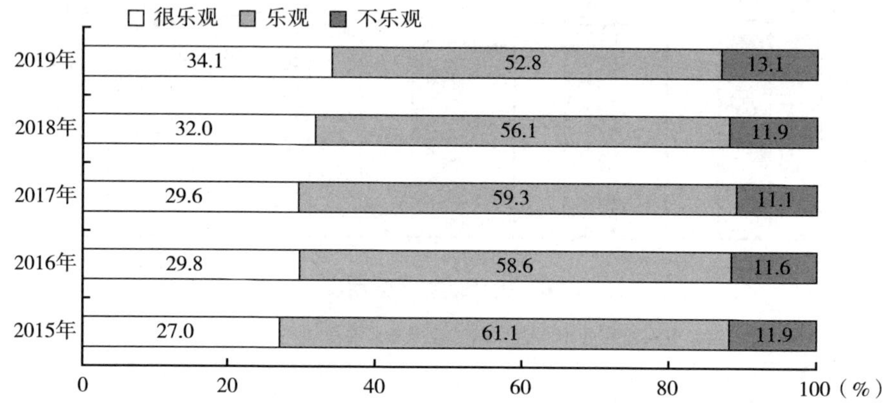

图 8　求职人员求职感受

资料来源：成都市人才服务中心抽样调查。

B.11
青岛市人才市场供需分析

青岛市人才服务中心

摘 要： 2019 年青岛市人才服务中心通过多渠道市场化运行方式，加快全市人力资源优化配置，累计举办各类人才招聘活动 136 场，服务单位 6000 余家（次），提供岗位 6.1 万个。多元化业务集团行业人才需求稳居榜首，本科及大中专毕业生占比超过人才需求总数的 85%。

关键词： 人才招聘 学历 薪资 供需特点

2019 年，青岛市人才服务中心全面贯彻党的十九大精神和党中央、国务院、省市有关决策部署，聚焦“双招双引”工作，围绕城市 956① 重点产业发展需要，充分发挥中国海洋人才市场（山东）等招才引智资源平台作用，通过举办各类现场招聘会和线上招聘，积极打造产业与人才精准对接平台，为青岛建设开放、现代、活力、时尚的国际化大都市提供坚实的人才和智力支撑。

一 人才招聘基本情况

2019 年，青岛市人才服务中心共举办各类现场招聘会 136 场次。其中，

① 956 产业：“9”：现代海洋、智能家电、轨道交通装备、汽车制造、现代金融、现代物流、现代旅游、商务服务、健康养老等 9 个产业；“5”：新一代信息技术、生物医药、高端装备、节能环保、文化创意等 5 个产业；“6”：商贸服务、食品饮料、纺织服务、机械设备、橡胶化工、现代农业等 6 个产业。

举办综合性人才招聘大会27场，大中专毕业生专场招聘会48场，行业专场招聘会52场，特色及联合招聘会9场。累计服务各类单位6000家（次），提供岗位61000个（次），同比下降约16%；入场求职人数达3.5万人次。岗位空缺与求职人数的比率约为1.74（岗位空缺与求职人数的比率=需求人数/求职人数，表明市场中每个求职者所对应的岗位空缺数。如0.5表示10个求职者竞争5个岗位）。

二　人才需求概况分析

（一）行业需求分析

从行业需求情况看，2019年用人需求较大的前十个行业占总需求的73.87%，所占比例与上年同期相比上升2.95个百分点，上升幅度稳中有升，显示出这十个行业整体发展状况较为迅速，吸纳就业的能力不断增强（见表1）。

表1　青岛市2017~2019年行业需求前十名情况

单位：%

排名	2019年	2018年	2017年
1	多元化业务集团	多元化业务集团	计算机信息技术
2	文化教育	计算机信息技术	制造
3	计算机信息技术	文化教育	保险
4	医药化工	专业服务	多元化业务集团
5	金融	金融	房地产
6	制造	住宿餐饮	贸易批发零售
7	贸易批发零售	医药化工	文化教育
8	交通运输业	保险	金融
9	房地产	贸易批发零售	医药化工
10	住宿餐饮	房地产	住宿餐饮
占总需求数	73.87	70.92	63.66

注：多元化业务集团指体量较大的传统产业，为寻求新的增长点开始跨行业、跨产业创新业务、转型发展，具有较为坚实、持续的供岗能力，岗位种类丰富，有较为完善的培训和晋升机制，职业生涯前景广阔。

资料来源：历年《青岛人力资源和社会保障事业发展报告》。

从行业排名情况来看，多元化业务集团依然领跑2019年，这也是该类行业连续两年人才需求总量保持稳定增长态势。并且由于其与相关行业具有互融带动效应，一定程度上促进了人才市场整体趋势向好。多元化业务集团行业这两年经过不断转型升级，跨行业创新业务，具有了坚实、持续的供岗能力，其岗位种类丰富，同时又有较为完善的培训和晋升机制，职业生涯前景广阔，虽然其工作压力及竞争机制远胜于其他行业，但仍不能减弱求职者投递简历的热情。

文化教育行业由上年的第三位上升到第二位。近两年来文化教育行业有了较大幅度的增长。其主要原因如下，一是企业更加重视员工培训力度，企业内训师、安全培训师、客户培训、产品讲演师如雨后春笋般地涌现；二是成人继续教育持续走高，普遍来看，无论是科技发展还是工作内容、种类的快速变化，都催生了大众对学习的需求，通过读书深造、职业培训来提升个人核心竞争力；三是幼儿教育需求增加，随着国家“二孩”制度的全面放开，拥有两个孩子的家庭越来越多，对孩子的教育就提升到家庭的首要需求，目前幼儿教育的缺口仍很大，远远不能满足需求的增长速度，由此可预见，未来幼儿教育人才的大量需求已成定势；四是青岛影视之都的打造以及灵山湾文化区、电影文化小镇及北京影视学院和上海戏剧学院等一批国内顶尖高校的引入，必将带动青岛市文化产业的发展及人才的需求。数据显示：2019年全市共有影剧院90处、文化馆148处、博物馆100处、公共图书馆12处、艺术表演团体9个、广播电台6座、374套节目、电视台6座、129套节目；五是随着现今人们的生活水平越来越高，大众对消费、娱乐、文化的需求也愈发旺盛，这也催生了相关产业尤其是文化服务业的飞速发展。

（二）学历需求分析

从用人学历需求情况看，由于招聘成本限制、岗位匹配难度及留人方面的考量，企业招聘在满足发展需要的前提下，更加务求实际，本科及大中专毕业生占比超过人才需求总数的85%。其中，2019年用人单位对大专学历层次人才的需求有了小幅度的下降，下降3.31个百分点。对本科学历层次人才的需求与同期相比略有增长，上升 0.32 个百分点，中专及以下、硕士研究生学历层次占比则有小幅度的上升。高学历人才需求的增加可“高质量”加快青岛国际化大都市的建设步伐（见表 2）。

表 2　2019 年青岛市人才市场岗位学历需求情况

单位：%

学历层次	2019 年	2018 年	2017 年
中专及以下	5	4.6	8.41
大专	34.25	37.56	30.3
本科	50.75	50.43	51.39
硕士	5.85	3.28	5.68
博士	3.5	3.4	3.29
无要求	0.65	0.72	0.93

资料来源：历年《青岛人力资源和社会保障事业发展报告》。

（三）薪资需求分析

2019 年企业提供的平均月薪在 3000 ~ 5000 元/月的职位占职位总量的 46%，5000 ~ 10000 元/月的占比 32%，15000 元以上的占比 14%，其他的占 8%。2019 年招聘会平均工资为 4255 元/月，同比上涨 9%，尽管越来越多的求职者表示薪酬已不再是吸引他们的主要因素，休假、工作地点、文化氛围、发展前景等软性指标在求职选择中占据越来越大的比重，但很多企业 HR 表示，薪酬的吸引力远没有求职者表现得那么“云淡风轻”，对薪酬的需求成为求职者不愿言说的一种隐性标准线，归根究底，造成矛盾的关键点还是在于供求双方无法在薪酬上达成一致，如何制定足具吸引力的薪酬标准也成为企业 HR 的一个难题。

三　2019年市场人才供需特点及存在问题

近几年来，随着供给侧结构性改革深入推进，国民经济运行稳中向好发展，企业用工需求持续增加，整体就业形势利好发展，但结构矛盾依旧突出。2019 年青岛市国民经济和社会发展统计公报数据显示：2019 年全市生产总值 11741.31 亿元，按可比价格计算，增长 6.5%；人均 GDP 达到 124282 元，2019 年全年青岛市居民人均可支配收入为 45452 元，增长 8.2%。全市高技术产业实现增加值增长 11.7%，占 GDP 比重为 6.4%。这些变化趋势与人才供需指数走势基本相符，2019 年整体形势优于 2018 年。主要从以下三个方面进行分析。

（一）岗位需求

部分行业供需矛盾突出。例如，营销/销售类岗位需求量仍然一枝独秀，在 2019 年春节后用工市场上，60% 的企业表示急需销售类人才，销售类岗位的薪酬、福利也有逐年提升的趋势。与往年相比，销售类岗位存量仍然较大，但求职人数和匹配率也有较大的增长，尤其是门槛不高、软性福利较好的岗位，中低端销售岗位供需矛盾有所缓解，而营销总监、销售经理、区域经理等高端销售岗位仍存在较大空缺。

（二）企业规模

2019 年市场供岗主力为大中型民营企业，与 2018 年相比，略有上升。在当前的经济和就业形势下，民营企业量大面广，能够提供多种形式的就业岗位，为社会稳定和经济发展做出了很大的贡献，2020 年应进一步鼓励和支持。

（三）求职者

“90 后”找工作还是过于理想化，行业前景必须看，学习知识和技能、单位发展空间比薪资待遇要重要，很多时候找工作就业只是一个学习和摸索的过程，而不是结果。因此相对来说他们对企业的忠诚度普遍不高，辞职率高，随意性也较大。而已经走上社会的非“90 后”毕业生既看前景，更看“钱”景，对一份工作的考虑显然趋于现实化，薪酬待遇高居首位，其次才是行业前景、发展空间和能学到技能、知识，在他们眼里，“里子”比“面子”更重要。

四　对策与建议

第一，广泛开展引才需求征集工作，建议围绕青岛市956重点产业发展需要，全面摸清产业人才队伍的数量、结构、人才需求、流动趋势等方面情况；聚焦上合组织地方经贸示范区、自贸区青岛片区、军民融合示范区和邮轮母港管理局等“三区一局”，集中做好本地区重点人才需求的摸排工作。

第二，着力搭建人才产业精准对接平台，充分利用青岛人才网“招聘e站”、青岛就业网、高校毕业生就业网和社会性人才招聘网站等线上平台资源，嵌入AI远程招聘、即时信息交互等功能板块，推动青岛市重点线上人才供需对接平台实现功能升级、流程再造和信息化改造。加快移动端招聘平台开发建设工作，升级相关微信公众号和小程序，提升人岗供需精准匹配的信息化、智能化、便捷化工作水平。

第三，集中做好岛城人才服务宣介工作，统筹全市宣传资源，在市级层面召集国内重点主流媒体和知名新媒体、自媒体，多角度、多领域、全媒体宣传推介，提升宣传热度和社会关注度。以重点产业、重点区域为主线，分工作阶段、人才层级面向全球发布人才需求目录，提高靶向引才精准度、匹配度。

第四，广泛拓展招才引智渠道。推动“线上+线下”招才引智渠道多维拓展、深度融合，不间断开展“永不落幕”的网上招聘会，通过推出重点企业招聘日、重点产业（区域）招聘周、重点人才招聘季等活动，打造信息化、常态化的青岛招才引智工作品牌。进一步延伸青岛人才创新创业生态联盟、海内外引才工作站等业务触角，构建品牌化、生态化的招才引智新模式。

B.12
昆山市人力资源市场供需分析

朱心杰*

摘　要： 昆山人力资源市场以品牌建设和服务升级为两大抓手，积极主动发挥国有企业的示范引领作用，经过多年运作，“天天市场”已经成为当地现场求职和企业引才的响亮品牌，其供需数据对于昆山地区人力资源供需发展规划有着重要的参考意义。2019 年，宏观经济下行压力依然较大，新形势下企业用工招工方式不断创新，现场招聘的参会企业数、岗位需求数和求职人数均出现不同程度下降，就业市场结构性矛盾依然存在。本文从宏观与微观两个角度系统地对 2019 年昆山人力资源市场供需情况进行分析。

关键词： 昆山　人力资源市场　供需分析　招聘

2007 年，昆山人力资源市场（以下简称“市场”）正式建成使用，作为国内率先实现人才、劳动力、毕业生就业三大市场贯通的国有人力资源服务机构，多年来，通过大力发展各项人力资源专业服务，充分借助信息化大数据平台，积极发挥国有人力资源机构示范引领作用，从而形成了“政府主导、市场运作”的统一规范的区域人力资源市场。当前，市场以线上线

* 朱心杰，昆山人力资源市场考试培训中心主任，昆山人力资源开发研究中心主任助理，中级经济师，人力资源管理师，主要研究方向为人力资源供需分析、人力资源服务业发展、人力资源调研数据分析等。

下双重招聘方式搭建高效优质供需平台，全面深化“天天市场”招聘品牌建设，以服务优质化、管理信息化、研判科学化为三大抓手，通过优服务、搭平台、促对接来提升供需双方匹配的精度和效率。

此次供求分析数据来自2019年昆山人力资源市场现场招聘系统和实时监测系统，针对参与现场招聘的企业和求职者进行每日动态系统收集，以确保数据收集的科学性、真实性、实时性。

一 总体情况

2019年昆山人力资源市场组织并服务各企事业用人单位21120家次，同比减少22.03%，为用人单位发布各类岗位需求464126人次，同比减少27.62%，全年吸引各地求职者246634人次，同比减少18.46%，全年求人倍率1.88，较上年降低0.24。从数据上看，供需双方同比均有明显减少，供求矛盾同比趋缓，市场求职压力仍然维持在低水平（见表1）。

表1 昆山招聘会总体数据对比

年份	招聘单位数(家次)	岗位需求人数(人次)	求职人数(人次)
2018年	27087	641227	302465
2019年	21120	464126	246634
变动幅度(%)	-22.03	-27.62	-18.46

二 招聘单位分析

（一）单位数分析

现场招聘热情呈整体下降趋势。2019年，随着招聘方式的不断多样化，企业逐渐提高在网络招聘、掌上招聘的关注力度，除2月外，其他月份现场招聘单位数均出现不同程度的下滑，全年同比降幅达22.03%。受春节假期企业停工影响，1 月降幅更是达到 50.62%，企业需求成为全年最低值。

2 月企业参会热情度激增。在春节效应的影响下，2 月现场招聘单位数明显增长，同比增长 95.95%，成为全年唯一同比变动幅度为正值的月份（见图 1）。

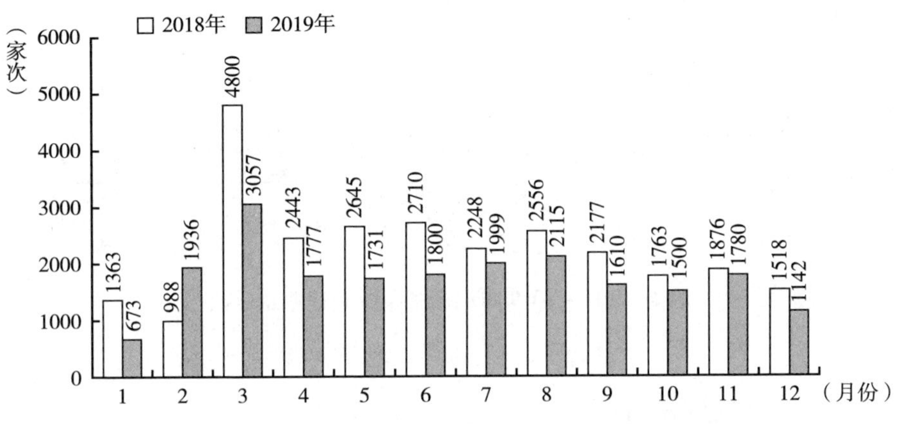

图 1　2018 ~ 2019 年昆山人力资源市场招聘单位参会数

（二）参会行业分析

能源环保降幅明显，生产制造基础稳固。能源环保企业在 2018 年政府高质量发展要求的提出及相关政策性引导下招聘需求大增，2019 年行业需求逐步趋于平稳，全年现场招聘单位 557 家次，同比减少 44.13%。生产制造型企业全年现场招聘单位 9957 家次，同比下降仅 7.5%，远低于 22.03% 的整体下降幅度，表现出制造业作为昆山市支柱产业的坚韧基础。

服务业企业参会大幅减少，用工形式悄然转变。2019 年，传统服务业全年现场招聘单位 402 家次，同比减少 63.42%，文化艺术、传媒娱乐等服务行业也出现较为明显的降幅，同比降幅分别超过 50%（见图 2）。据了解，当前服务型企业招聘更倾向于受年轻人群欢迎的网上、掌上招聘方式，借助移动互联网技术的快速迭代，灵活用工模式发展也趋向成熟，而此类用工模式又帮助企业降低了用工成本。

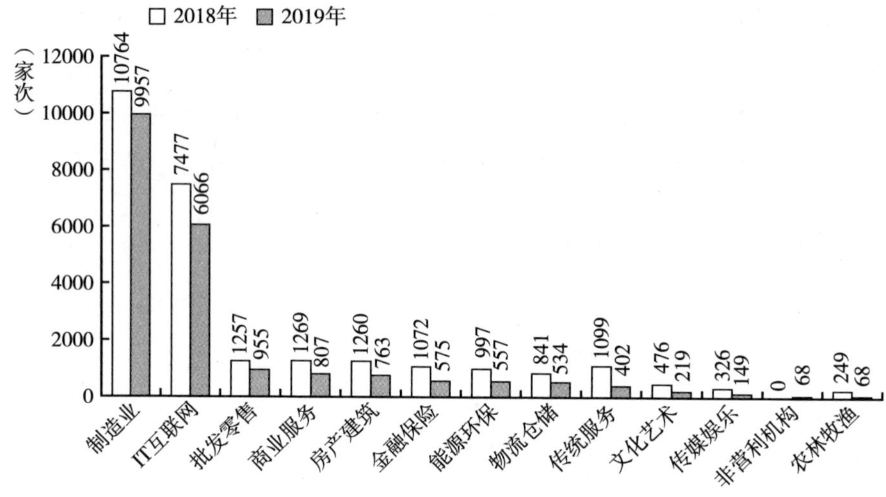

图 2　2018～2019 年昆山主要参会行业企业数

（三）单位规模分析

小微企业降幅明显，大中型企业降幅较平缓。从企业人员规模来看，10 人以下的小微企业降幅尤其明显，同比降幅为 41.15%；以制造业为主的 500～1000 人和 1000 人以上企业参与招聘次数则较其他规模企业相对平缓，同比降幅分别为 20.78%、11.64%，均低于整体下降幅度，而 200～500 人、50～200 人、10～50 人的企业规模降幅均大于企业整体下降幅度，分别为 24.26%、25.26%、30.95%（见图 3）。

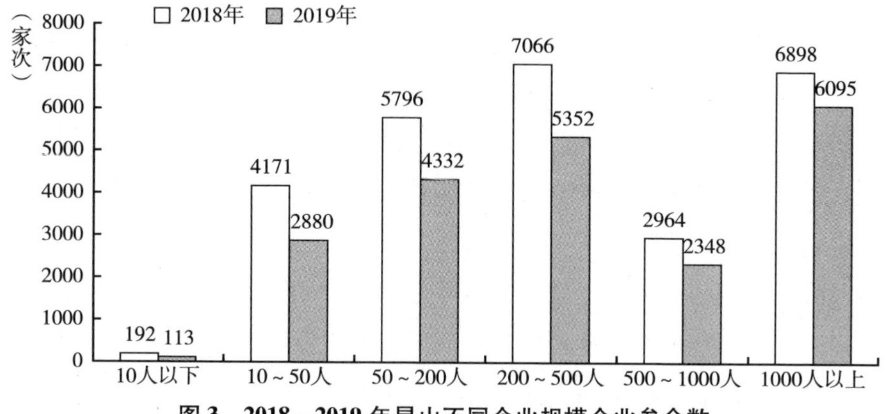

图 3　2018～2019 年昆山不同企业规模企业参会数

（四）企业性质分析

欧美企业降幅较高，合资企业稳中有升。从企业性质来看，参与现场招聘的欧美企业共 949 家次，同比减少 36.31%；而合资企业则趋于稳定并略微增长 3.29%。民营和非欧美外资企业虽同比下降，但仍以 9065 家次和 8413 家次的参会数排名前两位，合计占总企业参会数的 80% 以上（见图 4）。

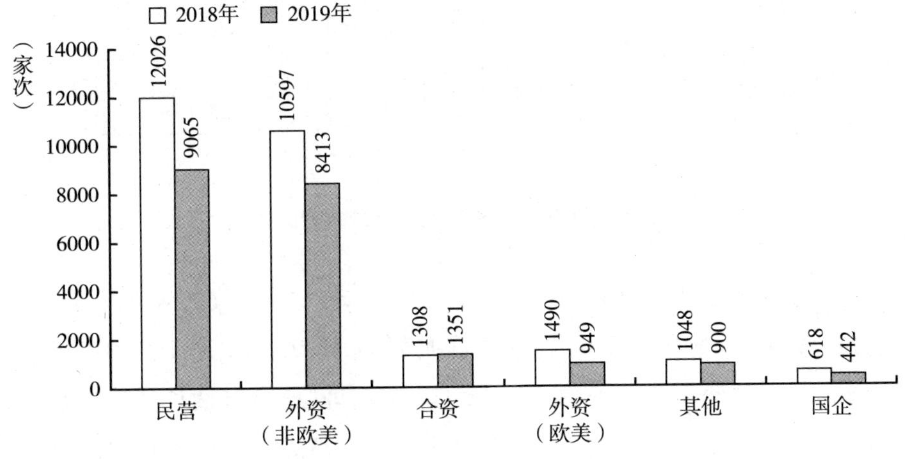

图 4　2018 ~ 2019 年昆山不同企业性质参会企业数

三　岗位需求分析

（一）岗位需求数分析

需求下降幅度逐步收窄。2019 年第一、二季度企业岗位需求人数呈现降幅明显且逐渐加速下滑态势，分别较上年同期减少 27.52% 和 37.05%。下半年，随着世界经济环境有所改观，企业招聘需求差距有所收窄，第三季度降幅较第二季度收窄近 10 个百分点，第四季度同比降幅进一步缩小到 13.02%（见图 5）。

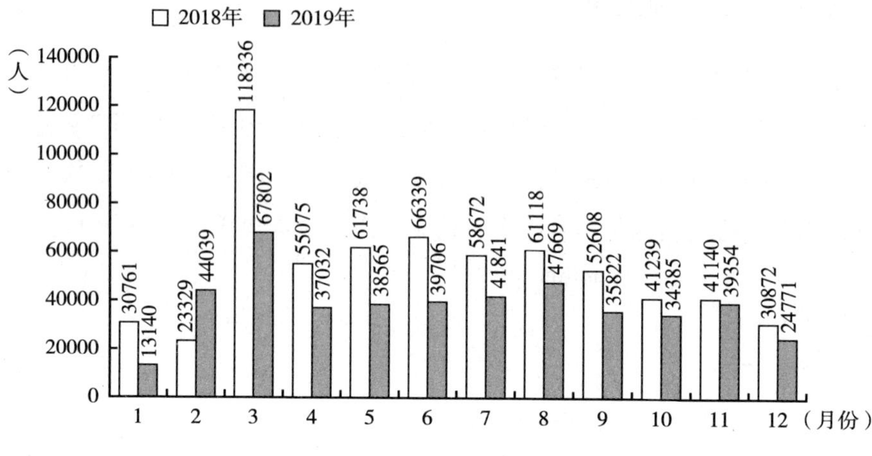

图5　2018～2019年昆山岗位需求人数

现场招聘吸引力逐渐消散。从单位企业需求人数（岗位需求人数/招聘单位数）来看，2019年单位企业需求人数为21.98人，相比2018年减少7.17%。从月度需求情况来看，除11月、12月同比略有增长外，其余各月均出现不同程度减少，其中7月以19.8%的降幅成为全年下降幅度最大的月份（见图6）。

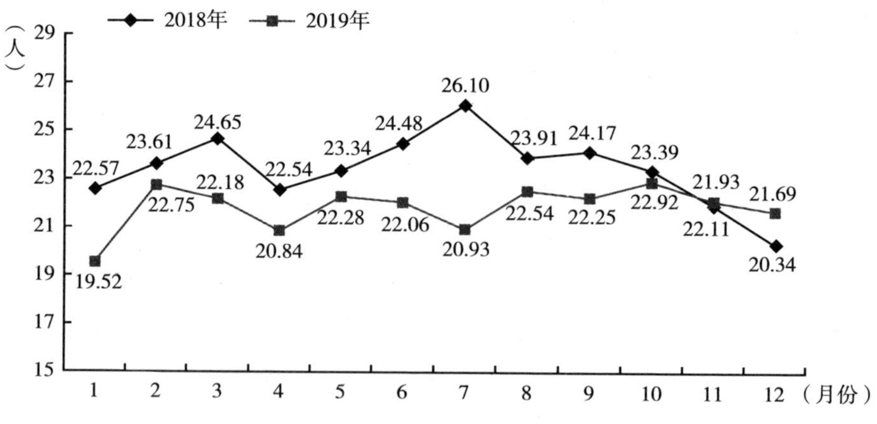

图6　2018～2019年昆山单位企业需求人数

（二）需求前十岗位类别分析

岗位需求下滑明显。从岗位类别需求人数来看，排名前十岗位类别需求人数相比上年减少 39.96%，其中普工、技工需求量排名前两位，分别有 53694 和 53464 人，同比减少 31.7% 和 45.62%；机械机电类岗位以 32587 人的需求排名第三，但相比上年出现需求量“腰斩”，降幅达 50.76%；电子电器类岗位需求不足 2.3 万人，同比减少 34.08%。前十大岗位中，仅有生产运营类岗位同比降幅在 30% 以内，为 29.81%，其余岗位降幅均超过 30%，岗位需求下降速度明显（见图 7）。

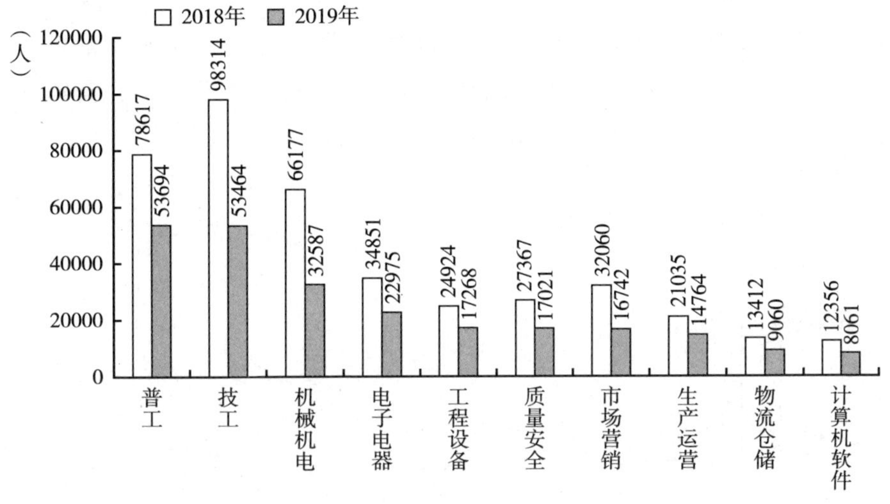

图 7　2018～2019 年昆山前十岗位需求人数

结构占比有所降低。从排名前十岗位类别的需求结构占比来看，2019 年占总需求人数的 52.92%，较上年减少 19.05 个百分点，可见 2019 年其余岗位所占比重有所上升，反映出企业岗位集中度有所降低，更多新岗位逐渐出现。

（三）具体职位分析

操作工、技工需求下降明显。从细分岗位来看，电子类、机械类等一线操作人员需求排名靠前，均超过万人需求，但同比下降幅度均超过 30%，车工、磨工、铣工、冲压工、锣工等技术工种下降幅度更是超过 50%。

质量管理岗位受企业关注度较高。对年需求 5000 人以上的职位分析可以看出，在全年整体需求降低的情况下，质量管理岗位需求下降幅度为 14.37%，是唯一降幅低于 20% 的职位，可见企业关注度较高。

（四）岗位专业分析

从需求前十的专业来看，机械模具类、电子信息类、计算机类分别以 69079 人、32715 人、14583 人排名前三，分别占需求总量的 15.63%、7.40%、3.3%，同比减少 34.81%、19.88%、26.59%。电气类专业以近 1.1 万人的需求跃居第四位，工商管理类排第五位，需求下降幅度达到 48.17%。物流管理与工程类需求总量 6667 人，排第六位，同比降幅仅为 2.4%，为所有专业需求中降幅最小的专业（见图 8）。

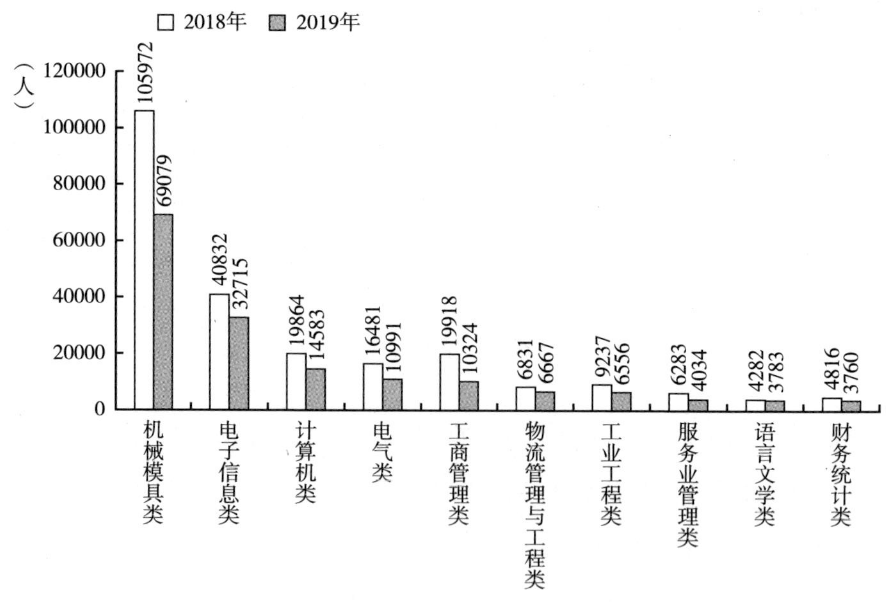

图 8　2018～2019 年昆山前十岗位专业需求人数

四　求职人员分析

（一）求职人数分析

2020 年第一季度求职人数快速增长，节后人气回落逐步加快。受传统春节效应影响，1 月现场求职人数为 2783 人，同比减少 70.20%，2 月、3 月两月回昆求职人数迅速回升，2 月求职人数达 22464 人，是全年唯一同比增长的月份，增长幅度为 63.85%，3 月以 50946 人达到全年求职人数峰值，但同比降幅达 31.99%。春节之后现场求职人数出现明显回落，第二季度月均求职人数维持在 2.59 万人左右，同比下降 18.7%；进入下半年以来，求职人数逐月走低，12 月求职人数不足 6000 人，同比下降 61.69%（见图 9）。

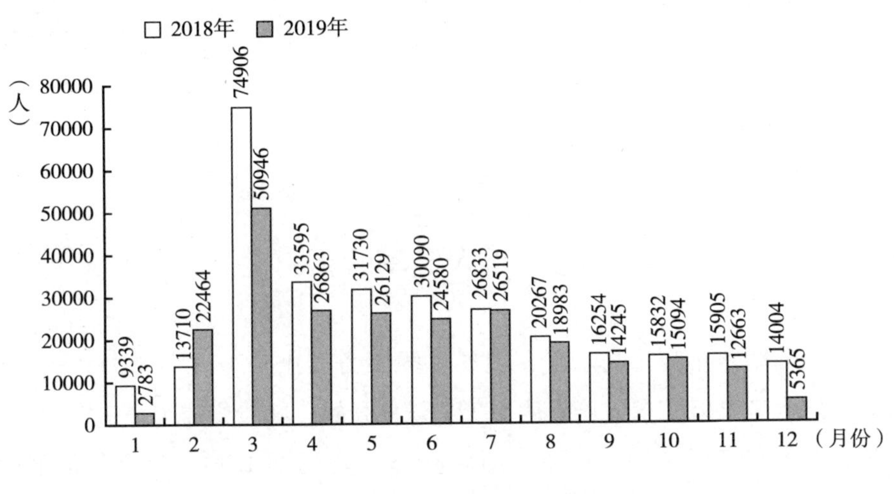

图 9　2018～2019 年昆山现场求职人数

（二）籍贯构成分析

根据求职人员籍贯分布数据，排名前十籍贯的求职人员占比达到 85%

以上，苏豫皖求职者排名前三，总数超过 13.78 万人次，其中江苏省（71516 人，29.00%）、河南省（41089 人，16.66%）、安徽省（25196 人，10.22%）。其余排名依次为陕西省（18604 人，7.54%）、甘肃省（16791 人，6.81%）、湖北省（15738 人，6.38%）、山东省（11963 人，4.85%）、四川省（6663 人，2.70%）、山西省（6226 人，2.52%）、湖南省（4542 人，1.84%）（见图 10）。

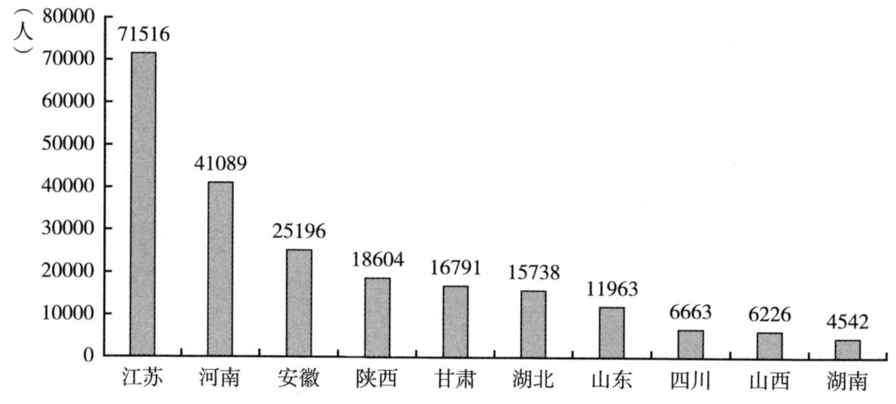

图 10　2019 年昆山现场求职人员籍贯

五　求人倍率分析

求人倍率常年维持高水平，现场求职压力较小。2019 年 1 月，由于供需双方均大幅走低，求人倍率达 4.72，2 月开始，随着供需市场一定程度的回暖，求人倍率出现明显回落，招聘旺季 3 月达到 1.33，为全年最低值。从 3 月开始直到 7 月，随着求职人数与需求人数的相对平衡，求人倍率也稳定在 1.40 左右，到 8 月开始，求人倍率逐渐升高，到 12 月更是达到 4.62，仅次于 1 月水平。从求人倍率数值来看，全年均高于供需平衡线水平，说明现场求职压力相对较小（见图 11）。

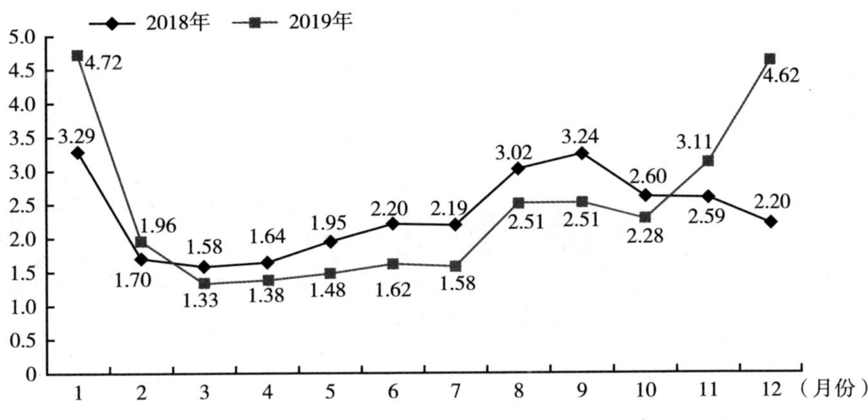

图 11　2018～2019 年昆山求人倍率

薪酬状况

Salary Status

B.13
高科技、金融、医疗健康行业薪酬状况分析

付晓薇*

摘　要： 了解关键行业的人才缺口、获取来源、任职资格以及薪酬等状况，可以更好地帮助企业吸引和保留关键人才，为制定人才战略提供参考。本文结合资深行业顾问对行业的了解，挑选了三大重点行业的人才趋势及薪酬状况进行了深入解读。

关键词： 人才缺口　热门岗位　薪酬趋势

本文主要介绍高科技、金融、医疗健康等行业整体及人才发展趋势以及重要职位薪酬数据。行业上，选取了医疗健康、高科技和金融三个重点行业，数

* 付晓薇，科锐国际高级调研经理，主要研究方向为社会学、发展学、人才市场发展与人才吸引流动。

据来源于对近 4000 家企业（55% 外资，35% 本土，国企、政府、非营利组织 10%）及科锐国际信息库中 400000 余名中高级管理及专业候选人薪资数据。

当前，我国高科技产业规模快速发展，已深度融入全球分工体系。2019 年我国高技术产业呈现活力较强、增长较快、支撑作用提升的发展态势，高科技产业的发展离不开人才的支撑，高科技行业的人才竞争也日趋激烈。我们将分析高科技各个热门领域 AIoT、数字化转型、云计算、芯片和大数据的人才需求趋势。

大数据时代下，我国金融行业呈现良好的发展势头，近年来我国互联网金融行业发展速度急速加快，同时随着金融机构规模的不断扩大，各金融机构的业务界限将日趋模糊。金融业从投资、融资、风控合规和金融科技这 4 个方面分析了当下金融业的人才需求及趋势。

在技术、市场和投资的作用下，我国医疗健康行业进入了高速成长期，健康管理、专科医疗、健康养生、生物医药等领域快速发展。在医疗健康行业部分，我们从医药、医疗器械、医疗大数据三个领域展开人才分析。

本文涉及薪酬数据为基本年薪，指年度整体的现金收入 = 年度底薪 + 年度固定部分奖金，以人民币 1000 元为单位。

25 分位值表示有 25% 的数据小于此数值，反映科锐国际信息库的较低端水平；50 分位值（中位值）表示有 50% 的数据小于此数值，反映科锐国际信息库的中等水平；75 分位值表示有 75% 的数据小于此数值，反映科锐国际信息库的较高端水平。一线城市为北京、上海、广州、深圳；二线城市为省会及热点城市，例如天津、苏州、杭州、重庆、成都。

一　高科技行业

（一）AIoT 领域市场及人才趋势

AIoT 拥有广阔的市场，且在不同赛道形成垂直分布的态势。在智能安防、智能家居、智慧社区、智能驾驶等领域形成了千亿级细分市场。从人才需求看，技术领域的人才最为旺盛，其中包括 AI、数据、云计算平台以及芯片等核心技术方向。无论是 AI + 的技术找场景还是 + AI 的场景找技术，已经是 AI 的基础算法、算力突破的同等重要使命，而 AI + 产业 + 场景 + 数据，是未来 AI 作为效率工具与各行各业深度结合的方式。

岗位上，以平台架构为主的人才以及拥有 AI 落地能力的人才将会呈现巨大的需求空间，芯片类的人才也广受各大公司青睐。AIoT 拥有广阔的空间，暂时不存在职位饱和情况。但是由于 AIoT 具备较强的新一代技术以及底层技术与实体经济深度融合的特性，偏向于理论研究以及纯算法相关的职位需求较少。

行业的公司分布不同于早期互联网等热门行业，没有呈现北京、上海、深圳等一线城市高度集中的态势，而是在国家政策以及地方政府拉动经济的政策影响下，在全国范围内分布均匀，在长三角、珠三角以及内陆城市均有分布（见表 1）。

表 1　高科技行业——AIoT 薪酬

单位：年，千元

职位名称	工作年限	一线城市		
		25 分位值	中位值	75 分位值
AIoT 架构师	10 +	600	2000	10000
边缘计算专家	5 ~ 8	800	1500	3000
数据架构师	5 ~ 8	1000	1500	2000
5G 专家	5 ~ 8	500	1000	3000
异构计算专家	5 ~ 8	1000	2000	4500
AIoT 智能硬件专家	5 ~ 8	600	1000	2000
智慧交通科学家	5 ~ 8	1000	1500	2000
智能运维专家	5 ~ 8	600	1200	2000

资料来源：《科锐国际人才市场洞察及薪酬指南》。

（二）数字化转型领域市场及人才趋势

无论是从全球范围还是从国内市场来看，数字化转型已经势不可当。数字化人才主要分布在互联网、信息通信等 ICT 基础产业，传统行业包括医疗、制造、金融、消费品等也具备良好的人才基础。从人才分布来看，计算机科学、软件工程、电气和电子工程等技术类学科，工商管理专业也逐渐成为数字人才的一大来源。北京、上海、深圳、广州和杭州是推动中国经济数字化转型的“引领型”城市，在数字人才方面具有很大优势，其中北京和杭州在大数据分析领域人才优势显著，上海和广州在先进制造和数字化运营领域更具优势，深圳人才结构比较均衡，各职能领域齐头并进（见表 2）。

表 2　高科技行业——数字化转型薪酬

单位：年，千元

职位名称	工作年限	一线城市		
		25 分位值	中位值	75 分位值
首席信息官	10 +	1200	2400	3600 +
首席技术官	10 +	1200	2400	3600 +
首席数字官	10 +	1200	2400	3600 +
首席 AI 官	10 +	1200	2400	3600 +
首席产品官	10 +	900	2000	3000 +
首席运营官	10 +	900	2000	2800 +
战略总监	10 +	800	1400	2000
技术总监	8 +	800	1400	2000
产品总监	6 +	700	1200	1800
市场总监	8 +	500	800	1200
运营总监	8 +	600	1200	1800
供应链总监	10 +	900	1500	1800
算法总监	8 +	1200	2000	3000 +
算法工程师	3 +	600	800	1600
数据总监	8 +	1000	1200	2000
数据挖掘	3 +	500	700	900
数据分析	3 +	200	400	800
软件工程师	3 +	200	400	800
交互设计师	3 +	200	400	800
产品经理	3 +	200	400	800
运维工程师	3 +	100	300	600

资料来源：《科锐国际人才市场洞察及薪酬指南》。

（三）云计算领域市场及人才趋势

云计算未来市场空间巨大。随着云计算的发展，云计算的范畴也越来越广，人工智能开始成为重要组成部分。人才需求方面，需求旺盛的岗位方向则包括如云运维（devOps）、云平台、云产品、云销售、云售前、云市场。目前云技术还在不停地迭代和变化中，没有出现特别饱和的现象。

随着云计算市场的持续扩张，尤其是各巨头云计算业务高速增长，云计算提供商需要建设更多数据中心以满足业务需求；容器技术应用需进一步普及；企业级 SaaS 服务走向个性化定制化，带来相应的人才需求。随着信息技术的发展，企业管理软件正朝着智能化方向发展，而企业的软件和网络高级设计人才尚未跟上云计算技术的发展速度。云计算让互联网应用和企业应用的界限变得越来越模糊。对于 IT 企业而言，未来懂得最新云计算技术的运营人才需求激增。在云管理方面，未来企业的管理理念、方法、工具都要适应云计算时代的特征，因此导致企业对既了解云计算技术，又懂云计算管理的复合型人才需求加大。当企业广泛应用网络和管理软件成为其最基本的管理要求的时候，无论是 IT 企业还是传统企业，对于能够应用云计算技术的人才都会产生爆发式增长的需求（见表 3）。

表 3　高科技行业——云计算领域薪酬

单位：年，千元

职位名称	工作年限	一线城市		
		25 分位值	中位值	75 分位值
研发总监	15 +	1500	2500	4000
研发专家	10 +	1000	2000	3000
研发工程师	5 +	400	800	1200
产品总监	10 +	1200	2000	3500
产品经理	5 +	300	800	1200
运营总监	10 +	1200	2000	3000
运营经理	5 +	300	600	1000
行业云计算总监	15 +	1500	2000	3000

续表

职位名称	工作年限	一线城市		
		25 分位值	中位值	75 分位值
解决方案架构师	5 +	300	600	1000
销售总监	10 +	1200	2000	3000
大客户销售经理	5 +	300	700	1200

资料来源：《科锐国际人才市场洞察及薪酬指南》。

（四）芯片领域市场及人才趋势

在国家政策支持、技术和需求驱动的助推下，半导体行业迎来了发展和革新。半导体行业从候选人、公司、投资人都会跳出固定的半导体圈层在整个生态体系下关注机会，技术落地、行业应用以及软硬一体化、定制化业务将被广泛关注。从人才需求来看，芯片设计、计算架构、第三代半导体材料人才需求旺盛。IC Design 和 verification 人才作为芯片领域核心技术人才，在不同类型企业的芯片领域都有较大的需求，主要的人才缺口为 5 ~7 年的核心技术骨干。由于该阶段人才产生了明显的断层，该部分人才有较大的议价空间。在计算架构领域，拥有 AI 或者 CPU/GPU/DSP 背景的人才在市场上需求旺盛。以 SoC 为例，同时拥有 SoC 和 CPU/GPU/DSP 相关经验的候选人的薪酬明显高于 SoC 背景人选，薪酬多分布在行业 75 分位以上（见表 4）。FPGA 曾经是传统硬件技能，但是拥有 AI 相关经验的人选薪酬远高于传统 FPGA 从业人员。AI 芯片公司、互联网科技公司跨界招聘、ADAS、IoT、AI 加速器等热门行业需求也不断在催生此类人才热度。不同于芯片设计门类，此类职位需求方主要为顶级国内高科技公司、互联网巨头和新兴创业公司，职位以领军人物以及高端管理为主。第三代半导体公司主要以 CaN 以及碳基类型半导体材料公司为主，主要应用于 5G 功率芯片、汽车电子电力芯片、国防科技领域，此领域未来将诞生更多优秀的公司，人才需求方向主要为前端工艺以及材料器件领域人才。

表4　高科技行业——芯片领域薪酬

单位：年，千元

职位名称	工作年限	一线城市		
		25 分位值	中位值	75 分位值
IC 设计工程师	7~10	650	800	1000
IC 验证工程师	7~10	650	800	1000
FPGA 专家	5~10	500	1000	1500
SoC 系统架构师	8+	800	1000	1200
CPU/GPU 领军人物	10+	2000	3000	5000
异构计算领军人物	10+	2000	3000	5000

资料来源：《科锐国际人才市场洞察及薪酬指南》。

具体岗位方向上，对于 IC 设计和验证核心技术骨干人才的需求将异常旺盛且持续，FPGA、GPU、CPU 架构以及软硬件一体化算法以及架构人才会成为各大公司重点吸引的高精尖核心人才，人才较为稀缺，呈现供不应求的状态。第三代半导体人才将成为后起之秀获得更多青睐。传统的封装测试、工业研发或将逐步呈现饱和现象。

（五）大数据领域市场及人才趋势

在市场大环境受影响的情况下，企业开始提升内部效率，避免内部平台的重复建设，能快速去响应业务变化。对于大公司来说，企业数据基础建设很强，公司内部数据量大且足够复杂，它们研发的数据平台、产品及工具等在解决了公司内部的事情后，开始寻求对外输出，打造一些通用的数据产品服务中小企业，去做商业变现。从人才需求来看，近年来，国内对于数据科学家的需求在逐渐上升。在传统行业，企业需要利用数字化去做创新，用人工智能和大数据开拓新业务，提升效率，更好地与业务结合，因此 CDO 或者数字化转型负责人的角色比较紧缺。从岗位角度来看，行业内数据科学、数据工程职位需求旺盛，而传统的 BI 和数据分析开始出现饱和（见表5）。

表5　高科技行业——大数据领域薪酬

单位：年，千元

职位名称	工作年限	一线城市		
		25 分位值	中位值	75 分位值
数据平台工程师	5 +	700	1000	1500
数据开发工程师	5 +	500	800	1200
数据仓库工程师	5 +	500	800	1200
数据科学家	3 +	1200	2400	3600
数据产品专家	5 +	300	500	800
数据挖掘工程师	3 +	500	800	1200
数据分析师	3 +	300	500	800

资料来源：《科锐国际人才市场洞察及薪酬指南》。

（六）整体高科技行业薪酬趋势

AIoT 人才缺口较大，尤其是 AIoT 复合型人才。由于目前人才市场缺乏系统的 AIoT 复合型培养，AIoT 架构等角色通常由云计算或者物联网平台人才来担任，随之带来了这两个领域人才薪酬的较大增幅。其他的和人工智能、数据、硬件等其技术元素相关职位薪酬呈现正常增幅。

数字化转型作为热门领域，人员薪酬涨幅比较明显，对于运营、战略或者技术管理者，跳槽涨幅可达 30% 以上或者更高。

云计算整体薪酬自然涨幅在 15% ~25%，跳槽涨幅在 20% ~30%，研发趋势为 25% ~35%，产品、研发、售前薪酬趋势在 15% ~30%。

芯片人才缺口较大，核心设计和验证领域以及计算领域人才由于国内大型科技公司、互联网企业、传统转型公司都在积极布局，人才供不应求，并且有较强烈的海外高端人才回流趋势。具有独立研发核心技术 IP 的初创公司，包括海外领军和国家重点支持的高新技术企业，对于高层次技术人才等领军人物，求贤若渴。这块人选薪酬呈现较大增幅，表现在公司内部薪酬调整高于普调，比例在 20% ~25%；跳槽增幅超过 30%。

大数据行业整体薪酬呈上升趋势，其中数据科学家薪酬上涨最快，数据仓库和数据分析职位的薪酬维持平稳。

二　金融行业

（一）投资领域市场及人才趋势

信托领域，财富条线职位需求加大，资产条线需求增速减慢。一些国有企业，根据自身的财富人员搭建方案和业务方案，人员需求以搭建财富中心的信托公司和新开区域的财富中心人员为主。

渠道销售领域，未来信托公司倾向招聘来自私行、信托同业或渠道资源的，具有较强的高净值客户营销拓展能力的候选人。

投资银行领域，为了提高差异化竞争力，很多中小券商重新调整组织结构，发展精品投行。在市场艰难情况下，各家券商对有项目资源的个人和团队求贤若渴，承揽人员稀缺，承做人员饱和。

公募基金领域，商业银行设立理财子公司，有助于强化资管业务的交易主体地位，完善业务组织架构，实现风险管控和风险隔离，拓宽银行理财业务的边界。人才需求的热点板块有投研板块、固收投资、权益投资、金融科技人才，主要以公募基金、银行、券商主流金融机构为主。

PE、VC 领域，人工智能、医疗健康、高端装备制造、大数据和企业服务成为投资机构未来一年最为关注的投资行业。拥有产业背景和金融投资、资本运作经验的复合型人才为当前人才需求热门趋势（见表6）。

表6　金融行业——投资领域薪酬

单位：年，千元

职位名称	工作年限	一线城市			二线城市		
		25 分位值	中位值	75 分位值	25 分位值	中位值	75 分位值
团队长	6 +	1000	1300	2500	600	800	1000
保荐代表人	4 ~ 8	600	800	1500	500	600	800
投行项目负责人	3 ~ 5	300	600	1000	250	400	600
债券团队负责人	6 ~ 10	600	1200	2000	400	800	1000
投行质控(债)	3 ~ 5	300	500	600	200	350	420

资料来源：《科锐国际人才市场洞察及薪酬指南》。

（二）融资领域市场及人才趋势

未来金融会再度回归正轨，稳步提升。随着未来再融资政策的松绑，未来券商在承销业务、承销金额上或许还有较大增量空间。房地产融资越收越紧。在银行贷款、公司债、资管、私募等融资渠道一个个收紧之后，房企最后一个主要的融资渠道——信托，也进入收缩乃至部分停止的状态。在融资难的环境下，银行人才流向地产等实业公司从事融资业务的趋势有所增加（见表7）。

表7　金融行业——融资领域薪酬

单位：年，千元

职位名称	工作年限	一线城市			二线城市		
		25分位值	中位值	75分位值	25分位值	中位值	75分位值
控股集团金融总裁	15+	1800	3000	6000	1500	2000	3000
金融中心总经理	10+	1000	1500	2000	800	1200	1500
融资总监	8+	600	1000	1500	500	800	1200
融资经理	5+	300	500	700	200	400	600
总经理	15+	2000	4500	6000	1500	3500	5000
区域总监	13+	1700	3000	5000	1400	2500	4000
城市总经理	10+	1300	2500	3500	1000	2000	3500
团队总监	7+	1000	1500	3000	800	1300	2700
高级经理	5+	450	700	900	350	600	800

资料来源：《科锐国际人才市场洞察及薪酬指南》。

（三）风控合规领域市场及人才趋势

证券公司合规管理办法正式实施以后，很多证券公司已经招过一轮风控合规人员，基本满足配备。但是随着业务的延伸拓展，监管要求不断提高，刚刚达标的合规人员数量还远远不够，资深合规和内控人员成为券商招聘中的“香饽饽”。当前保险行业的风险管控仍处于相对粗放的阶段，保险行业风险管控存在欺诈频发；依赖人工，成本高、效率低；信息割裂，风控效果不佳等问题。随着移动互联网、信息数据技术的发展，个人信息的能见度越来越高、颗粒度越来越细，保险公司通过合规手段获得和分析个人健康、行为、信用等数据将更加容易，利用地图、车辆、运动等跨行业的数据进行风险管控也成为可能（见表8）。

表8　金融行业——风控合规领域薪酬

单位：年，千元

职位名称	工作年限	一线城市			二线城市		
		25 分位值	中位值	75 分位值	25 分位值	中位值	75 分位值
首席风险官	14	1000	1800	3000	850	1100	2200
风险管理部总经理	8 +	600	800	1500	400	500	800
风险总监	10	600	950	1200	441	630	750
风险策略	5	200	300	500	300	400	500
风险模型	5	500	650	700	300	450	550
金融大数据挖掘	5	500	650	700	300	450	550
金融大数据分析	5	500	650	700	300	450	550
算法工程师	7	500	700	800	400	500	600
反欺诈	3	250	300	400	130	270	350
风险系统布控	3	300	500	550	250	300	350
授信审批主管	5 ~ 8	400	500	600	250	300	500
授信审批岗	3	200	250	300	150	200	250
资产监控与处置总经理	8 +	600	800	1200	400	500	800
资产监控与处置主管	5 ~ 8	400	500	600	250	300	500
资产监控与处置岗	3	200	250	300	150	200	250

资料来源：《科锐国际人才市场洞察及薪酬指南》。

（四）金融科技领域市场及人才趋势

国家大力推进互联网、大数据、人工智能和实体经济的深度融合，发展数字经济、共享经济，培育新增长点，形成新动能。科技不仅改变了客户行为，高级分析能力的发展也孕育了全新风险管理技术。具备风险建模、精通数据挖掘以及数据分析类风险人才将成为热门。随着金融市场的动荡频发，银行、投行、券商、保险等金融机构正在建立有效的风险管理机制，需要大量的高级风险管理人才。同时，大型企业内部也需要在自身的资金管理、业务及商务拓展、企业运营等领域里寻求风险管理人才，保障企业的运作（见表9）。

表9　金融行业——金融科技领域薪酬

单位：年，千元

职位名称	工作年限	一线城市			二线城市		
		25 分位值	中位值	75 分位值	25 分位值	中位值	75 分位值
产品总监	10 +	1000	1500	2000	600	800	1200
产品经理	5	400	550	700	200	300	400
技术总监	10 +	1200	1500	1700	600	800	1000
AI 科学家	10 +	1500	1700	2000	700	800	1000
用户增长	10 +	600	800	1000	400	500	600

资料来源：《科锐国际人才市场洞察及薪酬指南》。

（五）整体金融行业薪酬趋势

投资银行领域整体薪酬与往年无明显变化，在投行股权、债权业务方面固定薪酬没有明显整体涨幅，奖金占整体薪酬比例较往年有明显下降。

公募基金领域行业内人员跳槽薪酬涨幅约在20%，若留在现公司每年自然涨幅在5%～15%。行业固定薪酬无明显变化；奖金受市场影响，有一定降幅。

PE、VC 领域，人才从外资、民营机构流向国资背景基金行业，薪酬略有下降；外资、民营机构之间流动，薪酬涨幅约在20%。

融资领域，固薪较往年没有明显变化，浮动收入绑定到账金额进行结算，跳槽涨幅通常在20%～30%；其中银行人才流向地产等实业公司从事融资业务，薪酬涨幅较大，可达30%～50%，甚至更高。

金融科技领域人才整体薪酬呈现缓慢上升趋势。薪酬结构上，来自科技企业的候选人相比金融行业，其浮动收入占总薪酬的比重要低得多。虽然许

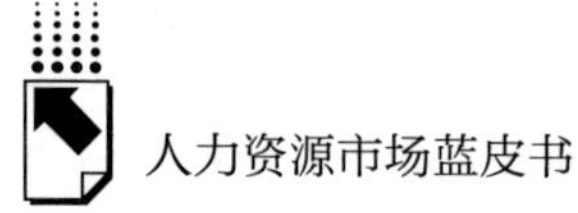

多金融公司由于政策的限制，很难直接使用长期激励工具，尤其是股权类工具。但越来越多的金融机构愿意为金融科技部门采取独立的薪酬制度，通常在薪酬范围、薪酬结构和薪酬水平上进行相对独立的设计，以提高对技术人才的吸引力。

三　医疗健康领域人才及薪酬趋势

经济发展、老龄化、科技创新仍在推动医药行业整体快速增长，但增长方式有所改变。既往靠增加产品、增加销售队伍的模式已经遇到瓶颈。在集中采购的情况下仿制药的利润明显下降，使企业纷纷把重点转向创新。在国家鼓励创新的政策影响以及资本市场驱动下，更多中小型创新型企业大力发展，也吸引了更多市场上的人才与资源。中国的本土药企更是意识到创新是第一生产力，从原先的“仿药”到如今的“自主创新”，战略转变下也纷纷开始组建自己的研发团队。

（一）临床研发

CDE 改革推进药品审评审批速度不断加快；创新药物大发展时代来临，资本倾向于新药投资，国内有庞大的内需影响；加之中国人口众多，病例丰富，使临床人才的需求活跃。上市前医学、PM 和 CRA、生物统计师、药物安全等人才需求依然十分庞大，尤其在肿瘤和免疫领域，呈现“供不应求”的现象，有经验的职业经理人依然是各家药厂、CRO 争抢的对象。临床人才的流向和需求主要有以下几种：成熟型跨国药企自带光环效应，内部人员较为稳定；成长型创新药企，管理层一般来自外企工作多年的职业经理人，这类企业出于对人选文化适应、SOP 规范度等方面的考虑，倾向于挖掘有外资背景的人选；传统内资药厂，多从原料药的生产或代理品牌等渠道积累资本，布局自身研发业务从而产生临床需求，这一类企业也致力于引进外企的资深候选人，提升自身临床业务的规范性，同时也会大量引进内资背景比较丰富的中层管理者，人员需求更加灵活。

（二）医药采集

中国医药行业进入新时期，行业格局将会发生根本性变化。新格局下已中标企业一方面迅速降低生产成本，加大创新药开发及引进力度；另一方面加快了兼并与并购的步伐，未中标企业不仅通过深入下沉市场布局、紧盯CHC及OTC市场、处方药零售化对产品结构进行调整，同时结合“互联网+”模式，寻找多渠道营销模式提升竞争力。在国家强政策背景下，价格竞争倒逼国内药企加速提高自身核心竞争力，企业也从营销驱动转为研发驱动。

（三）辅助用药

辅助用药占医保较大金额份额的年代将要过去。国内人才泡沫显现，市场上人才出现中美倒挂，薪酬和资历难以匹配。较多药企开始在海外寻找人才，或者去美国建立研发中心。

（四）薪酬趋势

2019~2020年行业整体薪酬保持10%左右的稳定增长。相同类型的企业之间的职位变动，薪酬保持在30%的涨幅甚至更多，创业公司为了增强对海归人才归国的吸引力，纷纷在薪酬以外提供更多股权和期权激励（见表10）。

表10　医疗健康行业——医药领域薪酬

单位：年，千元

职位名称	工作年限	一线城市			二线城市		
		25分位值	中位值	75分位值	25分位值	中位值	75分位值
高层管理							
总经理	15+	3000	3300	4000	2400	2500	2700
副总经理	10+	1600	1700	2000	1200	1300	1500
事业部总经理	15+	1500	1900	2500	1000	1400	1800
医学事务及研发							
研发总监	15+	1000	1500	2200	800	1000	1500
研发经理	7+	350	400	600	250	300	360

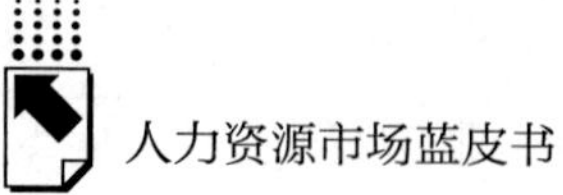

续表

职位名称	工作年限	一线城市			二线城市		
		25 分位值	中位值	75 分位值	25 分位值	中位值	75 分位值
医学事务及研发							
化学工艺合成总监	10 +	670	900	1300	500	680	1000
医学总监	15 +	900	1400	2000	600	1000	1500
医学经理	7 +	400	500	700	300	400	550
医学联络官	3 +	280	350	450	250	320	420
注册总监	15 +	800	1200	1800	600	900	1200
注册经理	7 +	400	500	600	300	380	430
统计总监	8 +	1100	1300	1600	900	1100	1400
统计编程总监	10 +	800	1100	1300	650	950	1100
临床数据管理总监	10 +	800	1100	1300	650	950	1100
临床总监	10 +	800	1000	1300	750	900	1100
项目经理	6 +	430	500	600	400	480	550
人员管理经理	6 +	400	480	600	400	450	550
质量稽查/控制总监	12 +	600	800	1000	400	500	600
质量稽查/控制经理	7 +	350	450	550	200	300	400
生产/运营							
工厂经理/厂长	15 +	900	1200	1550	620	910	1300
生产总监	10 +	650	855	1300	400	710	1050
生产经理	8 +	360	410	515	290	350	410
精益生产经理	8 +	470	660	760	340	380	530
项目经理	7 +	350	510	755	280	440	510
质量总监	10 +	600	800	1200	450	600	900
质量经理	7 +	450	500	600	280	400	500
质检经理	5 +	600	800	1200	480	600	950
验证经理	5 +	350	400	500	250	300	350
质量体系与合规经理	8 +	450	500	600	330	400	460
工程经理	8 +	570	680	770	380	460	570
维修经理	8 +	460	520	670	350	390	460
环境安全健康经理	8 +	460	525	580	410	460	490
市场及业务拓展/营销							
市场总监	15 +	900	1200	1600	500	800	1200
市场经理	8 +	700	800	900	400	500	700
高级产品经理	8 +	460	550	600	280	300	500
产品经理	5 +	330	400	500	200	280	400

续表

职位名称	工作年限	一线城市			二线城市		
		25 分位值	中位值	75 分位值	25 分位值	中位值	75 分位值
市场及业务拓展/营销							
数字化营销经理	5 +	380	500	600	—	—	—
业务拓展总监	10 +	900	1300	1500	700	800	1100
业务拓展经理	5 +	350	400	480	180	260	320
销售							
销售总监	12 +	970	1350	1700	750	1000	1500
大区经理	7 +	550	700	800	470	600	740
商务经理	6 +	400	480	650	400	430	470
地区经理	5 +	400	550	600	300	450	500
销售效率优化总监	15 +	700	900	1250	670	900	1110
销售效率优化经理	7 +	310	390	590	290	370	550
销售培训总监	15 +	740	910	1240	730	790	1110
销售培训经理	7 +	240	400	500	230	400	490
大客户总监	10 +	700	1000	1200	580	870	940
大客户经理	7 +	340	450	550	300	400	480
区域市场经理	6 +	330	410	520	300	380	460
通路行销经理	6 +	570	640	680	500	600	640
OTC 销售总监	10 +	1150	1650	2200	880	1050	1650
OTC 销售经理	7 +	600	700	860	550	680	770
招商经理	6 +	380	500	640	340	460	590
市场准入总监	15 +	1000	1300	1500	750	850	950
市场准入经理	7 +	430	600	800	400	500	600
合规总监	15 +	880	1200	1550	550	650	720
合规经理	5 +	400	550	750	290	350	420

资料来源：《科锐国际人才市场洞察及薪酬指南》。

B.14
中国智能制造产业人才流动及薪酬分析

杨 娟　丁录雷*

摘 要： 一览机电英才网和一览人才大数据中心针对智能制造产业进行多年跟踪调研，全面调研了中国一线、二线、三线城市智能制造产业2019年人才构成及薪酬概况，结合行业特点及发展趋势，对产业人才构成及薪酬情况进行了数据统计及特征分析。本报告实际反映了2019年中国智能制造产业人才综合薪酬现状、福利现状、员工流动现状、岗位等级薪酬情况、职位薪酬市场水平，并为企业人力资源管理者在绩效结构、薪酬福利等方面提供专业指导建议。

关键词： 智能制造　薪酬水平　人员结构

一　调研数据说明

（一）数据来源

本报告使用的数据主要来自对相关行业的调查。为保证此次行业人才及薪酬报告能够充分反映行业的薪资情况，我们通过电话调研、网络问卷、信

* 杨娟，一览智能制造行业总监，十余年制造业人力资源市场从业经验，熟悉智能制造行业人力资源开发与管理；丁录雷，一览人才大数据中心总经理，西安交通大学MBA，熟悉信息技术在人力资源领域的应用。

息平台手机系统等多种方式共得到数据样本25622份，其中有效问卷22618份，经过分析整理，最终有效样本数量为19746份，报告中关于数据分析相关的内容仅对样本数据负责，仅供参考。

（二）统计区域划分

在“中国制造2025”不断推进的这几年里，中国智能制造产业形成了五大聚集区（环渤海地区、长三角地区、珠三角地区、中部地区和西南地区）。本次调研主要选取这几大区域的重点企业（见表1）。

表1　地区划分情况

区域名称	包含的省份或城市
环渤海地区	北京、天津、河北、山东、内蒙古
长三角地区	上海、江苏、浙江
珠三角地区	广东、福建、广西
中部地区	河南、湖南、湖北、江西、安徽、山西
西南地区	四川、重庆、贵州、云南

二　薪酬指标概念与定义

一览英才网智能制造薪酬调研报告结合智能制造产业的职位特点，对行业通用的薪酬结构进行解析。我们主要通过两个薪酬口径对市场的薪酬特点进行描述和分析，这两个薪酬口径分别是：年固定现金总额、年度总薪酬。

两项薪酬口径的计算关系如下所述：

年固定现金总额＝岗位基本月薪×年度月薪数量（12或13个月）＋年度补贴总额

年度总薪酬＝年度现金收入总额＋年度福利总额＋短期浮动支付＋福利价格＋长期激励

通过上面的计算关系，我们可以发现，在计算年固定现金总额和年度总薪酬的过程中，既包括企业允诺与员工的固定薪酬部分，也涵盖与员工自身业绩表现挂钩的变动薪酬部分。

我们通常情况下认为年固定现金总额、年度总薪酬在企业薪酬管理策略中能够作为员工保留、激励的重要指标。但由于年度福利总额中包含了一些非现金性质的薪酬，且全国范围内对保险福利的界定标准存在较大差异，所以，我们建议企业以年度总薪酬作为薪酬政策参考的标准。

三　统计学概念与定义

一览英才网智能制造产业薪酬调研报告结合智能制造产业的职位特点，针对收集到的数据以及数据分析的需要对统计学概念以及定义进行说明。

平均值：对调研收集到的有效数据进行算术平均处理，得到平均值，平均值仅反映对调研数据的统计学结果。

分位值：P*n* 为 *n* 分位值。表示被调查群体中有 *n*% 的数据小于此数值。*n* 的大小反应市场的不同水平，通常使用 P10、P25、P50、P75、P90 来表示市场的不同水平。

四　智能制造产业人才流动情况

（一）产业人才分布及流动概况

目前国内智能制造企业分布前十的省份依次是：广东省、北京市、上海市、江苏省、浙江省、四川省、湖北省、福建省、山东省和安徽省，主要集中在一线城市。智能制造产业从业人数前十的城市依次是东莞、上海、深圳、苏州、重庆、佛山、宁波、广州、天津和无锡，也多集中在传统制造业比较发达的地区（见图 1）。

在制造业纷纷智能化转型升级的大背景下，智能制造产业人才的流动变

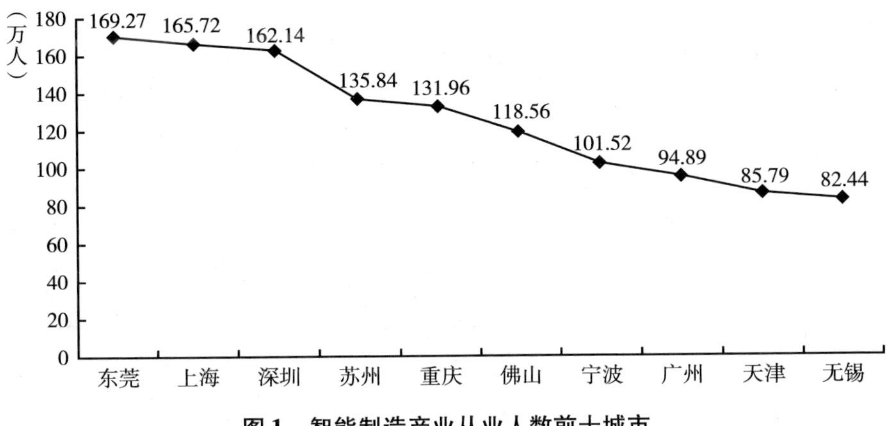

图1　智能制造产业从业人数前十城市

得频繁起来。在一览制造业相关行业网站中，有15.32%的注册会员有过工作变动。相较其他细分行业，变动趋势较为明显，仅次于互联网行业。

长三角地区是我们国家重要的先进制造业基地和智能城市建设先行区，智能制造的产业发展及人才增速均走在全国前列。该地区的智能制造人才流动也最为频繁，整体占比44.92%，几乎占据“半壁江山”。与第二梯队——珠三角地区（18.63%）和中部地区（13.55%）拉开了明显的差距（见图2）。

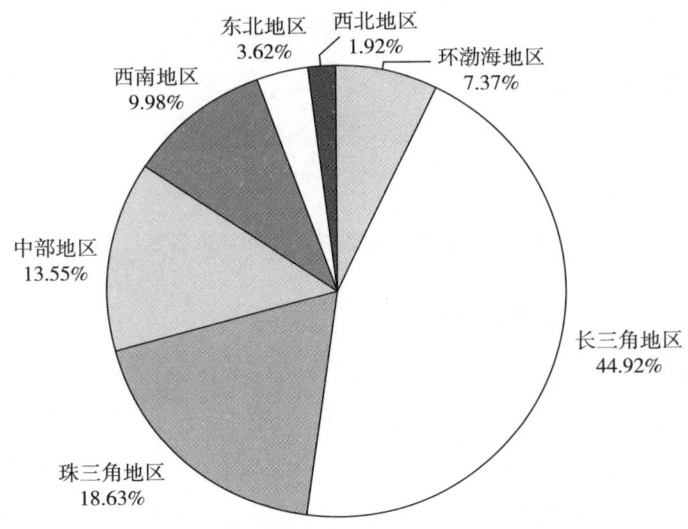

图2　智能制造产业区域人才需求情况

（二）产业人才流动的特征分析

1. 流动人才的学历分布

智能制造产业对人才的学历要求比传统制造业要高出很多，流动人才主要集中在本科（45%）和大专（36.24%）学历的人才。尤其是在上海地区，本科以上学历的流动人才已经达到整体流动人才的61.52%，一改对制造业传统“三低”（低学历、低收入和低年龄）的印象。随着行业的不断深入和发展，高端人才的缺口还进一步扩大，招聘市场的竞争也将愈加激烈，尤其是本科以上的高学历优秀人才，将成为企业炙手可热的争夺目标（见图3和图4）。

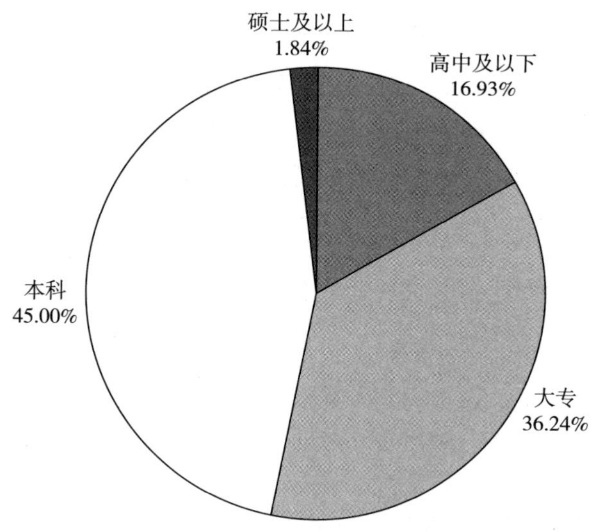

图3　智能制造产业对人才的学历要求

2. 流动人才的工作经验分布

在智能制造产业中，企业会更青睐有一定工作经验（2~4年）的人才，人才需求占比高达64.70%。刚毕业缺乏跳槽的资本，工作时间长了会追求稳定，相比之下，2~4年是人才跳槽频率最高的一个阶段。很多人才期望通过跳槽来实现升职加薪的目的，合理的薪酬福利，将对企业留住人才起到非常大的促进作用（见图5）。

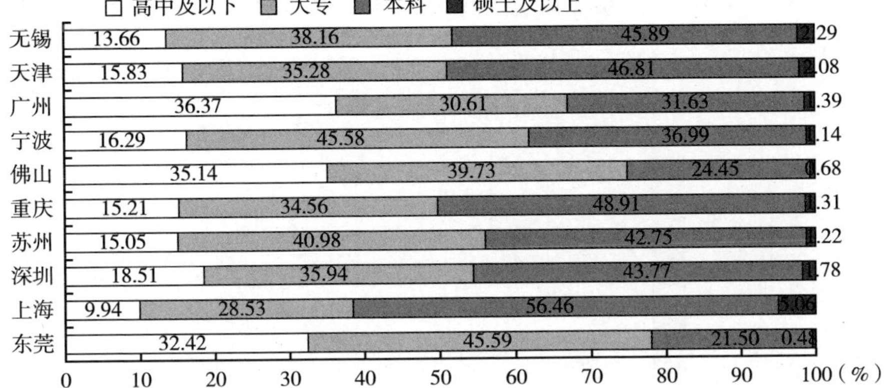

图4　智能制造产业重点城市对人才学历需求情况

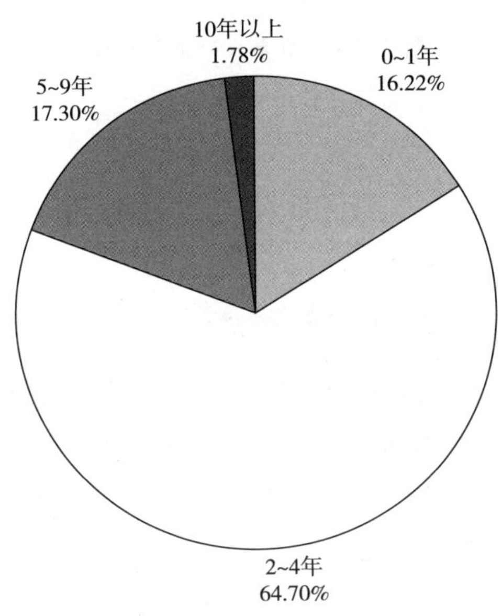

图5　智能制造产业对人才的工作经验要求

（三）各大城市的人才流动分析

从智能制造最热门的十个重点城市（东莞、上海、深圳、苏州、重庆、佛山、宁波、广州、天津和无锡）的人才来看，人才流动最为频繁的城市依次是深圳、上海、广州、苏州、东莞、宁波、无锡、重庆、佛山和天津（见图6）。

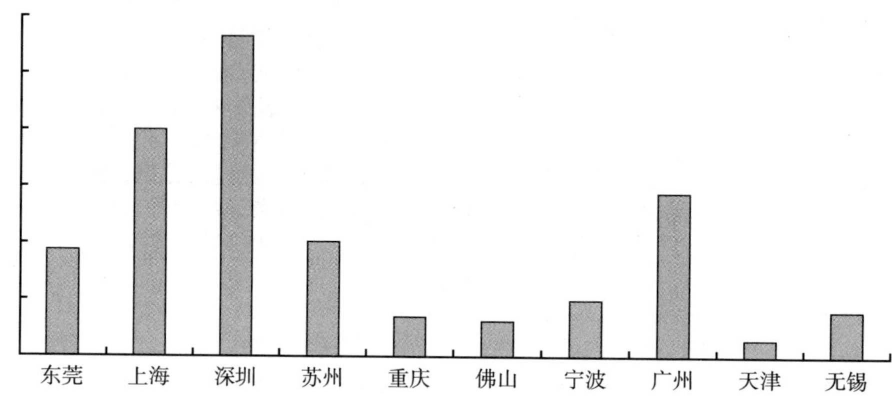

图6　智能制造产业重点城市人才流动情况

五　热门职位与薪酬状况

（一）不同城市的平均薪酬水平

在经济结构调整、产业转型的当下，越来越多传统制造企业加入智能制造的行列。基础性岗位的减少，带来智能制造产业平均薪酬的“水涨船高”。在智能制造十大重点城市中，长三角地区的几大城市（上海、苏州、宁波和无锡）平均薪酬普遍比较高，珠三角地区仅深圳的平均薪酬较为突出（见图7）。

（二）十大热招职位及薪酬详情

目前智能制造产业需求最旺盛的十大热门职位依次是机械工程师、软件工程师、销售工程师、工艺工程师、电气工程师、品质总监/经理、硬件工程师、生产总监/经理、大数据工程师和IT总监（见图8）。

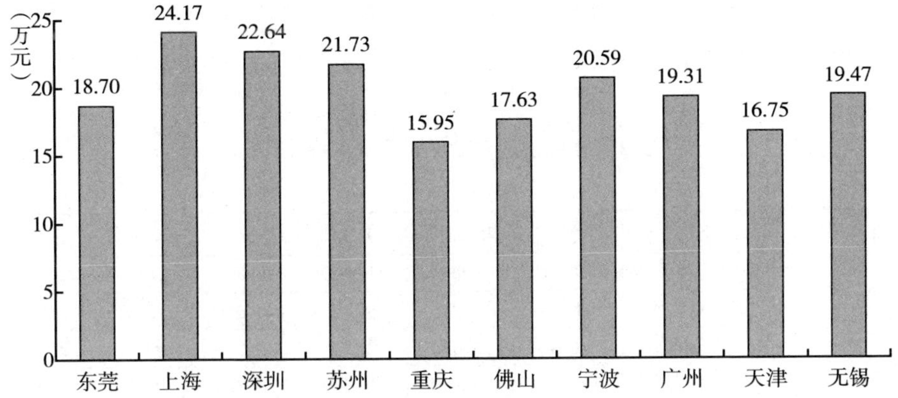

图 7　智能制造产业重点城市人才平均年薪

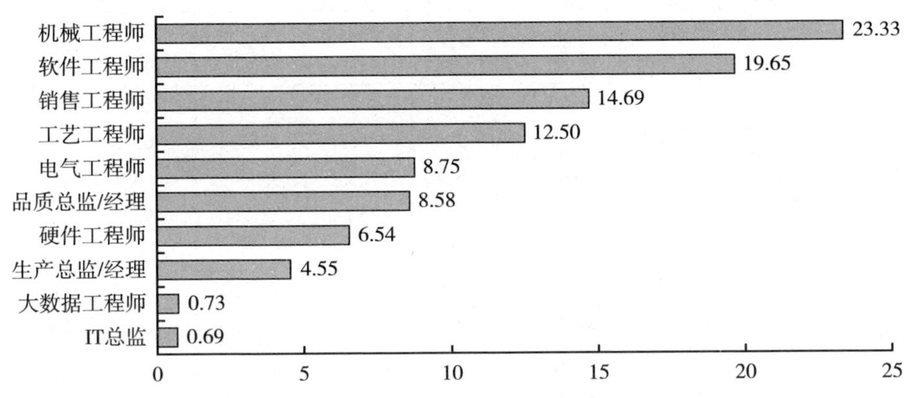

图 8　智能制造产业十大热门职位

这些职位与互联网研发、产品技术、质量、性能、设计等密切相关，相较传统制造业具备更高的科技含量，职位薪酬也有了较大幅度的提升。以机械工程师为例，在传统制造业，通常年薪在 10 万～12 万元区间内，但在智能制造产业，平均薪酬已达到 20 万元之多（见表 2）。

不过即便如此，智能制造产业的人才吸引和保留依然面临严峻的挑战。高素质人才对制造业的固有印象一时间很难因为冠以“智能化”之名就有大幅的改变，制造业人才很容易因为薪资、环境、他人眼光、成长速度等方面就流失到其他领域。为了留住优秀的人才，企业还需进一步在员工福利、工作环境、能力建设等方面加大投入，增强员工的获得感与幸福感，这将更容易提升员工的归属感和忠诚度。

表 2　智能制造产业热门职位薪酬数据

单位：元

热门职位	类别	10 分位	25 分位	50 分位	75 分位	90 分位	平均数
机械工程师	固定现金总额	78440	110056	160040	198800	248509	161890
	年度总薪酬	94800	138000	200050	248580	310625	202362
软件工程师	固定现金总额	126640	159340	236675	295840	369800	236678
	年度总薪酬	158300	198960	295840	369800	462250	295800
销售工程师	固定现金总额	72000	86400	123680	124416	259000	128000
	年度总薪酬	90200	108000	159600	165520	310500	165000
工艺工程师	固定现金总额	61200	73580	87680	98750	112579	135800
	年度总薪酬	73400	88390	105216	118500	135090	162900
电气工程师	固定现金总额	78590	110058	168900	198900	229132	168908
	年度总薪酬	94308	132058	202680	238680	286418	205900
品质总监/经理	固定现金总额	157904	190520	228628	275536	330578	229658
	年度总薪酬	189485	228624	274356	330645	396695	275589
硬件工程师	固定现金总额	121800	148900	175000	231200	289000	188000
	年度总薪酬	139160	168000	218900	277400	346800	228760
生产总监/经理	固定现金总额	157312	196640	245800	307250	384000	246850
	年度总薪酬	188774	235960	294960	368640	480000	296230
大数据工程师	固定现金总额	158000	185600	232000	289005	360048	248440
	年度总薪酬	189600	243050	285000	359000	480000	320000
IT 总监	固定现金总额	236400	308000	381850	518590	648902	378496
	年度总薪酬	307800	378500	458220	612871	804899	459000

B.15
北京地区高校毕业生薪酬现状调查与分析

北京市毕业生就业服务中心

摘　要： 本报告基于问卷调查、典型案例和数据比对，跟踪研究了北京地区不同学校、学历、专业高校毕业生在不同就业单位、行业、所有制和岗位类型的起点薪酬水平、结构、增长和薪酬满意度等情况，针对毕业生求职途径、求职过程中面临的困难、就业指导情况进行了统计分析，报告提出加强北京地区高校毕业生薪酬信息服务的建议，为北京地区用人单位招聘、毕业生求职、高校就业指导等工作提供决策支撑。

关键词： 北京地区　高校毕业生　薪酬调查　薪酬分析

近年来，北京地区高校毕业生就业形势总体向好。根据北京市教育委员会发布的《2019 年北京地区高校毕业生就业质量年度报告》，截至 2019 年 10 月，北京地区 93 所普通高校毕业生人数为 230988 人，毕业生人数再创新高，高校毕业生就业率为 96.01%。其中，已就业 164455 人，占 71.20%；继续学习深造 57313 人，占 24.81%，61.76% 的毕业生选择留京。

薪酬是就业的“风向标”，毕业生薪酬是高校毕业生就业、用人单位招聘、高校招生以及考生报考志愿选择的重要依据。近年来，北京市高度重视高校毕业生的就业问题，深入落实促进高校毕业生就业创业的决策部署，积极搭建高校毕业生就业创业平台，完善高校毕业生自主创业政策，为高校毕业生就业营造了良好的条件。调查、分析和发布高校毕业生薪酬数据是毕业

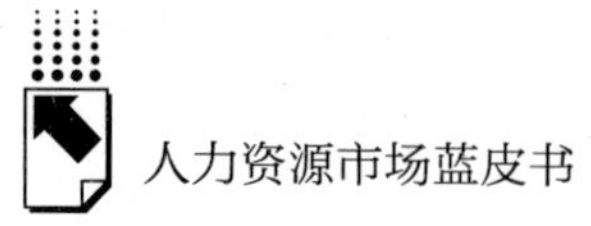

生公共就业服务的重要举措，对引导促进高校毕业生就业和有序流动具有重要作用，在全国也具有十分重要的导向和示范作用。

一 北京地区高校毕业生薪酬水平与结构分析

2017～2019 年，高校毕业生薪酬水平逐年提高，但增幅趋于平缓。从近三年高校毕业生起点薪酬变化情况来看，呈现逐步上升的趋势，2017 届、2018 届和 2019 届高校毕业生平均起薪分别为 7534 元/月、8480 元/月和 8601 元/月，2018 年较 2017 年增长 12.6%，2019 年较 2018 年增长 1.4%，如图 1 所示。

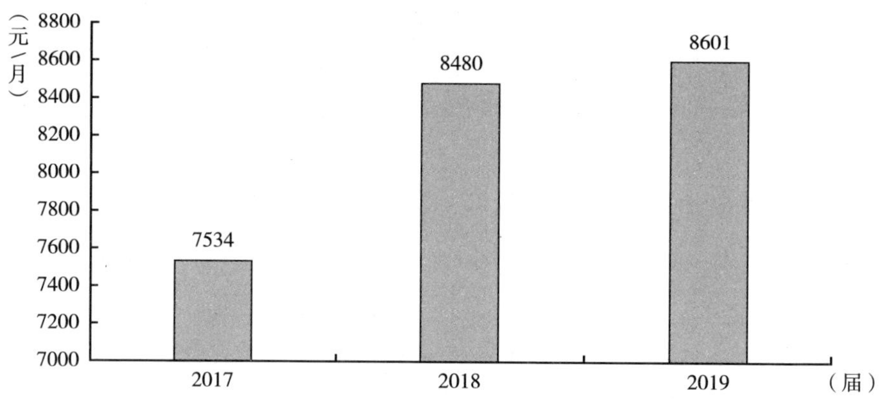

图 1　2017～2019 届北京地区高校毕业生薪酬平均水平

2017～2019 届高校毕业生的试用期工资不断增加。从近三年高校毕业生试用期工资变化情况来看，2017 届、2018 届和 2019 届高校毕业生在试用期的工资分别为 5295 元/月、6694 元/月和 6865 元/月，如图 2 所示。

（一）高校毕业生薪酬福利结构情况

在高校毕业生的薪酬结构中，拥有基本工资的占 99.1%，拥有绩效工资的占 76.4%，这意味着大部分高校毕业生的薪酬主要由基本工资和绩效

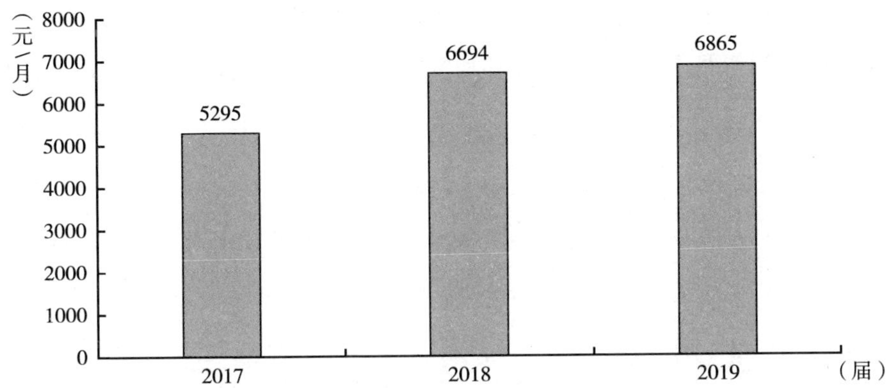

图 2　2017～2019 届北京地区高校毕业生试用期工资的平均水平

工资组成。此外，津补贴、年终奖、加班费等也是薪酬的重要组成部分。在调查样本中，有 56.7%、52.9% 和 38% 的高校毕业生分别拥有津补贴、年终奖和加班费，具体情况如图 3 所示。

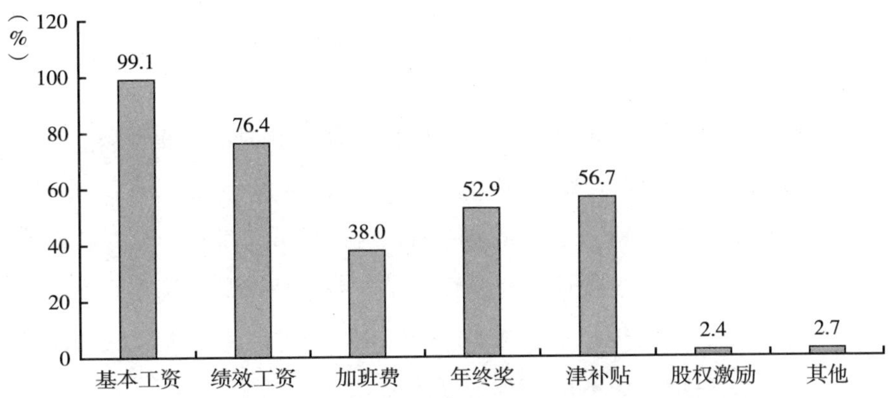

图 3　调查样本起点薪酬的主要构成

福利待遇方面，带薪休假、培训、食堂或下午茶是相对比较普遍的三种福利形式。调查发现，75% 的高校毕业生有带薪休假，63.1% 的高校毕业生接受过培训，58.4% 的高校毕业生所在单位有食堂或下午茶（见图 4）。另外，货币补贴占比也较高，有五成的调查对象表示享受过该项福利。此外，提供住房或宿舍、企业年金、文体社团建设、商业保险、集体旅游、弹性工作时间等福利形式，也是用人单位吸引高校毕业生群体的长期激励形式。

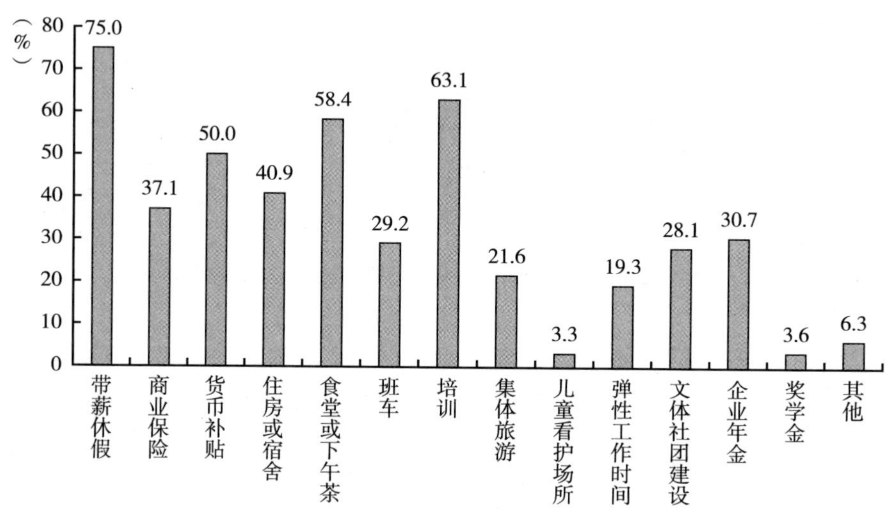

图4　毕业生主要福利类型统计情况

津补贴方面，用人单位常用的三种津补贴方式分别是交通补贴、通信补贴和高温津贴。调查样本数据显示，50.5%的高校毕业生有交通补贴，44.8%享受通信补贴，43%享受高温津贴，这三种形式是目前相对比较常见的津补贴方式。此外，午餐补助、住宿补贴、差旅费津贴、岗位津贴、地区津贴、采暖补贴以及其他形式津贴均不足40%，其中，占比最低的是地区津贴和其他形式津贴，均不足10%（见图5）。

生日蛋糕卡、节日礼品和工作服装是用人单位比较常见的三种实物福利。调查样本数据显示，55.5%的高校毕业生表示单位有生日蛋糕卡，51.7%的高校毕业生表示单位有节日礼品，48.4%的高校毕业生表示单位有工作服装的实物福利，这三种形式占比较高。另外，35.9%的高校毕业生表示单位有年会奖品，29.2%有电影票的实物福利。而停车位/卡及加油券、司龄纪念品、下午茶等相对较低，均不足15%（见图6）。

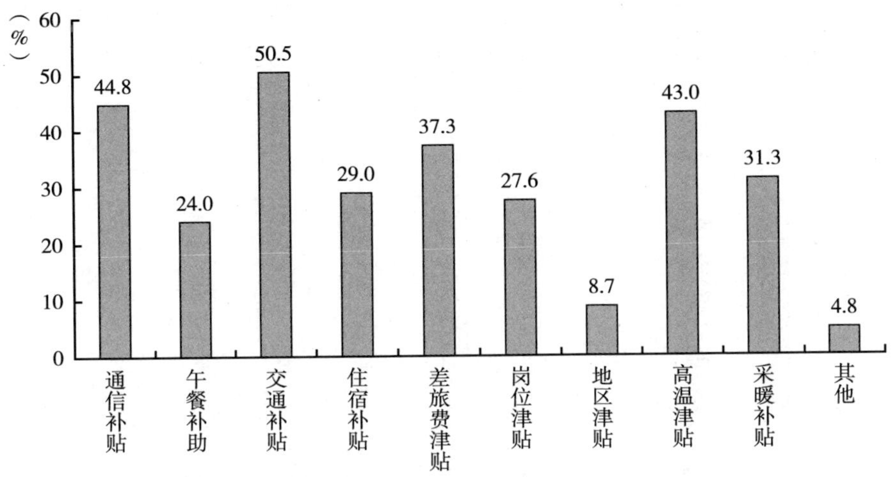

图5　用人单位津补贴主要类型统计

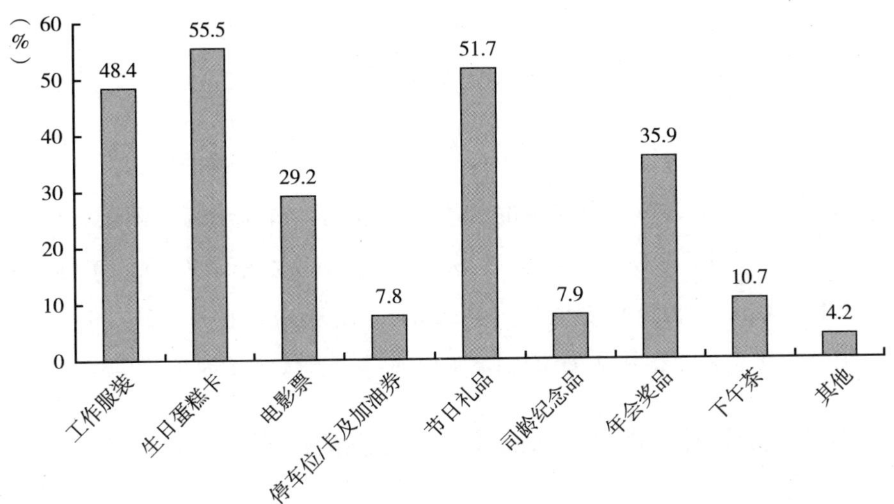

图6　用人单位的实物福利

入职培训已经成为单位培训的最主要方式。调查样本数据显示，94.6%的高校毕业生表示单位有入职培训，占比数量最高，其次为职业技能培训（68.1%）、企业文化培训（47.8%）、团队建设培训（37.1%）和素质拓展培训（37%），外语培训、计算机培训、出国技术培训、在职学历教育和其他培训占比均不足10%。具体如图7所示。

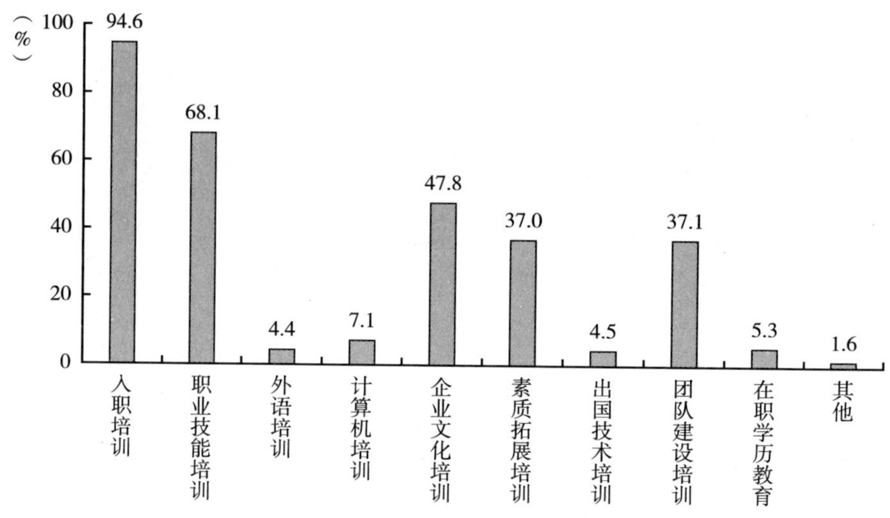

图7　用人单位的单位培训方式

体检是用人单位最常见的健康保障福利。调查样本数据显示，91.6%的高校毕业生表示用人单位有体检的健康保障福利，占比最高。其后，依次为补充医疗保险（46.8%）、健身房（35.4%）、运动会（34.7%）、体育社团/协会（19.1%）、心理/保健医生（14.6%）、健康信息服务（12.7%）以及挂号预约（4.8%）和其他健康保障福利项目，具体如图8所示。

（二）分学校、分学历的高校毕业生薪酬水平

“双一流”大学、国外大学以及来自普通高校的毕业生起点薪酬相对较高。在调查样本中，来自“双一流”大学的高校毕业生起薪为11531元/月，之后依次为国外大学（8953元/月）、普通高校（7500元/月）、其他类型教育机构（7075元/月）、独立学院（5346元/月），收入最低的为高职高专院校（4371元/月）。可以看出，不同类型的学校毕业生起点薪酬存在显著性差异。具体如图9所示。

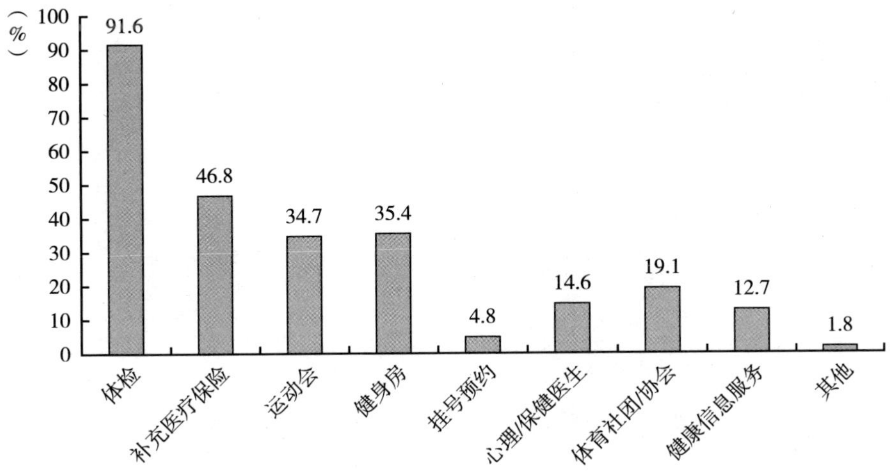

图 8　用人单位的健康保障福利

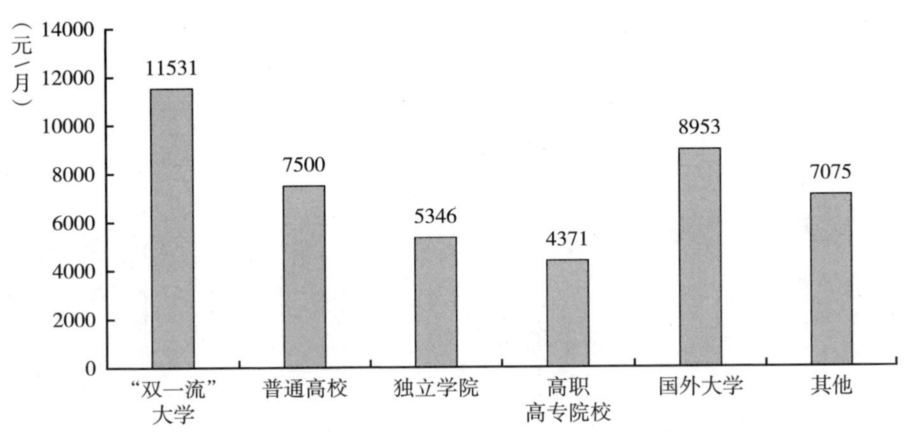

图 9　不同类型的高校毕业生的平均起薪

北京高校的毕业生起点薪酬高于京外高校。在调查样本中，北京高校的毕业生起薪均值为 8602 元/月，比京外高校毕业生的起薪均值高出 927 元/月。具体如图 10 所示。

薪酬水平与受教育程度呈正相关。在调查样本中，博士研究生的起薪为 16142 元/月，收入水平最高，硕士研究生、本科生、专科生的起薪水平依

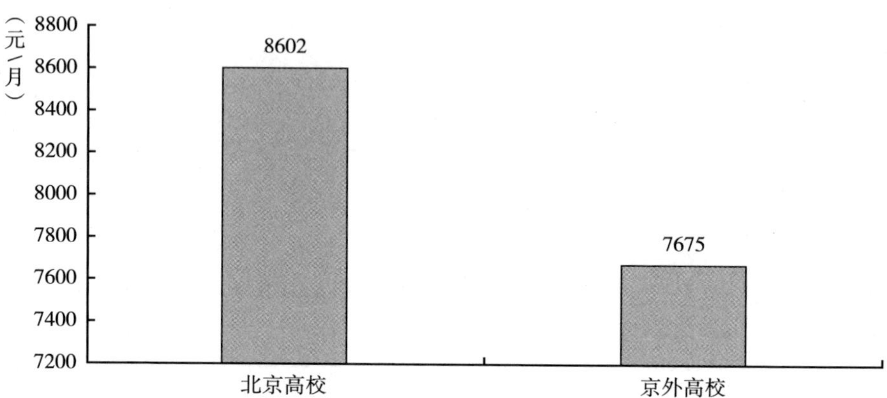

图 10　北京高校与京外高校毕业生的平均起薪

次降低，分别为 10079 元/月、6338 元/月、4442 元/月。博士研究生的起薪水平是专科生的近 4 倍，如图 11 所示。教育水平是影响毕业生起点薪酬水平的重要因素之一。

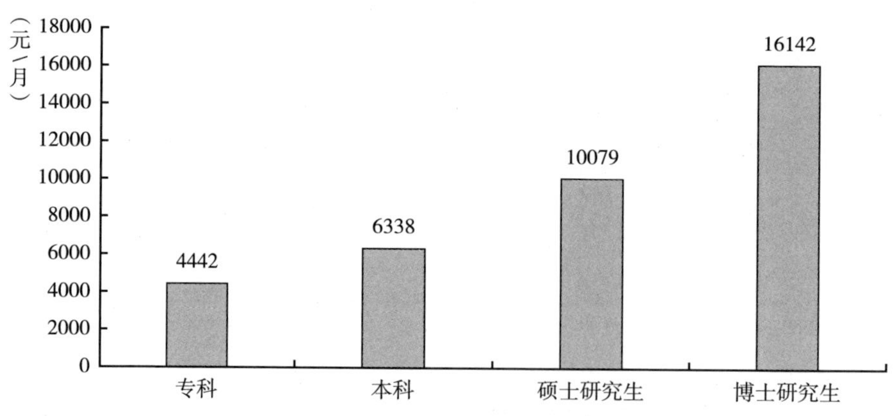

图 11　不同教育水平高校毕业的平均起薪

（三）分学科、分行业的高校毕业生薪酬水平

图 12 显示，主修经济学、工学、法学以及理学的高校毕业生薪酬较高，均超过 8000 元。在调查样本中，经济学、工学、法学和理学的起薪水平分别为 9466 元/月、8960 元/月、8454 元/月和 8395 元/月，大部分主修专业

的高校毕业生平均薪酬水平在6000~7000元/月，农学毕业生起薪最低，为5566元/月。

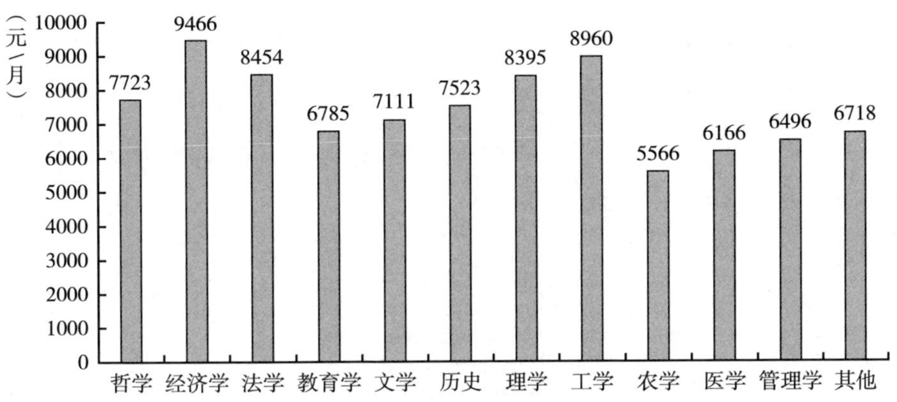

图12　不同学科的高校毕业生的平均起薪

学历水平的提升有助于提升薪酬竞争力。工学专业的专科生和博士研究生起点薪酬最大差额达到13834元/月。专科生与博士研究生的起点薪酬平均差额也达到了6994元/月。经济学、工学、理学、法学、管理学和农学等学科，学历提升对薪酬提升尤为明显，具体如表1所示。

表1　分学科、分学历水平起点薪酬

单位：元/月

学科	专科	本科	硕士研究生	博士研究生
哲学	4822	5700	7609	10955
经济学	3910	5868	9278	11828
法学	4100	5608	8870	13570
教育学	6185	6282	8343	8262
文学	4450	6029	8204	8745
历史学	5100	8695	6968	8700
理学	4310	6124	9653	14241
工学	4180	6301	11169	18014
农学	4032	4763	6497	11222
医学	4886	5405	8298	9160
管理学	4077	5619	8067	12297

从行业来看，信息传输、软件和信息技术服务业起点薪酬水平远远高于其他行业。在调查样本中，信息传输、软件和信息技术服务业的高校毕业生起点薪酬为 11527 元/月，水平最高。之后，按照收入水平高低，依次为科学研究和技术服务业（10726 元/月）、金融业（9794 元/月）、租赁和商务服务业（7769 元/月）、教育（7754 元/月）等。除了以上行业之外，其余行业起点薪酬水平均不足 7000 元/月，薪酬最低的行业为居民服务、修理和其他服务业，具体见图 13。

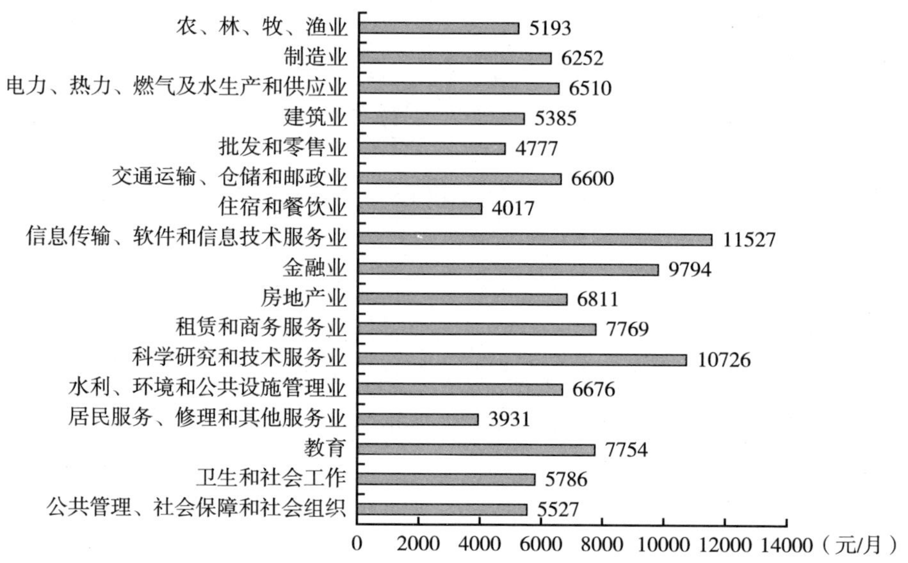

图 13　不同行业的高校毕业生的平均起薪

从就业单位类型看，信息传输、软件和信息技术服务业的民营企业、科学研究和技术服务业民营企业提供起薪水平相对较高。分行业、分单位类型来看，起薪水平最高的是信息传输、软件和信息技术服务业的民营企业，平均起薪水平为 13717 元/月，其国有企业薪酬、外资企业平均起薪水平分别为 9400 元/月、11079 元/月，在整体起薪水平中处于较高水平。其次，科学研究和技术服务业民营企业平均起薪水平为 13314 元/月，金融业整体水平也相对较高，具体见表 2。

表 2 分行业、分单位类型起点薪酬

单位：元/月

行业	国有企业	外资企业	民营企业
农、林、牧、渔业	5355	7000	4523
制造业	5824	6856	6290
电力、热力、燃气及水生产和供应业	6646	—	4866
建筑业	5364	4033	5948
批发和零售业	6212	—	5262
交通运输、仓储和邮政业	6638	—	6384
住宿和餐饮业	3930	4200	8000
信息传输、软件和信息技术服务业	9400	11079	13717
金融业	9857	8216	9794
房地产业	7073	10000	5665
租赁和商务服务业	5429	8800	8781
科学研究和技术服务业	6324	6497	13314
水利、环境和公共设施管理业	6727	8719	5819
居民服务、修理和其他服务业	3680	—	8195
教育	7130	—	6639
卫生和社会工作	3920	6000	6817
公共管理、社会保障和社会组织	5443	10000	9000

（四）分所有制、分岗位的毕业生薪酬水平

民营企业和外资企业为高校毕业生提供的起薪水平最高。根据调查，起薪水平最高的是民营企业，起薪水平为 11868 元/月，其次，外资企业的平均起薪为 11375 元/月，国有企业起薪水平最低，具体如图 14 所示。

研发岗的高校毕业生起薪水平最高，技术岗次之。根据调查，研发岗的起薪达到 12267 元/月，之后依次分别是技术岗、其他岗位、管理岗、销售岗和生产岗，薪酬水平均不足 10000 元/月，具体如图 15 所示。

国有企业中不同岗位的起薪水平均相对较低。在调查中发现，国有企业除研发岗外，在管理岗、技术岗、销售岗、生产岗以及其他岗位的毕业生起

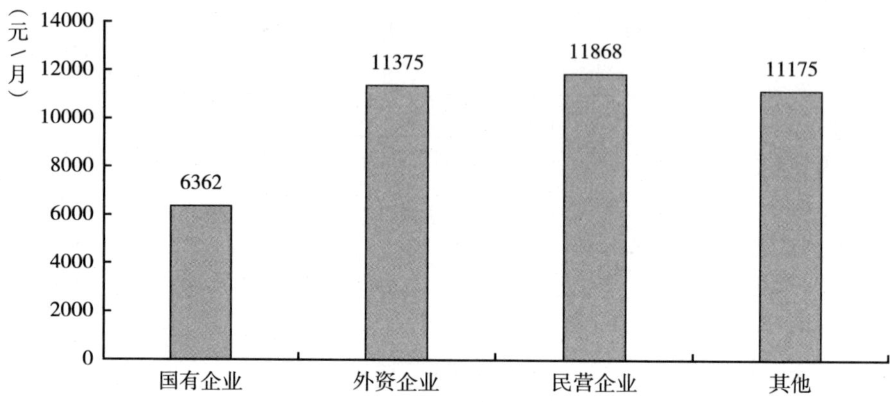

图 14　不同企业类型的高校毕业生的平均起薪

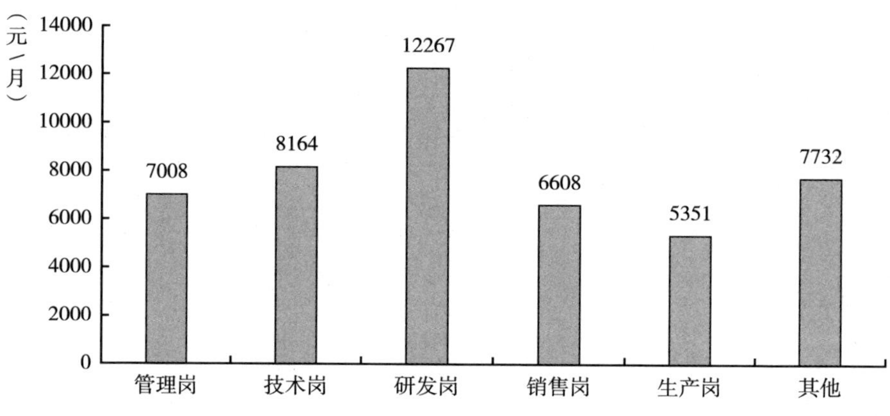

图 15　不同岗位的高校毕业生的平均起薪

点薪酬水平均小于7000 元/月，民营企业除生产岗、外资企业除销售岗外，其他岗位起点薪酬水平均在 7000 元/月以上，具体如表 3 所示。

表 3　分企业类型、分岗位的起点薪酬

单位：元/月

企业类型	管理岗	技术岗	研发岗	销售岗	生产岗	其他
国有企业	6949	5708	7845	5475	5041	6001
外资企业	7068	14289	15343	4200	8400	9105
民营企业	7404	12723	14309	8817	6091	8419

二 北京地区高校毕业生薪酬增长与满意度分析

2019 届高校毕业生平均薪酬较 2018 届、2017 届增长放缓。数据显示，2019 届高校毕业生的平均薪酬为 8601 元/月，2018 届高校毕业生的平均薪酬为 8480 元/月，增长仅 121 元/月，增长率为 1.4%。2018 届高校毕业生相对于 2017 届，平均薪酬增长 946 元/月，增长率为 12.6%。由此可见，2019 年的工资增长率呈现放缓迹象，工资增长趋于平稳（见表 4）。

表 4 2017～2019 届毕业生薪酬增长情况

单位：元/月，%

届别	平均工资	平均薪酬增长额度	平均薪酬增长率
2017 届	7534	—	—
2018 届	8480	946	12.6
2019 届	8601	121	1.4

（一）分学历高校毕业生薪酬增长情况

2019 届高校毕业生与 2018 届相比，博士研究生薪酬增长率最高。分学历来看，2019 届高校毕业生与 2018 届相比，专科、本科、硕士以及博士研究生起点薪酬增加额度不一样，均实现了正增长。其中，博士研究生的增长率最高，达到了 9.6%，本科毕业生薪酬增长率最低，仅为 0.2%，具体如表 5 所示。

表 5 2019 届较 2018 届高校毕业生分学历薪酬增长情况

单位：元/月，%

学历	2018 届	2019 届	增长额度	增长率
专科	4239	4339	100	2.4
本科	6521	6535	14	0.2
硕士研究生	10265	10559	294	2.9
博士研究生	15836	17354	1518	9.6

2017～2019年，专科毕业生薪酬小幅下降。与2017届高校毕业生相比，在2019届中，本科生、硕士研究生和博士研究生的薪酬均实现了10%以上的薪酬增长。但是，专科生的薪酬水平呈现小幅下降，比2017届下降了325元/月，下降了7个百分点，具体如表6所示。

表6　2019届较2017届高校毕业生分学历薪酬增长情况

单位：元/月，%

学历	2017届	2019届	增长额度	增长率
专科	4664	4339	-325	-7.0
本科	5856	6535	679	11.6
硕士研究生	9265	10559	1294	14.0
博士研究生	15096	17354	2258	15.0

（二）分学科高校毕业生薪酬增长情况

与2018届高校毕业生相比，2019届法学毕业生薪酬增长速度较快。与2018届薪酬相比，2019届高校毕业生薪酬在法学、教育学、历史学、理学、农学均实现了一定程度上的增长，其中，增幅最大的为法学毕业生，增长额度为2047元/月，增长率为26.4%。但是，也存在部分学科的毕业生薪酬大幅度下降的情况，其中最显著的是经济学，下降了3630元/月，下降幅度达到了29.7%。此外，哲学、文学、工学、医学和管理学的毕业生薪酬也在一定程度上降低，具体如表7所示。

表7　2019届较2018届高校毕业生分学科薪酬增长情况

单位：元/月，%

学科	2018届	2019届	增长额度	增长率
哲学	8972	6927	-2045	-22.8
经济学	12214	8584	-3630	-29.7
法学	7758	9805	2047	26.4
教育学	6526	6894	368	5.7
文学	7558	7094	-464	-6.1

续表

学科	2018 届	2019 届	增长额度	增长率
历史学	7214	7574	360	5.0
理学	8729	9086	357	4.1
工学	9793	9345	-448	-4.6
农学	5566	5922	356	6.4
医学	6754	5528	-1226	-18.2
管理学	6915	6392	-523	-7.6

与 2017 届高校毕业生相比，增长额度和幅度最大的是工学毕业生。与 2017 届高校毕业生薪酬对比来看，2019 届高校毕业生薪酬在绝大多数学科上呈现增长趋势，例如工学毕业生薪酬增长了 30.3%，增长额度为 2172 元/月；法学毕业生薪酬增长了 26.7%，增长额度为 2068 元/月等。但是，仍有个别学科的高校毕业生薪酬呈现下降趋势，具体如表 8 所示。

表 8　2019 届较 2017 届高校毕业生分学科薪酬增长情况

单位：元/月，%

学科	2017 届	2019 届	增长额度	增长率
哲学	6175	6927	752	12.2
经济学	7154	8584	1430	20.0
法学	7737	9805	2068	26.7
教育学	6880	6894	14	0.2
文学	6641	7094	453	6.8
历史学	7675	7574	-101	-1.3
理学	7031	9086	2055	29.2
工学	7173	9345	2172	30.3
农学	4676	5922	1246	26.6
医学	6152	5528	-624	-10.1
管理学	6065	6392	327	5.4

（三）分行业高校毕业生薪酬增长情况

数据显示，与 2018 届高校毕业生相比，不同行业的薪酬变化情况差异明显。其中，增幅最大的是科学研究和技术服务业。具体如表 9 所示。

表9　2019届较2018届高校毕业生分行业薪酬增长情况

单位：元/月，%

行业	2018届	2019届	增长额度	增长率
农、林、牧、渔业	5186	5483	297	5.7
制造业	6179	6461	282	4.6
电力、热力、燃气及水生产和供应业	8135	5719	-2416	-29.7
建筑业	6072	5173	-899	-14.8
批发和零售业	4918	4694	-224	-4.6
交通运输、仓储和邮政业	6272	6664	392	6.3
住宿和餐饮业	3727	4264	537	14.4
信息传输、软件和信息技术服务业	12267	12402	135	1.1
金融业	9665	10729	1064	11.0
房地产业	7162	6496	-666	-9.3
租赁和商务服务业	8161	7646	-515	-6.3
科学研究和技术服务业	10136	11848	1712	16.9
水利、环境和公共设施管理业	6609	6759	150	2.3
居民服务、修理和其他服务业	4077	3753	-324	-8.0
教育	8041	7518	-523	-6.5
卫生和社会工作	6255	6541	286	4.6
公共管理、社会保障和社会组织	5466	5977	511	9.3

与2017届高校毕业生相比较而言，2019届的起点薪酬在大部分行业都实现了增长。例如，卫生和社会工作，住宿和餐饮业，信息传输、软件和信息技术服务业等均实现了大幅度的增加，增加幅度在30%以上。但是，也有少数行业存在下滑现象，但下降幅度均不超过5%，例如房地产业，居民服务、修理和其他服务业，教育等行业，具体如表10所示。

表10　2019届较2017届高校毕业生分行业薪酬增长情况

单位：元/月，%

行业	2017届	2019届	增长额度	增长率
农、林、牧、渔业	4661	5483	822	17.6
制造业	6066	6461	395	6.5
电力、热力、燃气及水生产和供应业	5469	5719	250	4.6

续表

行业	2017 届	2019 届	增长额度	增长率
建筑业	4824	5173	349	7.2
批发和零售业	4715	4694	-21	-0.4
交通运输、仓储和邮政业	6894	6664	-230	-3.3
住宿和餐饮业	3040	4264	1224	40.3
信息传输、软件和信息技术服务业	9441	12402	2961	31.4
金融业	8898	10729	1831	20.6
房地产业	6726	6496	-230	-3.4
租赁和商务服务业	7304	7646	342	4.7
科学研究和技术服务业	10112	11848	1736	17.2
水利、环境和公共设施管理业	6689	6759	70	1.0
居民服务、修理和其他服务业	3894	3753	-141	-3.6
教育	7691	7518	-173	-2.2
卫生和社会工作	4259	6541	2282	53.6
公共管理、社会保障和社会组织	4826	5977	1151	23.8

（四）高校毕业生薪酬满意度

调查发现，北京地区高校毕业生薪酬期望值与现实薪酬水平存在较大的差距。高校毕业生实际起点薪酬平均为 8602 元/月，但其期望薪酬平均为 12437 元/月，差额约 4000 元/月。高校毕业生起点薪酬在不断地增加，但是其对于起点薪酬的期望水平也在逐步增加，导致现实薪酬水平和期望水平之间的差距持续存在，如图 16 所示。

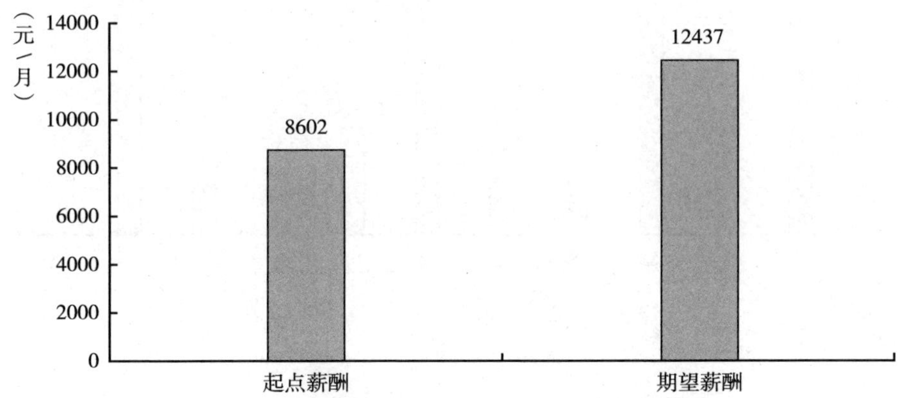

图 16　高校毕业生平均起薪与期望薪酬水平比较

薪酬和福利的满意度总体处于“一般”以上的水平。其中，对于薪酬满意度而言，有49.6%认为“很满意”和“满意”；对于福利满意度而言，有60.4%的调查对象处于“很满意”和“满意”的状态，具体如图17所示。

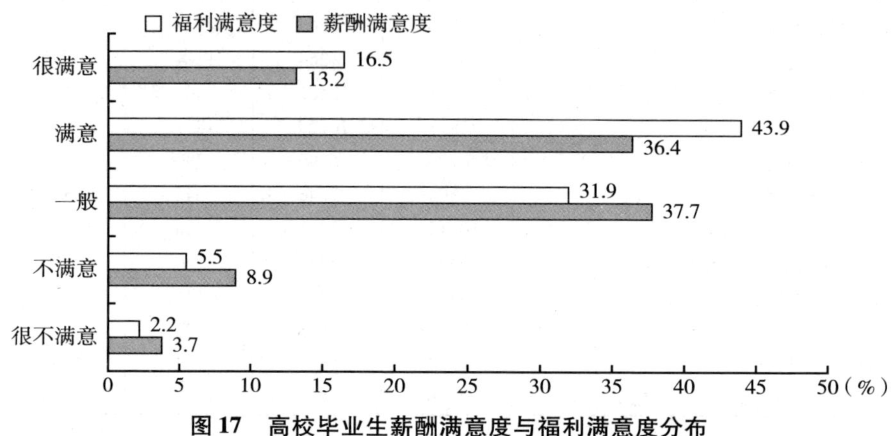

图17　高校毕业生薪酬满意度与福利满意度分布

除薪酬外，良好的工作环境和职业发展空间是高校毕业生最希望获得的。调查显示，接近六成的毕业生希望拥有良好的工作环境，其次为融洽的人际关系以及弹性工作时间。此外，丰富的文体活动、培训机会、工作安全感、领导的关心也是不可缺少的因素，如图18所示。

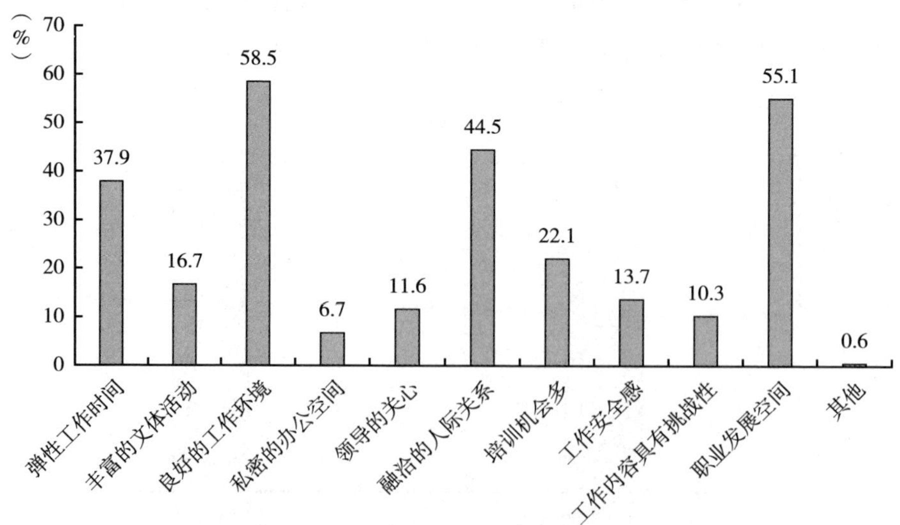

图18　高校毕业生除薪酬外看重内容分布

对于岗位满意度总体处于“一般”以上的水平。根据对岗位满意度的调查，有19.5%的高校毕业生认为“很满意”，50.3%认为“满意”，25.9%选择“一般”，仅有不到5%的学生选择了“不满意”和“很不满意”，如图19所示。

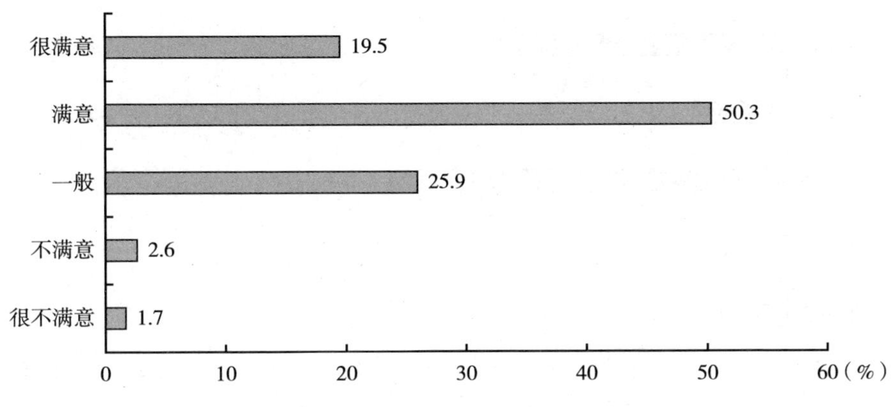

图19 高校毕业生岗位满意度分布

对于管理层的满意度总体处于“一般”以上的水平。根据对管理层满意度的调查可知，有24.1%的高校毕业生认为“很满意”，50.6%认为“满意”，20.9%选择“一般”，仅有不到5%选择了“不满意”和“很不满意”，如图20所示。

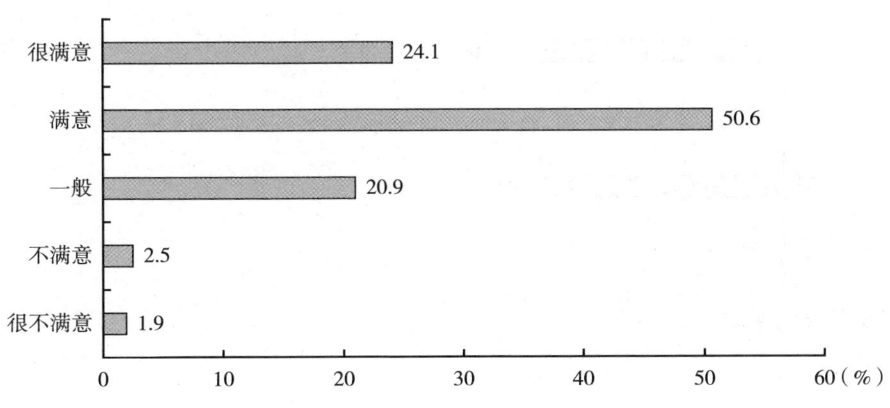

图20 高校毕业生对管理层满意度分布

对于职业发展满意度总体处于“一般”以上的水平。根据调查，对于职业发展满意度的态度调查中，有18.6%的高校毕业生认为“很满意”，46.1%认为“满意”，28.8%选择“一般”，仅有6.5%选择了“不满意”和“很不满意”，如图21所示。

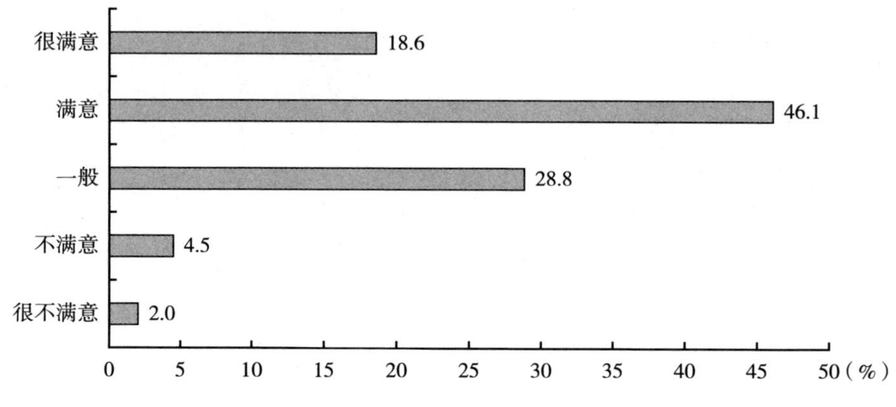

图21　高校毕业生职业发展满意度分布

对于工作环境满意度总体处于“一般”以上的水平。根据对工作环境满意度的调查可知，有22%的高校毕业生认为“很满意”，49.2%认为“满意”，23.5%选择“一般”，5.3%选择了“不满意”和“很不满意”，如图22所示。

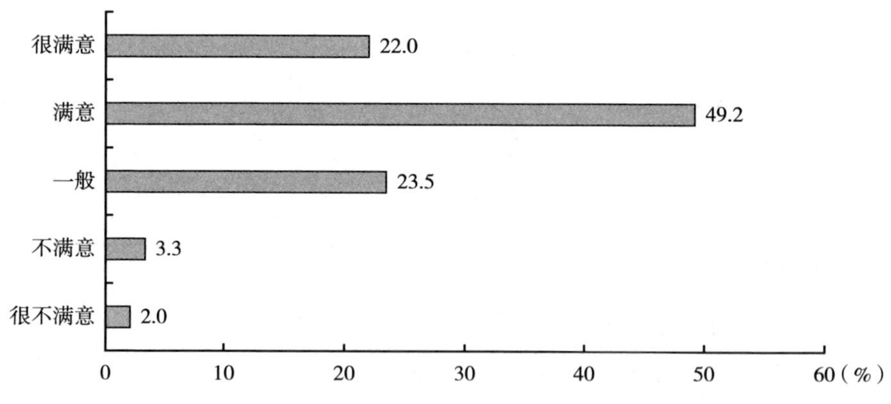

图22　高校毕业生工作环境满意度情况

三　北京地区高校毕业生就业状况调查分析

（一）求职途径与主要困难

从求职途径来看，校园招聘是高校毕业生求职的最主要的途径。调查数据显示，有 58.4% 的高校毕业生选择“校园招聘”，19.4% 选择“招聘网站”，11.9% 选择“熟人介绍”，由此可见，校园招聘是高校毕业生就业最普遍的途径，具体如图 23 所示。

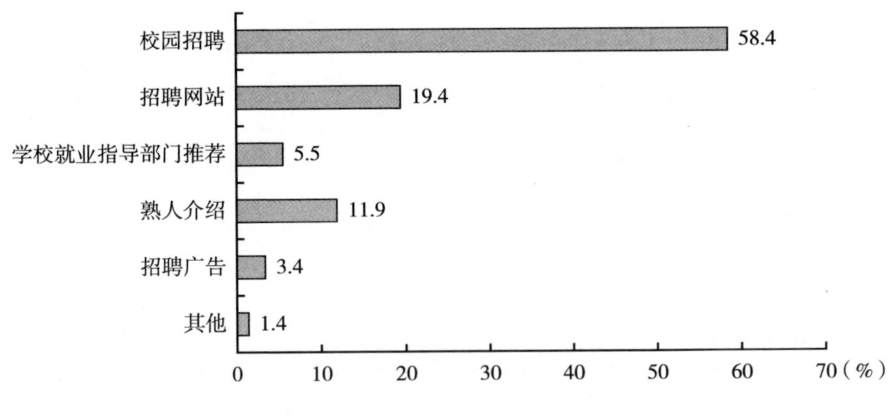

图 23　高校毕业生求职主要途径

行业发展前景是高校毕业生在求职过程中最关心的要素。从初次就业主要考虑的因素来看，大多数高校毕业生并不是将收入排在首位，数据显示，收入仅位居第三位，占比为 43.5%，行业发展前景和个人发展机会才是大多数高校毕业生较为关注的，分别占比 61.1%、48.5%，排名第四位的因素是专业对口（35.8%）。根据图 24 可知，高校毕业生就业更加关注行业发展前景。

高校毕业生求职面临的主要困难是不了解用人单位情况及用人标准。从对求职困难的调查来看，高校毕业生面临的最大困难在于不了解用人单位情

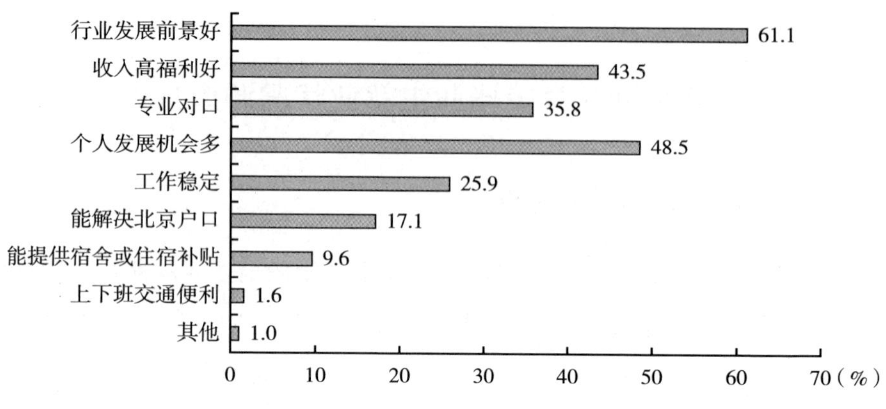

图 24　高校毕业生初次就业主要考虑因素

况及用人标准，占到了总样本的48.3%，然后依次为求职方法与求职技巧掌握不够（33.1%），不知道如何获得就业信息（29.2%），专业知识、能力水平欠缺（24.8%），不了解就业流程和手续（24%），具体如图25所示。

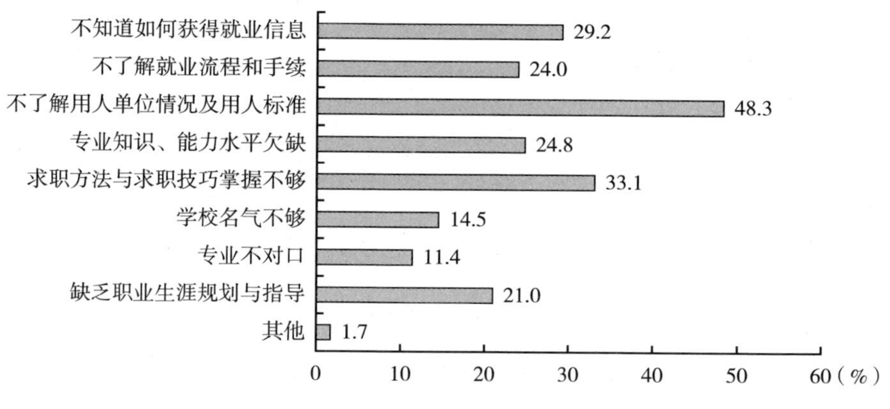

图 25　高校毕业生求职的主要困难

（二）接受就业指导情况

80.2%的高校毕业生接受的就业指导来自学校就业指导部门。从就业指导的相关调查中，绝大多数人选了“学校就业指导部门”，如图26所示，这说明高校的就业指导在高校毕业生就业中发挥着重要作用。

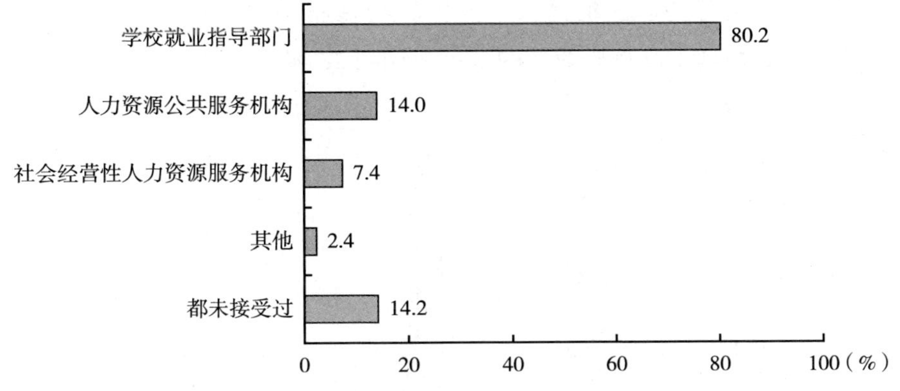

图 26 高校毕业生接受就业指导情况

就业指导最主要的内容是提供就业信息。调查数据显示，74.3%的高校毕业生接受的就业指导是获取就业信息，另外有将近五成接受过职业生涯规划的指导，40.9%接受过就业形势分析的指导，如图 27 所示。

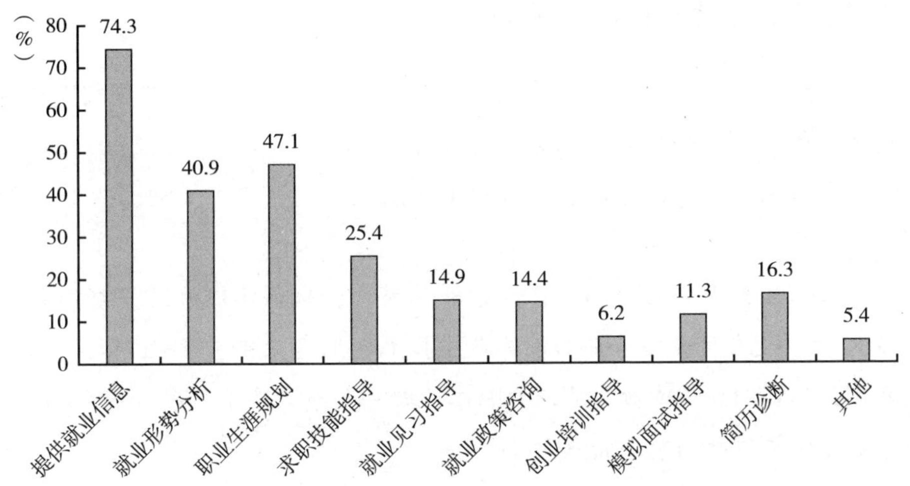

图 27 就业指导的主要内容

高校毕业生普遍反映就业指导对自己有一定的帮助。从就业指导的作用调查来看，13.3%的高校毕业生反映就业指导的帮助非常大，36.7%的高校毕业生反映就业指导作用帮助比较大，有 38.7%的高校毕业生反映就业指导作用一般，也有 11.3% 的高校毕业生反映就业指导帮助很小。从整体来说，就业指导得到了高校毕业生的认可，如图 28 所示。

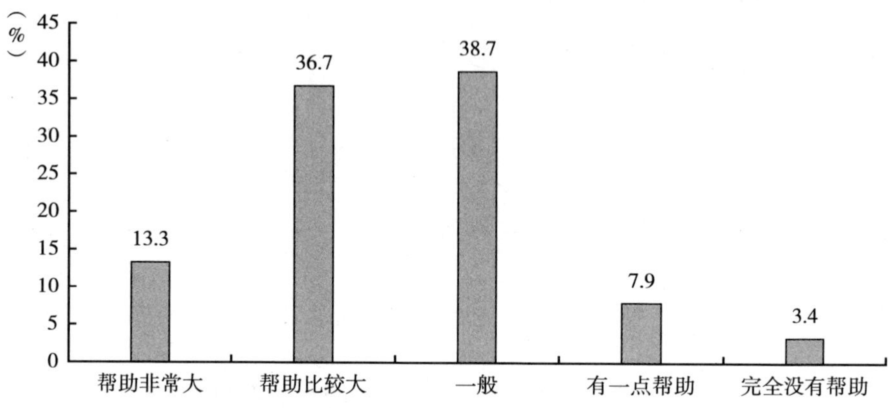

图 28　就业指导的作用

（三）在京就业的动力和压力

就业机会多是高校毕业生选择在京就业的首要原因。从在京就业的动因分析来看，55% 的高校毕业生认为就业机会多，34.4% 认为发展前景好，32% 认为薪酬水平高，这是高校毕业生在京就业的三个主要动因，如图 29 所示。

三城一区（中关村科学城、怀柔科学城、未来科学城和北京经济技术开发区）建设的因素并不是高校毕业生择业时所考虑的主要因素。调查数据发现，60% 的高校毕业生从未考虑过三城一区建设因素，仅有 6.4% 的高校毕业生考虑过此因素，如图 30 所示。

住房、交通生活成本高是高校毕业生在北京就业面临的主要压力。从在京就业面临的主要压力分析来看，82.5% 的高校毕业生选择了住房、交通生活成本高，其次是工作节奏快、竞争压力大（48.8%），交通拥堵（42.8%），担心未来子女上学问题或子女教育成本高（39.5%）。此外，环境污染严重也受到少数人的关注，具体如图 31 所示。

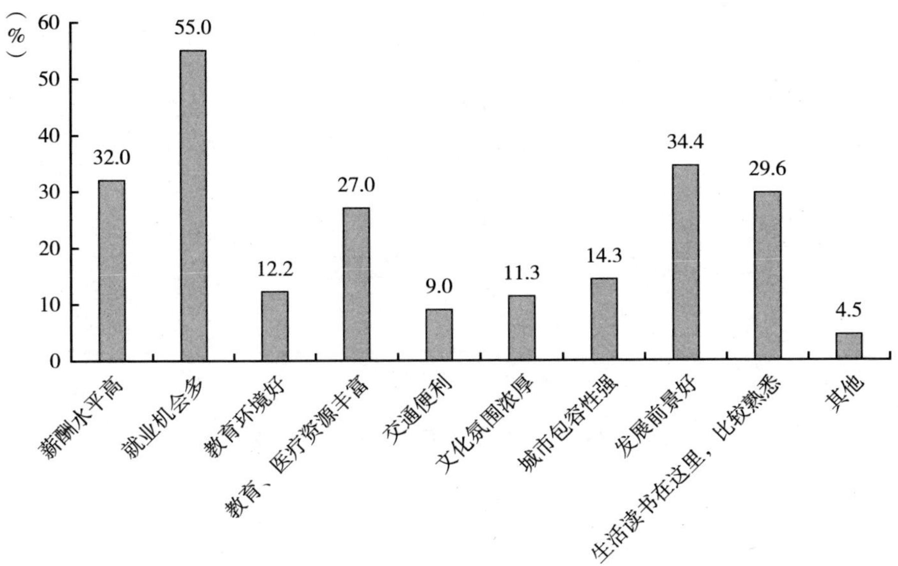

图 29　高校毕业生在北京就业的动因

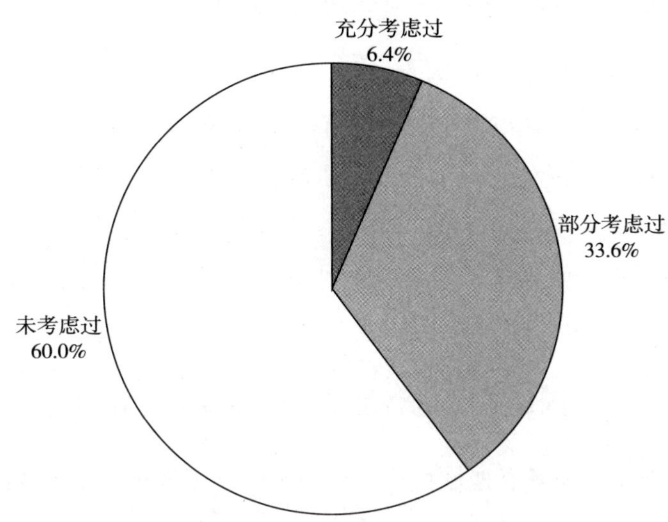

图 30　三城一区建设因素对工作选择的影响

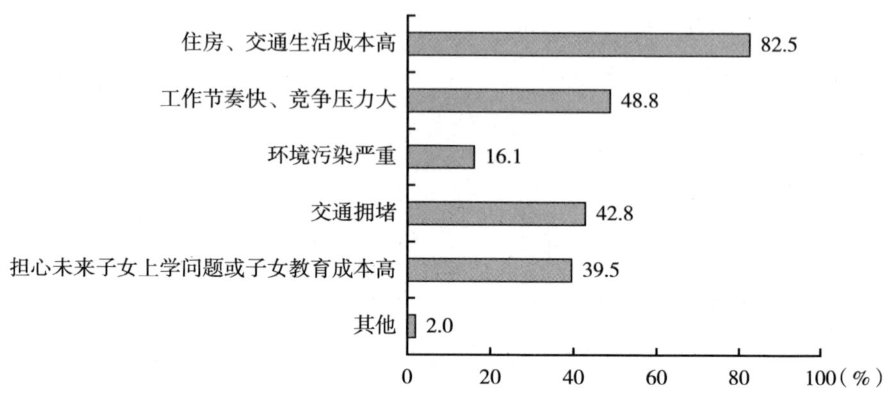

图 31　高校毕业生在北京就业面临的主要压力

四　关于提升北京地区高校毕业生薪酬信息服务的工作建议

（一）进一步加强对高校毕业生的就业指导

高校在专业设置上，应面向市场、面向社会、面向未来、面向国际化，使培养出的学生在市场上具有竞争力。加强对高校毕业生的引导，帮助他们正确对待起薪水平，在看重物质激励和薪酬水平的同时，更加注重非物质激励。进一步贯通政府、高校、社会和用人单位的高校毕业生就业指导和招聘渠道，使其互通信息、实时更新，为高校毕业生求职创造条件和平台。

（二）建立全国重点城市高校毕业生薪酬平台联盟

高校毕业生薪酬具有地域特征，同时也受全国青年就业市场的影响。北京作为首都，是全国政治、文化、科技和国际交流中心，也是经济中心之一，吸引了来自全国各地的高校毕业生，北京地区高校毕业生薪酬水平高低，需要综合国内外重点城市的薪酬数据来判断。基于当前北京、上海、武汉、南京、西安等城市薪酬统计工作的基础，建立全国高校毕业生薪酬信息发布平台联盟，可以促进高校间、城市间薪酬信息共享，通过整合薪酬信息资源，提高高校毕业生薪酬信息公共服务统筹水平，服务毕业生跨区域就业。

（三）鼓励高校发布本校毕业生薪酬信息

当前，教育部及北京市各高校均形成了就业质量报告发布机制，有的高校在毕业生薪酬发布方面走在国内前列。建议以北京地区各高校的毕业生就业质量报告为平台，以本校校友薪酬信息收集及统计为抓手，根据本校学科发展方向和毕业生就业指导实际需求，提供针对性更强、服务更精准的高校毕业生薪酬信息服务。

（四）完善北京地区高校毕业生薪酬调查工作机制

提升高校毕业生薪酬信息服务水平是一项系统工程，北京地区高校毕业生薪酬调查具备良好的工作基础，在调查渠道、方法及组织方面积累了很多经验。完善高校毕业生薪酬调查工作，关键在于建立健全工作机制，包括高校毕业生薪酬调查软件开发、数据库建设、薪酬云计算及相关技术开发等，进一步完善薪酬发布机制，明确发布对象、内容及范围，以毕业生薪酬信息服务为抓手促进北京地区高校毕业生就业。

（五）加强与社会咨询机构薪酬调查合作

高校毕业生就业应充分发挥市场在配置人力资源中的决定作用，社会咨询机构在高校毕业生薪酬调查和信息发布中发挥了重要作用，一些调查报告在社会上产生了广泛的影响。高校毕业生薪酬信息具有外部性特征，需要政府部门承担公共服务职能，受财政及行政资源限制，政府部门在调查毕业生薪酬数据方面也有局限性，因此，应在毕业生薪酬调查方面加强政府与市场、社会的合作，充分调动社会资源的积极性和主动性，提高北京地区高校毕业生薪酬信息服务水平。

（六）加大高校毕业生薪酬信息资源的推广和应用

薪酬信息是宝贵的数据资源，加强数据运用和推广，才能充分利用这一数据资源。当前，各地各高校正广泛应用“互联网+就业”新模式，开展“双创”“特岗计划”“三支一扶”“大学生志愿服务西部计划”等基层就业项目，可以在这些项目中运用薪酬数据，发挥薪酬调查结果在青年就业市场中的导向作用。

参考文献

谭中和：《中国薪酬发展报告（2018～2019）》，社会科学文献出版社，2019。

北京市人力资源和社会保障局：《北京市关于推进全方位公共就业服务的实施意见》，2019年11月。

北京市教育委员会：《2019年北京地区高校毕业生就业质量年度报告》，2019年12月。

钱诚：《当前我国大学毕业生起点薪酬盘点分析》，《中国劳动保障报》2016年6月8日。

麦可思研究院：《2019年中国大学生就业报告》，社会科学文献出版社，2019。

B.16
广东省薪酬水平调查和分析

林凡　田文娜　马赫*

摘　要：　一个企业所支付的薪酬水平高低无疑会直接影响到企业在市场上吸引和留住人才之能力的强弱，进而影响企业在行业中的竞争力。本文通过对广东省薪酬数据进行分析与研究，发现：①广东省高收入群体的薪酬水平的增长相对较快，中低收入群体的薪酬水平增长相对缓慢，收入差距出现扩大的趋势；②金融业平均薪酬持续领跑，行业间薪酬差距仍然明显，行业内收入差距逐渐扩大；③职工薪酬同企业规模、学历和工龄呈正相关，影响作用明显；④合同制度用工与劳务派遣用工的薪酬水平差距有所扩大。

关键词：　广东省　薪酬调查　薪酬水平

最近20多年来，广东省GDP稳居全国第一，为国家经济发展贡献了最大的力量。广东能够成为内地经济成长最迅速的地区并创造出举世瞩目的经济奇迹，离不开大量涌入广东的全国各地的人才。目前，产业升级正在赋能“广东制造”汇聚全国、全球高层次人才，而高层次人才的汇聚也在改变着广东——从依赖人口数量走向依赖人口质量，广东正加快从“汗

---

* 林凡，广州市南方人力资源评价中心有限公司高级管理咨询顾问，主要研究方向为人力资源管理、薪酬数据分析等；田文娜，广州市南方人力资源评价中心有限公司专家管理咨询顾问，主要研究方向为人力资源管理、薪酬数据分析、人才评价等；马赫，广州市南方人力资源评价中心有限公司总经理，主要研究方向为组织管理、薪酬与绩效管理等。

水经济”走向“创新经济”。在这一时期，人才更是成为推动全省经济社会发展的强大引擎和重要支撑。面对国内其他地区经济的快速崛起、新一代劳动力就业观念的改变、劳动人口的减少、薪资与物价距离造成的压力等影响因素，“千军万马齐聚”的广东也不得不面临“如何把人才留在广东”的考验。

在人力资源管理模块中，薪酬管理作为企业与员工的重要经济纽带，在吸引、激励、保留员工方面起着不可或缺的关键性作用。企业薪酬管理体系作为保留和提升员工工作热情和敬业度最有效的激励手段，无疑是人力资源管理中不可或缺的一部分。一个科学的薪酬管理体系必须满足三个基本原则：①战略文化特性，根据企业发展战略订立的薪酬福利政策；②外在竞争性，企业员工的收入水平依据战略要求是具有竞争性的还是稳定性的薪酬水准；③内部公平性，企业员工的薪酬收入高低差距的相对公平性。内部公平性和战略文化特性与企业自身的使命、愿景和价值观息息相关，可根据企业自身定位进行确定，而外在竞争性除与企业采用的薪酬福利战略相关外，市场上与行业间的薪酬水准也是影响企业薪酬福利外部竞争性的重要因素。如果企业自身的薪酬福利水平低于市场水准、行业水准，同时又没有与之相配合的措施如较高的福利、便利的工作条件、有吸引力的培训机会等，就很难避免员工流失，直接或间接地影响企业的经济效益和发展目标，因此企业对能够准确反映市场水准、行业水准的外部薪酬福利数据十分渴求。

本研究旨在通过对大量薪酬数据的分析与研究，一方面为企业提供外部参考数据，更好地掌握自身的薪酬方案在人才竞争中的优劣势；另一方面为应聘者提供相对客观的薪酬水平数据，帮助应聘者了解企业的薪酬支付水平，以便做出更好的职业选择。

一　研究对象

本研究的研究对象为广东省薪酬水平，文中提到的薪酬均指月度薪酬，包括四部分：基本工资、绩效工资、津补贴以及加班加点工资，各项工资构成的定义如下。

（一）基本工资

指按照劳动合同中约定的、与劳动者本人岗位相对应的、发放周期和发放水平相对固定的工资报酬。如标准工资、基础工资、岗位工资、合同工资、底薪等，也包括其他不与绩效考核结果挂钩的工资项目，如工龄工资（津贴）。

（二）绩效工资

指劳动者根据所在企业的经济效益、集体或本人绩效或实际表现获得的浮动性工资报酬，包括按月度、季度、半年、全年考核发放的奖金、效益工资或奖金性质的绩效工资，还包括销售提成、项目奖金、特别奖励、技术交易奖、酬金、生产奖、节约奖、劳动竞赛奖、年底双薪、全勤奖等工资项目。

（三）津补贴

指按照国家或企业规定，为补偿本单位就业人员因特殊或额外的劳动消耗或因其他特殊原因支付的津贴以及为保证其工资不受物价影响而支付的物价补贴，包括艰苦岗位津贴、夜班津贴、倒班津贴、保健津贴、技术性津贴、地区津贴等工资项目，不包括加班加点工资；包括过节费、各种交通补贴、各种通信工具补助、无食堂补贴、劳动者不休假的补贴、各种住房租房补贴，还包括企业从福利费用中支付的劳动者个人的各种现金补贴。

（四）加班加点工资

指按照国家和本地区有关法规政策，由企业支付的加班工资和加点工资，是调查期内劳动者因超时劳动而获得的劳动报酬。

二　样本分布

本研究中2019年的企业样本量共计16319家，员工样本量共计2408616人；2018年的企业样本量共计14903家，员工样本量共计1995365人。企业和员工样本的详细分布情况如下。

（一）企业样本分布

以《国民经济行业分类》（GB/T4754－2017）的划分标准，将参与薪酬数据调查的企业分为18个行业大类，其中制造业的样本占比最大，不论是2018年还是2019年，样本量占比均在50%左右。采矿业、水利环境和公共设施管理业、卫生和社会工作3个行业的样本量占比相对较小，2018年和2019年的占比均不足1%，但是行业下的企业样本量均已超过20家（按照薪酬数据调查的惯例，样本点的样本量不少于7家）（见表1）。

表1　企业样本的行业分布

单位：家，%

行业	样本量		占比	
	2019年	2018年	2019年	2018年
农、林、牧、渔业	255	221	1.56	1.48
采矿业	34	25	0.21	0.17
制造业	8090	8002	49.56	53.69
电力、热力、燃气及水生产和供应业	251	242	1.54	1.62
建筑业	553	429	3.39	2.88
批发和零售业	1723	1706	10.56	11.45
交通运输、仓储和邮政业	623	588	3.82	3.95
住宿和餐饮业	1218	1102	7.46	7.39
信息传输、软件和信息技术服务业	438	334	2.68	2.24
金融业	215	182	1.32	1.22
房地产业	512	445	3.14	2.99
租赁和商务服务业	923	588	5.66	3.95
科学研究和技术服务业	237	156	1.45	1.05

续表

行业	样本量		占比	
	2019 年	2018 年	2019 年	2018 年
水利环境和公共设施管理业	122	64	0. 75	0. 43
居民服务、修理和其他服务业	615	452	3. 77	3. 03
教育	202	157	1. 24	1. 05
卫生和社会工作	126	59	0. 77	0. 40
文化、体育和娱乐业	182	151	1. 12	1. 01
总计	16319	14903	100. 00	100. 00

资料来源：研究发放的调查问卷统计。

本研究的企业样本以中小型企业为主，2019 年和 2018 年的中小型企业的样本量占比在 70% ~80%；大型、微型企业的占比相对较小。企业规模的划分以国家统计局《关于印发统计上大中小微型企业划分办法的通知》（国统字〔2011〕75 号）为标准，但该通知中对部分行业没有明确的规模划分标准，例如金融业、教育及卫生和社会工作等，这部分行业下的企业占比不超过 5%（见表 2）。

表 2　企业样本的规模分布

单位：家，%

企业规模	样本量		占比	
	2019 年	2018 年	2019 年	2018 年
大型企业	1067	1092	6. 54	7. 33
中型企业	4239	4038	25. 98	27. 10
小型企业	8507	7489	52. 13	50. 25
微型企业	2380	2145	14. 58	14. 39
无企业规模标准	126	139	0. 77	0. 93
总计	16319	14903	100. 00	100. 00

资料来源：研究发放的调查问卷统计。

（二）员工样本分布

本研究中涉及的员工以高中、中专或技校及以下学历的居多，占比

75%左右，大学专科及以上的相对较少，这一样本分布情况符合员工学历的实际分布情况（见表3）。

表3　员工样本的学历分布

单位：人，%

学历	样本量		占比	
	2019年	2018年	2019年	2018年
研究生(含博士、硕士)	22422	18722	0.93	0.94
大学本科	318851	281478	13.24	14.11
大学专科	278062	194668	11.54	9.76
高中、中专或技校	743483	628594	30.87	31.50
初中及以下	1045798	871903	43.42	43.69
总计	2408616	1995365	100.00	100.00

资料来源：研究发放的调查问卷统计。

在参与薪酬数据调查的员工中，工龄11年及以上的样本量占比最高，2018年和2019年的样本量占比均在40%以上；工龄4~5年的样本量占比最低，2018年和2019年的样本量占比均在11%左右（见表4）。

表4　员工样本的工龄分布

单位：人，%

工龄	样本量		占比	
	2019年	2018年	2019年	2018年
1年及以下	275185	227641	11.43	11.41
2~3年	323034	279395	13.41	14.00
4~5年	264829	221770	11.00	11.11
6~10年	524414	443099	21.77	22.21
11年及以上	1021154	823460	42.39	41.27
总计	2408616	1995365	100.00	100.00

资料来源：研究发放的调查问卷统计。

在参与薪酬数据调查的员工中，合同制用工是主要的用工形式，占比超过98%，劳务派遣用工的占比较少，不足2%（见表5）。

表5 员工样本的用工形式分布

单位：人，%

用工形式	样本量		占比	
	2019年	2018年	2019年	2018年
合同制度用工	2377619	1973999	98.71	98.93
劳务派遣用工	30997	21366	1.29	1.07
总计	2408616	1995365	100.00	100.00

资料来源：研究发放的调查问卷统计。

三 分析指标

本研究中的分析指标包括薪酬水平的平均数、高位数、中位数和低位数，详细定义如下文所述。

（1）平均数：抽样数据的算术平均数。该指标用来反映市场的平均水平，但易受极端数据的影响。

（2）90分位：将抽样数据由低到高排序，数列中处于第90%位置的数值。该指标用来反映市场的偏高水平。

（3）75分位：将抽样数据由低到高排序，数列中处于第75%位置的数值。该指标用来反映市场的较高水平。

（4）50分位：将抽样数据由低到高排序，数列中处于第50%位置的数值。该指标用来反映市场的中等水平。

（5）25分位：将抽样数据由低到高排序，数列中处于第25%位置的数值。该指标用来反映市场的较低水平。

（6）10分位：将抽样数据由低到高排序，数列中处于第10%位置的数值。该指标用来反映市场的偏低水平。

四　广东省薪酬水平情况分析

（一）广东省薪酬水平概况

广东省2019年的薪酬水平为7688元/月，同比增长9%。从分布情况来看，2019年薪酬90分位为12646元/月，相当于10分位（3561元/月）的3.55倍，与上年相比（3.49倍）略有扩张（见图1）。

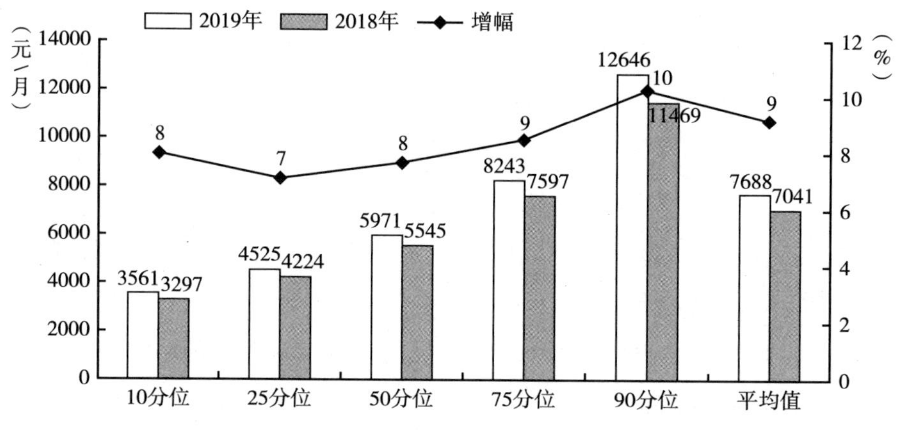

图1　广东省薪酬水平概况

资料来源：南方人才市场薪酬数据调查。

（二）不同行业薪酬水平状况

18个行业中薪酬平均水平最高的行业是金融业，2019年的平均薪酬达到19687元/月，同比增长16%；薪酬水平最低的行业是住宿和餐饮业，2019年的平均薪酬为5699元/月，同比增长10%。值得注意的是，采矿业2019年平均薪酬水平同比上升48%，成为升幅最大的行业；租赁和商务服务业2019年平均薪酬水平同比下降11%，成为降幅最大的行业（见图2）。

在薪酬90分位中，金融业遥遥领先，达到37106元/月，同比增长

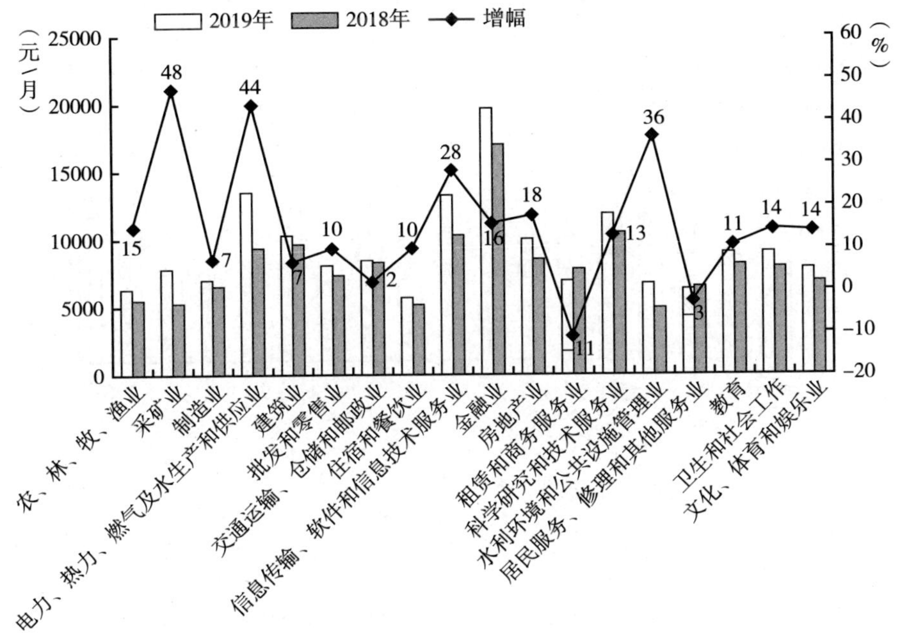

图 2　广东省不同行业的平均薪酬状况

资料来源：南方人才市场薪酬数据调查。

25%；住宿和餐饮业最低，为 8785 元/月，同比增长 12%。与 2018 年相比，90 分位增幅最大的行业是采矿业，同比增长 51%；降幅最大的是租赁和商务服务业，同比下降 17%（见图 3）。

在薪酬 75 分位中，金融业仍然保持领先，但与其他行业的差距有所缩小，达到 21883 元/月，同比增长 18%；住宿和餐饮业仍然最低，为 6115 元/月，同比增长 10%。与 2018 年相比，75 分位增幅最大的行业是水利环境和公共设施管理业，同比增长 64%；降幅最大的是租赁和商务服务业，同比下降 13%（见图 4）。

在薪酬 50 分位中，金融业同样占据行业首位，达到 14139 元/月，同比增长 9%；住宿和餐饮业位居行业末位，为 4550 元/月，同比增长 10%。与 2018 年相比，50 分位增幅最大的行业是电力、热力、燃气及水生产和供应业，同比增长 60%；降幅最大的是租赁和商务服务业，同比下降 3%，是唯一同比下降的行业（见图 5）。

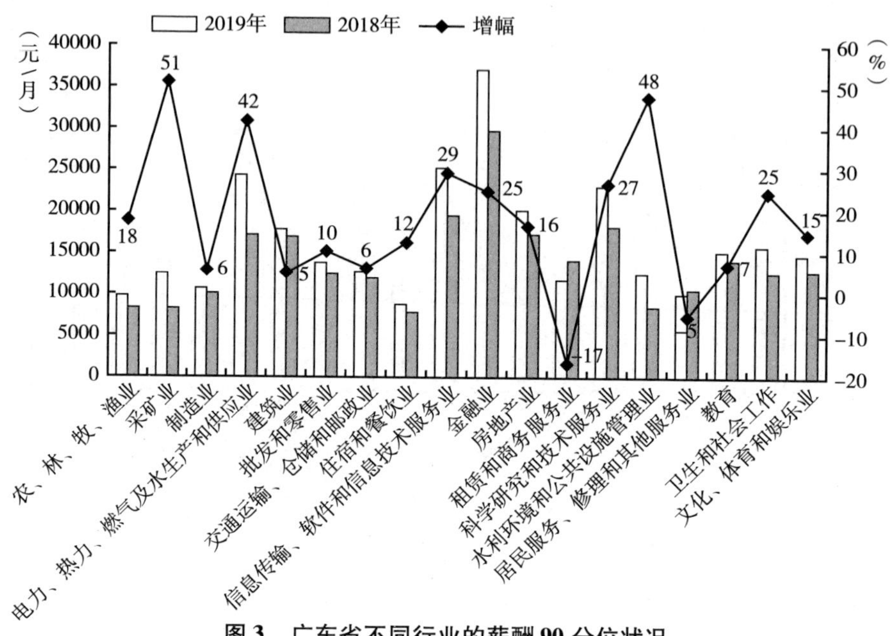

图3　广东省不同行业的薪酬90分位状况

资料来源：南方人才市场薪酬数据调查。

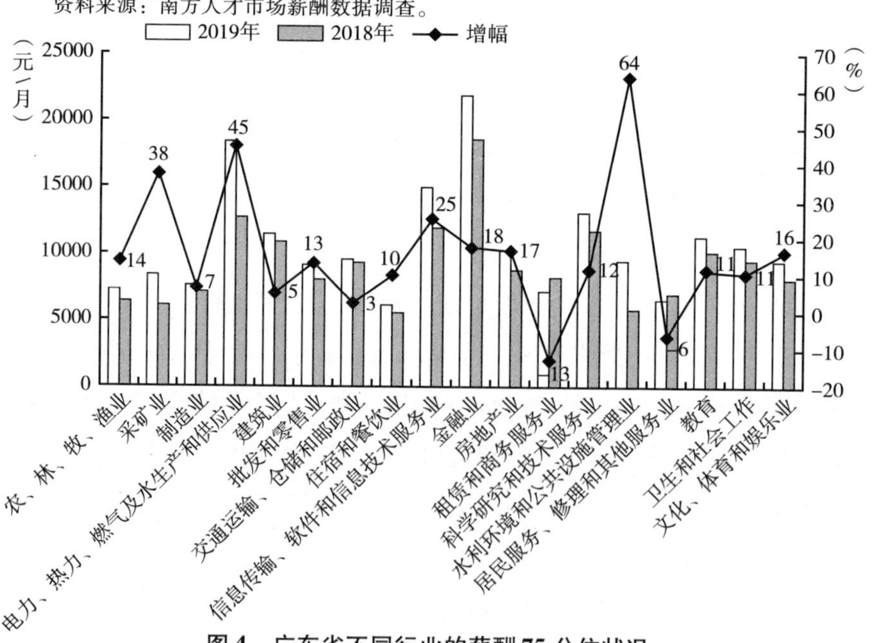

图4　广东省不同行业的薪酬75分位状况

资料来源：南方人才市场薪酬数据调查。

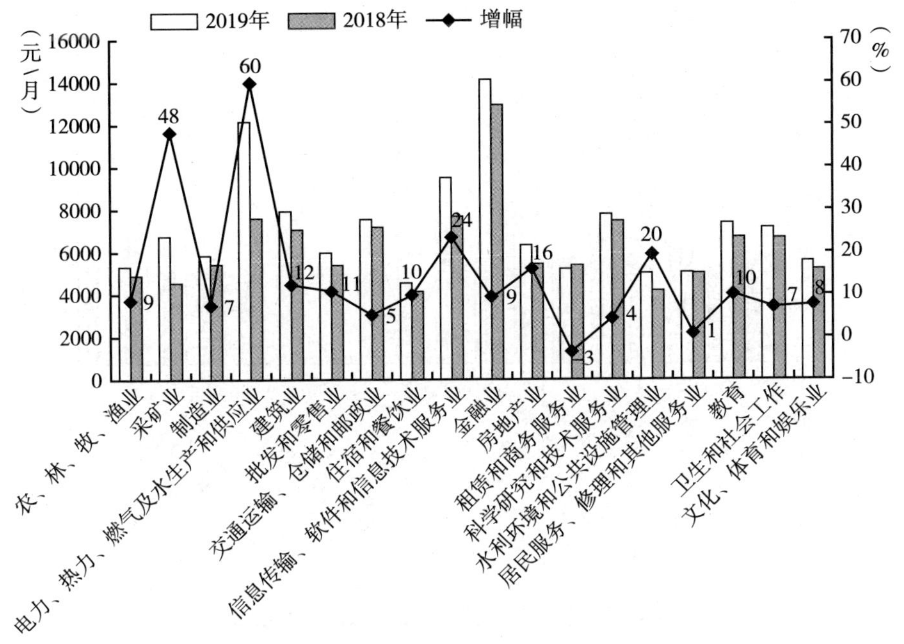

图5　广东省不同行业的薪酬50分位状况

资料来源：南方人才市场薪酬数据调查。

在薪酬25分位中，金融业远领先于其他行业，达到9919元/月，同比增长6%；住宿和餐饮业最低，为3614元/月，同比增长11%。与2018年相比，所有行业均有不同程度的增长。其中，25分位增幅最大的行业是采矿业，同比增长50%；增幅最小的是租赁和商务服务业，同比增长1%（见图6）。

在薪酬10分位中，金融业最高，达到5808元/月，同比下降6%；水利环境和公共设施管理业最低，为2746元/月，同比增长16%。与2018年相比，10分位增幅最大的行业是采矿业，同比增长47%；降幅最大的是金融业，同比下降6%（见图7）。

（三）不同企业规模薪酬水平状况

企业规模越大，员工的平均薪酬水平越高。大型企业2019年的平均薪酬水平达到8915元/月，同比增长12%；微型企业的平均薪酬水平为6560

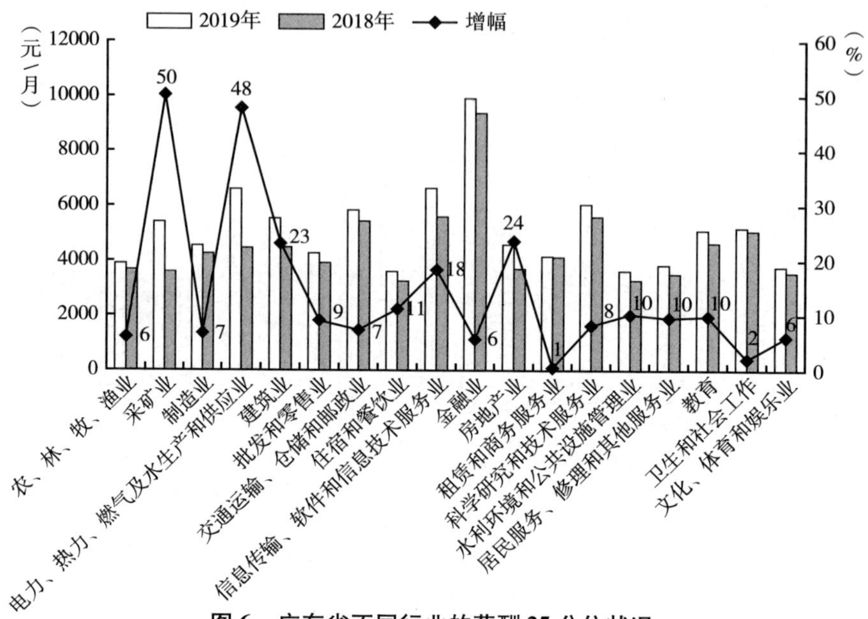

图6　广东省不同行业的薪酬25分位状况

资料来源：南方人才市场薪酬数据调查。

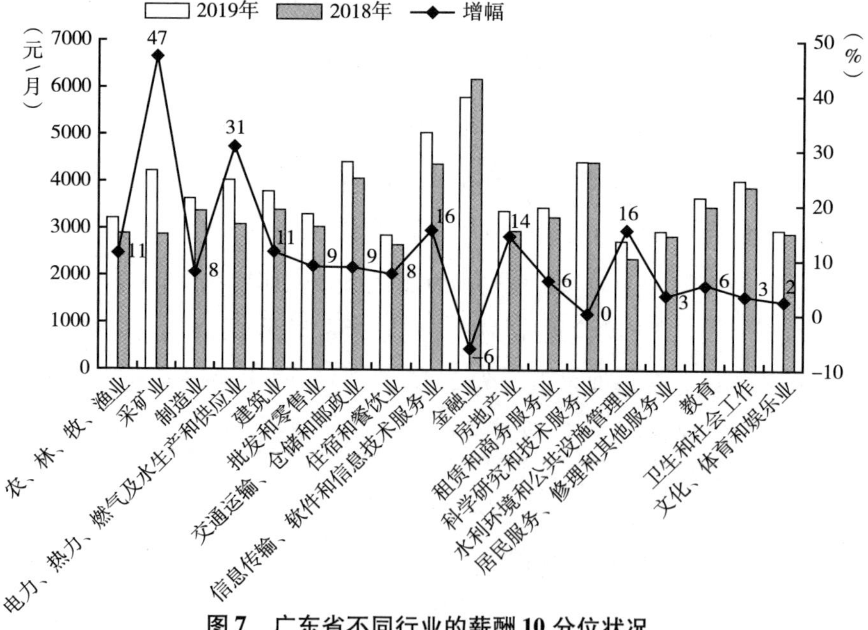

图7　广东省不同行业的薪酬10分位状况

资料来源：南方人才市场薪酬数据调查。

元/月，同比增长10%。值得注意的是，平均薪酬同比增幅最小的是小型企业，同比增长6%（见图8）。

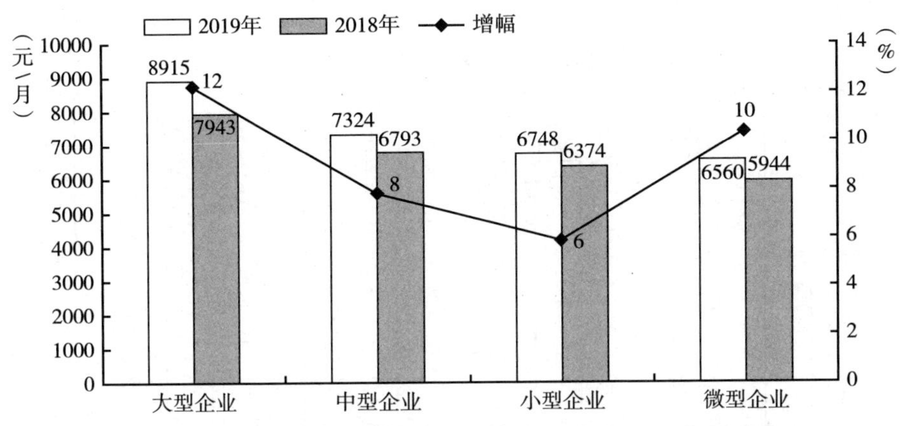

图8　不同企业规模的平均薪酬状况

资料来源：南方人才市场薪酬数据调查。

在薪酬90分位中，大型企业领先，达到14946元/月，同比增长15%，增幅明显高于其他规模的企业；微型企业虽然最低，也出现正向增长，同比增长5%（见图9）。

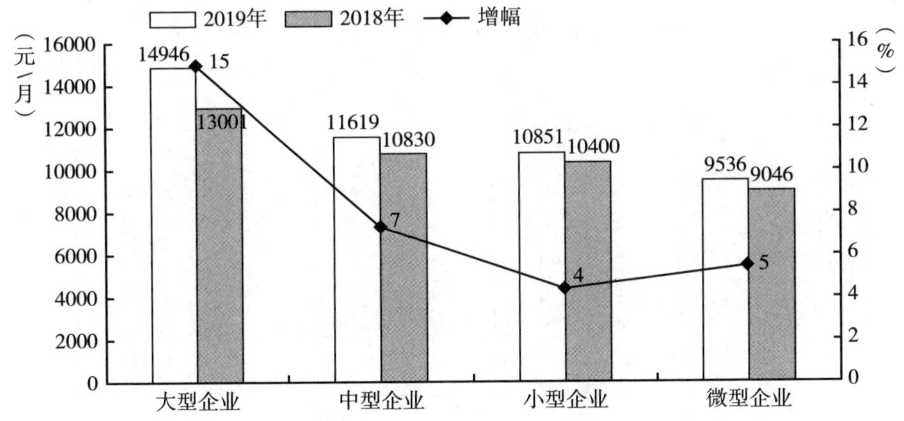

图9　不同企业规模的薪酬90分位状况

资料来源：南方人才市场薪酬数据调查。

在薪酬75分位中，大型企业最高，达到9512元/月，且增幅最大，同比增长11%；微型企业最低，但与小型企业比较接近，为7150元/月，同比增长9%（见图10）。

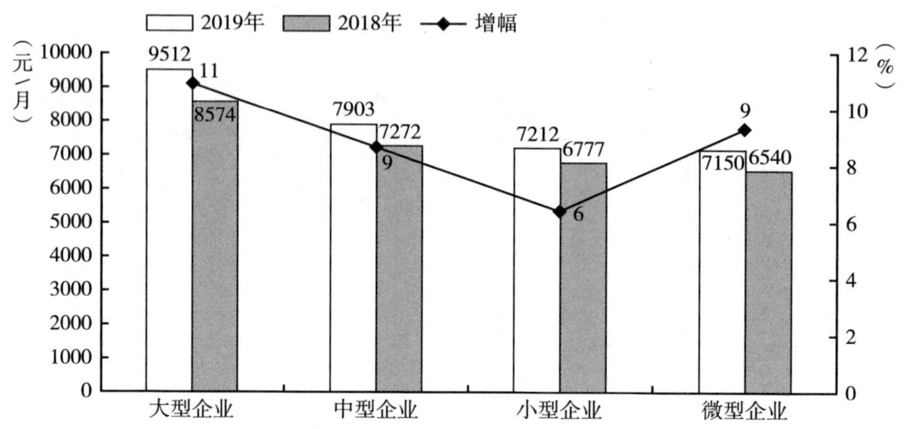

图10　不同企业规模的薪酬75分位状况

资料来源：南方人才市场薪酬数据调查。

在薪酬50分位中，企业规模越大，薪酬水平越高，而增长幅度与企业规模间未发现显著关系。其中，大型企业达到6718元/月，同比增长8%；微型企业为4875元/月，同比增长7%（见图11）。

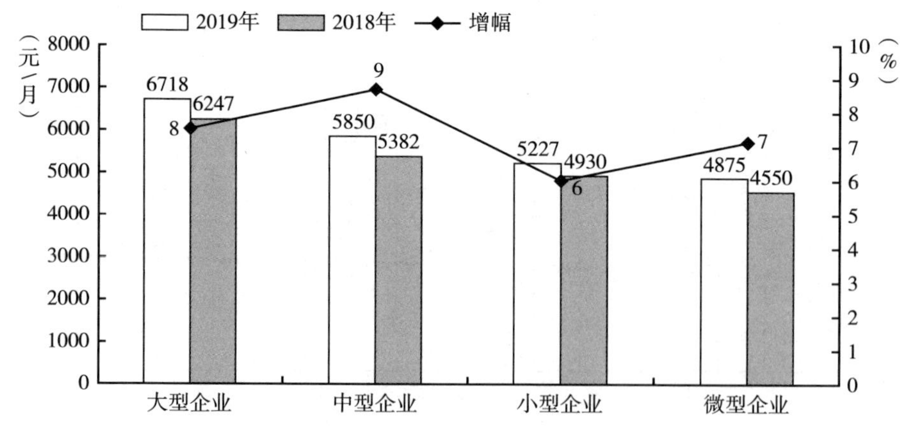

图11　不同企业规模的薪酬50分位状况

资料来源：南方人才市场薪酬数据调查。

在薪酬25分位中，企业规模越大，薪酬水平越高，而增长幅度与企业规模间未发现显著关系。其中，大型企业为5249元/月，同比增长7%；微型企业为3792元/月，但与2018年相比增幅最大，同比增长10%（见图12）。

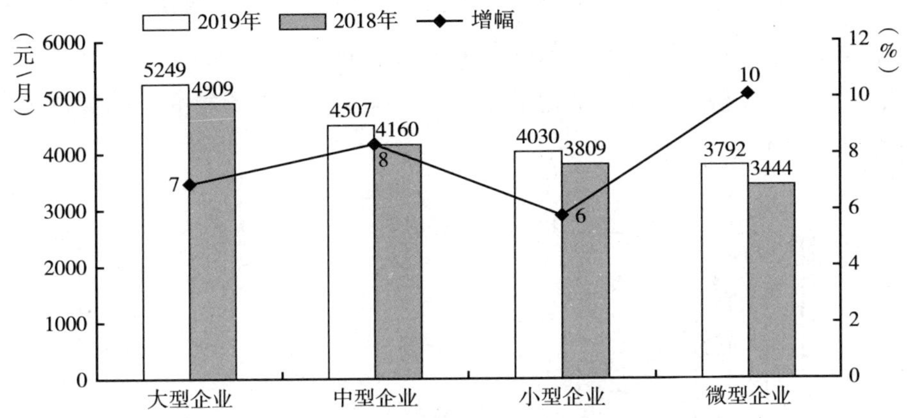

图12　不同企业规模的薪酬25分位状况

资料来源：南方人才市场薪酬数据调查。

在薪酬10分位中，企业规模越大，薪酬水平越高，但增长幅度越小。其中，大型企业最高，达到4112元/月，同比增长6%；微型企业最低，为3002元/月，同比增长10%（见图13）。

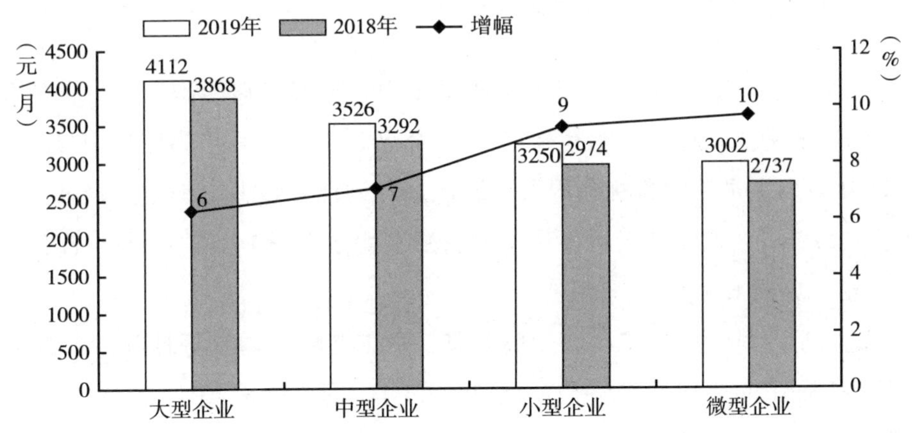

图13　不同企业规模的薪酬10分位状况

资料来源：南方人才市场薪酬数据调查。

（四）不同学历与工龄薪酬水平状况

员工的薪酬平均水平与学历呈正相关关系，即员工的学历水平越高，薪酬平均水平越高。研究生（含博士、硕士）学历员工的平均薪酬达到22354元/月，同比增长21%；初中及以下学历员工的平均薪酬为5568元/月，同比增长7%。从薪酬平均水平的增幅来看，基本呈现学历越高、增幅越大的趋势（见图14）。

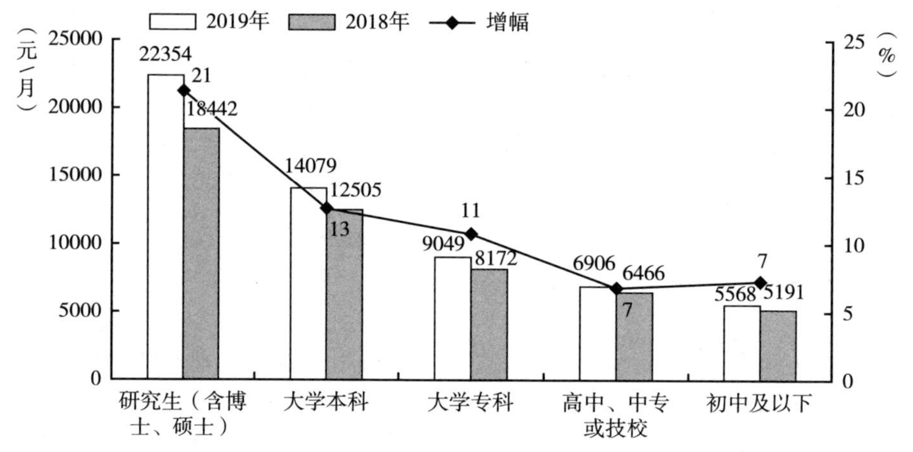

图14　不同学历的平均薪酬状况

资料来源：南方人才市场薪酬数据调查。

在研究生（含博士、硕士）学历员工中，随着工龄的增加，员工的薪酬平均水平呈上升趋势，尤其是工龄11年及以上，上升趋势比较明显。工龄11年及以上员工的薪酬平均水平最高，为34180元/月，但增幅最低，同比增长17%；工龄1年及以下员工的薪酬平均水平为14128元/月，同比增长22%（见图15）。

在大学本科学历员工中，工龄越高，员工薪酬平均水平越高。工龄11年及以上员工的薪酬平均水平为18130元/月，同比增长13%；工龄1年及以下员工的薪酬平均水平为8767元/月，同比增加10%。与2018年相比，不同工龄员工的薪酬增幅较为相近，在10%～13%（见图16）。

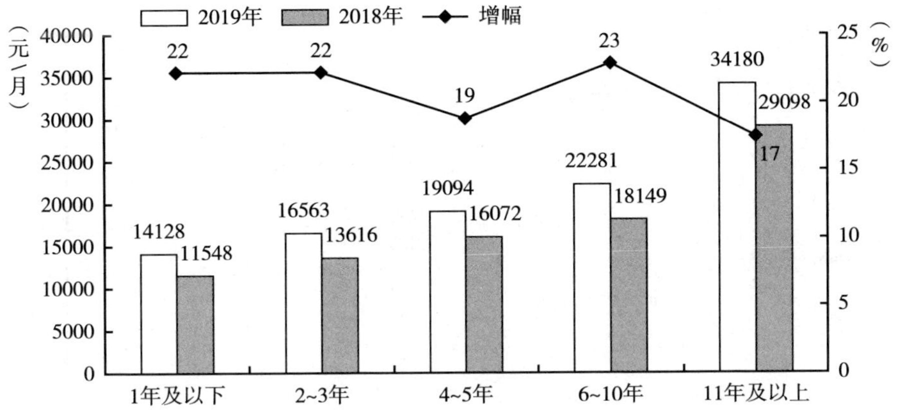

图 15　研究生（含博士、硕士）学历不同工龄员工的平均薪酬状况

资料来源：南方人才市场薪酬数据调查。

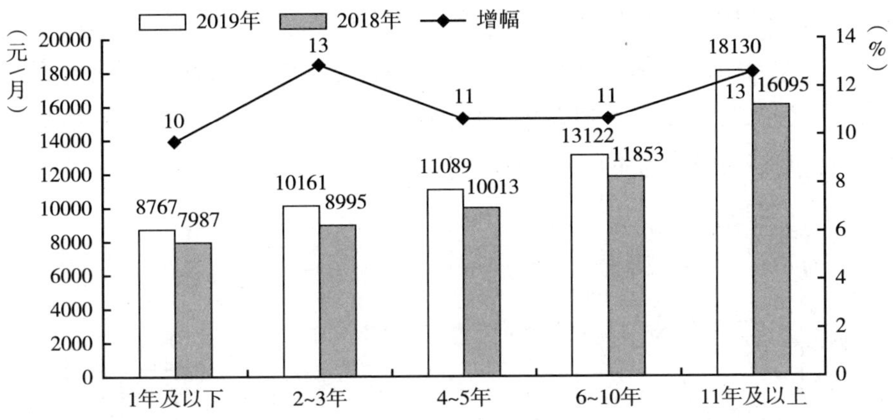

图 16　大学本科学历不同工龄员工的平均薪酬状况

资料来源：南方人才市场薪酬数据调查。

在大学专科学历员工中，工龄越高，员工薪酬平均水平越高。工龄 11 年及以上员工的薪酬平均水平为 10992 元/月，同比增长 11%；工龄 1 年及以下员工的薪酬平均水平为 6646 元/月，同比增长 12%。与 2018 年相比，工龄 3 年及以下员工的薪酬增幅相对偏高，工龄 4～10 年员工的薪酬增幅相对偏低（见图 17）。

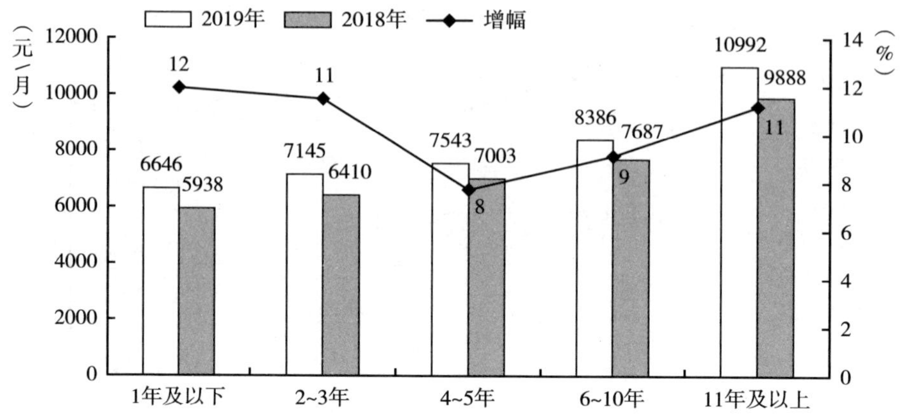

图17　大学专科学历不同工龄员工的平均薪酬状况

资料来源：南方人才市场薪酬数据调查。

在高中、中专或技校学历员工中，工龄越高，员工薪酬平均水平越高，而增长幅度与工龄间未发现显著关系。工龄11年及以上员工的薪酬平均水平最高，为7526元/月，但薪酬增幅最小，同比增长4%；工龄1年及以下员工的薪酬平均水平为5906元/月，同比增加7%。与2018年相比，工龄2~3年的员工的薪酬增幅最大，为10%；工龄11年及以上的员工的薪酬增幅最小，为4%（见图18）。

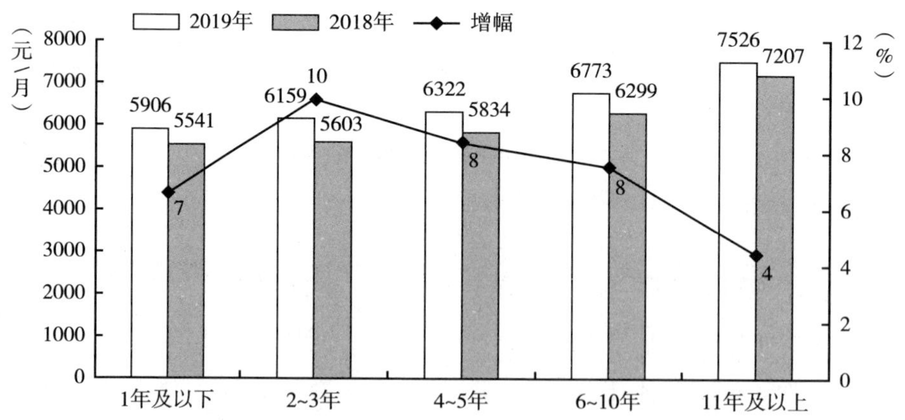

图18　高中、中专或技校学历不同工龄员工的平均薪酬状况

资料来源：南方人才市场薪酬数据调查。

在初中及以下学历中，工龄越高，员工薪酬平均水平越高。工龄 11 年及以上员工的薪酬平均水平为 5732 元/月，同比增长 5%；工龄 1 年及以下员工的薪酬平均水平为 5227 元/月，同比增加 8%。与 2018 年相比，工龄 4~5 年的员工的薪酬增幅最大，为 11%；工龄 11 年及以上的员工的薪酬增幅最小，为 5%（见图 19）。

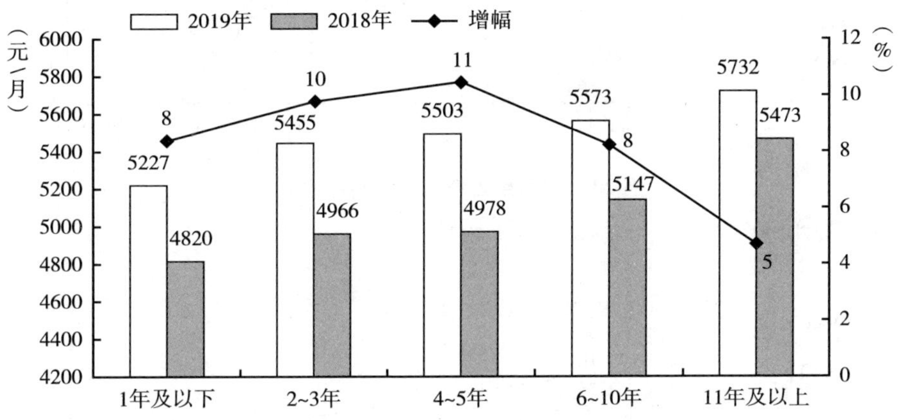

图 19　初中及以下学历不同工龄员工的平均薪酬状况

资料来源：南方人才市场薪酬数据调查。

（五）不同用工形式薪酬水平状况

合同制用工的薪酬平均水平明显高于劳务派遣用工，达到 7712 元/月，且同比增幅最大，为 9%，比劳务派遣用工的同比增幅高 6 个百分点，两者薪酬平均水平的差距出现扩大趋势（见图 20）。

从薪酬 90 分位来看，合同制用工的薪酬 90 分位显著高于劳务派遣用工，达到 12692 元/月。与 2018 年相比，合同制用工的同比增幅略高于劳务派遣用工，两者相差 2 个百分点（见图 21）。

从薪酬 75 分位来看，合同制用工的薪酬 75 分位显著高于劳务派遣用工，达到 8269 元/月。与 2018 年相比，合同制用工的同比增幅明显高于劳务派遣用工，两者相差 10 个百分点（见图 22）。

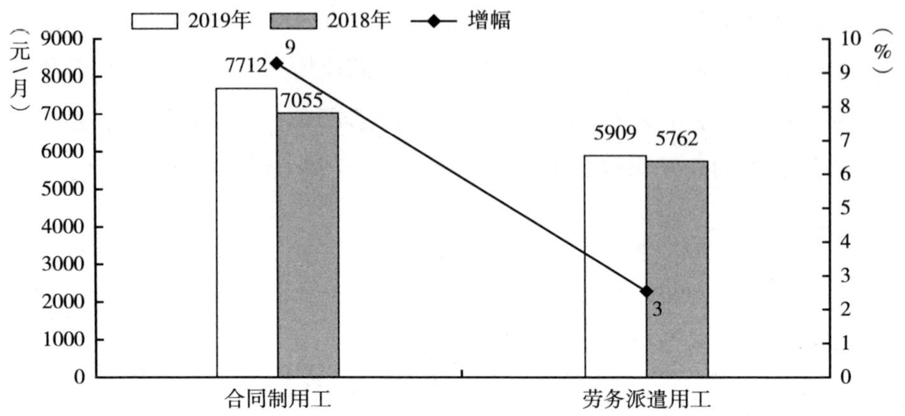

图 20　不同用工形式的平均薪酬状况

资料来源：南方人才市场薪酬数据调查。

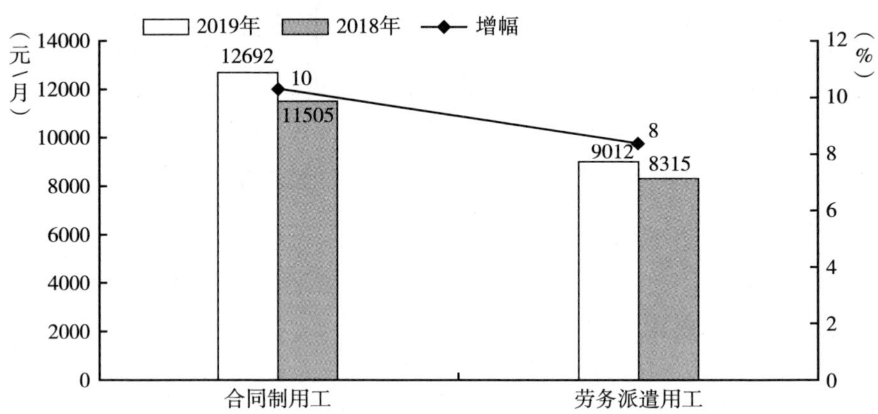

图 21　不同用工形式的薪酬 90 分位状况

资料来源：南方人才市场薪酬数据调查。

从薪酬 50 分位来看，合同制用工的薪酬 50 分位显著高于劳务派遣用工，且同比增长幅度也显著高于劳务派遣用工（见图 23）。

从薪酬 25 分位来看，合同制用工与劳务派遣用工的薪酬水平相差不大。合同制用工达到 4536 元/月，劳务派遣用工为 4160 元/月。与 2018 年相比，合同制用工的同比增幅略高于劳务派遣用工，两者相差 3 个百分点（见

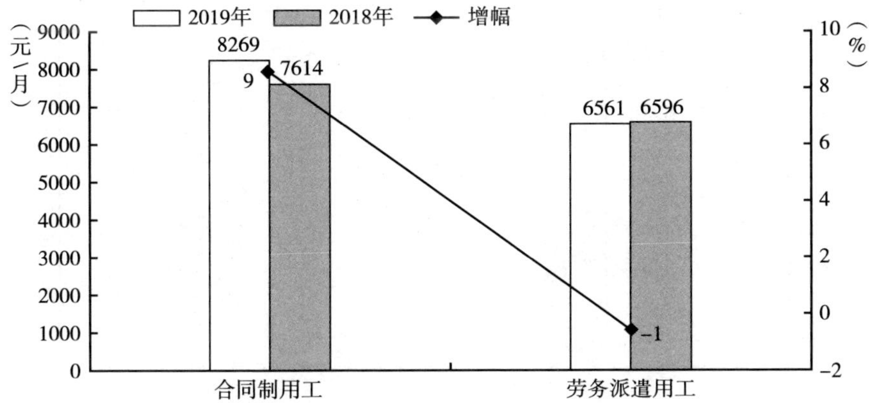

图 22　不同用工形式薪酬 75 分位状况

资料来源：《广东省统计年鉴》。

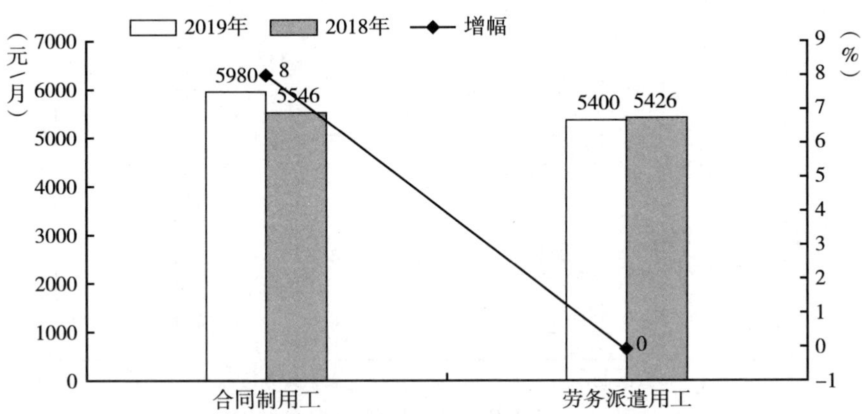

图 23　不同用工形式薪酬 50 分位状况

资料来源：南方人才市场薪酬数据调查。

图 24）。

从薪酬 10 分位来看，合同制用工与劳务派遣用工的薪酬水平相差不大。合同制用工达到 3565 元/月，劳务派遣用工为 3351 元/月，前者比后者多 214 元/月。与 2018 年相比，合同制用工的同比增幅略高于劳务派遣用工，两者相差 3 个百分点（见图 25）。

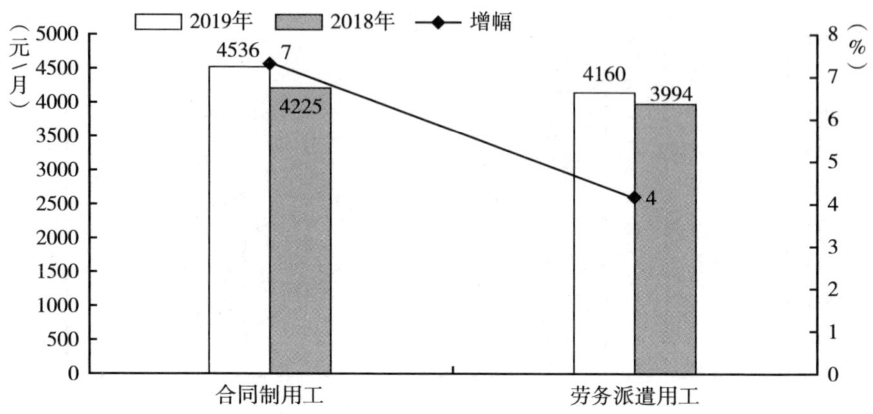

图 24　不同用工形式薪酬 25 分位状况

资料来源：南方人才市场薪酬数据调查。

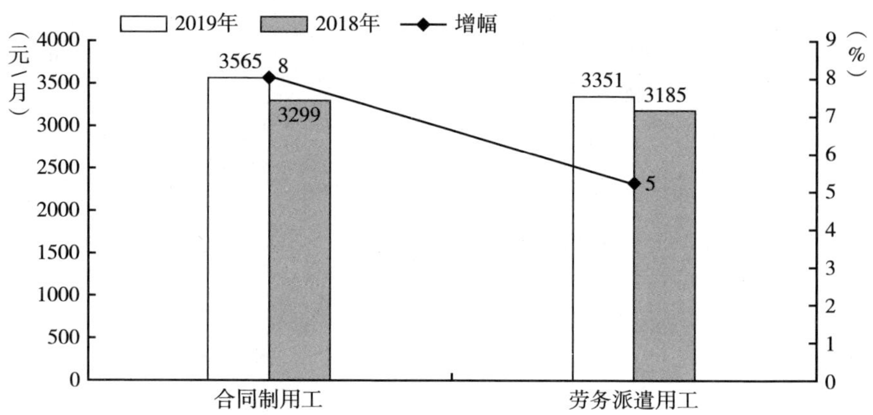

图 25　不同用工形式薪酬 10 分位状况

资料来源：南方人才市场薪酬数据调查。

五　结论与讨论

（一）广东省高收入群体的薪酬水平的增长相对较快，中低收入群体的薪酬水平增长相对缓慢，收入差距出现扩大的趋势

调查数据显示，广东省 2019 年的平均薪酬同比增长 9%，略高于广东

省 GDP 同期增幅，薪酬水平的增长与经济的增长在变化趋势上呈现同步性。细分来看，全省薪酬 90 分位的增幅最高，达到 10%；50 分位及以下增幅较低，在 7% ~8%，这一结果说明高收入群体的薪酬水平增长相对较快，而中低收入群体的薪酬水平增长相对缓慢，收入差距出现扩大的趋势。由于平均数易受极端数据的影响，与 50 分位结合使用更能准确反映数据的真实情况。在本次统计结果中发现，薪酬水平平均数与 50 分位之间存在一定程度的差距，平均数比 50 分位高 29%（略高于 2018 年的差距 27%），这一结果进一步说明高收入人群的薪酬水平拉高了广东省的平均薪酬水平。

（二）金融业平均薪酬持续领跑，行业间薪酬差距仍然明显，行业内收入差距逐渐扩大

金融业，电力、热力、燃气及水生产和供应业，信息传输、软件和信息技术服务业是广东省薪酬平均水平排名前三的行业，尤其是金融业，薪酬水平遥遥领先其他行业；住宿和餐饮业，居民服务、修理和其他服务业，农、林、牧、渔业是广东省薪酬平均水平排名后三的行业。

从行业间薪酬差距来看，2019 年最高的金融业和最低的住宿和餐饮业的职工平均薪酬之比为 3.45∶1，与 2018 年相比，最大的职工平均薪酬之比一样。总体来看，全省行业间薪酬差距仍然较为明显。合理调控行业间的薪酬差距，是促进收入分配公平的重要途径。

从行业内薪酬差距来看，18 个行业门类的职工薪酬水平差距系数①在 2.88 ~6.39 区间，相比 2018 年（2.86 ~5.85），行业内职工收入差距整体有所扩大。其中，共计 13 个行业的职工收入差距有所扩大，最为明显的是金融业、科学研究和技术服务业，差距扩大 1.59 倍、1.09 倍；5 个行业的职工收入差距有所缩小，最为明显的是租赁和商务服务业，差距缩小 93%。

① 行业内的职工薪酬水平差距系数 = 行业内的职工薪酬 90 分位数/行业内的职工薪酬 10 分位数。

（三）职工薪酬同企业规模、学历和工龄呈正相关，影响作用明显

职工平均薪酬与企业规模呈正比。大型企业的职工平均薪酬为 8915 元/月，中型企业为 7324 元/月，小型企业为 6748 元/月，微型企业为 6560 元/月。最高的大型企业与最低的微型企业的职工平均薪酬之比为 1.36∶1，差距比 2018 年的职工平均薪酬之比（1.34∶1）有所增加，即不同规模企业职工的薪酬水平差距相对扩大。从数据来看，企业规模越大，在薪酬领域的竞争优势越大，同时承担的人工成本压力也随之增大。

学历与工龄的交互作用依旧是造成薪酬水平差距的显著因素。从学历来看，职工的平均薪酬水平与其学历呈正相关关系，即随着学历的提升，职工的平均薪酬水平逐渐提升。其中，研究生（含博士、硕士）学历的职工平均薪酬最高，达到 22354 元/月；初中及以下学历的职工平均薪酬最低，为 5568 元/月。前者为后者的 4.01 倍，比 2018 年（3.55 倍）有所扩大。从数据来看，因学历因素造成的薪酬水平差距逐渐拉大。此外，随着工龄的增加，职工的平均薪酬水平也呈上升趋势，且学历越高，职工平均薪酬增长越快。其中，研究生（含博士、硕士）学历职工平均薪酬水平增长最快，工龄 11 年及以上职工的薪酬水平是工龄 1 年及以下职工的 2.42 倍；初中及以下学历职工平均薪酬水平增长最慢，工龄 11 年及以上职工的薪酬水平是工龄 1 年及以下职工的 1.10 倍。

（四）合同制用工与劳务派遣用工的薪酬水平差距有所扩大

合同制用工的薪酬平均水平和同比增幅均高于劳务派遣用工，这一趋势还体现在各个分位水平上。这一数据结果说明，合同制用工与劳务派遣用工的薪酬水平差距在不断扩大。

面对市场竞争加剧和用工成本提高，以及我国互联网技术的逐渐发展，大数据、云计算、人工智能、5G 等先进数字化技术的市场化应用，项目制用工、劳务派遣用工、非全日制用工、共享用工、兼职、自由职业者等成为越来越多企业重点考虑的用工方式。据统计，有采用以上用工计划的企业比

例达到51.71%。[①] 随着国家相关法律法规和政策越来越规范，以上用工规模将越来越大，相信未来劳务派遣用工的薪酬水平与合同制用工的薪酬水平的差距将会有所缩小。

参考文献

中国南方人才市场等：《南方人才2018~2019年度广东地区薪酬调查报告》，广东省人民出版社，2018。

中国南方人才市场等：《南方人才2019~2020年度广东地区薪酬调查报告》，广东省人民出版社，2019。

广东省人力资源和社会保障厅：《2018年广东省人力资源市场薪酬指导价位及行业人工成本信息》，2019。

中华人民共和国国家统计局：《国民经济行业分类（GB/T 4754－2017）》，2017。

中华人民共和国国家统计局：《关于印发统计上大中小微型企业划分办法的通知》，2017。

中国人民银行、中国银行业监督管理委员会、中国证券监督管理委员会、中国保险监督管理委员会、国家统计局：《关于印发金融业企业划型标准规定的通知》，2015。

王伟：《广东省劳动力成本上升对产业结构升级的倒逼效应研究》，广东财经大学硕士学位论文，2015。

张瑾、王磊、吴婧：《人力资源薪酬福利的管理思路与实践方式》，《企业改革与管理》2016年第20期。

王飞：《浅议人力资源中绩效与薪酬福利管理研究》，《商场现代化》2016年第13期。

于永健：《企业人力资源绩效和薪酬福利风险管理分析》，《财经界（学术版）》2020年第10期。

广州招商银行：《广州市2019年各行业薪酬福利分析报告》，2019。

① 2018年11月，人瑞集团联合《中外管理》杂志共同发布《2018年中国灵活用工发展白皮书》中表示，有采用灵活用工计划的企业比例达到51.71%。

人力资源服务

Human Resources Service

B.17
新冠肺炎疫情对人力资源服务机构影响的调查分析

林　彤*

摘　要： 新冠肺炎疫情给人力资源服务机构的生产经营带来了不利的影响。为了观察了解疫情对人力资源服务行业的影响，中国对外服务工作行业协会开展了“疫情对会员单位生产经营活动的影响”专项问卷调研活动。本报告从疫情期间会员单位的经营情况、疫情对企业经营的影响、关于解决疫情影响的思考等角度，研究分析了疫情期间人力资源服务机构的经营方式、主要困难，以及帮助人力资源服务机构克服困难、渡过难关的政策措施。

* 林彤，国际商务师，主要研究领域为人力资源服务产业发展趋势。

关键词： 新冠肺炎疫情　人力资源服务机构　用工政策

2020 年以来，我国各地陆续发生了新冠肺炎疫情。为了避免人员聚集和交叉感染，以传统隔离方式为主的非医疗干预成为遏制疫情蔓延的关键因素。作为抗击疫情的一种有效措施，隔离阻止了疫情的传播，但也给一些行业带来了不利的影响，受影响较重的行业主要包括餐饮业、娱乐业、旅游业等。作为生产性服务业，人力资源服务业位于整个经济产业链下游。上游客户经营困难、复工时间延迟等问题必然会对人力资源服务机构的相关业务造成影响。

作为一家由人力资源服务机构组成的行业组织，中国对外服务工作行业协会（简称“外服协会”）在新冠肺炎疫情发生后，高度关注会员单位的疫情防控工作以及疫情对人力资源服务行业的影响。2020 年 2 月至 5 月，外服协会秘书处对多家会员单位，特别是湖北地区的会员单位进行了多次线上调研和访谈工作，充分了解疫情防控情况以及业务工作的开展情况。在此期间，为了深入研究了解疫情对人力资源服务行业的影响，外服协会还进行了“疫情对会员单位生产经营活动的影响”专项问卷调研活动，截至 5 月 15 日，协会共收到会员单位的调查反馈 104 份，在此基础上，撰写了新冠肺炎疫情对人力资源服务机构的影响调研分析报告。

一　参加调研企业的基本情况

外服协会成立于 1989 年，历经 30 余年的发展，已逐步成为中国人力资源服务产业中具有较高知名度和较强影响力的行业协会。作为一个全国性的、以人力资源服务行业为特色的社会组织，目前，外服协会在全国各地拥有 160 余家会员单位，分布在除西藏、青海、宁夏以外的全部省级（含直辖市、自治区）地区。绝大多数会员单位都是全国或所在地区人力资源服务领域的领军企业。会员单位的主营业务为向国内各类经济组织和各类机构提供人力资源外包、劳务派遣、招聘、业务流程外包、薪酬财税服务以及其他涉外商务服务等全方位人力资源服务解决方案。

参加此次调研的会员单位包含大、中、中小型人力资源服务机构，覆盖国内大部分地区。其中，既包括国有大型人力资源服务骨干企业、上市人力资源服务企业，也包括优秀的民营人力资源服务企业以及跨国职介公司在中国的分支机构。从营业收入（含代收代付）的规模来看，大型企业的年营业收入在10亿元以上，中型企业的年营业收入为1亿~10亿元，中小型企业的年营业收入在1亿元左右，其构成如图1所示。

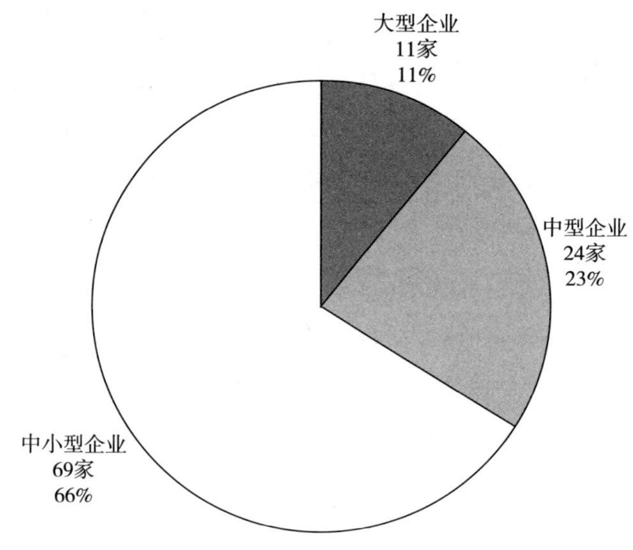

图1　参加调研企业的构成情况

二　疫情期间会员单位的经营情况

突如其来的疫情给人力资源服务机构的经营活动造成了较大影响。积极参与抗击疫情、全力保障员工健康安全成为会员单位在疫情期间的最重要任务。与此同时，为了尽可能地保障公司各项业务的正常开展，将疫情对企业经营造成的影响降至最低，会员单位在疫情期间普遍采取了以下措施，转变生产经营方式，全力抗击疫情。

（一）居家办公和弹性工作机制

在抗击疫情初期，会员单位广泛开展了员工居家办公、网上远程操作的工作模式，以此来避免人群聚集。在各地陆续复工后，会员单位全部安排采用了员工弹性工作机制，即安排员工轮流或分时段前往办公场所工作，其他时间仍然维持居家办公的模式。通过以上措施，在保护员工安全的同时，保持一定的出勤率，以尽可能地保障客户各项业务的正常开展。

（二）利用数字化手段助力疫情防控和复工复产

面对疫情带来的不利影响，会员单位依据防疫和复工形势的变化，适时改变服务方式，积极做好服务转型。

为了抗击疫情，会员单位危中寻机，加快了智慧人力资源服务系统的开发和推进工作，90%以上的会员单位通过电脑客户端或手机客户端 App，利用已有的线上服务平台或紧急搭建了具有线上薪酬管理、社保代理服务、招聘、入离职管理功能的平台，全力推动远程服务、不见面服务。此外，还有一些会员单位积极探索创新，协助各类企业之间进行用工调剂，实现人力资源的优化配置。

（三）为客户提供政策顾问与咨询

抗击疫情期间，面对客户普遍关注的用工和劳动保护等问题，会员单位积极收集整理各地相关用工政策并及时发布。很多会员单位还主动为客户提供公益线上课程，或免费让客户使用自己开发的人力资源业务系统，指导帮助企业做好疫情下的人力资源管理，增强客户黏性。为了帮助企业尽早复工复产，会员单位广泛利用新媒体、新技术，宣传疫情防控知识，为客户公益发布招聘信息，普及用工方面的法律知识。

三　疫情对企业经营的影响

突如其来的新冠肺炎疫情给各行各业都带来了不利的影响，人力资源服务业不可避免地受到波及。在疫情期间，相当一批会员单位的营收出现明显下降，而公司的固定成本和员工工资仍要支出，再加上企业回款压力和风险加大，这些都给会员单位的运营带来了严峻的挑战，导致企业困难陡增。调查结果显示，绝大部分会员单位认为疫情对企业经营产生了不利影响。这些不利影响主要体现在客户数量下降、业务收入下降、服务人数下降、客户拖欠服务费、客户拖欠社保和公积金、员工招聘难等方面（见图2）。

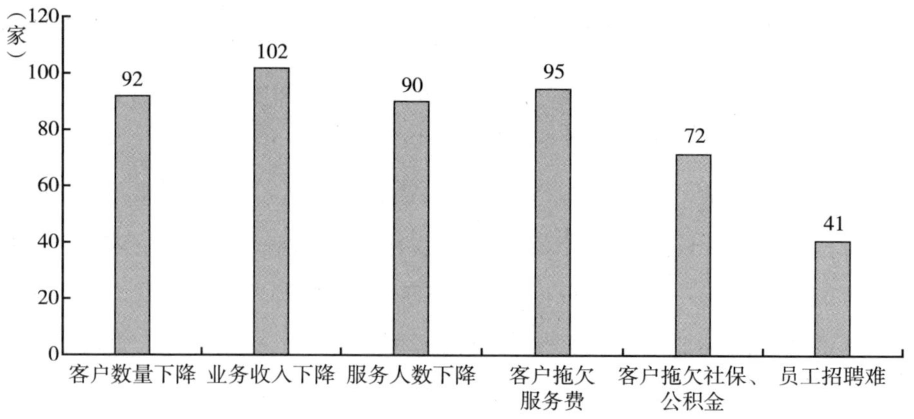

图2　疫情给会员单位带来的主要影响

作为生产性服务业，人力资源服务业位于整个经济产业链条的下游。上游客户经营困难、开工时间延迟等问题必然会给人力资源服务机构的相关业务活动带来影响，导致部分会员单位出现了客户数量下降或服务人数下降的情况。从图2可见，参加调查的会员单位几乎全部出现业务收入下降的情况。一些客户由于受到疫情影响，企业的运营遭遇较大困难，发生了中断使用人力资源相关服务或拖欠会员单位服务费、拖欠员工社保和公积金等情况。为了抗击疫情，很多地区对人员流动加以严格限制，由此出现了复工返岗难的情况，部分会员单位的劳务派遣业务或外包业务受到较大影响，员工招聘困难。

值得注意的是：依据部分会员单位的反馈，疫情对业务造成的影响还可能会存在一个滞后期。即受到疫情的影响，部分客户的经营状态在后疫情时代依然存在变数，很可能因业绩不振而退出市场。届时，对人力资源服务机构的影响才延后显现出来。

四　关于解决疫情影响的思考

作为生产性服务业，人力资源服务行业在促进就业、优化劳动力资源的配置方面发展着非常重要的作用。但是，人力资源服务机构普遍存在轻资产、规模小、抗风险能力弱的情况。如前文所述，疫情给人力资源服务机构的生产经营造成了较为严重的影响。在困难面前，会员单位希望行业主管部门充分考虑到人力资源服务行业在稳就业方面所发挥的重要作用，制定适当措施，帮助人力资源服务机构渡过难关。具体而言，在诉求方面主要有以下几点。

（一）税收优惠

在后疫情时代，国家给予人力资源服务机构一定比例的税收优惠，以降低企业的经营成本。在具体的措施上，可以考虑：在一定的时间内，将人力资源服务机构自有员工的薪资纳入增值税进项税额抵扣。

（二）给予资金支持

由于受到疫情影响，部分客户企业因经营困难，无法将相关业务服务费或员工的社保费及时支付给人力资源服务机构。而现金流对于人力资源服务机构来讲尤为重要，一批会员单位作为客户员工的社保办理方和薪资代发方，已为客户、为员工垫付了大量资金。对于受疫情影响面临经营困难的人力资源服务企业，政府部门应考虑采取资金援助或租金减免等政策措施施以援手。此外，政府部门应引导金融机构适当对受疫情影响较重的人力资源服务机构进行“输血”贷款并降低利息，将有需求的人力资源服务机构还贷期限延长，支持人力资源服务机构渡过难关。

（三）给予人力资源服务机构就业服务补贴

在抗击疫情期间，相当一批会员单位为了帮助客户企业尽早复工，在员工招聘或人员交通输送方面付出了大量的努力。对于那些为国家或各地重点项目工程提供大批量招工支持的人力资源服务机构，政府部门应考虑给予特殊时期的就业服务补贴。

（四）调整用工政策

在抗击疫情和经济下行压力较大的社会背景下，为了减轻用工单位的负担，部分会员单位也提出建议，希望未来政府部门能够进一步考虑调整关于企业用工方面的政策规定，鼓励支持多种形式的灵活用工方式存在，为人力资源服务行业拓展灵活用工服务市场提供政策支撑（见图3）。

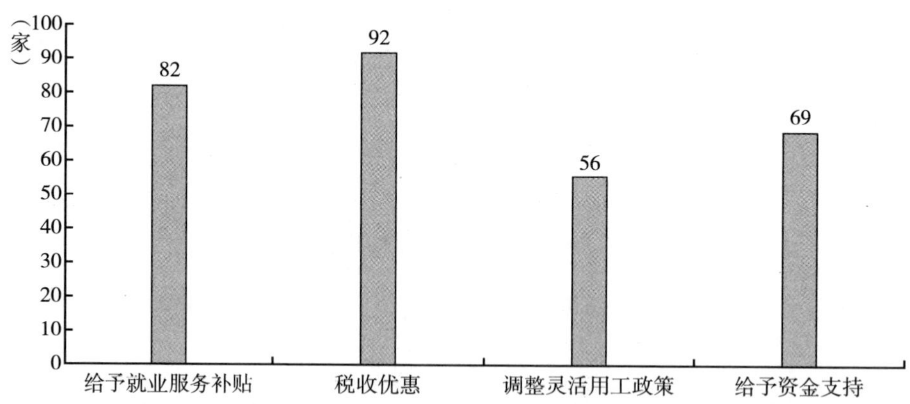

图3　会员单位的主要诉求

综上所述，在这场全国抗击疫情的阻击战中，人力资源服务行业在面临诸多困难的不利情况下，坚持经营，创新求变，助力企业尽早复工、维持稳定和谐的劳动关系，起到了社会稳定器的作用。下一步，希望政府部门加大对人力资源服务机构的支持力度。对于受疫情影响面临经营困难的人力资源服务企业，及时落实税收优惠、资金援助、社保缓缴、租金减免等政策措施。此外，可以通过更多政府采购人力资源服务的方式，帮助人力资源服务机构拓展市场，渡过难关。

B.18

人力资源大数据与分析应用现状及趋势

王军宏　赵 洁*

摘　要： 面对当前的经济形势，各类组织都在积极开展数字化转型，我们认为，组织的数字化转型离不开人力资源管理的数字化，而人力资源管理数字化是否能够成功，在很大程度上取决于人力资源从业人员的数据分析能力。基于此，我们对各类组织在人力资源大数据与分析应用方面进行跟踪研究，调查不同类型组织中人力资源大数据与分析应用的现状、面临的问题，分析发展制约因素及未来需求，为各类组织提升人力资源数据分析力，推动人力资源数字化转型提供借鉴和参考。

关键词： 人力资源数字化　大数据　行业结构

一　研究背景

当今时代，科技进步日新月异，数字经济发展迅猛。据统计，从2012年至2018年，我国数字经济规模从11.2万亿元增长到31.3万亿元，总量居世界第二，占GDP比重从20.8%扩大到34.8%。产业数字化进程正在加速发展，特别是2020年由于新冠肺炎疫情的原因，数字化发展进程被大大

* 王军宏，博士，中国人才研究会理事，主要研究方向为数字化人力资源管理、人力资源数据分析；赵洁，北京双高国际人力资本集团员工。

加速了。据报道，疫情期间，在钉钉上发起在线会议的数量单日突破2000万场、超1亿人次；华为、阿里、腾讯等国内著名的高科技公司不仅纷纷加速自身的数字化转型，也纷纷加大在数字化方面的投入，给广大中小企业进行数字化转型提供了空间和可能。

根据国际经验，企业仅仅引入数字化平台，将业务从线下搬到线上，并不能将数字化的价值最大化。如果能在数字化基础上，运用先进的技术手段，通过赋能员工，培养员工的数据分析能力，才能最终实现数字化转型的价值。要做到这一点，就需要企业在人力资源管理领域实现数字化，利用好数字化平台，提升人力资源管理的数据分析能力，并在为员工进行数字化能力赋能的同时，运用数据分析力，提升数字化对企业的价值。因此，可以说，数据分析的应用水平，在一定程度上决定了数字化转型能否实现最终价值的关键。

鉴于此，我们在2017年、2019年两次开展人力资源大数据与分析调研的基础上，通过问卷调查法继续开展了此项调查。调研旨在通过分析各类微观主体人力资源大数据与分析应用中存在的普遍问题和困惑，帮助更多的组织提升人力资源分析能力。同时，为广大人力资源从业人员提供强化人力资源数据分析能力、加速人力资源数字化转型方面的最佳实践和行动建议，帮助各类组织实现数字化转型的最终价值。

二　样本概况

（一）样本基本信息

本次调研共收到112家各类组织的反馈，与以往不同的是，一些政府机构和事业单位对数字化产生了极大的兴趣，积极参与了调研，占到调研组织数量的19.64%。这或许和政府大力推动数字经济有关，也表明我国政府数字化转型的决心。国有企业、民营企业、外资企业占比分别为33.93%、33.04%、10.72%，具体如图1所示。

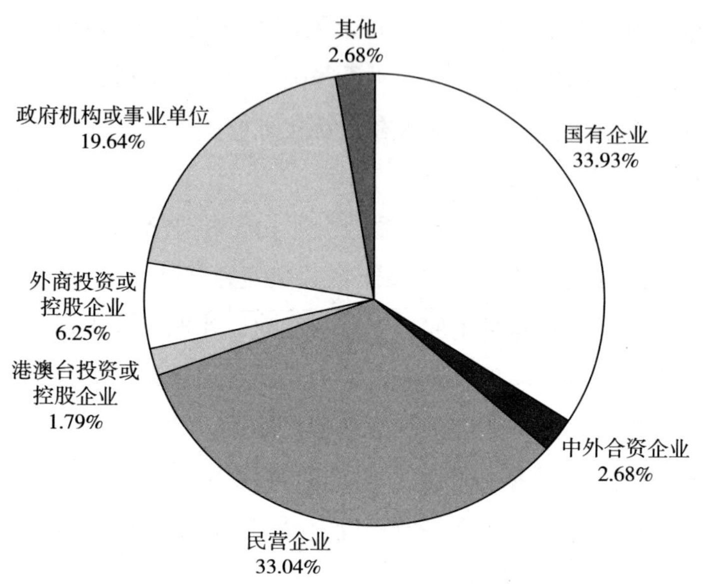

图1　参与调研单位性质分布

在行业分布方面，被调查组织涉及十几个行业。其中，以建筑/地产、计算机/互联网/电子、会计/金融/银行/保险、贸易/制造/消费、服务业为主，占比分别为 21.11%、16.67%、11.11%、11.11%、10%，其次是医疗/制药、专业服务/教育/培训、广告/媒体行业，占比分别为 5.56%、4.44%、3.33%。其他行业占比较少，另有 11.11%的被调查组织没有选择行业类别（见图 2）。

被调查组织的人数在 1000 人以上的有 48 家，占到参与调研组织总数的 42.9%，其中人数在 5000 人以上的特大型组织有 27 家，占 24.11%。2019 年调研中，5000 人以上的组织所占比例仅为 12.4%。人数在与前两次调研相比较是个突出的变化，表明大型组织对人力资源数据和分析的热情在逐步增加。人数在 501～1000 人的有 19 家，占比为 16.96%，101～500 人的为 26 家，占比为 23.21%，100 人及以内的有 19 家，占比为 16.96%（见图 3）。

被调查企业总部所在地分布范围较为广泛，但主要位于北京、上海、深

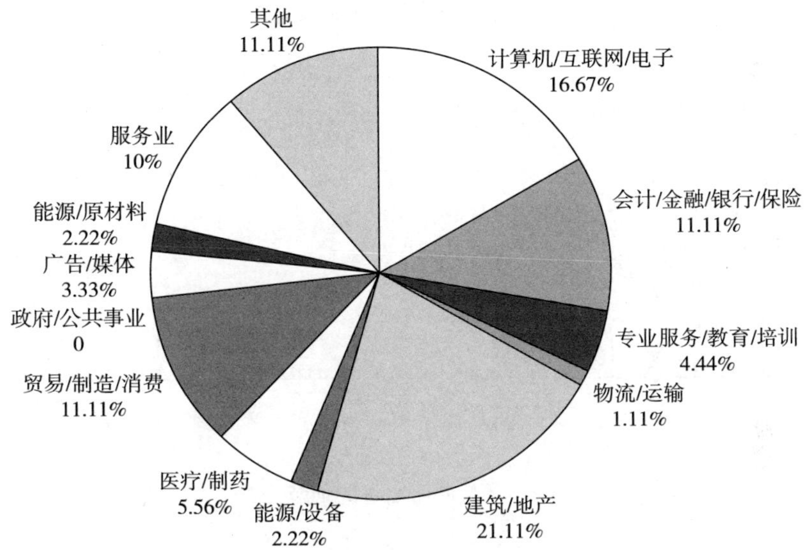

图2　被调查组织所属行业

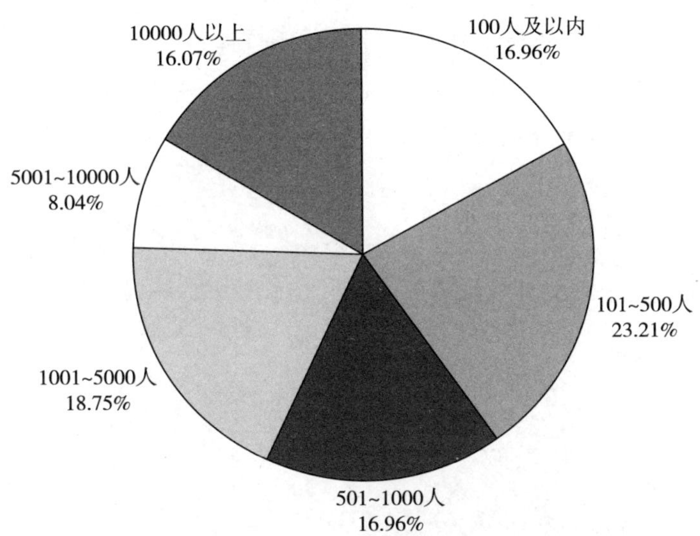

图3　组织员工人数规模

圳、香港等经济发达城市，此外，南京、成都、太原的占比也相对较高（见图4）。

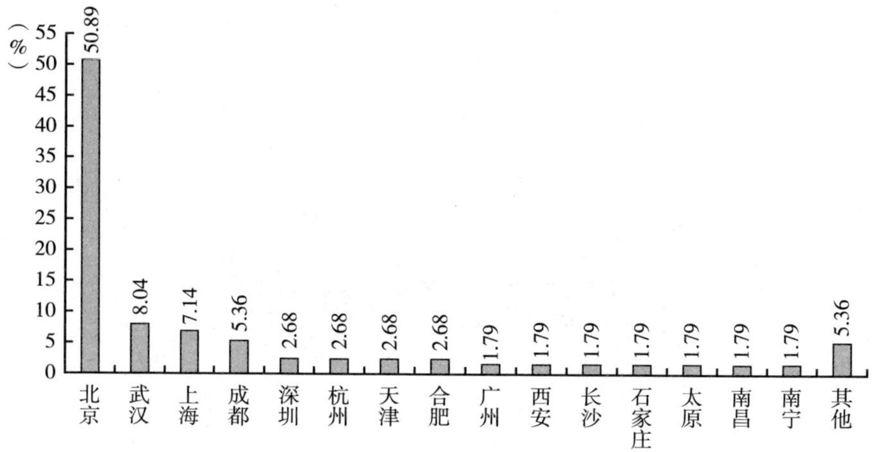

图4　参与调研组织的地域分布

（二）受访单位人力资源从业人员“画像”

调查发现，人力资源从业者呈现年轻化特征。25～35岁的占比居首位，为51.79%。其次，36～45岁的占比为30.36%。45岁以上以及25岁以下的占比均较少，占比分别为12.5%和5.36%（见图5）。

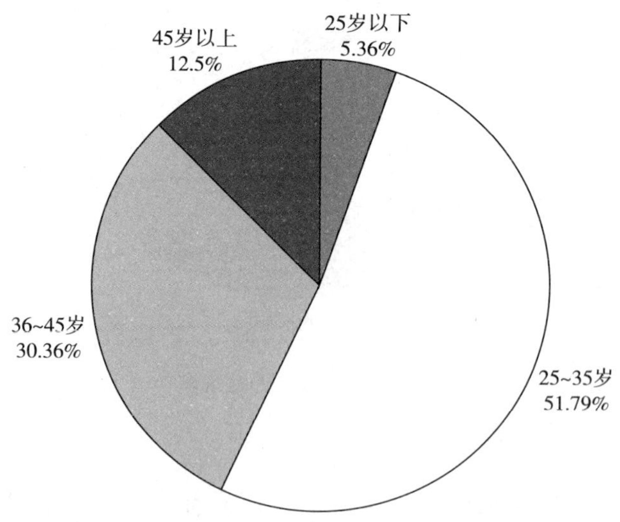

图5　受访单位人力资源从业人员年龄分布

112家单位的人力资源从业人员在学历方面，硕士学历占比最高，为49.11%。其次是本科学历，占比为39.29%，再次为博士学历，占比为7.14%，大专学历占2.68%，选择其他的占比为1.79%。和前两次调研相比较，硕士、博士学历的人力资源从业者占比明显上升（见图6）。

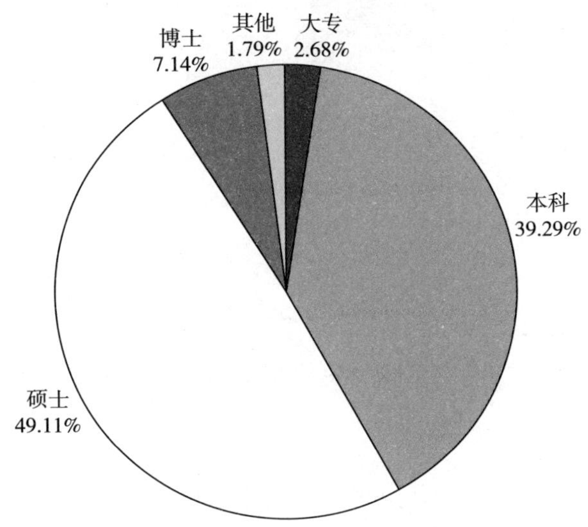

图6　人力资源从业人员学历分布

在所学专业方面，占比最高的是经济管理类，占比80.36%，文史哲、法律类的占12.5%，理工农医类占7.14%。2019年参与调研的HR中，经济管理类专业占比也最高，但只有57.0%（见图7）。

在工作年限方面，具有10年以上工作经验的占比33.04%，其次为1～3年工作经验，占比29.46%，3～5年工作经验的占比为19.64%，5～10年工作经验的占比为17.86%（见图8）。

在岗位级别分布方面，调查对象涵盖不同层级的人员，其中，总监及以上占22.32%，比2019年的8.3%有了大幅增加；经理级别占25%，主管所占比例为23.21%；专员级别占比最高，比例为29.46%，基本和2019年专员占比持平（2019年专员占比为29.7%）（见图9）。

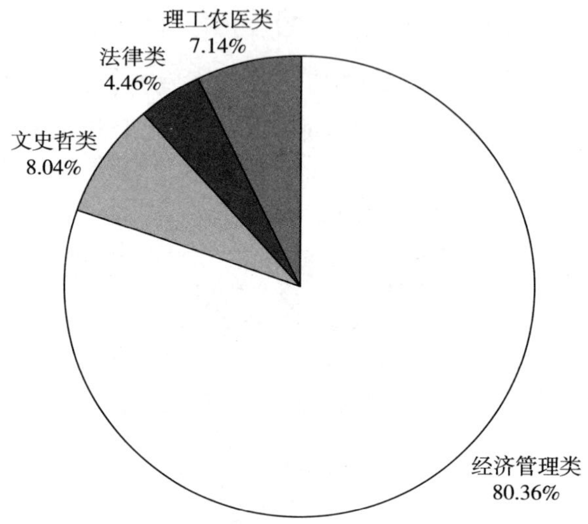

图 7　人力资源从业人员所学专业分布

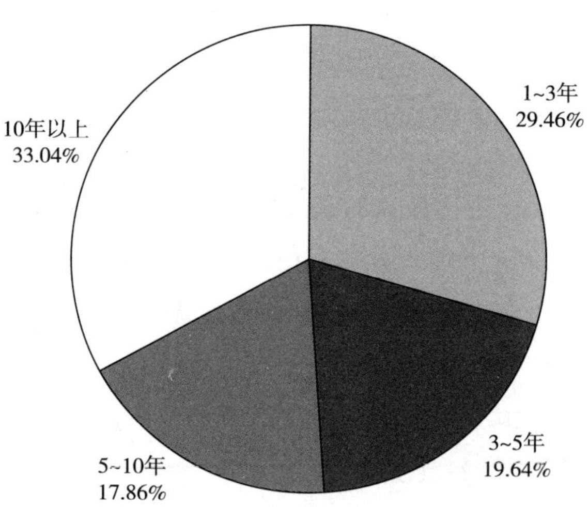

图 8　人力资源从业人员工作年限分布

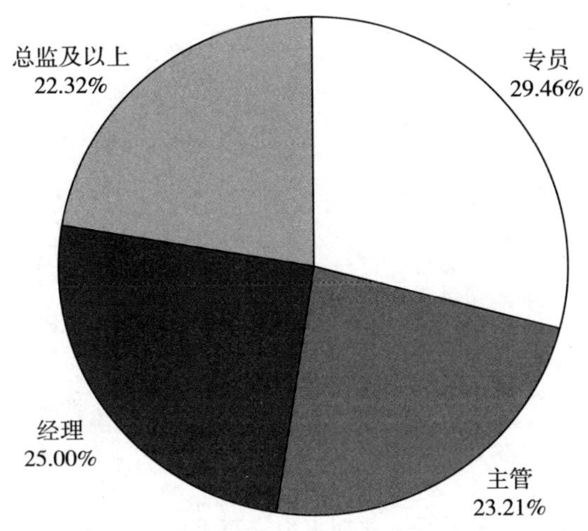

图9　人力资源从业人员岗位级别分布

三　人力资源从业人员对人力资源大数据分析与应用的认识

（一）人力资源大数据与分析的社会认知度整体偏低

与2019年调研结果相比较，人力资源从业人员对人力资源大数据与分析的了解程度整体依然偏低，但认为自己“非常了解”大数据与分析的人力资源从业者的比例从2019年的0.8%有了大幅提升，为4.46%。25%的企业人力资源从业人员认为自己“比较了解”人力资源大数据与分析，这比2019年也有了明显改进。40.18%的参与调研的人力资源从业人员认为了解程度比较“一般”，另有30.36%的人认为“不太了解”和“非常不了解”（见图10）。

人力资源大数据与分析应用离不开统计知识和大数据技术的支持。因此，此调查设计了针对人力资源从业人员对统计知识的了解程度，结果发现，如果以5分为最高分，1分为最低分，参与调研的组织中人力资源从业人员在“描述性统计分析”“相关性分析”“回归分析”方面的得分大于3

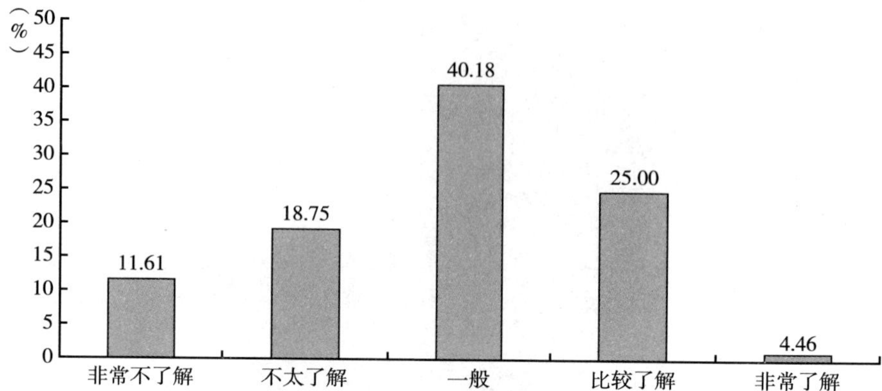

图 10　人力资源从业人员对人力资源大数据与分析的了解程度

分。人力资源从业人员在其余 6 项统计技术方面的得分均小于 3 分，这 6 项统计技术以及认为自己比较熟悉的人力资源从业人员在总回答人数中的占比分别为：方差分析（33.93%）、T 检验（26.79%）、主成分与因子分析（20.54%）、时间序列分析（16.96%）、聚类分析（5.36%）、生存分析（6.25%）（见图 11）。

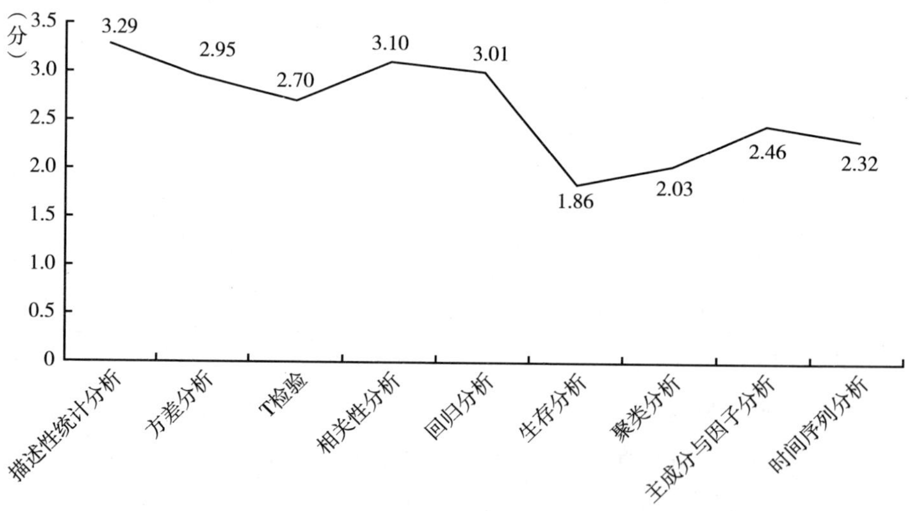

图 11　对统计学相关知识的了解程度

调查还发现，人力资源从业人员对大数据相关技术同样不很了解。在问及对大数据采集与储存技术、大数据分析技术、大数据结果呈现技术的了解程度时，选择“不了解”的占比均在35%以上。选择“仅了解部分概念”的也在20%以上。选择“简单应用”的占25%以上。而选择“熟悉应用并了解技术细节”的比例更少，均在12%以下。选择“熟练使用”占比最少，均在2%以下（见图12）。

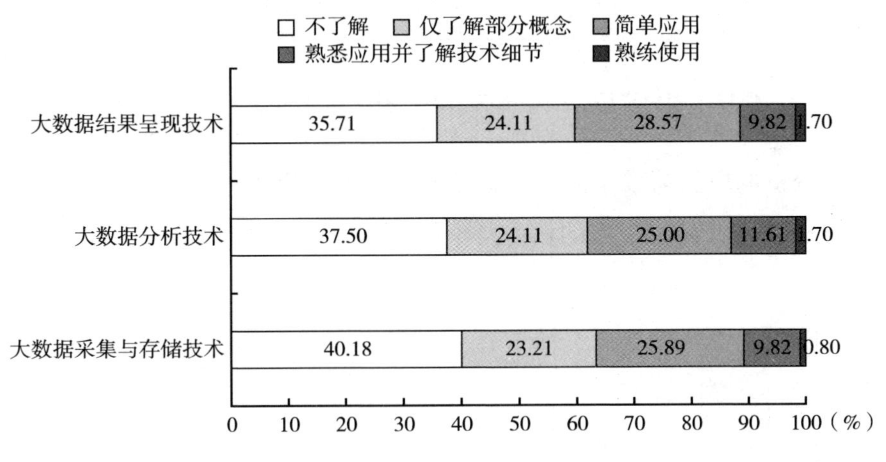

图12　对大数据相关技术的了解程度

（二）人力资源从业者非常认可人力资源大数据与分析的价值

调查发现，尽管人力资源从业人员对统计学相关知识和大数据相关技术的了解程度均偏低，但大部分参与调研单位的人力资源从业者都认为人力资源大数据与分析对提升人力资源管理水平非常重要，采用1至5评分量表，112家组织的平均分为4.01分，选择3分及以上的组织占总调研对象的91.07%，仅仅有8.93%的被调研单位的人力资源从业者选择了1分和2分，认为“不重要”和“非常不重要”（见图13）。

调查也发现，绝大多数人力资源从业人员看好大数据与分析在人力资源管理领域的应用前景与可能的价值。其中，有85.71%的人认为人力资源大

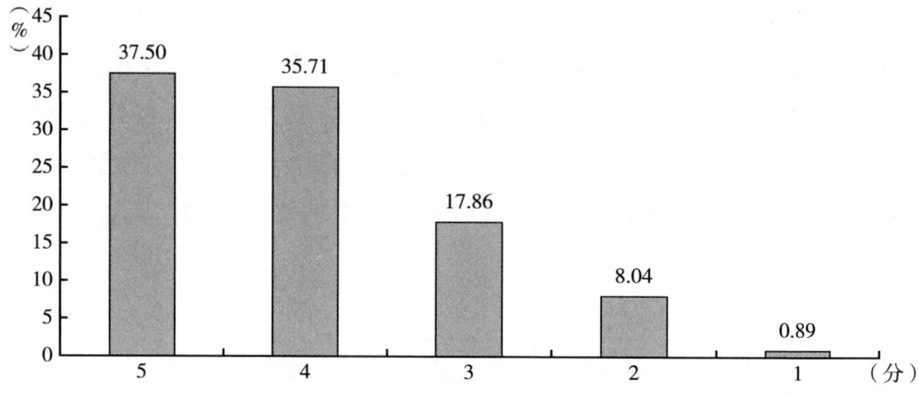

图 13　人力资源大数据与分析对提升人力资源管理水平的作用

数据与分析的应用前景非常好，能带来非常大的价值，有 10.71% 的认为应用前景一般，仅有 3.57% 的认为基本没什么用处（见图 14）。

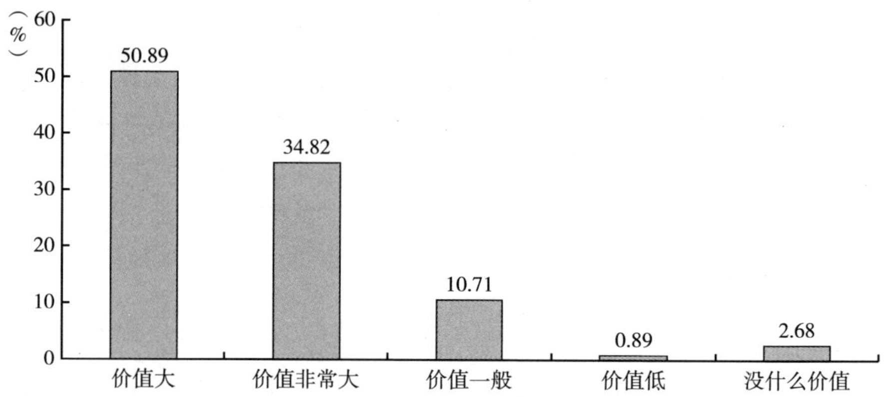

图 14　人力资源大数据与分析在人力资源管理领域的应用前景和价值

四　人力资源大数据分析与应用实践

（一）组织高层管理者的支持度

实践表明，组织高层管理者的态度对任何一件新生事物的发展起着决定性的作用，他们的态度和决策对企业是顺利实施人力资源大数据与分析至关重要。因此，在此次调查中，我们继续调查了组织高层管理者对待人力资源和大数据分析的态度。调研发现，参与调研的112家组织中，高层管理者对人力资源大数据与分析在组织中的应用重视程度不够，有12.5%的组织中，高层管理者非常重视，17.86%的比较重视，两者之和占比不足半数。31.25%的受访组织中高层管理的重视程度为“一般”，选择“不重视”“非常不重视”的组织的比例分别为23.21%、15.18%（见图15）。

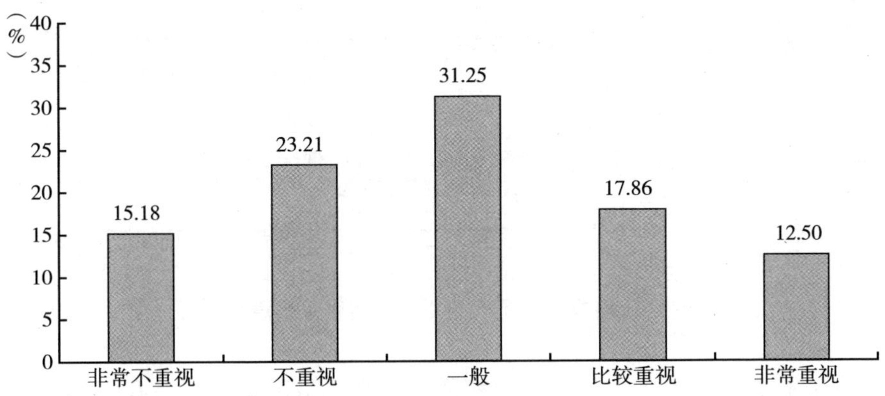

图15　组织高层管理者人力资源大数据与分析应用的态度

（二）组织在人力资源大数据与分析体系建设方面的表现

要想实施人力资源大数据与分析，离不开数据分析体系建设。经验表明，一些国内外大型组织不但建立了良好的人力资源信息系统，也开始在组织中设立人力资源数据分析部门，或者至少开始设立人力资源分析岗位，有的领先的组织已经开始设立人力资源分析总监等较高层次的岗位。国外一些设立人力资源分析部门的公司，一般都会按1∶10000的比例配备人力资源分析专业人员。

首先，在人力资源信息系统建设方面，参与此次调研的组织中绝大部分都建立了人力资源信息系统，使用人力资源信息系统能及时把组织中各类数据进行存储，有利于数据分析人员及时调用，并为进行分析提供了便利。调研显示，绝大部分组织都建立了人力资源信息系统（74.1%），无论是单位自行委托开发机构设计定制化的人力资源信息系统（26.8%），还是直接购买第三方提供的人力资源信息化软件系统（47.3%）。另外，25.9%的组织尚未建立人力资源信息化系统（见图16）。

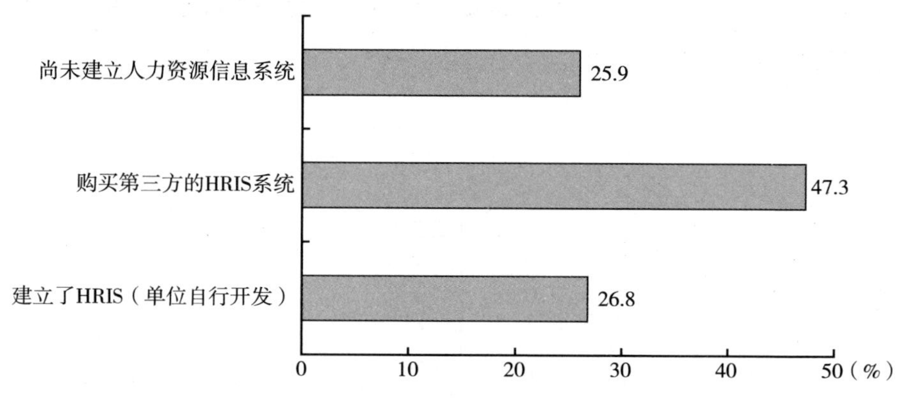

图16　所在单位是否建立了人力资源信息系统

为了解受访组织人力资源分析职能设置和人员配备情况，我们询问了在受访组织中，人力资源分析工作由谁负责，其中32.14%的单位由HR各模块自行负责各自的数据分析，8.04%的单位由HRBP负责，16.96%的单位由HR共享服务中心负责，3.57%的单位由HRIS团队负责。此外，39.29%的单位选择了其他，可能受访单位中有相当一部分政府机构和事业单位，其人事部门的设置与企业不同，因而只能选择“其他”（见图17）。

设置专门岗位负责人力资源大数据与分析是一个组织中人力资源数据分析水平发展的重要标志之一。调查发现，在人力资源大数据与分析岗位设置方面，49.6%的受访单位选择了“人力资源部员工兼职分析职能”，5.8%的被调研单位人力资源部设有专门的人力分析岗位，4.1%的受访单位成立了独立的人力资源分析部门，3.3%的单位在其数据分析部门设立有人力分析岗位。此外，选择尚未设立专职人力资源数据分析岗位的组织所占比例为37.2%（见图18）。

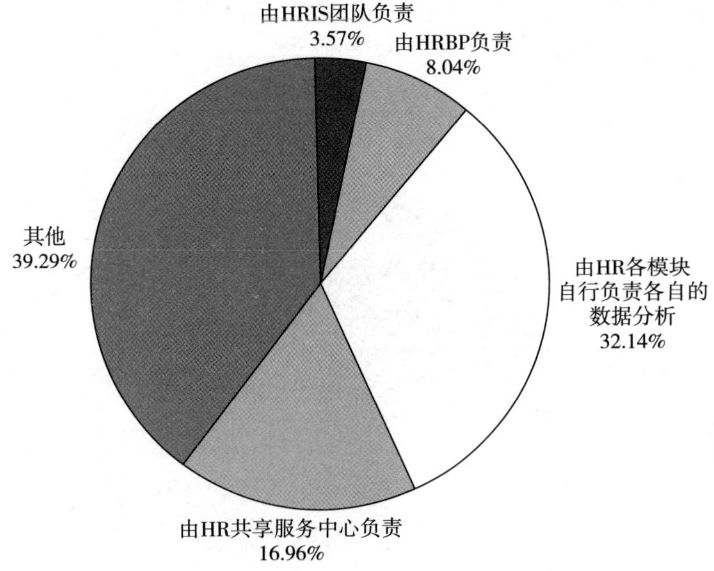

图 17　受访单位由谁负责人力资源数据分析

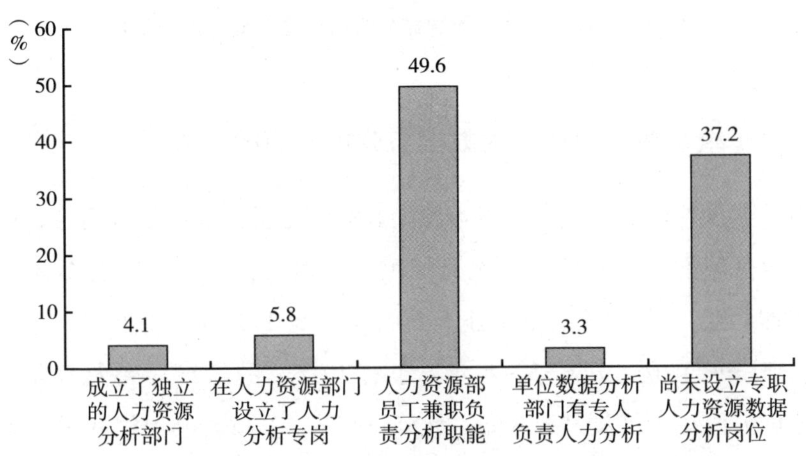

图 18　受访单位人力资源大数据与分析岗位设置情况

人力资源数据分析岗位的直接上级大多是人力资源部门负责人，占参与调研组织数量的 64.29%，8.57% 的组织中人力资源数据分析岗位向人力资源副总裁汇报，还有的组织中，人力资源分析则属于单位的数据分析部门，汇报给数据分析部门负责人，选择“其他”和“不清楚”的总共占参与调研组织的20.0%（见图19）。

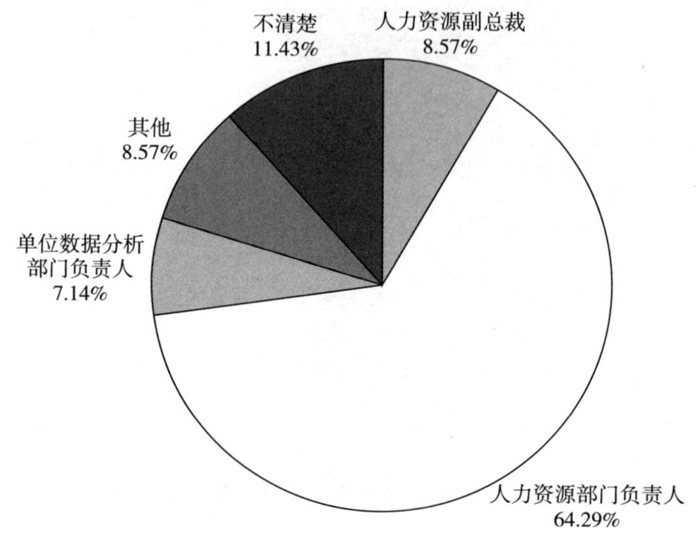

图19　组织中人力资源数据分析岗位直接向谁汇报工作

（三）组织在人力资源大数据与分析方面的投入

为了解参与调研组织在人力资源大数据与分析方面的投入情况，调研组设计了“您所在单位开始尝试人力资源大数据与分析距今已有多久”的问题。调查发现，25.89%的企业处于1~2年，8.04%的组织处于1年及以下区间，13.39%的组织处于3~4年，也有12.5%的组织开展人力资源大数据与分析工作在5年及以上区间。此外，仍有40.18%的组织尚未开始进行人力资源大数据与分析工作（见图20）。

调研还了解了组织在人力资源大数据与分析方面的经费投入情况。总体而言，企业在人力资源大数据分析应用方面的经费投入偏低。调查发现，约1/3的组织没有安排专门的经费预算用于人力资源大数据与分析。在已经投入经费的组织中，人力资源大数据与分析方面的经费投入占组织当年人力资

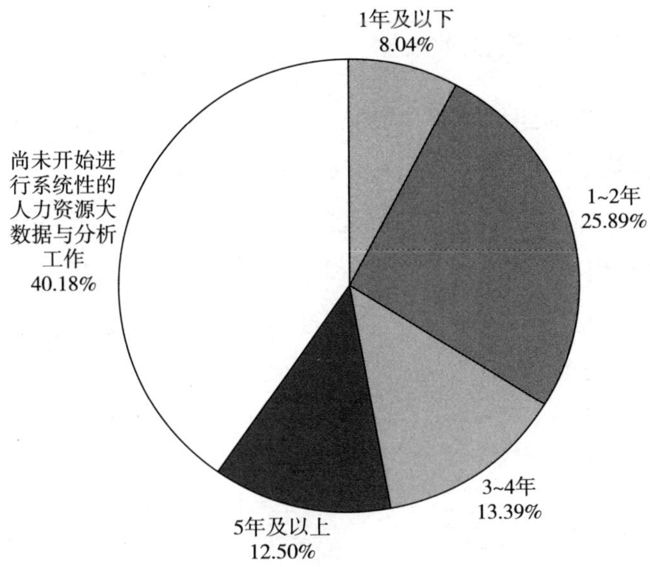

图 20　公司尝试人力资源大数据与分析距今的时长

源部门经费预算的比例主要集中在1%～5%，占34.82%（经费投入1%～3%的为16.07%，3%～5%的为18.75%），经费投入占比1%以下的组织占比为3.57%，有一些大型组织的经费投入占到了当年人力资源部门经费预算的10%以上，这部分组织占总调研组织的6.25%（见图21）。

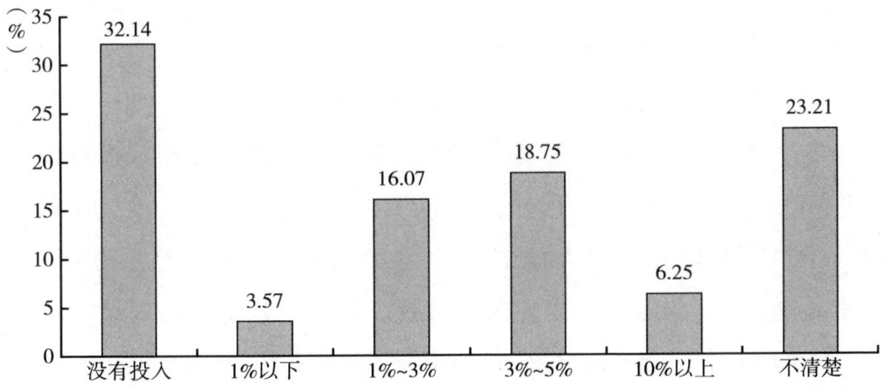

图 21　人力资源大数据与分析方面的投入占当年人力资源部门预算的比例

（四）组织人力资源大数据与分析的应用场景

调查发现，在对组织中人力资源大数据与分析的整体评价方面，人力资源从业人员的满意度偏低，112 家调研单位的评价均分为 2.38 分，处于较低水平。其中，仅有 2.68% 的组织非常满意，与 2019 年调研结果基本持平。14.29% 的组织中，人力资源部门对人力资源大数据与分析感到满意。54.47% 的组织选择了“不满意”或“非常不满意”，选择“一般”的组织占比为 28.57%（见图 22）。

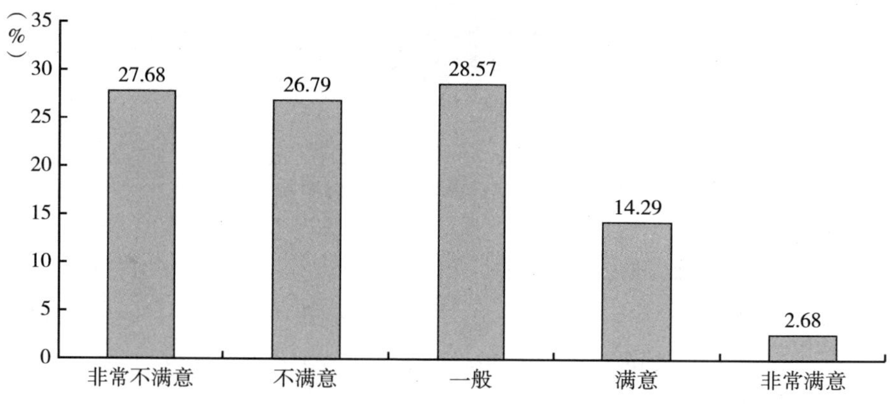

图 22　对组织人力资源大数据与分析的整体评价

为进一步了解组织人力资源大数据与分析在具体人力资源工作中的实施情况，调研围绕人才招聘、人才培训和人才保留、绩效评估设计了具体问题进行调查。调查发现，组织主要依赖经验和基本的汇总分析，进行相关分析、回归分析和构建复杂统计分析的组织占比基本在 10% 左右，虽然占比不高，但相比 2019 年调研结果已经有了较大的改善（2019 年参与调研单位中只有不超过 5% 的组织使用相关性分析、回归分析等较为复杂的统计工具），此次调研中，有不超过 2% 的组织开始使用高级分析技术如机器学习、人工智能进行前瞻性预测分析，这也比 2019 年有了很大的改进，2019 年调研组织中，没有发现利用高级分析技术（如机器学习、人工智能等）进行前瞻性预测分析的单位。

具体地，此次调研中，在招聘、培训和人才保留方面，分别有 34.82%、26.79% 和 35.71% 的组织主要依靠直觉和经验进行人力资源相关决策。用 Excel 对公司现有数据进行简单的汇总分析的占比分别为：招聘（39.29%）、培训（51.79%）、员工保留（38.39%）（见图 23 至图 25）。

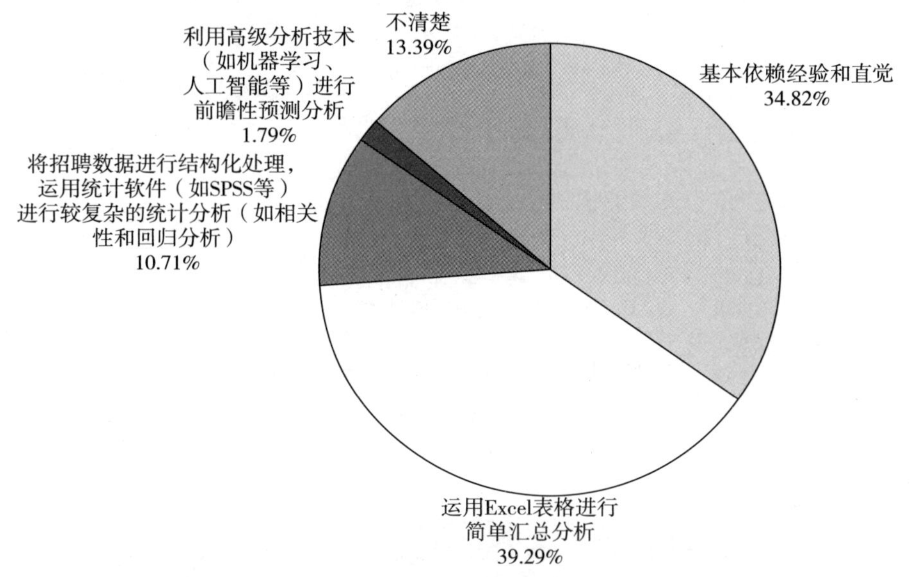

图 23　招聘环节对数据的分析和利用程度

为了更深入地了解不同的组织在招聘、培训、员工保留、绩效评估等方面是如何进行数据分析的，我们又对大数据与分析在以上方面的应用场景进行了调研，结果显示，在上述各方面有 15% ~20% 的组织开始逐步采用大数据与分析方面的技术，比如，在招聘方面，有 35.71% 的组织开始采用视频面试、游戏化面试方式；有 17.86% 的组织开始运用大数据技术预测员工离职倾向、记录员工在工作中的行为数据以构建绩效考核指标体系，有 18.75% 的组织开展培训课程的精准推送，或开展以员工行为数据为基础的人才测评，等等，相较 2019 年的结果都有了很大的改善。详细情况如图 26 所示。

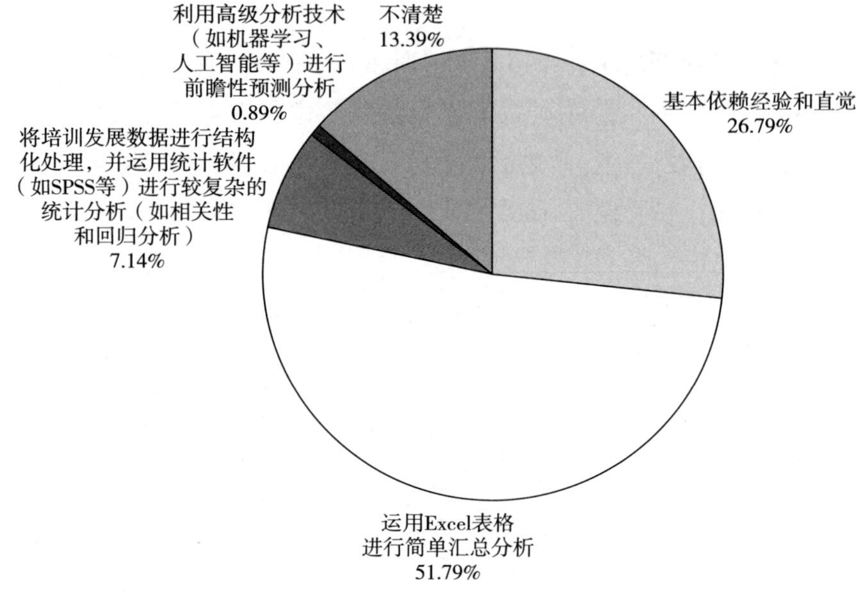

图 24　培训环节对数据的分析和利用程度

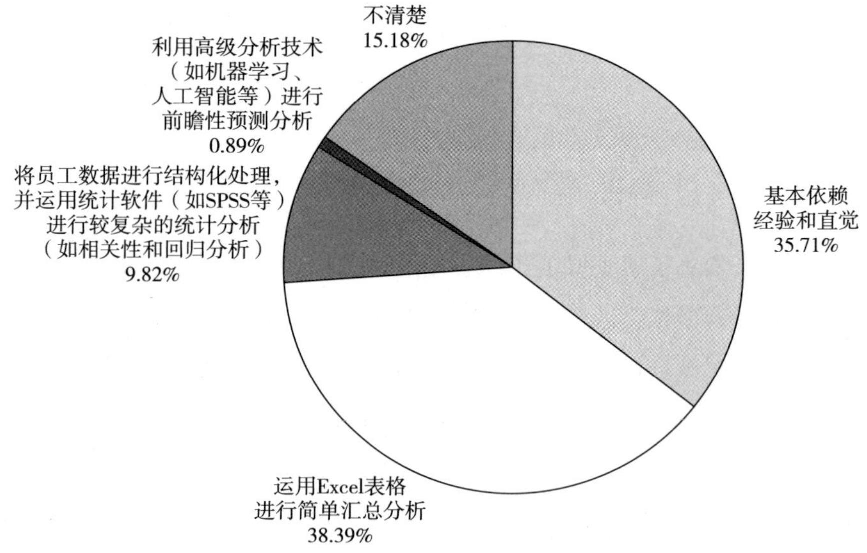

图 25　员工保留环节对数据的分析和利用程度

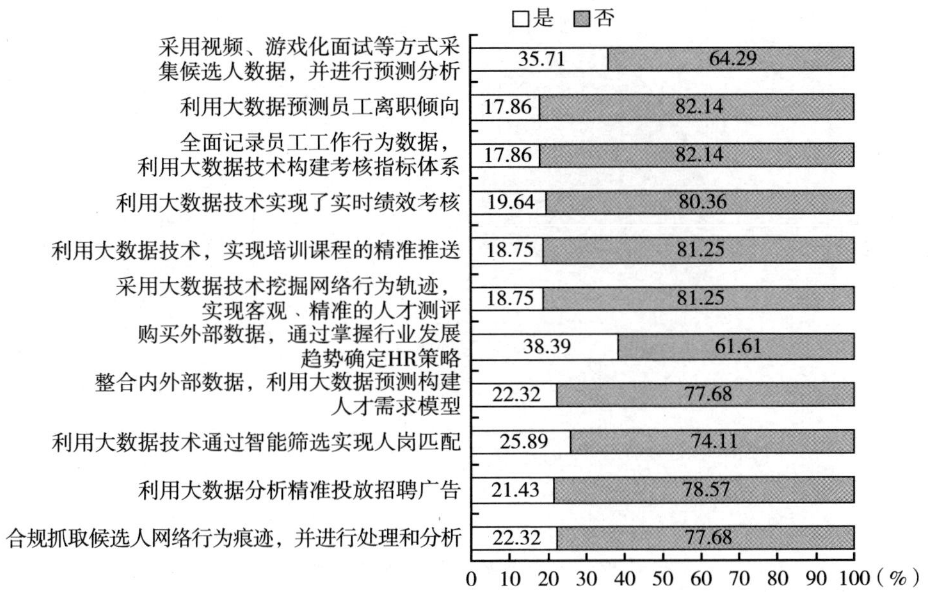

图 26　在人才招聘、培训、员工保留等环节已经采取大数据与分析措施的公司比例

（五）人力资源分析报告

数据积累是大数据分析的基础，本部分在了解各类组织人力资源数据存储格式的基础上，对人力资源分析报告的制作及相关内容进行了调研。调查发现，43.75%的组织以原始数据形态存储，如 Word、Excel 文本或音视频等格式。也有 27.68%的组织将数据经过结构化处理后以 Excel 形式存储。有 8.93%的组织有专人进行数据清洗和加工处理后存储。与 2019 年调研结果相比较，上述数据没有太大的变化（见图 27）。

调查发现，不同的组织，制作人力资源分析报告的频率存在较大差异。其中，29.46%的组织每月制作一次人力资源分析报告，8.04%的组织每季度一次，还有 9.82%的组织每半年才完成一次人力资源分析报告，仅 11.61%的组织可即时生成人力资源分析报告。此外，还有 34.82%的组织不清楚人力资源分析报告的制作频率（见图 28）。

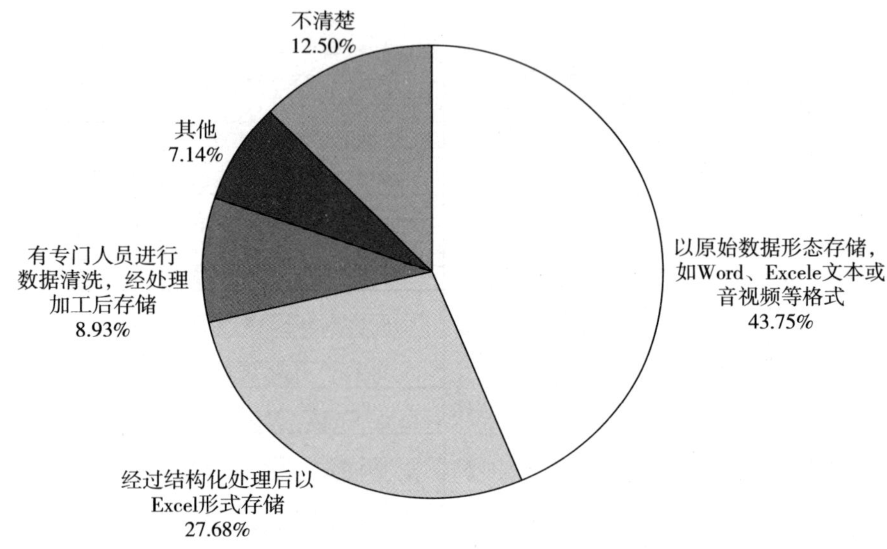

图 27 人力资源相关数据存储格式

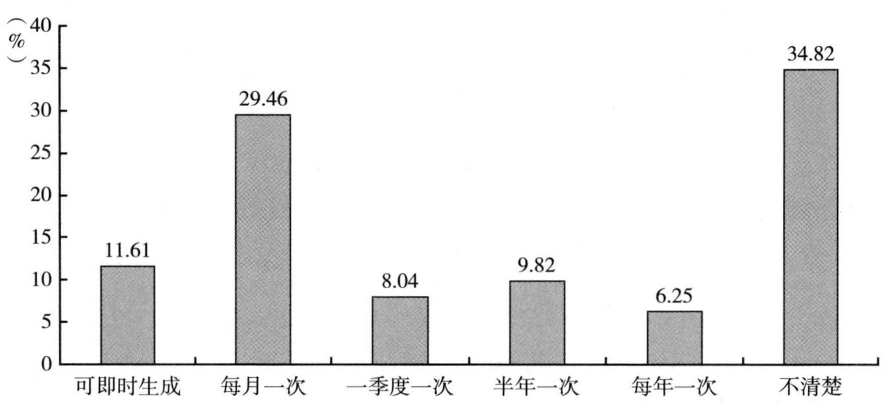

图 28 人力资源分析报告的制作频率

在问及制作人力资源分析报告所使用的工具时，调查组发现，44.64%的组织采用基本数据分析工具（如 Excel）进行数据分析。仅有24.11%的组织采用专业 HR 软件厂商提供的软件（如 SAP、Oracle、北森、用友、金蝶等）进行分析。利用专业统计处理软件（如 SPSS、Stata 等）进行分析的比例较低，仅为8.93%。有4.46%的组织采用商业智能软件进行人力资源数据分析。此外还有 17.86% 的组织不清楚所使用的分析工具（见图 29）。

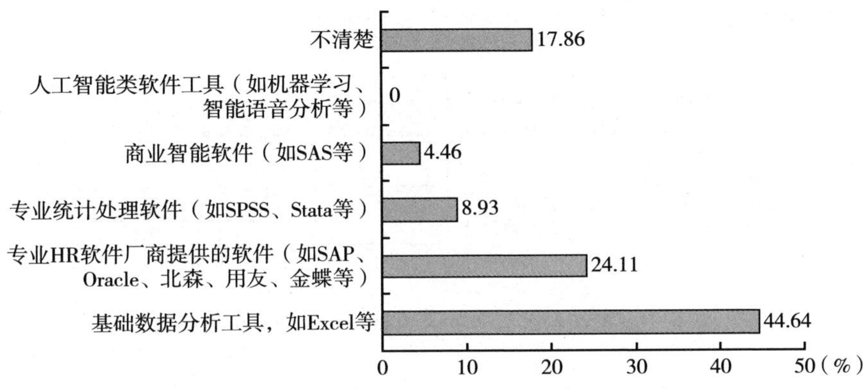

图 29　人力资源分析报告所使用的分析工具

五　人力资源大数据与分析发展制约因素及未来需求

（一）组织使用的人力资源数据分析服务及制约因素

调查发现，在购买人力资源大数据与分析服务方面，很多组织倾向于购买行业数据，了解行业动向，作为组织人力资源决策的参考，这类组织占比为 49.11%，购买 HR 数据分析软件或硬件，由单位内部的 HR 完成数据分析工作的占比为 32.14%，参加人力资源数据分析培训课程的占比为 22.32%，购买数据处理服务的占比为 17.86%（见图 30）。

此次调研还发现，影响组织开展人力资源大数据与分析最大的三个障碍包括：缺乏大数据与分析专业知识或人才（44.64%）、领导不重视（41.07%）、缺乏对数据分析工作明确的规划（37.5%）。另外，人力资源部门的数据分析准备度（即数据分析能力）、预算不足、数据过于分散难以整合等因素也是无法有效开展人力资源大数据与分析的重要原因，分别占比 33.93%、33.04%、33.04%。此外，也有部分组织反映“业务部门

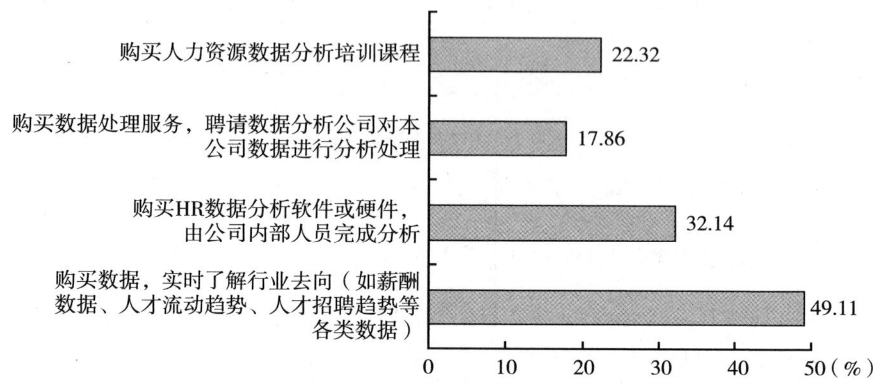

图 30　各类组织购买过的人力资源大数据与分析服务

认为作用有限”，占比为 26.79%，这一点，与 2019 年基本持平（见图 31）。

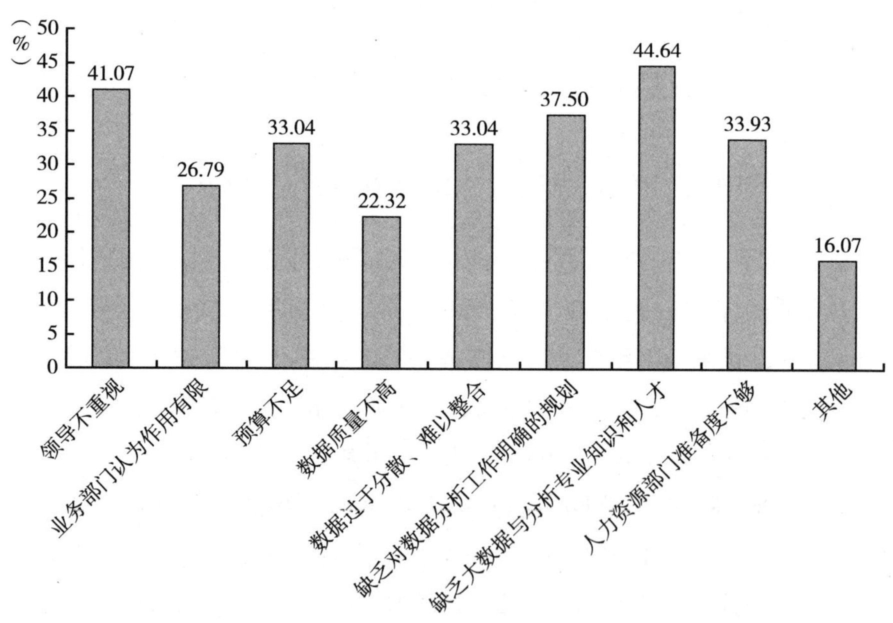

图 31　大数据应用于人力资源管理的主要瓶颈

（二）未来需求

调查发现，仅有 7.14% 的被调查单位表示未来一年有购买人力资源大数据与分析的计划（见图 32）。这也许与组织高层领导不重视或者没有安排相应预算有关系，即使人力资源部门意识到大数据与分析非常重要，但距离实际实施还有差距。这也要求人力资源部门的工作人员深入思考，如何通过数据分析提供价值，争取得到公司的支持。另一个原因可能是被调研组织希望自己拥有人力资源数据分析能力，更有可能通过在组织内部建立人力资源分析团队，来提升人力资源数据分析能力。

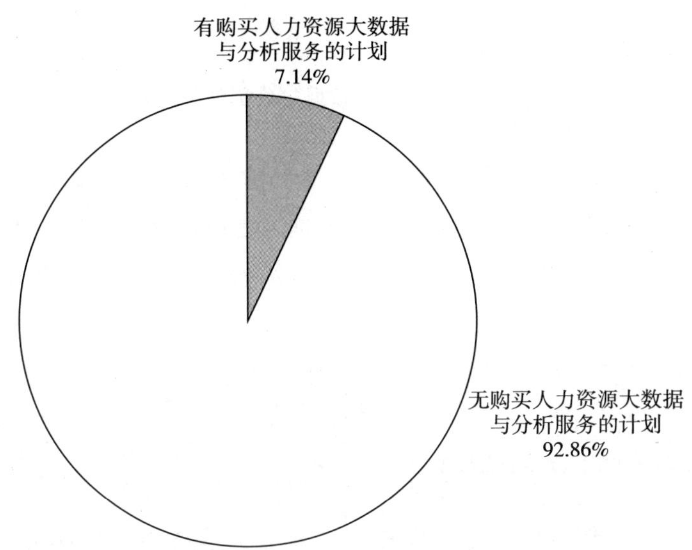

图 32　未来一年是否有购买人力资源大数据与分析服务的计划

从调研数据中可以看到，112 家参与调研的组织中，有 8 家组织将在未来 1 年内购买人力资源大数据与分析方面的服务，其中，在计划购买的人力资源大数据与分析服务的组织中，有 75% 打算“购买数据分析工具”，37.5% 计划“购买数据分析服务”，25% 计划“雇佣 HR 数据分析人员”（见图 33）。

调查发现，组织购买人力资源大数据与分析服务的原因是多方面的，其中，居首位的是 HR 希望运用新的工具、技术提高人力资源工作效率和价值

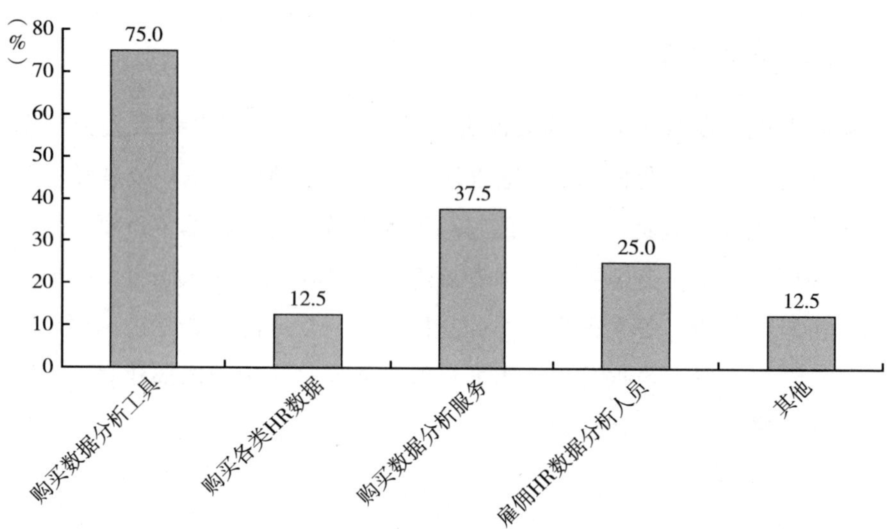

图 33　购买人力资源大数据与分析服务的内容

（62.5%），第二位的是组织因为积累了越来越多的人力资源数据，希望深入挖掘数据价值（50%），有 25% 的组织是因为市场竞争压力较大，对人力资源管理提出了更高要求，还有的组织是因为看见别的单位在做人力资源大数据与分析，也希望进行尝试，这部分占比为 12.5%（见图 34）。

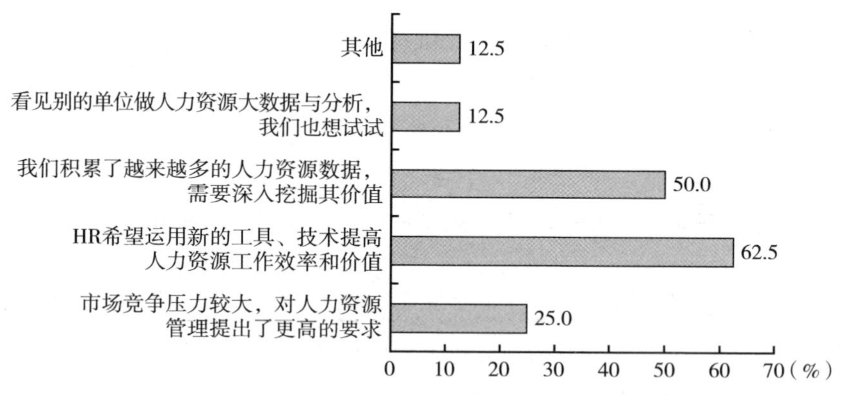

图 34　公司计划购买人力资源大数据与分析服务的原因

此外，调查也发现，83.93% 的人力资源从业人员愿意参加人力资源大数据与分析培训，占比基本上与 2019 年调研持平。在具体的培训形式方面，有50%的人员愿意接受面对面培训，有82.98%的人员愿意接受在线课堂的形式，与2019年比较而言，接受在线培训的比例明显上升，几乎上升1倍，这也许与新冠肺炎疫情期间人们逐步所习惯线上工作模式有关。最后，在问及是否愿意与调查组进一步分享人力资源大数据与分析方面的经验时，82.14%的人力资源从业人员表示愿意与其他组织的人力资源从业人员分享他们在人力资源大数据与分析方面的经验和做法，展现了人力资源从业人员开放、包容的心态（见图35至图37）。

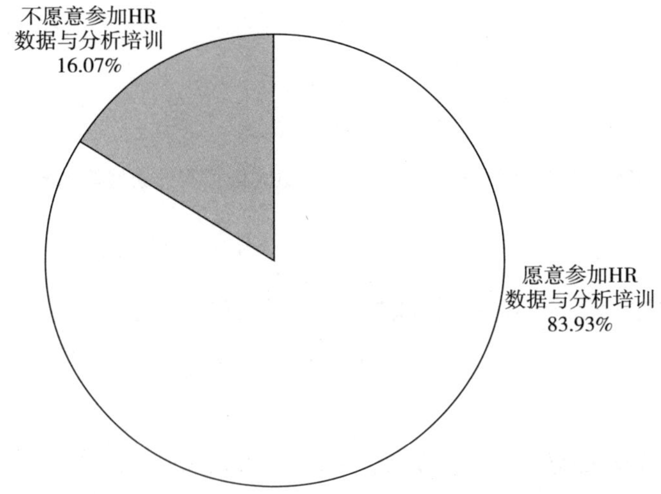

图35　人力资源从业人员参加人力资源大数据与分析培训的意愿

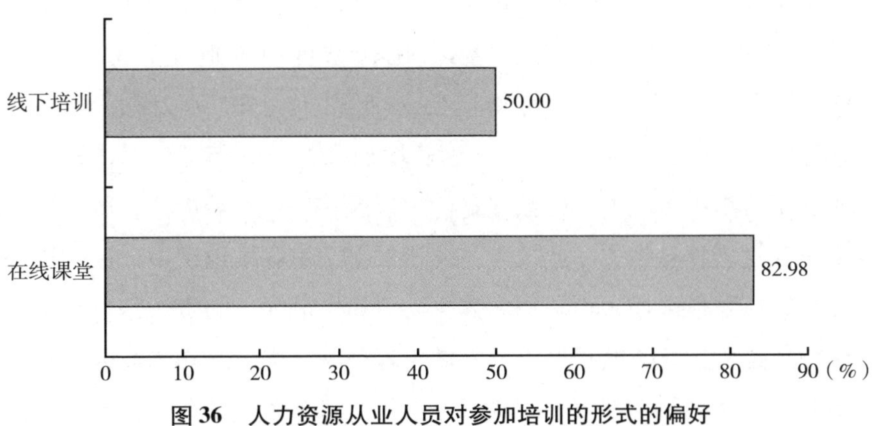

图36　人力资源从业人员对参加培训的形式的偏好

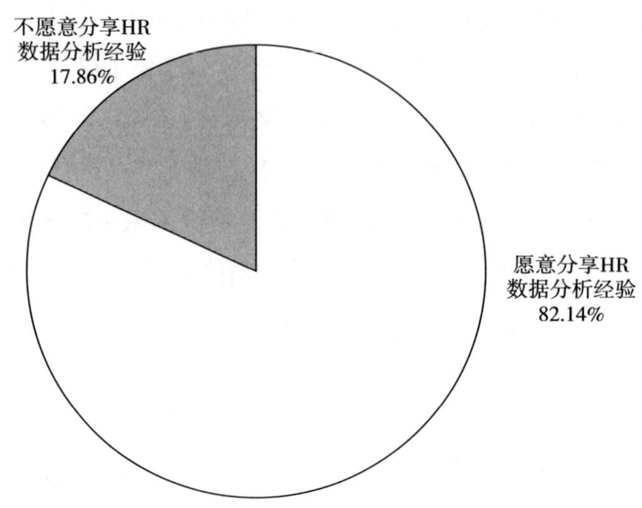

图 37　与调查组进一步分享人力资源大数据与分析经验的意愿

六　提升人力资源大数据与分析能力，推动组织数字化转型的建议

（一）深入理解数字化转型对提升人力资源管理效率、推动组织经营绩效的重要性

理论研究和调研实践表明，数字化对组织具有非常重要的作用，根据国家发改委的推断，对企业来说，数字化转型可使制造业企业成本降低17.6%，营收增加 22.6%；使物流服务业成本降低 34.2%，营收增加 33.6%；使零售业成本降低 7.8%，营收增加 33.3%。但是数字化转型的最大障碍在于组织中各类人才的数字化能力以及组织变革等因素，所有这些都与人力资源管理息息相关。此次参与调研的 112 家各类组织中，往往是一些较大的组织在积极采用人力资源大数据与分析，利用人力资源信息系统以及人力资源数据分析，不断提升人力资源管理效率。尤其是在当前因为新冠肺炎疫情影响，各类组织都要过“苦日子”，要努力降低成本、提高效率，在

此环境下，更需要组织采用不同于以往的策略，首先提升人力资源从业人员的数据分析能力，提升人力资源管理的数字化水平，才能在此基础上服务于组织的数字化转型。

（二）对标国内外先进组织，加强人力资源大数据与分析团队建设

国外组织开展人力资源大数据与分析的实践经验表明，合理的组织结构对人力资源大数据与分析团队建设有着非常重要的作用。如果人力资源分析团队的最高负责人能够直接汇报给组织负责人力资源的高层管理者，或者至少汇报给人力资源部门负责人，将会使人力资源数据分析的效果最大化。在此次调研中，有 8.57% 的组织中人力资源数据分析负责人直接汇报给分管人力资源管理的高层管理者，64.29% 的组织中人力资源数据分析负责人则汇报给人力资源部门负责人。从以上数据看，虽然直接汇报给组织高层管理者的比例比较小，但至少超过一半的组织中，人力资源数据分析负责人还能直接汇报给人力资源部门负责人。这种汇报关系能保障数据分析团队更大程度地以战略为导向，能从战略的角度去思考人力资源管理面临的突出问题，有助于数据分析团队将工作重心转向这些重要的，甚至是具有全局影响的人力资源难题，并利用数据分析加以解决，有利于提高决策效率。

（三）通过赋能人力资源从业人员，进一步提高人力资源数据分析能力，实现人力资源数字化转型

在 2020 年的调查中，参与调研的组织中有 44.64% 的组织认为缺乏大数据与分析专业知识或数据分析专业人才是大数据应用于人力资源管理的最主要障碍，而 33.93% 的组织认为人力资源管理者的准备度不够。这在一定程度上影响了人力资源大数据与分析在人力资源领域的实践。这一点比 2019 年调研结果有了较大的改善，但专业知识和专业人才的缺乏，仍被受访组织列为影响人力资源大数据与分析的最大障碍（在 2019 年的调研中，有 62% 的组织认为数据分析人才缺乏是大数据与分析应用于人力资源的最大障碍）。

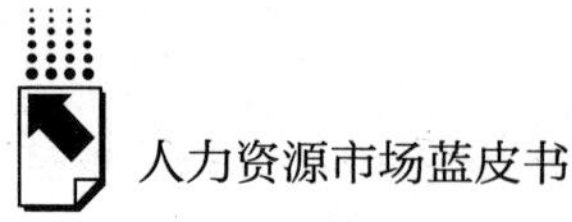

因此，要实现人力资源数字化转型，进而帮助组织实现数字化转型红利，必须首先提高人力资源从业人员的数据分析能力，或者称为人力资源的分析力。

（四）从“小项目”做起，提升人力资源大数据与分析的价值

与以往调研一致，缺乏费用也一直是人力资源大数据与分析在人力资源管理领域难以落地的另一个重要障碍。在 2019 年的调研中，有 43% 的组织提出预算不足。2020 年调研，仍有 33% 左右的组织提出预算是影响组织实施人力资源大数据与分析的重要障碍。根据我们的经验，相信在今后较长的一段时间里，费用问题依然会是影响人力资源大数据与分析落地的重要阻碍因素，特别是因为新冠肺炎疫情的影响，不但企业面临较大的生存压力，一些较小的企业可能无法维持正常经营。甚至连一些政府机构、事业单位也开始缩减预算开支，强调要“过苦日子”。财务压力既是阻碍人力资源大数据与分析落地的主要因素，同时，也能为我们进一步开展数据分析提供机遇。在一些组织中，他们没有所谓的高大上的信息系统或者大数据分析平台，但能充分利用诸如 PowerBI 之类的数据分析工具，从“小项目”做起，从一些不太耗费大量时间的问题入手，通过统计工具进行分析，并运用 PowerBI 等可视化工具制作人力资源数据分析报告，展示了数据分析的价值，为组织节省了成本、提高了效率。因此我们建议，对于一些小型组织或者费用预算相对紧张的组织来说，人力资源部门可以试图先挖掘一些所谓的“小项目”（是指成本不大但仍然具有一定影响的项目），如果能成功地把数据分析方法运用在这些小项目上，将来就有可能说服组织高层管理者进一步支持更大范围的人力资源数据分析项目。

B.19 2020年新业态下人力资源行业财税服务市场趋势分析

杜成　徐锋*

摘　要： 目前中国正处于新兴经济业态带来的产业结构转型时期，正在加快形成适应新兴经济业态发展的体制机制，增强自主创新能力，引领新常态，壮大新业态，寻找新动力。各行业依托现代信息技术和“互联网+”，大量传统产业主动转型升级，“互联网+”和平台经济充分发挥了作用。受此影响，出现了多种新业态就业模式，劳动力资本市场的出口呈现多元化。预测未来财税立法将驶入快车道，落实税收法定的原则。受上述因素影响，人力资源行业中的财税服务市场将在服务产品及行业规则上出现巨大变化，本文依据国家统计局及中瑞方胜金融服务外包（北京）有限公司（简称中瑞方胜）针对2020年共享用工就业趋势及行业财税服务需求的调研报告（简称中瑞方胜2020年需求调研报告），从市场需求、产品趋势等多个角度，分析新经济业态下人力资源行业财税服务市场发展趋势。

关键词： 经济转型　新业态就业　税收法定

* 杜成，中瑞方胜金融服务外包（北京）有限公司总经理，主要研究方向为企业战略管理、人力资本筹划管理、企业用工战略、人力市场政策及发展趋势、财税政策研究、税筹优化；徐锋，中瑞方胜金融服务外包（北京）有限公司职员，主要研究方向为财务管理、薪酬设计及方案筹划、企业用工产品及福利设计。

进入2020年，由于新冠肺炎疫情的暴发，当前更高的第三产业占比增加了疫情对经济的冲击力度，借势快速发展的新业态经济应时而为成为中国一个新的经济增长体，它带来的是新的市场、新的就业、新的利润，环境的变化带来了它的蓬勃发展，使其突破了常规经济模式的发展周期，直接进入了发展的快车道。

新业态经济的发展带来的是与之适应的新的就业形态和已经逐步完善的相应行业的政策及法律法规，中国已经跨过了依托人口红利造血的经济发展阶段，早期有赖于一系列政策机遇，大量的廉价劳动力与国际市场充沛的购买力形成了和谐的经济运行关系，在一个相当长的历史时期内，推动着中国经济的快速发展。但是随着中国政治、经济、军事实力等各方面影响力的增强，伴随着经济结构转型、人口老龄化、贸易摩擦等各个因素的影响，上述平衡正逐渐被打破，迫使中国从传统的“世界工厂”向更高的经济及社会形态转型，并且需要挖掘新的业态经济模式，向内向外寻求双线发展，摆脱对单一经济模式的依赖，完成新业态经济模式的转型。

而随着经济转型的发展，劳动力资本市场在新业态模式下迫切需要寻找有效的出口，使劳动力资本能够得到有效的输出，使劳动力资本能够有效地随着经济转型从传统经济业态向新经济业态进行有效的转移，缓解转型阶段中经常遇到的资本不足与资本输送不畅的矛盾，新经济业态下多种就业形态的衍生将能够有效地满足上述需求。

一　新经济业态下的多种从业形态

（一）新经济业态成为转型新增长动力

2018年，中美贸易摩擦日益严重，到2018年10月，贸易摩擦导致的影响逐步显现，中国对美出口至2019年3月才逐步回升，由此可见中国必须在出口以外的市场找到新的经济增长点（见图1）。

随着对外贸易形势的变化，中国需要为国内庞大的国家经济增长需求找

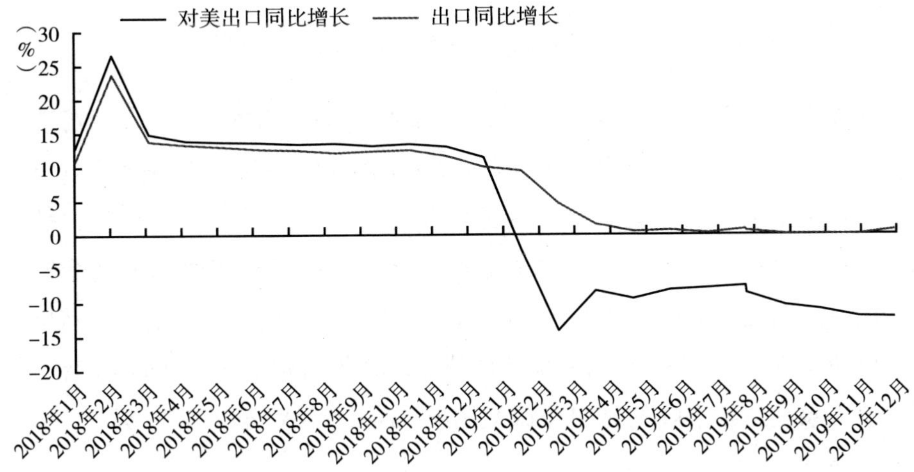

图1　2018 年 1 月至 2019 年 12 月中国对美出口及全球出口同比增长率

资料来源：中瑞方胜 2020 年需求调研报告。

到新的增长点，而新经济业态则是满足这一需求的有效手段。新经济业态是由新一轮技术革命催生的一种新的业态模式，是在全球化经济条件下，基于新技术和新产业革命，为社会提供新的产品、服务而形成的新的产业、业态的一种经济模式，其核心是由“互联网 +”、大数据、云计算、物联网、人工智能等所带来的经济业态的变化，目前其已经被充分运用到产业运行、社会生活服务等多个维度，是推动产业融合、经济结构转型升级、社会形态变革的核心力量。

依据 2019 年全球创新指数报告，中国排名升至第 14 位。报告显示，中国在中等收入经济体中连续第 7 年在创新质量上居首，中国有 18 个集群进入科技集群百强。

新业态经济的快速成长，创造了新的供给模式，催生了消费市场的变化，推动了消费结构的转型升级，尤其是对消费新需求的适应，有效地提升了经济内生性增长。新业态经济的发展就是众创、众包下平台经济、分享经济的发展过程，在平台经济及分享经济模式下，社会资源尤其是日益珍贵的劳动力资本得到了更加充分的利用，为劳动力资本的输出找到了更好的出口。

（二）新经济业态催生新就业模式，助推稳定就业

在促证经济平稳增长的同时，国家亦要保证不能因贸易摩擦、经济架构升级导致大量的劳动力失业，这是关乎稳定的大业，也是目前在各个政策及方针平台反复强调的稳就业要求，稳就业已经成为稳就业、稳金融、稳预期、稳投资、稳外资、稳外贸的“六稳”之首，而新经济业态下创造的多种新岗位、新的就业模式很好地为劳动力资本输出找到了新的出口，满足劳动力就业需求。从 2019 年国家统计局公布的数据可以看出，2017 年后，中国就业人数呈逐年下降的态势，截至 2019 年，已经跌至 77471 万人，接近 2015 年水平（见图 2）。

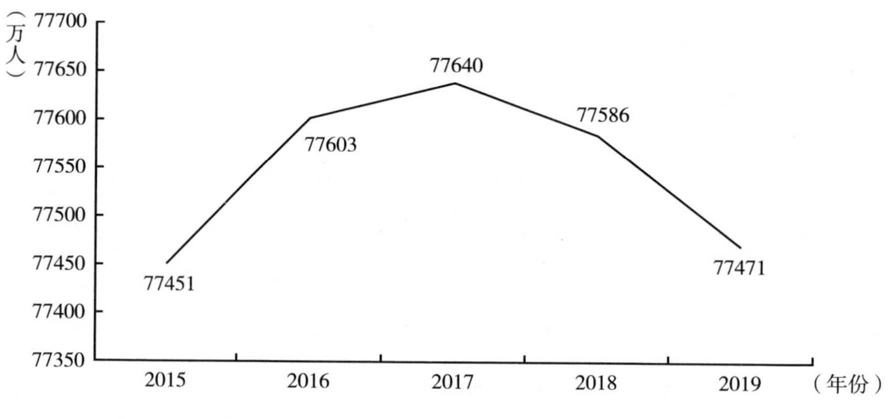

图 2　2015～2019 年全国就业人员统计

资料来源：历年中国统计年鉴。

2019 年全年城镇新增就业 1352 万人，比上年少增 9 万人，新增就业人口出现下降（见图 3）。年末全国城镇调查失业率为 5.2%，城镇登记失业率为 3.6%。

而且，根据我国人力资源市场信息监测中心对 85 个城市的公共就业服务机构市场的供求信息的统计分析，2020 年第一季度我国市场用人需求数和求职者人数呈现双降（见图 4）。

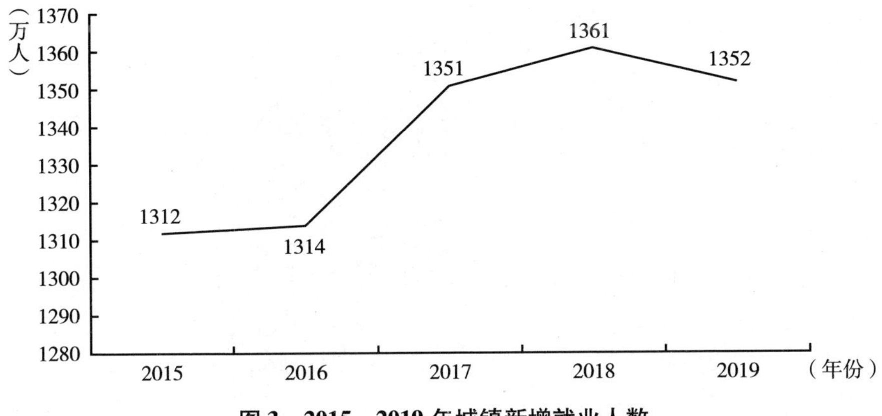

图 3　2015～2019 年城镇新增就业人数

资料来源：历年中国统计年鉴。

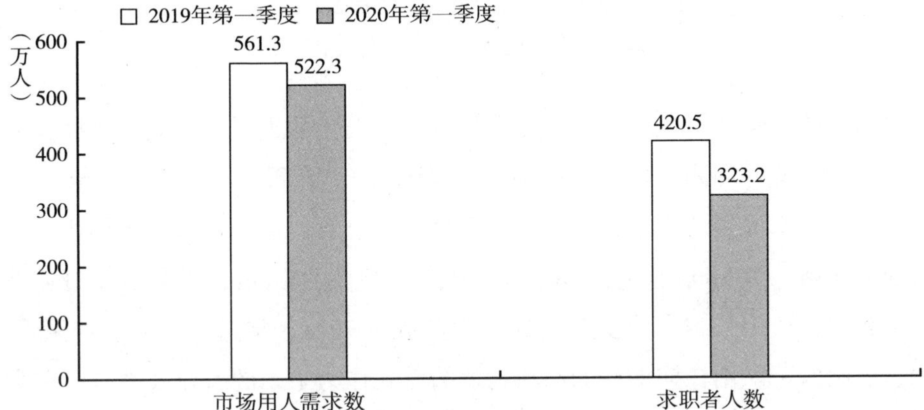

图 4　市场用人需求数及求职者人数对比

资料来源：中瑞方胜 2020 年需求调研报告。

同时依据中瑞方胜 2020 年需求调研报告，从就业者调研数据来看，目前有相当部分的劳动者认为自己的工作与理想存在较大差距，他们认为自身的资源价值并未得到最大的实现，需要重新规划职业路径，寻找自身价值实现的最佳平衡点，以期逐步趋近理想的工作状态（见图 5）。

相较以往常见的传统长期雇佣，在新经济业态下，长期雇佣加灵活就业和创业等新就业模式更受年轻人的青睐。从受访数据来看，“00 后”更倾向

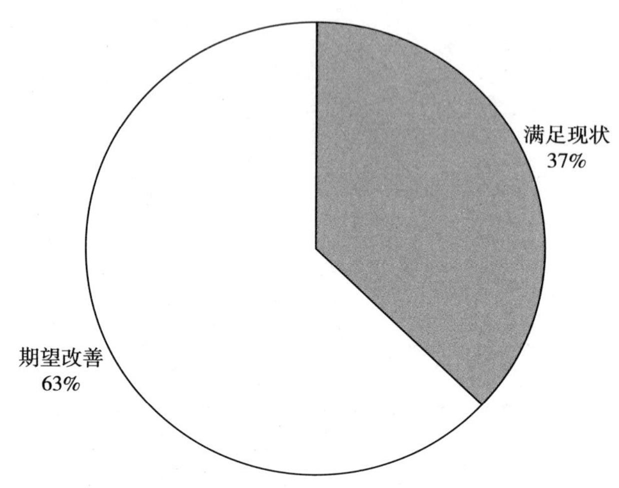

图5　是否满足现阶段的工作状态及模式

资料来源：中瑞方胜2020年需求调研报告。

于灵活就业和创业，这得益于新业态经济模式催生的直播、游戏、主播、电竞、陪玩陪练、滴滴、快递、送餐、在线IT承包等新行业的诞生，同时依托互联网为之提供的丰富的就业渠道和自由的时间，短期灵活就业创业成为新的就业增长点。同时部分“80后”甚至“70后”人员，受本次新冠肺炎疫情影响，认为采用多种就业模式，增加收入来源，能够保证收入的稳定性，也倾向于采用长期加短期灵活就业的模式作为未来的就业发展方向和家庭个人收益的补充（见图6）。

（三）新经济业态下财税政策的变化

进入2019年以来，国家实施了更加积极的财税政策，财税政策不断提效，随之而来的立法进程也在逐步加快，根据2015年颁布的《贯彻落实税收法定原则的实施意见》，国家力争在2020年完成“税收法定”的改革任务，目前18个税种中有9个已经完成了立法，随着立法进程的不断加快，“税收法定”这一基本准则将随着税法体系的逐步完善成为未来税政管理的核心，与生产生活更加紧密的增值税和消费税立法即将完成。

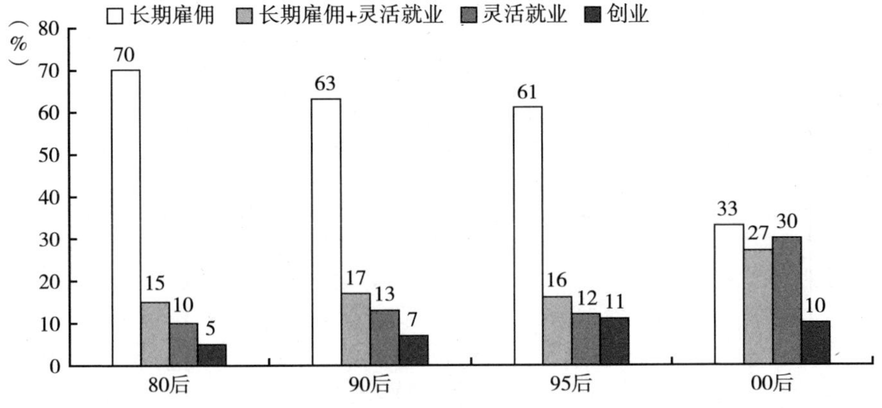

图6　就业模式占比

资料来源：中瑞方胜2020年需求调研报告。

而综观近几年宏观经济政策调控的总体态势，为了应对国内外经济形势复杂多变的大环境，国家实施了一系列积极的财政调控政策，“减税降费”成为政策关键词，2019年随着更大规模的减税降费政策的推出，减税降费总额超过2万亿元，占GDP比重超过2%。尤其是经过“深化增值税改革”及“个人所得税全面改革”，以及小微企业普惠性税收减免等措施的出台，上述两项税负整体增速均出现下降（见图7），第十三届全国人民代表大会第三次会议上工作报告强调，继续加大减税降费力度，强化阶段性政策。前期出台2020年6月前到期的减税降费政策，包括免征中小微企业养老、失业和工伤保险单位缴费，减免小规模纳税人增值税，免征公共交通运输、餐饮住宿、旅游娱乐、文化体育等服务增值税，减免民航发展基金、港口建设费，执行期限全部延长到2020年年底。

同时，在第十三届全国人民代表大会第三次会议上，有代表提出“建议：简化税制，将13%、9%、6%增值税税率合并为一档8%，通过调整抵扣政策降低实际税率，允许服务业把人力资源成本列入进项抵扣，保障人力成本较高的企业不会因增值税率合并造成税负上升”。

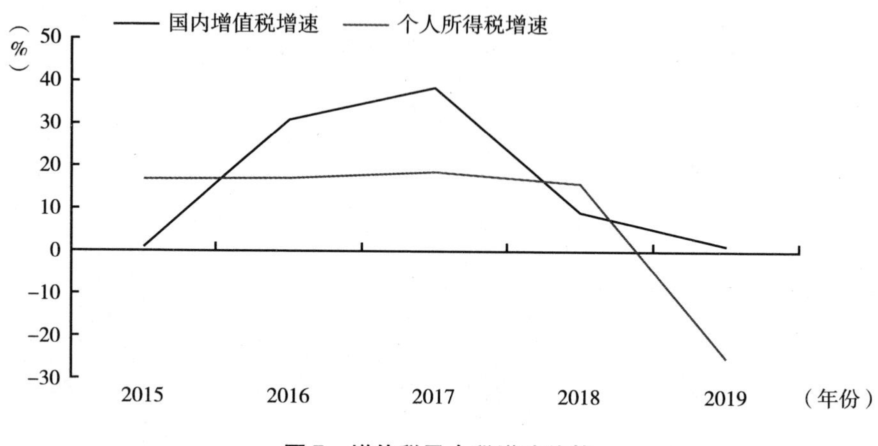

图7　增值税及个税增速趋势

资料来源：中瑞方胜2020年需求调研报告。

伴随着税制改革及各项税优政策出台，随之而来的是税收征管机制的进一步优化和完善，尤其是伴随着个税政策的进一步整合，自然人税收管理系统正在日趋完善，个人所得税纳税信用建设也正在加快步伐。2019年底，国家税务总局发布了《关于办理2019年度个人所得税综合所得汇算清缴事项的公告》，明确了汇算清缴事项的办理流程，为首次综合所得个人所得税汇算清缴提供了实操的依据。

在人力行业财税服务市场中的自然人税收这一细分市场，其客户群体普遍税收基础知识相对较弱，纳税意识淡薄，亟待提升，且整体市场基数庞大。在上述因素影响下，寻求外部纳税服务成为自然人纳税人的首选。

尤其是在新业态经济运营环境下，中瑞方胜预测传统的以单纯的薪资、劳务等综合类所得收入的纳税服务的业务增速将逐步趋缓，而以灵活就业形式或创业形式获取的经营所得，利息、股息、红利所得，财产租赁所得，财产转让所得和偶然所得的纳税服务业务占比将逐步增加，未来以自然人为服务单位的纳税服务模式也将随着个税改革及万众创业政策的推行逐步扩展至家庭端，人力资源行业纳税服务市场将跳出传统依托B端延伸至C端的业务模式，直接通过共享经济平台或其他业务渠道，依托大数据、互联网技术搭建的财税服务系统，直接下沉至C端（家庭及个人端）市场，从而完成整体的财税服务业务模式的转型，这也是未来人力资源行业财税服务市场的主要发展趋势。

根据中瑞方胜2020年需求调研报告的数据，根据就业形态的不同，不同人群在纳税服务的需求上也有所不同（见图8）。

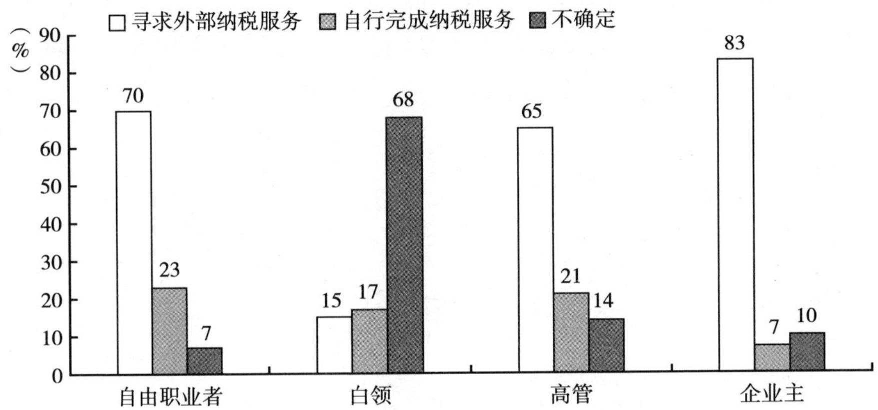

图8　不同人群选择纳税服务需求占比

资料来源：中瑞方胜2020年需求调研报告。

二　新业态下财税服务市场发展趋势

（一）国际人力财税服务市场发展

美国的税收体系严格，个人所得税包括联邦税、州税、地方税及社会安全税（非居住外国人则无须缴纳）。个人所得联邦税率全美一致，而每个州都会有各自的个税征收办法，有的州（如阿拉斯加州、佛罗里达州、内华达州、得克萨斯州和华盛顿州等）不征收州税，而有的州（如新罕布什尔州和田纳西州等）只对股息和利息收入征州税。复杂而严苛的税制，使税务知识无法被广大民众所熟知，也让聘请第三方纳税代理服务成为一般报税人员的最好选择。

依托美国成熟的纳税管理服务及服务市场，一大批以个人财务管理及纳税服务软件为主要项目，服务 C 端消费者的纳税服务公司应运而生，其中尤其以位于硅谷山景城（Mountain View）的 Intuit 公司最为著名，它旗下的 QuickBooks 和 TurboTax 软件几乎已经确立垄断地位，根据市场调研公司 NPD Group 的数据，它们的零售市场份额超过 90%（见图 9）。微软公司算得上是 Intuit 公司手下败将中最具知名度的公司，它曾试图用 Small Business Accounting 这一记账程序来与 QuickBooks 竞争，但最终惨遭失败。

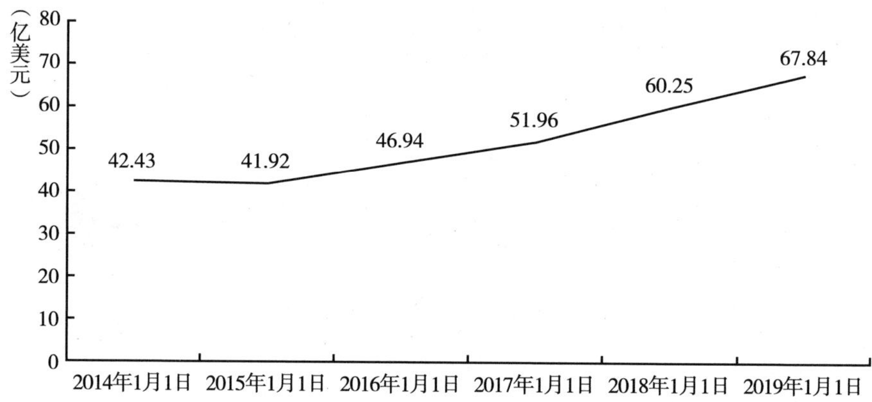

图 9　Intuit 公司年收入

资料来源：中瑞方胜 2020 年需求调研报告。

当然美国本身具有社会化采购专业服务或者服务外包的习惯，且市场较为成熟，服务外包模式得到社会的普遍认可，政府的职能与市场化的服务机构提供的相应服务能够清晰地划分，这一模式推动了市场化服务机构的有序快速发展。

作为税制管理同样较为成熟的国家，日本自 1947 年创立了纳税人自行计算所得后进行申报、纳税的申报纳税制度，1949 年美国的邵普税制考察团到日本进行税制调查，建议采用近代的税制，以直接税制为中心的税制代替以间接税为中心的税制，并建议进行强化申报机制的纳税制度改革，由此日本税理士站在独立、公正的第三方角度，以税务服务专家的身份，推动纳税申报制度的实施。日本的税理士制度是在商品经济发展过程中产生和逐步完善起来的，它并不是税务部门征管的组成部分，而是社会提供的纳税服务专业化的一种形式，税理士制度有利于完善税收征管的监督制约机制，实行税理士制度，可在税收征纳双方之间通过税理士这个中介体，形成纳税人、税理士和税务机关三方制约关系。纳税人作为履行纳税义务的主体，一方面要自觉纳税，同时，受到税务机关与税理士的依法监督制约；税务机关作为税收征收的主体，一方面要严格执法，同时又受到纳税人与税理士的监督制约；税理士在开展代理活动中，也受到纳税人和税务机关的监督制约。这就形成了一个全方位的相互制约体系，日本税理士这一专业化服务体系的出现，很好地满足了各方的需求，对我国发展中的人力资源行业财税服务市场有着重要的借鉴参考意义，值得研究学习。

（二）国内人力财税服务市场发展

个人税收服务因人群不同可以细分为多个纳税服务市场，因为个税改革对于不同的纳税群体的影响是不同的，故各个纳税服务群体在对纳税服务方面的需求也是不尽相同的，以薪资、劳务持续收入为主的人群，其核心关注的是专项附加扣除的各项具体要求、月度个税累计预扣法带来的现金流影响、年度汇算清缴的操作以及相关的实操风险等问题。外籍人士则主要关注自身因居民非居民身份所涉及的优惠政策选择及享受、未来政策优惠期的延续等问题。高净值人群伴随个人反避税条款的引入、纳税信息透明化，更关心各种收入类型的划分、优惠政策的享受、纳税风险的规避、跨国资产配置等更加专业化的个税处理问题。随着服务市场的不断扩大，市场的客群分层逐渐清晰，财税服务供应商应根据自身的实际情况寻找适合自己的细分市场。同时，市场规模的扩大及互联网、大数据、平台运营模式的逐步推广，对财税服务商的 IT 技术水平也提出了更高的要求，如何有效地使用平台化的服务手段，高效便捷地提供财税服务，覆盖尽可能多的市场，也是未来财税服务商所要面临的问题。

三　新业态下未来财税服务市场的划分

（一）高净值人群服务市场

根据瑞士信贷《2019 全球财富报告》，截至 2019 年中，中国有 1 亿人的财富名列全球前 10%，首次超过美国，后者为 9900 万人。高净值人群一般指资产净值在 1000 万元人民币以上资产的个人，他们也是金融资产和投资性房产等可投资资产较高的社会群体（见图 10）。目前国内高净值人群纳税服务还处于成形期，整体服务市场正在快速增长，这主要得益于中国经济的持续发展，并由此带来高净值人群的不断增加。

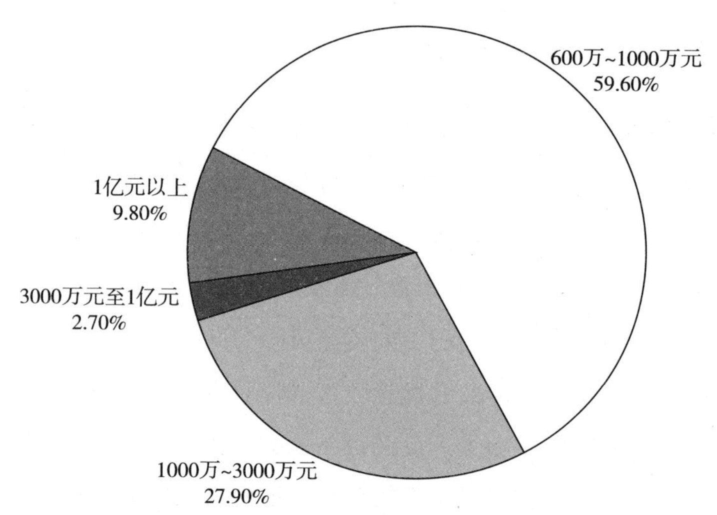

图 10　高净值人群家庭可投资资产

资料来源：中瑞方胜 2020 年需求调研报告。

国内的高净值纳税管理市场伴随着高净值人群总量的快速增长，呈现高速增长的态势，高净值人群在经历了财富的积累过程后，目前面临的首要问题即是在财务信息透明化的趋势下，如何有效地进行收入的纳税管理。高净值人群的主要收入来源渠道多样化，很少会局限于工资薪金、劳务等综合类所得，而是以投资、创业等收入渠道居多（见图 11）。

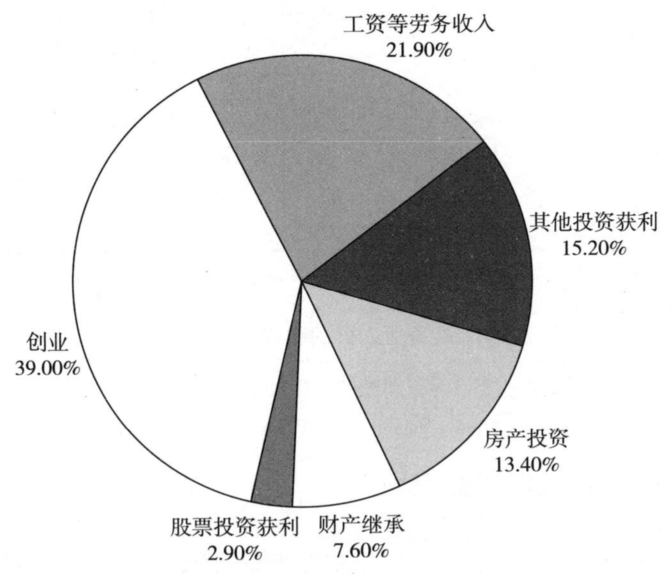

图 11　高净值人群的财富构成

资料来源：中瑞方胜 2020 年需求调研报告。

2018 年 9 月起，国家税务总局将同多个国家（地区）税务主管部门按照金融账户涉税信息自动交换标准相关协议条款（CRS），开展首次交换金融账户涉税信息。CRS、个人创业税收问题的增加，以及未来个人所得税改革，进一步刺激了高净值人群个税服务市场的发展。根据中瑞方胜 2020 年需求调研报告的数据，基于高净值人群的特征，其在纳税服务需求上也呈现更加倾向于综合化专业化的整体解决方案（见图 12）。

随着中国不断推进税制改革，未来的人力资源行业的财税服务市场将不仅仅服务于高端的客户，个税税制改革的推进从根本上是为了“让利于民”，但是每一项政策或改革措施的出台，都配套了相关的合规要求，鼓励纳税人在诚信纳税的基础上享受税收优惠及便利，这就意味着纳税人需要对自身进行严格的税务合规管理，提高税收遵从度，这就为专业税收服务人员提供了一个越来越大的市场。

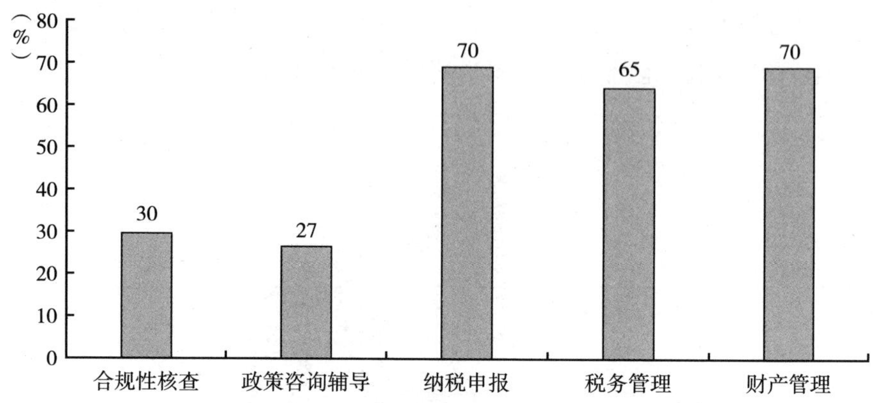

图12　高净值人群纳税服务产品需求

资料来源：中瑞方胜2020年需求调研报告。

（二）新职业人群服务市场

新业态基于不同产业间的组合，企业内部价值链和外部产业链环节的分化、融合，行业跨界整合以及嫁接信息与互联网技术，打造了全新的企业、商业乃至产业的组织形态。信息技术革命，产业升级，消费者需求趋于年轻化、互联网化和个性化是推动新业态产生和发展的三大重要因素。而为了迎合上述需求，多种新的就业模式与就业形态呈现爆发式增长。

在一些全新的风口行业，例如直播、短视频、游戏平台行业，它们的兴起带动了一批播主、带货主播、电竞人群等新就业形态的人群出现，这批人员呈现就业形态多样化、收入来源渠道多、收入频次高、收入总额高的特点。这批人员与平台、MCN机构抱团取暖，形成利益共同体。

与此同时，在获取高收入的同时，相当数量的相关人群在纳税意识及纳税政策的把握上是比较薄弱的，根据中瑞方胜2020年需求调研报告的数据，相当数量的上述人员对获取收入后是否履行了纳税义务处于不知情或不完全掌握的状态（见图13）。

根据中瑞方胜2020年需求调研报告的数据，大部分新兴职业的就业者纳税的意识比较淡薄或者有意无意地规避纳税话题主要是因为对相应的纳税

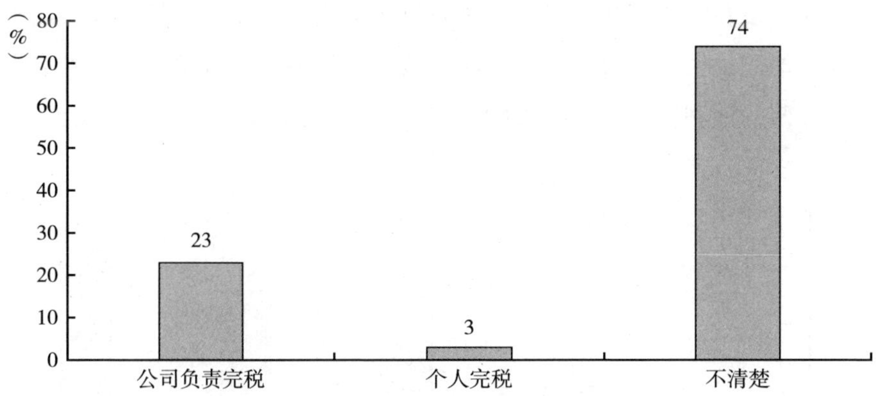

图 13　新兴职业者个人完税情况

资料来源：中瑞方胜 2020 年需求调研报告。

政策不了解（见图 14），包括如何纳税完税、相关的政策掌握、如何享受税收优惠政策、未依法纳税可能面临的处罚等，正是因为对上述信息的缺失，这些新兴职业者主动或被动地发生了纳税违规的情形，在未来可能会面临各种各样的涉税风险。特别是个人纳税信息纳入个人征信体系建设后，依法合规将成为人力资源行业财税服务重点业务和保障。

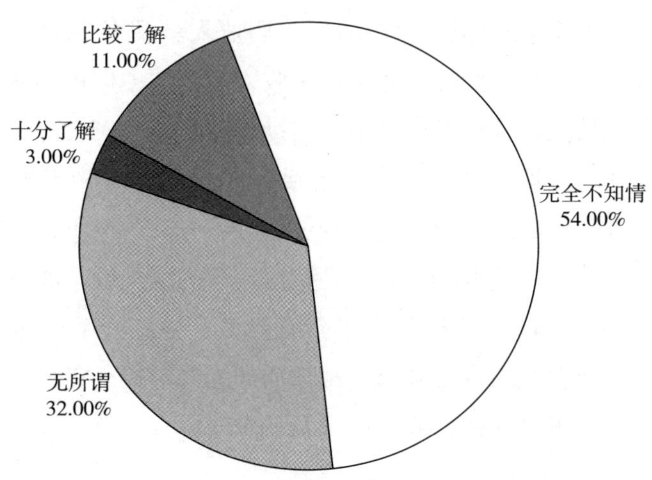

图 14　新兴职业者对相关涉税政策了解情况

资料来源：中瑞方胜 2020 年需求调研报告。

上述人员在财税服务需求上，主要诉求为快速便利、降低成本，在服务供应商为他们提供服务时，他们对相关政策学习的意愿较低，关注点多集中在实操环节的便利性、收入实现的时效性上（见图 15）。

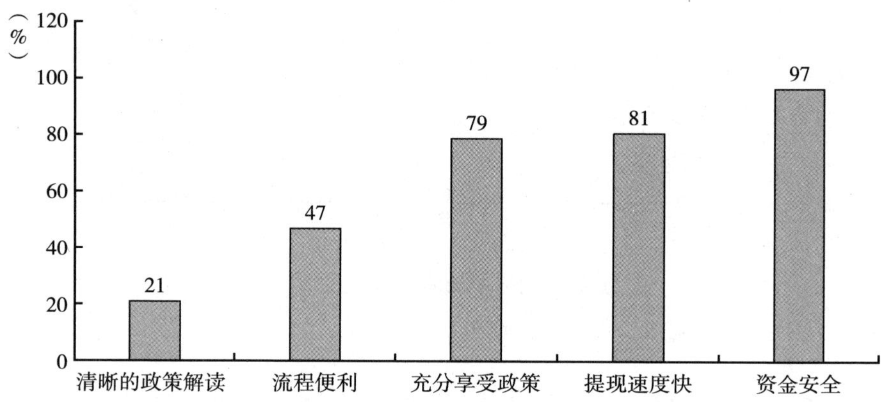

图 15　新兴职业者财税服务需求

资料来源：中瑞方胜 2020 年需求调研报告。

上述需求者主要是由于其收入获取频次不同于传统就业者适行的固定周期收入获取模式，他们的收入来源渠道多、频次高、变化快。根据中瑞方胜 2020 年需求调研报告的数据，82% 的新兴职业人员都有多于一处的收入来源，且存在周薪或日薪的情况，甚至由于收入来源的多样化，存在周薪、日薪、月薪并存的情况，核算模式复杂，实操难度大（见图 16）。

而对接上述新兴职业的合作商，包括平台、MCN 机构等组织法人，他们在转移上述人员财税服务项目时，则更关心服务商的资质，会对供应商整体解决方案进行综合性的考量，尤其是整体流程的合规性、涉及的相关政策法规的合理性、是否自有系统、IT 团队的能力、供应商系统的延展性、是否能够对接平台或组织的自由系统实现数据的无缝衔接、资金的安全性、支付的时效性、突发事件的处理能力等（见图 17）。

（三）新业态灵活就业人员服务市场

新业态就业人员在就业模式上，多采用长期雇佣与灵活就业结合的模

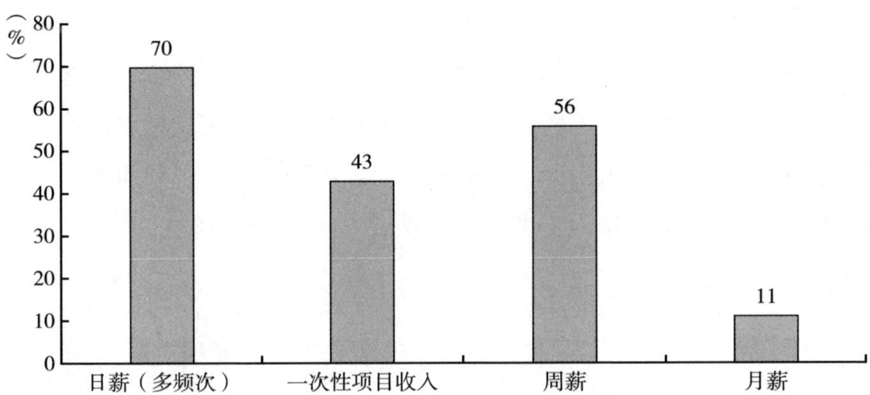

图 16　新兴职业者收入模式

资料来源：中瑞方胜 2020 年需求调研报告。

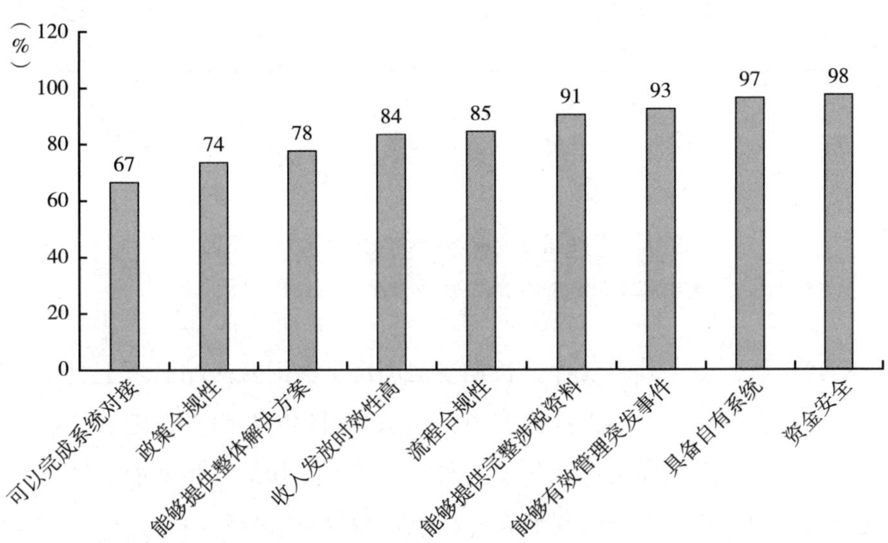

图 17　新兴职业者对服务商的服务需求

资料来源：中瑞方胜 2020 年需求调研报告。

式，其采用这种就业模式，有的人员是闲暇时间较多，部分人员是为了提高专业技能，部分人员是为了拓宽业务渠道，但更多人员采取上述模式主要是为了能够增加收入、拓宽收入渠道、形成有效补充、提高自身的抗风险能力。尤其是受到本次新冠肺炎疫情的影响，很多“70 后”“80 后”人员突然面临职业上的巨大风险，部分人员进入失业状态，单一的收入来源使家庭收入出现断层，造成了较大的影响。故经此疫情后，传统长期雇员认为采用多种就业模式，增加收入来源，能够保证收入的稳定性，也倾向于采用长期加短期灵活就业的模式作为未来的就业发展方向（见图 18）。

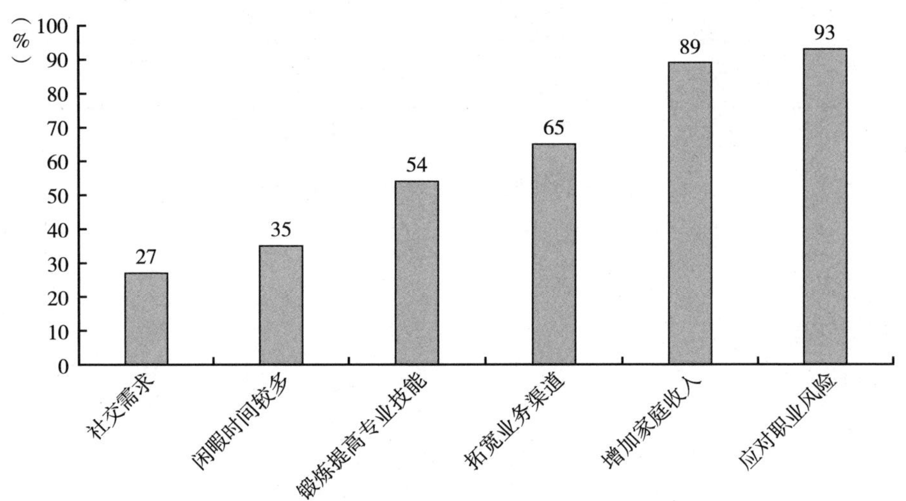

图 18　新兴职业者参与新业态灵活就业的原因

资料来源：中瑞方胜 2020 年需求调研报告。

上述人群，由于其本身存在长期受雇岗位，在财税产品需求上更关心涉税信息的私密性，在自然人涉税及财务信息透明化的趋势下，随着自然人税收管理系统正在日趋完善以及年度个税汇算清缴工作的逐步开展，新业态灵活就业人员的涉税服务面临受雇企业提供涉税服务、自行申报完税以及寻求第三方服务的多种选择（见图 19）。而中瑞方胜 2020 年需求调研报告的数据显示，出于隐私保护性这一需求，部分人员选择自行申报纳税，更多的人员出于专业性及涉税信息隐私性的考虑，选择第三方服务机构提供上述涉税服务。

中瑞方胜 2020 年需求调研报告的数据显示，除了对涉税信息私密性的考虑，部分新业态就业人员还会基于供应商的专业水平寻求第三方协助，主

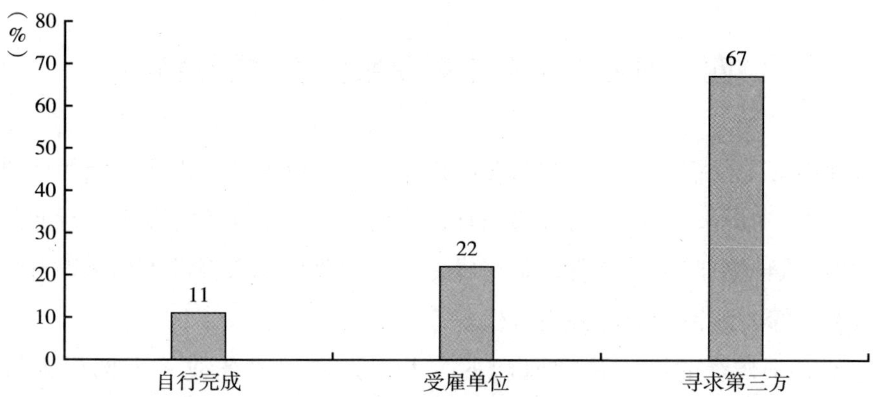

图 19　财税服务供应商选择

资料来源：中瑞方胜 2020 年需求调研报告。

要目的是依赖其专业性提高自身涉税相关事项处理流程的便利性，同时寄希望于财税服务商能够根据自身涉税业务的特点提供更加优惠的解决方案，借此享受一定的优惠政策，有效地降低涉税成本；另一个重要原因是新业态就业人员服务的相关组织本身就在和财税服务商进行业务合作，要求新业态就业人员承接的服务项目必须由上述服务商提供涉税的财税服务，从根本上对新业态就业人员的涉税行为进行规范，有效地规避组织风险（见图 20）。

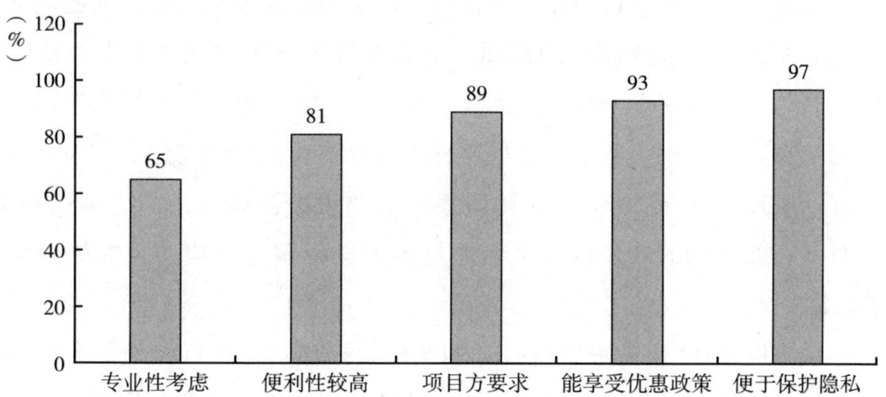

图 20　寻求外部服务商的原因

资料来源：中瑞方胜 2020 年需求调研报告。

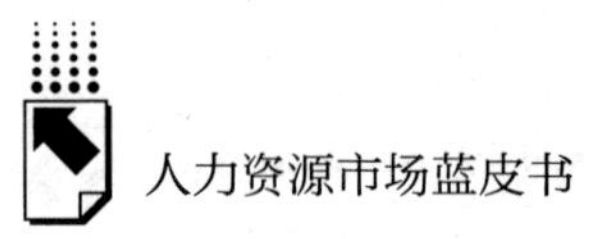

四　新业态下未来财税服务模式的趋势

伴随着个税综合与分类相结合的税制改革，以及未来汇算清缴等纳税机制在技术、流程、管理上的日趋完善，我们认为未来涉税专业服务行业的市场发展空间将更广阔。个税改革将成为一个契机，未来将进入一个以自然人为服务目标的涉税专业服务新时代。

不同于传统的基于长期雇佣下，由用人雇主财务或人力部门提供的代扣代缴的纳税服务，未来财税服务市场中的终端客户更加分散化，独立性更强，收入的来源更加多样化，涉税情形更加复杂，多数终端用户除传统薪资劳务收入外，还有可能涉及经营所得、股权收入、投资收益等。同时随着 2018 年个税改革而推行的各类专项扣除、专项附加扣除等涉税扣除项的不断丰富与更新，未来在终端涉税计算过程中还会涉及各类扣除的核算、合理性的判断，尤其是涉及家庭模式下的各项扣除优惠政策的享受及测算，需要更加专业的涉税服务技能才能满足终端涉税服务的需求。

在面对复杂多样性、终端数量大这一涉税服务市场特征时，传统的手工或单纯依赖基础表格进行的相关涉税服务从服务效能上会面临巨大的运营压力，同时受到终端服务体验的倒逼，众多涉税服务机构在新业态经济环境下，结合“互联网 +”、5G、大数据、云计算、物联网、人工智能带来的技术革命，在未来涉税服务中将涉税服务平台的搭建提升到与服务专业性同等的高度。中瑞方胜 2020 年需求调研报告的调研数据显示，在终端选择上，是否具备高效便利的涉税服务平台亦是客户选择服务机构的重要影响因素（见图 21）。

中瑞方胜 2020 年需求调研报告的调研数据显示，在对技术平台的需求上，更多的终端需求集中在政策查询、涉税快速申报、涉税数据测算、纳税记录查询上（见图 22）。

优质高效的技术平台，一方面，可以有效地提高企业服务质量，给终端

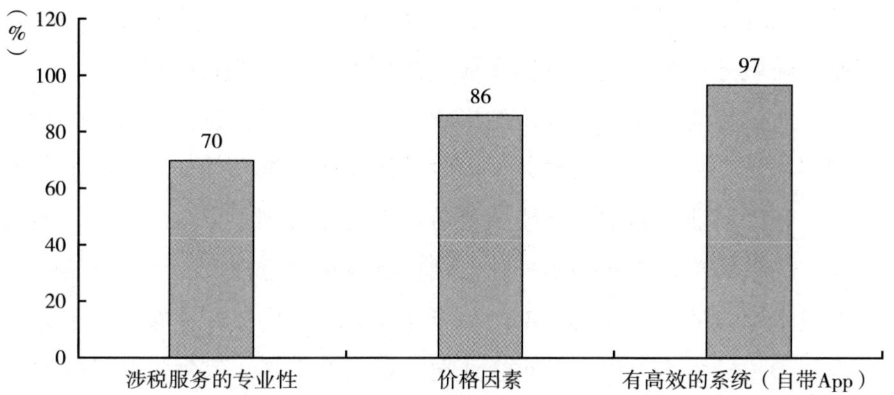

图 21　选择服务商的考虑因素

资料来源：中瑞方胜 2020 年需求调研报告。

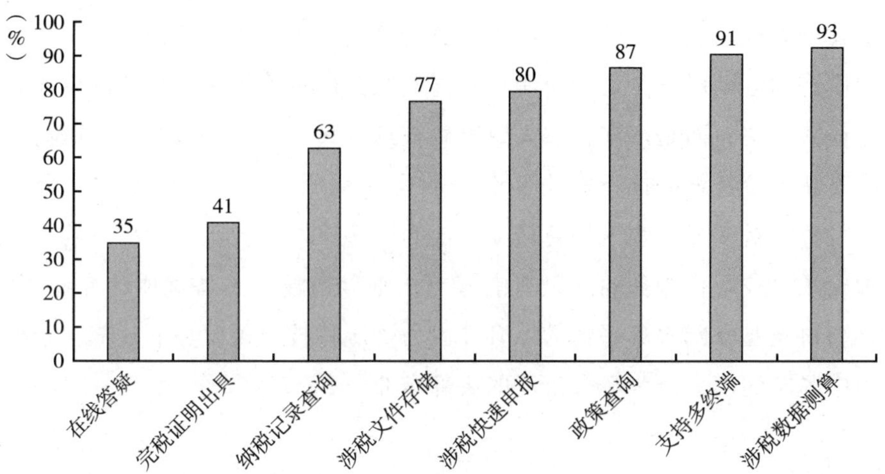

图 22　平台功能服务需求

资料来源：中瑞方胜 2020 年需求调研报告。

更好的体验感，同时利用“互联网+”、大数据、5G、云计算、物联网、人工智能技术打造的涉税服务平台，能够打破时间和空间上的限制，扩大财税服务的覆盖层面，尤其是可以满足大量非个性化标准财税产品的终端需求，迅速扩大平台用户规模，获得私域流量，为未来更多涉及终端的服务及产品提供留下想象空间。另一方面，高效的技术平台能够大大提高涉税服务的效

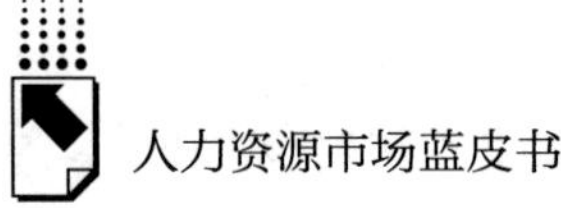

率，尤其在涉税数据的收集、汇总、测算上的优势明显，能够有效缓解以往运营成本随服务规模快速上升的矛盾，获得更高的服务利润。

综上所述，受到新业态经济的影响，一些投身新业态经济行业的创业者迅速积累财富，跻身高净值群体，同时在新业态经济及外部环境技术变革的影响下，新的职业、新的就业模式给劳动力就业找到了更多的渠道，劳动力获取收入的模式更加丰富而多样化。在税制改革的方向上，中瑞方胜预测未来随着技术手段的增强和管理部门整合完毕、机制的逐步完善，税征方向将逐步由间接税转型直接税，从重企业向企业与个人端、家庭端并重的方向发展。伴随着 2019 年《实施更大规模减税降费后调整中央与地方收入划分改革推进方案》出台，我们可以看到税征环节的后移已经释放出了这一信号。随着个税政策、小微企业普惠性政策、增值税深化改革等涉税政策的变化及涉税管理流程、制度、技术的演进以及未来消费税、房地产税等多税种直接征税模式的逐渐成熟，人力资源行业财税服务商将不再是以传统的企业财税服务模式为主，而是面向自然人或家庭端这一具有庞大基数的服务市场，涉税服务从传统长期雇佣下薪资、劳务所得涉税服务，向经营所得、合伙收入、投资收益多样性收入核算转变，成为以多终端平台服务为手段的综合性人力资源科技财税服务商。只有能够专注细分市场、具备优质的专业团队、掌握高科技互联网服务平台的综合性人力资源科技财税服务商才能在未来的竞争中脱颖而出，成为整个市场的头部企业。

B.20

上海人力资源服务行业发展分析

朱庆阳　汪艳彦*

摘　要： 人力资源服务业是国际朝阳产业，上海人力资源服务业历经四十年的发展，发展速度快、服务产品完善，已步入国际化发展进程，在行业标准体系建立、行业品牌建设等方面取得了丰硕的成果。本文通过对上海人力资源服务行业历年来的数据分析，以及行业市场化、国际化、标准化等方面的发展成果的介绍，全方位反映上海人力资源服务行业的发展现状。

关键词： 上海人力资源服务行业　国际化　品牌体系　标准体系

人力资源服务业是国际朝阳产业，在人力资源配置与开发中发挥着基础且重要的作用。上海人力资源服务业历经四十年的发展，在上海市委市政府、市委组织部、市人力资源和社会保障局等相关部门的指导和支持下，形成了以政府部门主导培育、行业协会规范自律、业内企业共同发展的“上海模式”，自2003年以来，以每年20%以上的增幅快速发展，2019年，全国人力资源服务行业营业总收入1.96万亿元，上海人力资源服务行业营业

---

* 朱庆阳，上海人才服务行业协会秘书长，全国人力资源服务标准化技术委员会委员，中国人才交流协会副秘书长，上海现代服务业联合会副会长、上海市职教协会副会长，上海市劳动模范，主要研究方向为人力资源服务业；汪艳彦，上海人才服务行业协会副秘书长，上海人才服务行业协会研究室主任，主要研究方向为人力资源服务业。

总收入达 5028 亿元[①]，约占全国人力资源服务行业的 1/4，位列全国人力资源服务行业首位，已成为上海产业经济发展中重要的协同要素之一，对推动上海人才国际化、产业国际化发展起到了重要作用。

一 上海人力资源服务行业发展背景

随着人力资源在经济社会发展中的战略地位不断提升，人力资源服务行业正越来越受到各界关注。自 2013 年以来，国务院、国家发改委、人社部、财政部等部门陆续发布《关于加快发展生产性服务业促进产业结构调整升级的指导意见》《关于加快发展人力资源服务业的意见》《关于深化人才发展体制机制改革的意见》《人力资源服务业发展行动计划》等文件，肯定了人力资源服务业是生产性服务业和现代服务业的重要组成部分，对推动经济发展、促进就业创业和优化人才配置具有重要作用。党的十九大报告指出"着力加快建设实体经济、科技创新、现代金融、人力资源协同发展的产业体系""要在人力资本服务领域培育新增长点、形成新动能"，对新时期人力资源服务业发展提出了更新的要求。

上海作为"改革开放的排头兵，创新发展的先行者"，早在 1994 年便围绕城市定位和发展目标提出了"构筑上海人才资源高地"的战略。2002 年，上海开始执行人力资源服务许可制度，在全国率先开展人力资源服务市场化改革，并建立全国第一家市场化的人才中介行业协会（现为上海人才服务行业协会）；2006 年出台《上海市人才中介服务机构管理暂行办法》，有效规范人力资源服务市场，同年在浦东新区先行先试，在全国范围内首批中外合资机构外资可拥有不超过 70% 的股权；2008 年浦东新区创新港澳服务提供者设立独资人才中介机构，吸引了一大批优秀国际性人力资源机构进入上海；2015 年，上海自贸区取消外资独资设立人力资源企业的限制，并于 2016 年落地了全国第一家外资独资企业，大大推动了国际优秀人力资源

① 资料来源于上海人才服务行业协会。

服务机构进入上海的步伐。近年来，随着“科创中心”“全球人才高地”“上海品牌”“人力资源服务业高地”等战略提出，上海出台了一系列人力资源服务行业相关政策，推动人才工作和人力资源服务业发展，上海人力资源服务业正迎来全新的发展契机。

二　上海人力资源服务行业发展现状

上海人力资源服务业在近四十年的发展历程中，在政府部门主导、行业协会自律、市场机构有序发展的“三位一体”的“上海模式”推动下“双轮驱动”，已建立起全国领先的公共人力资源服务体系和市场化人力资源服务体系。上海人力资源服务业已经形成在行业经营规模、行业产品体系、行业资本投资、行业国际商圈等层面初具成果和全国领先的服务体系，为上海产业经济和社会发展提供了有效的人力资源服务保障，实现人力资源集聚配置的功能。

（一）行业规模迅速壮大

上海人力资源服务业发展迅速，目前拥有各类人力资源服务机构和劳务派遣机构超过5500家，从业人员数超过4万人，产业规模从2003年的40亿元跃升到2019年的5028亿元①（见图1），年均增长率超过30%，表现出了强劲的发展态势。

（二）服务产品不断完善

经过多年的发展，上海人力资源服务业已形成了包括人力资源管理咨询、高级人才寻访、人力资源外包、劳务派遣、人才培训、人才测评、网络招聘及招聘会、人力资源软件等在内的完善的人力资源服务体系。从各业态发展来看，人力资源外包、劳务派遣仍是行业的主要收入来源，受相关政策法

① 资料来源于上海人才服务行业协会。

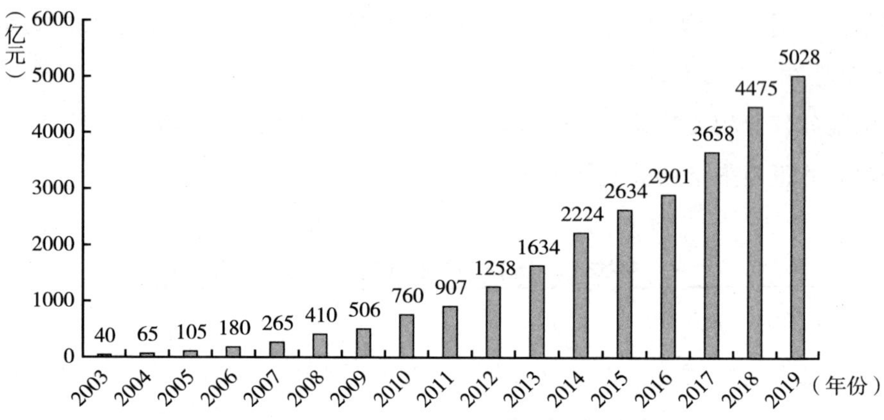

图 1　上海人力资源服务行业历年营业收入

规以及行业和规划要求，劳务派遣业态占比逐渐下降，人力资源外包业态呈逐年上升趋势（见图 2 和图 3）。

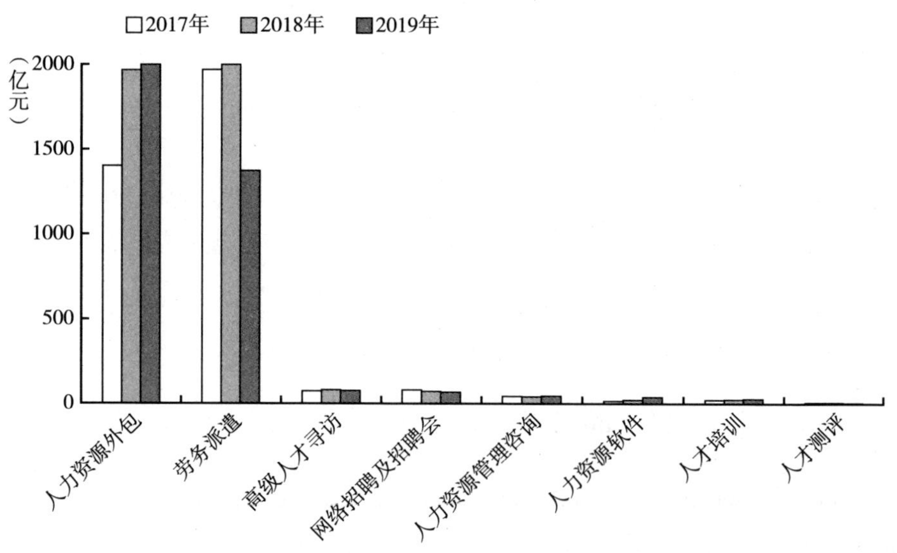

图 2　2017～2019 年上海人力资源服务行业各业态营业收入

近年来，受科技化、信息化影响，在推动传统人力资源服务业能级提升的同时，人力资源服务行业正呈现衍生化、跨界化、融合化发展的趋势。人

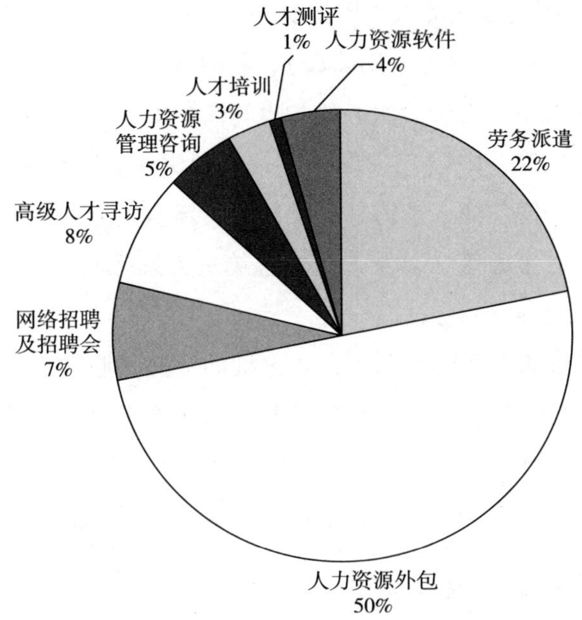

图3　2019 年上海人力资源服务行业各业态分布

力资源保险、人力资源健康、人力资源征信（市场调查）、人力资源金融、人力资源 SaaS 平台等业态成为行业新兴力量，踏上行业历史舞台，正不断丰富新时期上海人力资源服务业的服务内涵和外延，逐渐从独立产品变为相连接相互支持的人力资源服务产品的生态圈。

（三）行业实现国际化发展

在政府主导、协会配合、市场需求的模式下，国际排名前二十位的人力资源服务机构纷纷入驻上海，其中包括三家“世界五百强”人力资源服务机构——德科（Adecco）、万宝盛华（Manpower）、任仕达（Randstad）；国际五大战略咨询兼猎头机构——海德思哲（Heidrick& Struggles）、光辉国际（Korn/Ferry）、亿康先达（Egon Zehnder）、史宾沙（Spencer）、罗盛（Russell Reynolds）；世界四大人力资源管理咨询机构——美世（Mercer）、韦莱惠悦（Willis Towers Watson）、怡安翰威特（Aon Hewitt）、德勤

(Deloitte);各国国内领先的人力资源服务机构——安德普翰(ADP)、必胜人力(Kelly Services)、翰德(Hudson)、瀚纳仕(Hays)。

同时,国内大型人力资源服务机构也均落户上海,如国有企业——上海外服、中智、四达等,中国三大网站——前程无忧、智联招聘、中华英才网,民营企业——博尔捷、蓝海、天坤国际,新型人力资源服务机构——人力窝、猎上网、社宝通等,以及人力资源第三方媒体机构——HRoot、第一资源、招聘兄弟会等。

在政府的支持和市场的驱动下,一大批如上海外服、薪得付、开弈、仲望、必博人力、力德人才等人力资源服务机构正在开展"走出去"的战略,业务范围覆盖亚太地区乃至全球。国内外知名企业的集聚,提高了上海人力资源服务业的发展水平,推动上海在全国范围内率先完成产业的国际化发展。

(四)建立行业标准体系

在政府部门的指导下,上海人才服务行业协会牵头编制了两部国家标准——《人力资源术语标准》《人力资源外包服务规范》,五部上海市地方标准——《人力资源派遣服务规范》《人才测评服务规范》《高级人才寻访服务质量要求和评价方法》《人力资源外包服务规范》《人力资源管理咨询服务规范》以及首个社团标准《人力资源外包服务先进性质量要求》。在此基础上,协会持续开展标准的推广和贯标工作,截至 2019 年底,已有 547 家次人力资源服务机构申请贯标。

2012 年 6 月,由国家标准化委员会在静安区(原闸北区)开展国内首个"国家级人力资源服务标准化试点项目"。2015 年 2 月,通过 2 年多的运作,国家标准委组织专家对项目进行评估验收,专家组一致认为试点项目领导重视度高、组织保障有力,体系建设合理、标准制定有效,宣贯培训有力、实施效果明显,以 93 分的高分通过终期验收。

(五)打造行业品牌体系

在政府引导、协会推动以及市场机构的共同努力下,上海人力资源服务业已经形成较为完善的行业品牌体系，在为本土市场和行业机构实际操作过程中树立基础标准及形象标杆的同时，也通过品牌效应扩大上海人力资源服务业对外的影响力，推进我国人力资源服务市场的健康发展。

为推进行业高质量发展，上海人才服务行业协会每年开展“创建上海人力资源服务业诚信示范机构”活动，发布行业百强排名以及“招聘、培训、咨询”分业态排名榜单。此外，上海市市场监督局等部门定期开展“中小企业品牌”“上海名牌”“上海市政府质量奖”“上海品牌”等评选活动，截至2019年底，共有20家人力资源服务机构获评上海市“中小企业品牌”、23家机构获评“上海名牌”、2家机构（上海外服、中智上海）获评“上海市质量金奖”、2家机构（上海外服、中智上海）获评“上海品牌”第一批认证企业。

（六）探索行业资本化发展

从行业资本投资层面来看，资本投资活跃度已成为一个行业兴衰的重要指标。随着上海人力资源服务业高速发展，摩根士丹利、软银控股、中信资本、联想资本、蚂蚁金服等国内外知名的金融投资机构纷纷涉足人力资源服务领域。同时本土代表人力资源服务机构上海外服及中智上海纷纷与相关方面合作成立产业基金，为行业新兴力量、新型产品、新锐机构提供金融方面支持。据上海人才服务行业协会统计，协会668家会员单位中目前有近50家会员单位实现各类交易所的挂牌上市（或曾经上市），上市比例达到6.7%，在新兴服务业领域处于较高水平。

（七）开展公益活动，承担社会责任

近年来，越来越多人力资源服务机构通过多种方式和渠道开展公益活动，承担社会责任。陆续建立公益机构或公益活动机制，如蓝海公益基金、李恩三公益基金、安捷尔公益基金才俊公益培训，易昂通过金桥劳动人事协会提供区域企业服务、外企德科参与Win4Youth活动、万宝盛华援建宁强小学、任仕达公益职场指导等，活动形式丰富多样，大大提升了行业的社会美

誉度。

此外，为发挥人力资源服务行业优势、整合行业资源，配合政府做好高校毕业生就业工作，缓解社会就业压力，上海人力资源服务行业在上海市人力资源和社会保障局的支持下，自2004年起开展“人才服务进校园”的公益活动，并面向应届毕业生全面免费开放。活动分为“网络招聘进校园”“招聘会进校园”“实训基地进校园”“职业测评进校园”“培训项目进校园”“特色服务进校园”等模块，力求多方面、多渠道推进高校毕业生就业工作。目前，已累计与各大高校合作超过300余场现场招聘会，由活动方（非校方）自身直接组织单位超过1万余家次，现场发布岗位超过50万个，收到简历超过300万份，并多次受邀在全市“公益伙伴日”中设立专区进行现场服务，发挥了较好的社会效益。

三　上海人力资源服务行业发展趋势

人力资源服务业作为现代服务业和生产性服务业的重要组成部分，对人力资源配置和流动发挥着基础且关键的作用。从服务产品来看，人力资源外包、劳务派遣、高级人才寻访作为上海人力资源服务业规模前三的业态，产品模式成熟、发展速度平稳；从行业规模来看，近五年来，上海人力资源服务行业年增长速度逐渐放缓，呈平稳增长趋势，已成为上海经济社会发展的重要新生力量。

随着互联网、大数据、金融等与人力资源服务行业的不断融入，在强大的市场需求下，人力资源服务产品不断创新发展，人力资源服务的内涵和外延不断拓展，互联网化、平台化、跨界发展成为人力资源服务产品发展的新趋势，金融、保险、健康医疗、数据软件等与人力资源服务产品的结合不断深入，成为不可忽视的行业新兴力量。

上海人力资源服务业经历四十年的发展，无论是在公共人力资源服务和市场化人力资源服务方面，还是在行业业态体系建设、品牌标准化体系建设等方面都取得了累累硕果。在下一步的发展中，上海人力资源服务行业将继续在政府部门引导、行业协会自律、市场机构共同发展的模式下，创新行业服务产品、搭建行业发展平台、优化行业发展环境，推动上海人力资源服务业取得更加长久的进步，推动全国人力资源服务行业的共同发展和繁荣。

B.21

雄安新区急需人才现状及人才引进策略分析

邢明强　梁高杨*

摘　要： 雄安新区的繁荣兴起离不开其人才队伍的壮大和发展，本文从雄安新区的急需人才和人才引进两方面进行探索分析，并尝试提出雄安新区人才引进的对策。雄安新区人才需求方面，依据对雄安新区397家单位急需人才的调研数据，从岗位需求、专业需求和学历需求三个方面对雄安新区急需人才现状进行分析总结；雄安新区人才引进对策方面，首先总结雄安新区引才用才成效，同时结合人才需求现状梳理当前人才引进面临的挑战，在此基础上结合先进地区人才引进经验和办法，最后从人才统筹、人才随迁、特殊政策及特区人才探索四方面提出针对雄安新区人才引进的对策建议。

关键词： 雄安新区　急需人才　人才引进

人才是第一资源。习近平总书记在正定工作期间，不断创新人才引进政策，主持制定了著名的“人才九条”，敢为人先，革旧除弊，勇于突破，广招人才，极大地促进了正定县的全面发展。功以才成，业由才广。新时期的

---

* 邢明强，河北省人力资源社会保障科学研究所副所长、副研究员，硕士研究生导师，主要研究方向为人力资源；梁高杨，首都经济贸易大学劳动经济学院博士研究生，主要研究方向为劳动经济。

雄安新区承担着以疏解北京非首都功能为核心的特殊使命，在建设之初的特殊时期，更加需要特殊的人才政策，推动建设一支高素质的人才队伍和一流的人才特区，为千年大计、国家大事打下坚实的基础。

一　雄安新区急需人才现状

为进一步了解雄安新区急需人才现状，课题组对雄安新区 397 个单位进行了急需人才的实地调研和问卷调查。依据调研数据，从岗位需求、专业需求和学历需求三个方面对雄安新区急需人才现状进行分析。

（一）岗位急需现状

依据雄安新区 397 个单位调研数据，观察岗位需求数量数据发现急需总岗位数量为 701 个岗位，由于篇幅限制只展示岗位需求前 20 类岗位（见表 1）。其中医药医学类岗位需求数量最大，需求数量为 176 个，占比 25.11%；建筑管理类岗位需求数量列第 2 位，需求数量为 56 个，占比 7.99%；综合管理类岗位需求数量列第 3 位，需求数量为 49 个，占比 6.99%。观察岗位人数需求发现，岗位需求总人数为 2652 人，其中教育教师类岗位需求人数最大，需求人数为 656 人，占比 24.74%；医药医学类岗位人数需求列第 2 位，岗位需求人数 511 人，占比 19.27%；行政人事类岗位需求人数排在第 3 位，岗位需求人数 195 人，占比 7.35%。

表 1　2019 年雄安新区急需人才岗位情况

排序	岗位类别（需求前 20）	岗位需求数量（个）	占比（%）	岗位需求人数（人）	占比（%）
1	医药医学类	176	25.11	511	19.27
2	建筑管理类	56	7.99	139	5.24
3	综合管理类	49	6.99	68	2.56
4	行政人事类	37	5.28	195	7.35
5	财务管理类	32	4.56	67	2.53

续表

排序	岗位类别（需求前20）	岗位需求数量（个）	占比(%)	岗位需求人数（人）	占比(%)
6	公共卫生类	27	3.85	178	6.71
7	教育教师类	24	3.42	656	24.74
8	设计类	24	3.42	88	3.32
9	家政服务类	23	3.28	129	4.86
10	监督执法类	17	2.43	27	1.02
11	项目管理类	16	2.28	52	1.96
12	运营管理类	16	2.28	21	0.79
13	投资风控类	15	2.14	25	0.94
14	法律法务类	15	2.14	21	0.79
15	社会服务类	14	2.00	34	1.28
16	规划管理类	12	1.71	20	0.75
17	文字材料类	12	1.71	38	1.43
18	业务营销类	11	1.57	96	3.62
19	审批类	10	1.43	29	1.09
20	餐饮酒店类	8	1.14	12	0.45

注：综合管理类中的司机岗位与家政服务类的育婴师岗位均为若干，此两个岗位需求人数在类别中没有计数。

（二）专业急需现状

依据调研数据，观察专业急需数据发现：医学、临床专业需求量最大，专业需求数量为111个，占比15.83%；其次是“不限”专业类需求数量为97个，占比13.84%；金融、财务、经济类专业列第3位，专业需求数量为82个，占比11.70%。观察专业需求人数统计结果，由于“不限”专业需求人数不限只按照拟定数量统计，专业需求人数为430人，占比16.21%；教育学专业需求人数排在第2位，需求人数为410人，占比15.46%；医学、临床专业列第3位，专业需求人数为371人，占比13.99%，其余专业需求人数详见表2。

表 2　2019 年雄安新区急需人才专业情况

排序	专业(需求前 20)	专业需求数量(个)	占比(%)	专业需求人数(人)	占比(%)
1	医学、临床	111	15.83	371	13.99
2	不限(育婴师和司机)	97	13.84	430	16.21
3	金融、财务、经济类	82	11.70	270	10.18
4	医学影像	48	6.85	115	4.34
5	法律类	45	6.42	193	7.28
6	土木工程、建筑工程类	36	5.14	101	3.81
7	计算机类	36	5.14	196	7.39
8	工程管理相关	36	5.14	99	3.73
9	中西医结合	24	3.42	51	1.92
10	人文社科类	20	2.85	54	2.04
11	工商管理、市场营销类	16	2.28	51	1.92
12	家政类	15	2.14	131	4.94
13	护理学	15	2.14	82	3.09
14	档案管理	13	1.85	10	0.38
15	城市规划、水利工程类	11	1.57	23	0.87
16	设计	10	1.43	23	0.87
17	人力资源类	10	1.43	15	0.57
18	公共卫生及预防医学	10	1.43	74	2.79
19	电气、机电类	10	1.43	37	1.40
20	教育学	3	0.43	410	15.46

注：不限专业的岗位中，含有司机、育婴师这两类，因不限招聘人数，故没有统计。

（三）学历人才急需现状

依据调研数据，分析 2019 年雄安新区分学历人才急需现状发现：本科学历人才需求量最大，需求 967 人，占比 36%；高中学历人才需求量列第 2 位，需求 887 人，占比 33%；大专学历人才需求量排第 3 位，需求 450 人，占比 17%；初中学历需求量 171 人，占比 6%；硕士及以上学历需求量 56 人，占比 2%；不限学历需求量 121 人，占比 5%（见图 1）。

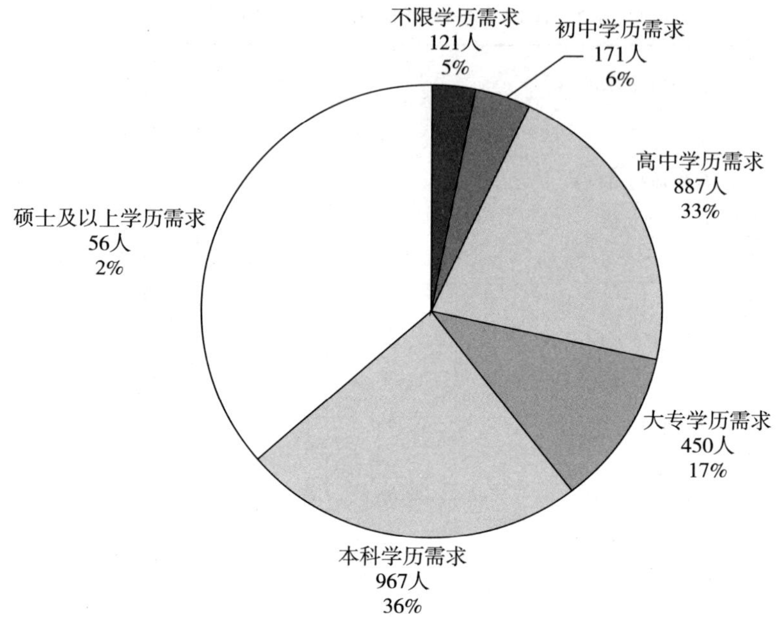

图1　雄安新区急需人才的学历情况

（四）雄安急需人才总结

雄安新区急需人才的岗位需求：依据岗位数量需求结果，目前雄安新区对医药医学、建筑管理及综合管理三类岗位需求量较大，此三类岗位在全部急需岗位中占比40.09%；依据急需岗位人数结果，教育学、行政人事和医药医学三类岗位人数需求量最大，在全部急需岗位人数中占比51.36%。

雄安新区急需人才的专业：专业数量上对医学、临床，育婴师和司机，金融、财务、经济三类专业需求量较大，占比急需总专业数量的41.37%；急需专业人才中对育婴师和司机，教育学，医学、临床三类专业人数需求较大，占总急需专业人数的45.66%。

雄安新区急需人才的学历需求中对本科学历、大专学历人才需求量较大，在总需求中占比53%，硕士及以上学历占比2%，雄安新区对大专及以上学历需求为55%，学历层次需求较高。

二　雄安新区人才引进的现状与挑战

（一）政府助推雄安新区人才引进

河北省高度重视人才工作，连续出台了深化人才发展体制机制改革、加大引进高层次人才、人才发展绿卡、人才工作目标责任制、柔性引才、燕赵英才服务卡、京津冀专业技术人员职称资格互认、引进外国人才、海外人才“百人计划”、“外专百人计划”、深化职称制度改革等多项重大政策措施，为河北省人才工作创新发展打下了良好的基础。2017 年河北省设立了院士工作站 54 家，为近年来建站数量最多的一年，至此，河北省院士工作站总数已达到 272 家，进站院士达到了 560 人次；省政府与人社部在廊坊共建了全国第一也是全国唯一的中国博士后成果转化基地。

雄安新区紧紧围绕新区的功能定位和发展需要，坚持“靠事业聚人、靠公平选人、靠机制用人、靠服务留人”的总要求，不断创新引智选才政策，提出了弹性使用、软性管理、个性服务和一人一策、特事特办等有力举措，不唯地域引进人才，不拘一格用好人才，为人才引进工作开创了良好局面。截至目前，新区共注册 330 家高新企业，全部为企业的主动行为，北京非首都功能疏解尚未开始。

雄安新区在党政机关干部队伍建设上，按照党政合一、精简高效的原则，采用大部门制、扁平化、聘任制的模式，依岗选人、一人多岗，签订聘任合同，对高精尖人才则采取了市场化的协议方式。工资标准参照或高于北京。一大批本领过硬、勤政务实、热心奉献的高素质党政干部被选拔或抽调到新区工作，承担起了雄安新区规划建设开局起步的繁重任务。

（二）雄安新区人才引进面临挑战

雄安新区在引才用才取得成绩的同时，仍面临巨大的挑战，主要有以下几个方面。

第一，人才质量的要求高。人才强则雄安强，人才的质量决定了新区建设的质量。雄安新区是北京非首都功能集中承载地，又要以创新发展走向“人类未来之城”，必须以高端人才为源头支撑和智力支持，推动雄安新区实现更高水平、更有效率、更高质量的可持续发展。

第二，人才工作的任务重。人才工作是一项系统工程，涉及人才的发展规划、引进使用、评价机制、管理服务、开发运作、培养交流等方方面面，起步初期的新区亟须推出满足当前建设需要、体现创新和突破、充满竞争力和吸引力的人才政策体系，统筹利用各类人才资源，努力构建更为开放和高效的人才工作格局，尽快建成人才特区。

第三，人才竞争的压力大。截至6月底，全国有50多个城市出台了力度大、措施硬、速度快的各种优惠政策，展开了针对人才的“争夺大战”，且愈演愈烈，特别是北京、上海、天津等地，主动降低落户门槛，形成了巨大的人才虹吸效应，对起步阶段的雄安新区人才引进产生了较大影响。

第四，人才需求的缺口多。建设雄安新区，党政人才、经营管理人才、专业技术人才、服务辅助人才等都不可或缺，既需要前期的规划者和建设者，也需要中后期的城市运营者和管理者；既需要复合型人才，又需要专业型人才；既需要顶尖科学家，也需要一线技术员。特别是在当前，建设、规划、设计、勘察、测绘、环保等类人才尤为急需，雄安新区已是期待群英聚会的大舞台。

第五，人才服务的基础差。雄安新区三县在优质公共服务资源方面多为空白，现有的交通、生态、教育、医疗、住房、社保、文化等条件，不仅与北京、天津的情况相差很大，与保定、石家庄等城市相比也有明显差距。由于各种原因，现在新区的房租价格已经接近国内一线城市水平，对于人才引进造成了不小的障碍，入驻企业对此反映最为强烈。

三　先进地区人才引进的做法和经验

通过调研，课题组发现越是发达地区则越加重视人才工作。无论是北京、上海、深圳等一线城市，还是海南、长沙、武汉、舟山等其他地区，都把人才引进作为促进发展的重要手段，它们的做法归纳起来有以下特点。

（一）重视程度高

深圳市将每年11月1日定为深圳人才日，大力推进实施人才强市战略，不断健全完善人才政策体系，出台了中长期人才发展规划纲要、高层次专业人才的“1+6”政策、引进海外高层次人才和团队的“孔雀计划”、促进人才优先发展的若干措施、“十大人才工程”等，为人才在深圳创新创业提供全方位、大力度支持和扶持。长沙市在2017年出台了“人才新政22条”，成为长沙有史以来含金量最足、惠及面最广、突破性最大、诚意度最高的人才引进政策。浦东新区在人才引进上始终感到“不过瘾”“不满足”，持续放大招，2020年又发布了人才发展“35条”，在人才评价、职称评定等政策上均有大尺度突破，构建了更具国际竞争力的人才体系。目前，浦东新区人才资源增长到137万人，引进海内外院士90人（其中诺贝尔奖获得者5人），入选国家“千人计划”13批219人。

（二）投入力度大

武汉东湖新技术开发区每年安排100亿元专项资金支持招才引智和招商引资，对国际顶尖人才最高给予1亿元资助，其中有最高1000万元的生活安家补贴；对产业领军人才采取无偿资助和股权投资相结合的资助方式，最高给予5000万元的项目资金支持（300万~500万元无偿资金资助及最高4500万元的股权投资）；对高层次创业人才给予100万~300万元无偿资金资助，并提供100万~2000万元的股权投资。深圳市对杰出人才、国家级领军人才、地方级领军人才、后备级人才分别予以600万元、300万元、200万元和160万元的奖励补贴。浦东新区未来三年将安排不低于20亿元的人才扶持政策资金。舟山市将市级人才发展专项投入扩大到1亿元，科技创业资助升级到3000万元，并设立了新区重才奖。武汉市出台大学生留汉工作指导性最低年薪：专科生 4 万元、本科生 5 万元、硕士研究生 6 万元、博士研究生 8 万元，确保总体收入水平不低于全国主要中心城市水平。

（三）配套措施硬

北京市提出符合条件的优秀人才可以申请办理《北京市工作居住证》或引进落户，并开通了“绿色通道”。上海市对获得市场认可的创业人才直接赋予居住证积分标准值，居住证转办户籍年限由 7 年缩短为 2～5 年。杭州市提出外国人才可享受 7 项出入境便利政策，创业资助最高可达 1 亿元。海南省提出了“百万人才进海南”行动计划，优惠政策涵盖了开放落户、赠予公寓、子女上学、配偶就业等各个方面。武汉市的“长江青年城”在未来五年将建设和筹集 250 万平方米以上大学毕业生保障性住房，大学毕业生可以低于市场价 20% 买到安居房、以低于市场价 20% 租到租赁房。浦东新区在张江科学城建设 9000 套以上国际人才公寓，未来三年推出 15 万套以上人才住房，并建立了海外高层次人才子女实验学校，提供国际医疗保险结算服务的医疗机构发展到了 25 家，还通过政府购买服务以支持海外专家联谊组织、归国留学生组织等社团发展。

（四）服务水平好

上海市建立了服务人才一口受理机制，并探索建立海外人才网上预约申请、电子审批及政府部门间信息共享机制；浦东新区通过建设“国际人才城”，提供宣传展示、人才服务、创业支持、活动交流等多种服务；北京中关村人才特区组建中关村创新平台，实行特事特办、联合审批和一条龙服务；深圳市推出了大学毕业生引进和落户“秒批”系统，对提出的申请进行无人干预自动审批；海南省建设了省级“一站式”人才服务平台，可以快速办理人才落户和“天涯英才卡”、人事代理、人才认定、租房补贴、营业执照、子女入学等 30 多项服务事项，这些成熟便捷的公共服务对引进和留住人才具有极大的“吸附力”。

（五）引才平台广

深圳市引进了全球最大的职业社交平台 LinkedIn（领英）、中国最大的人力资源在线交易服务平台“何马网”总部、美国知名人才发展协会（ATD）等，科锐国际、香港金饭碗、猎聘、百仕瑞等 321 家人力资源公司落户深圳，对深圳市人才引进市场化运作发挥了重要作用。浦东新区建设了浦东国际人才港、创业孵化空间、上海自贸试验区海外人才离岸创新创业基地、科研公共服务平台、人才智能化信息平台、人才国际交流与合作载体等多个人才平台，突出了引才的高能级、专业化和国际化。舟山市设立引才工作室，与科锐国际、万宝盛华、智联招聘等建立合作关系，在硅谷、柏林等地设立 7 个引才工作站，聘请了 14 名海外人才大使，使引进国际顶尖人才更加便利和高效。

四　雄安新区人才引进对策分析

新区建设是千年大计、国家大事，不能一蹴而就，我们要围绕疏解北京非首都功能这一核心任务，根据不同的发展阶段把握不同的人才需求，确定不同的人才引进战略，进而制定特殊人才政策，推动建设雄安人才特区。

（一）做好人才引进的统筹

1. 研究编制《雄安新区人才发展五年规划纲要》

由河北省委、省政府有关职能部门牵头，结合新区起步时期的建设需要，制定当前阶段的人才引进政策和配套措施，包括人才的培养开发、选拔任用、评价发现、流动配置、激励保障、创业扶持等，逐步建立符合实际、充满活力的体制机制，使新区人才发展规划与承接非首都功能疏解、实施重大战略、布局产业发展等同步谋划、同步实施、同步推进。

2. 组织和引导入驻单位制定人才需求计划

以此作为制定基本服务、基础设施、配套措施等的依据，同时在土地、工商、税务、海关、医疗、交通、公共租赁等方面制定有针对性的优惠政策，构建起切合雄安新区实际、富有地方特色的良好环境。

3. 推进人才评价工作

认真贯彻落实河北省两办印发的关于分类推进六个领域人才评价机制改革实施意见精神，积极推动人才评价的市场化、社会化、多元化发展，精准把好人才的选拔、认定和入口关，把各方面人才选拔和聚集到雄安新区的建设中来。要优化评价程序、方便评价过程、夯实评价结果、公示评价内容，好中选优，优中选强，使其符合雄安新区的建设需要和战略定位，体现出价值，经得起检验，发挥好作用。

4. 建立统筹管理人才引进的专职机构

根据当前新区建设的需要，在新区党群工作部建立人才引进工作专职机构，编制人才引进计划和清单，充分利用领导出访、新区推介等时机以及科协、侨联、华侨社团、联谊组织、友好城市等平台，及时发布新区规划建设中有关人才需求的资讯；在发达国家、国内高端人才集聚省市建立一批引才工作站，作为引进海内外高层次人才的窗口、桥梁和纽带。

（二）做好人才随迁的承接

1. 认真研究北京非首都功能疏解中随迁人才的意愿诉求

全方位做好承接和服务的准备工作，将疏解的推动力和承接的吸引力相结合，化解离京“恐慌症”，助推疏解“软着陆”，确保来得了、留得下、发展好。

2. 探索实行分阶段差别化户籍政策

新区建设的起步阶段可实行不同的户籍政策，北京随迁人才保留北京户籍，当地人口保留河北户籍，确保北京人才户籍制度所包含的诸多利益不受损失，如北京学籍、高考政策、薪酬待遇、保障水平等，推动随迁人才迁得动、迁得顺、迁得快、迁得稳。在中远期阶段，可逐步以居住证代替户籍制度，管理趋同一致，有关政策、住房、教育、医疗等实现一体化。

3. 加快建设公共服务设施

规划建设一批人才公寓和国际社区，根据“房租水平、物价水平、收入水平”三结合的原则，完善住房补贴货币化政策，发放人才过渡住房租金补贴；探索实施共有产权人才住房制度，购买人可以根据自身支付能力，与政府商定各自持有住房产权的比例，按能力逐步购回，直至获得全部产权；高起点建设医疗服务体系，鼓励社会资本投资高端和涉外医疗机构以及紧缺专业医疗机构；引入京津知名教育资源，支持区内有条件的中小学校探索弹性学制和国际化课程。

4. 组织开展挂职兼职活动

在中央有关部委的协调支持和组织下，加强北京和新区之间的人才交流互通。当前应以更大力度、在更宽领域内安排北京非首都功能的部门和单位人员到雄安新区进行挂职或兼职，从中得到适应和转变，进一步熟悉新区、融入新区、热爱新区。

5. 建设包容、慷慨、开放、多样的雄安文化

文化可以化人，文化可以养心。要以白洋淀红色文化、保定京畿文化为基础，对接北京文化链条，弘扬中国优秀传统文化，延续历史文脉，建设富有新区特色的雄安文化，以文化之魂推动和引领各类人才在新区的融合发展。

（三）做好特殊政策的制定

1. 探索实行个人所得税改革

对个人所得税可以“减税＋返还”，减税是对个人所得税调高起征点和降低税率双管齐下，使年度纳税总额低于全国水平；返还是将所缴纳的个人所得税部分返还至公共财政的专有账户，用于纳税人购买住宅产权和商业用房产权，增加远期资产性收入。同理，企业在新区创业、营业的 10 年之内，企业的所得税税率不超过 15%，各种商品和劳务的增值税税率不超过 6%。总的税费（含法定保险、福利）负担不超过 30%，在此基础上也进行一定的返还。通过减税和返还，增强引进的人才和企业在新区创业发展的动力和

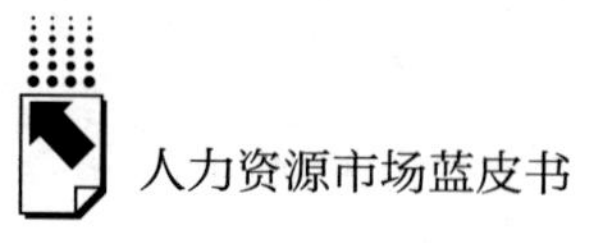

后劲。

2. 实行开放便捷的人才引进制度

有关部门应放宽海外高端人才出入境、在新区工作和居留的条件，为急需紧缺人才建立人才绿色通道，提供一次办、一条龙和便捷化服务；细化和深化积分落户和居住证制度，建立以居住证为载体的公共服务提供机制，对高层次人才和特殊人才可以给予额外的积分奖励，并制定随迁家属落户安置等便利政策。

3. 改革创新职称评定工作

应进一步下放职称评审权限，在已出台的《京津冀专业技术人员职称资格互认协议》基础上，深化和细化有关事项，并实现对专业技术人员的全覆盖；对新区引进的重点人才开通绿色通道，在人员职称评定、晋升时可以特事特办，给予特殊优惠；重点人才首次参加职称评审时，可不受本人任职和年限限制，而按照业绩、能力、水平直接申报相应的职称，其海外工作经历、学术和专业技术贡献可作为参评依据；打通高层次技能人才与工程技术人才职业发展通道，高层次技能人才可参加工程系列专业技术人才职称评审。由河北省与中央共同出资设立“雄安新区人才发展基金”。办国家大事，不能只考虑一省之力，而应该充分依靠国家力量，从更高、更大的层面寻找最好的方法。结合河北省已经出台的有关政策措施，应进一步加大力度，用于建设初期高层次和紧缺人才的补贴、奖励、保健保险等及重点课题、重点科研项目的启动和资助，使新区的人才引进保持一流的吸引力和竞争力。

（四）做好人才特区的探索

1. 建立雄安人才特区建设指导委员会

可参照中关村国家级人才特区的做法，用活人才，实现新区与各类人才共创业、共建设、共成长、共分享。

2. 着手搭建人才梯队

人才不是万能和不变的，要按照其成长规律和发展需要，不断培育造就人才，实现人才可持续发展。既着手当前建设的需要，又着眼未来发展的需要；既重视引进人才发挥作用，又关注本地人才的培养提高，始终把人才梯队建设作为关键环节抓好抓实。可吸引和鼓励名牌高校在新区办学办校，也可引导和组织新区现有的高层次人才开展各种形式的兼职教学，逐步构建高水平、开放式、国际化的教育聚集高地，建设好人才的“蓄水池”和“储备库”。

B.22
重庆市人力资源服务业发展分析

孙承豪　李贤柏　刘　杨　孙继伟*

摘　要：　本研究表明，重庆市人力资源服务行业显现出行业整体规模不断扩大、从业人员队伍素质稳步提升、服务质效进一步提升、产业集聚效应进一步显现。重庆市将通过完善人力资源服务行业发展政策、优化人力资源服务业发展环境、加强人力资源服务业人才队伍建设等举措来促进人力资源服务业进一步发展。

关键词：　重庆市　人力资源服务业　行业规模　产品创新

人力资源服务业是现代服务业和生产性服务业的重要门类和新兴产业，是实施创新驱动发展战略和人才强国战略的重要抓手，在促进就业创业、人力资源配置优化和服务高质量发展等方面发挥着重要作用，因此研究重庆市人力资源服务业发展情况具有重要意义，有助于促进重庆市经济社会发展和人力资源服务业高质量发展。

一　重庆市人力资源服务业发展现状

近年来重庆市采取了一系列措施促进人力资源服务业发展，全市人力资

* 孙承豪，重庆市人力资源和社会保障局人力资源流动管理处处长，从事人力资源市场建设管理工作；李贤柏，重庆师范大学教授，研究领域为人力资源管理和创业管理；刘杨，重庆市人力资源开发服务中心主任、高级经济师，从事人力资源开发服务工作；孙继伟，重庆市人力资源和社会保障局人力资源流动管理处职工，从事人力资源市场建设和管理工作。

源服务业规模不断扩大，服务能力持续提升，人力资源市场化配置程度不断提高，服务于重庆科教兴市和人才强市战略的作用进一步凸显。

（一）行业发展政策进一步健全

重庆市深入贯彻实施《人力资源市场暂行条例》，积极推动人力资源市场立法工作，《重庆市人力资源市场条例》已报重庆市五届人大常委会审议通过，预计2021年起施行。重庆市人社局联合市发展改革委、市财政局印发了《关于加快人力资源服务业发展的实施意见》，明确人力资源服务业发展的目标、任务、工作重点和政策措施。设立了市级人力资源服务产业发展基金，市财政每年投入3800万元，用于市级产业园创建及发展、人力资源服务机构培育、行业人才队伍建设等工作。深化"放管服"改革，全面实施职业中介许可和其他人力资源服务备案制度，进一步降低市场准入门槛，压缩许可备案时限，激发市场主体活力，并将外资性质人力资源服务机构审批权限下放至自贸区相关职能部门，在自贸区实行职业中介活动许可改为告知承诺制。

（二）行业整体规模进一步扩大

截至2019年底，重庆市共有人力资源服务机构1863家，与2017年相比增加了438家，年均增长率14.34%；注册资本由2017年的405520万元增长至483971万元，年均增长率9.25%；人力资源服务机构的总资产为1561036万元，比2017年增加52597万元，年均增长率为1.73%；营业收入为3568508万元，比2017年增加906034万元，年均增长率为15.77%；从业人员为25655人，比2017年增加3355人，年均增长率为7.26%（见表1）。

表1　2017～2019年重庆市人力资源服务业行业概况

年份	机构数（家）	注册资本（万元）	总资产（万元）	全年营业收入（万元）	从业人员总数（人）
2017	1425	405520	1508439	2662474	22300
2018	1680	428237	1540589	3070447	24580
2019	1863	483971	1561036	3568508	25655
年均增长率(%)	14.34	9.25	1.73	15.77	7.26

资料来源：重庆市人力资源和社会保障局，下同。

（三）人才队伍素质进一步提高

重庆市每年在清华大学等高校举办人力资源服务业发展高级研修班，培训区县人力社保局分管领导和人力资源服务机构高级管理人员。在重庆市内举办人力资源服务机构业务骨干培训班，培训人力资源服务机构业务骨干。制定了《重庆市人力资源服务从业人员技能提升培训计划（2020－2021）》，分阶段、分层次轮训重庆市人力资源服务从业人员。2019 年底重庆人力资源服务业从业人员中大专及以下学历人员占 71.59%，占比与 2017 年比较下降 1.01 个百分点；本科学历人员占比为 25.34%，与 2017 年持平；研究生及以上学历人员占比为 3.07%，占比与 2017 年比较上升 1.01 个百分点；取得职业资格人数占比为 26.25%，比 2017 年提升 0.42 个百分点（见表 2）。

表 2　2017～2019 年重庆人力资源服务业从业人员队伍构成

单位：人，%

年份	从业人员总数	大专及以下	占比	本科	占比	研究生及以上	占比	取得职业资格人数	占比
2017	22300	16189	72.6	5652	25.34	459	2.06	5949	26.67
2018	24580	17593	71.57	6181	25.15	806	3.28	6369	25.91
2019	25655	18366	71.59	6502	25.34	787	3.07	6734	26.25

（四）民营企业发展速度进一步加快

2019 年底重庆市 1863 家人力资源服务业机构中公共服务机构 42 家，占比为 2.26%，经营性服务机构 1783 家，占比为 95.97%，民办非企业等性质服务机构 33 家，占比为 1.77%。经营性服务机构中，民营企业 1678 家，占机构总数的 90.07%，与 2017 年比较占比增加 2.56 个百分点（见表 3）；国有企业 101 家，占比 5.42%，与 2017 年比较占比下降 1.95 个百分点；合资及港澳台资服务机构 6 家，占比 0.32%，行业所属服务机构 3 家，占比 0.16%。

表3　2017～2019年重庆人力资源服务业中国有企业和民营企业比较

年份	机构总数(家)		从业人员(人)		总资产(万元)		全年营业收入(万元)		税收(万元)	
	国有企业	民营企业	国有企业	民营企业	国有企业	民营企业	国有企业	民营企业	国有企业	民营企业
2017	105	1247	3900	16917	195632	282919	1007126	1513361	10627	116968
2018	141	1472	2924	20577	552754	971130	1254665	1682213	21876	26925
2019	101	1678	2204	21922	433990	583128	1268067	2063637	29064	52610

2019年底重庆市人力资源服务机构中公共服务机构从业人员为551人，占行业总从业人员数的2.15%，经营性服务机构从业人员24504人，占比为95.51%，民办非企业等性质服务机构从业人员600人，占比为2.34%。经营性服务机构中，民营企业从业人员占行业总从业人员数的85.45%，与2017年比较占比增加9.59个百分点；国有企业从业人员占比为8.59%，与2017年比较占比下降8.90个百分点。合资及港澳台资服务机构从业人员占比为1.23%。行业所属服务机构从业人员占比为0.24%。

2019年底重庆市人力资源服务机构中公共服务机构总资产为1207万元，占行业营业总收入0.08%，经营性服务机构1559829万元，占比为98.54%，民办非企业等性质服务机构21553万元，占比为1.38%。经营性服务机构中，民营企业总资产占行业总资产的69.39%，与2017年比较占比增加18.60个百分点；国有企业占比27.80%，与2017年比较占比增加了14.83个百分点，合资及港澳台资服务机构占比1.35%。

2019年底重庆市人力资源服务机构中经营性服务机构营业总收入3475434万元，占比为98.21%，民办非企业等性质服务机构63846万元，占比为1.79%。经营性服务机构中，民营企业营业总收入占行业营业总收入的57.83%，与2017年占比持平；国有企业占比35.53%，与2017年比较占比下降2.29个百分点，合资及港澳台资服务机构占比4.03%，行业所属服务机构占比0.82%。

2019年底重庆市人力资源服务机构中经营性服务机构上缴税收85042

万元，占行业上缴总税收的99.21%，民办非企业等性质服务机构上缴税收676万元，占比为0.79%。经营性服务机构中，民营企业上缴税收占行业总税收的61.37%，与2017年比较占比下降29.48个百分点；国有企业上缴税收占比为33.91%，与2017年比较占比增加25.65个百分点，合资及港澳台资服务机构税收占比3.93%。

（五）服务质效进一步提升

2019年重庆人力资源服务行业中服务大专及以下学历人员6347041人次，占服务人员总数的54.30%，占比与2017年比较下降5.36个百分点；服务本科学历人员4555287人次，占比为38.98%，占比与2017年比较增加7.29个百分点；服务研究生及以上学历人员785012人次，占比为7.72%（见表4）。

表4　2017～2019年重庆人力资源服务业服务人员学历结构

单位：人次

年份	服务人员总数	大专及以下	本科	研究生及以上
2017	8101506	4833235	2567800	700471
2018	10802626	3777841	2372260	673741
2019	11687340	6347041	4555287	785012

2019年重庆人力资源服务行业中服务国有企、事业单位23077家次，占服务用人单位数的11.59%，与2017年比较占比略有下降；服务民营企业143145家次，占比为71.91%，与2017年比较占比增加9.65个百分点；服务外资企业11966家次，占比为6.01%，与2017年比较占比略有提高；服务其他机构20867家次，占比为10.49%，与2017年比较占比下降9.12个百分点（见表5）。

表5　2017～2019年重庆人力资源服务业服务用人单位结构

单位：家次

年份	服务用人单位	国有企、事业单位	民营企业	外资企业	其他
2017	578670	71444	360308	33433	113485
2018	355695	27431	264018	33573	30673
2019	199055	23077	143145	11966	20867

人力资源服务业为用人单位和求职者提供了专业化的中介服务、供求交流的场所和更多的职业选择机会，大大提高了劳动者与岗位匹配的效率，有效解决了劳动者与用人单位之间信息不对称问题，对就业的促进作用显著。2019 年重庆人力资源服务行业服务人员总数为 11687340 人次，比 2017 年增加 3585834 人次，年均增长率为 20. 11%；帮助实现就业和流动人数为 3873179 人次，比 2017 年增加 679647 人次，年均增长率为 10. 13%。

（六）产业集聚效应进一步显现

中国重庆人力资源服务产业园出台了市、区、园区三级招商优惠政策，对入驻产业园的人力资源服务机构在装修、房租、税收等方面给予优惠，支持产业园的快速发展，促进行业集聚发展。重庆市人社局制定并出台了《关于推进市级人力资源服务产业园建设的指导意见》，支持有条件的区县（自治县）建设市级人力资源服务产业园。截至 2019 年底，中国重庆人力资源服务产业园共入驻企业 86 家，其中人力资源企业 63 家，各类配套企业 23 家，招商面积达到产业用房面积的 99%，企业实际入驻办公率达到 100%。服务业态涵盖招聘、派遣、外包、猎头、管理咨询、人力资源大数据等，初步形成了全业态的人力资源产业链。在所引进的企业中，有世界 500 强企业 1 家，港交所上市公司 1 家，另有人力资源百强机构 10 家，人力资源结算中心企业 2 家，在重庆市“2017 ~ 2018 年度人力资源诚信服务示范机构”评选中，园区 10 家企业入选，占重庆市的 1/3，企业的品牌影响力、业绩实力均为行业翘楚。园区配套业态涵盖银行、超市、餐厅、洗车场等。五星级酒店——金陵大饭店已开业运营，重庆市公积金中心渝北办事处已经落户园区。2019 年，园区企业实现营收 85. 13 亿元，同比增长 45. 3%；税收 1. 49 亿元，服务人员总数 104. 2 万人次，服务用人单位 3. 93 万家次，帮助实现就业和流动人数 23. 6 万人次，其中，通过“百企进村送万岗”等活动，为 1333 名贫困地区建档贫困户、零就业家庭等人员解决了就业问题；为全市引进各类高层次人才 150 人。

（七）行业发展环境进一步优化

通过《中国组织人事报》、《劳动保障报》、阳光重庆、华龙网等媒体大力宣传重庆市促进人力资源服务业发展的举措以及经验。每年举办西部人力资源服务博览会、猎头行业发展峰会、HR 能力大赛等活动，促进了人力资源市场供需双方的深入对接与交流合作，有效激活了市场活力，带动了行业发展，提高了行业影响力。2018 年和 2019 年分别发布了《重庆市人力资源服务业发展报告》，对全市 2017 年和 2018 年人力资源服务业发展进行了总结，指出了存在的问题，分析了行业发展面临的形势，提出了发展对策。定期组织开展诚信服务主题创建活动，引导人力资源服务机构诚信合法经营，完善了诚信体系。

（八）监管基础进一步夯实

2017 ~2019 年，委托重庆市人才研究和人力资源服务协会通过公开招标、自愿申报、受理审核、课题竞标、中期评审等程序，组织开展了 17 项人力资源服务行业重大课题研究工作，形成高级人才寻访、人才测评、人力资源培训等人力资源服务行业标准服务指南，为重庆市人力资源服务行业发展提供了理论支撑和实践路径。开发了全市人力资源服务业管理服务信息系统，系统功能包括机构基础和业务信息数据采集、从业人员信息采集、人力资源市场统计等方面。建成重庆市人力资源综合服务平台，通过大数据分析、建模、贴标，实现就业服务主动推送和精准对接，围绕重点群体就业、企业人力资源保障等重点工作，构建数据可视化模型，为制定就业创业政策提供辅助决策。深入推进人力资源诚信服务主题创建活动，引导人力资源服务机构诚信合法经营，共推荐确定了 10 家国家级人力资源诚信服务示范机构、105 家市级人力资源诚信服务示范机构。积极推行“双随机、一公开”抽查检查制度，定期开展清理整顿人力资源市场秩序专项行动、防骚扰电话综合整治、人力资源市场安全隐患排查整治和人力社保领域培训摸排等工作，人力资源市场日常监管不断得到加强。

二　重庆市人力资源服务业发展面临的挑战与机遇

（一）重庆市人力资源服务业发展面临的挑战

1. 机构规模偏小，品牌效应不高

2019 年重庆市人力资源服务机构平均营业收入为 1915. 46 万元，平均上缴税收仅为 46. 01 万元，整体规模偏小，在外省市开设分支机构的数量不多。国内外知名人力资源服务机构缺乏，具有外资和港澳台性质企业占比均不足 1%，截至 2019 年底国内外百强人力资源服务机构以子公司形式落户重庆仅有 10 家。

2. 产品创新不足，市场需求激发不够

重庆市人力资源服务业大多数机构服务产品仍以招聘、派遣、人事代理等为主，低端化、同质化现象突出，人才测评、高级人才寻访、管理咨询等中高端服务产品供给不足，难以满足用人单位日益增长的需求。随着灵活用工、互联网 + 人力资源大趋势的到来，传统的服务产品面临淘汰风险，新兴产品又一时无法有效把握和运用，这进一步凸显了重庆市人力资源服务业创新发展中的短板。人力资源服务业的买方市场需求还没有充分激发，不少用人单位对人力资源服务产业和人力资源服务机构的认知度不高，采购人力资源服务产品的意愿较弱。

3. 人才储备匮乏，培养体系不健全

2019 年底重庆市人力资源服务业从业人员为 25655 人，平均每家机构拥有从业人员仅为 13. 77 人，人员队伍中大专及以下学历人数占比达到了 71. 59%，取得职业资格证书人数占比仅为 26. 25%。随着行业各种新兴业态的快速涌现，迫切需要一批复合型、创新型综合人才，而此类人才更加缺乏。政府培养力度不够大、覆盖面不够广，企业缺乏长效培养机制，高校对人力资源相关专业建设的投入不足，多方因素造成政府、高校、企业之间尚未形成人才联动培养的合力。

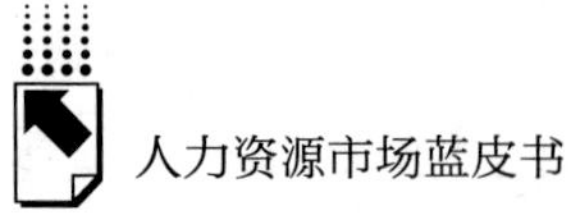

4. 区域差异较大，发展不平衡

重庆渝中、江北、沙坪坝、九龙坡、渝北、两江新区等几个区集中了全市一半以上的人力资源服务机构数和产值，南岸、巴南、北碚、大渡口等区机构数和产值则相对较少，而除主城区外的其他区县机构数和产值总和相加，尚不及主城区的一半。由于产业分布的差异，各地对产业发展的规范程度、政府重视程度也不尽相同，在产业基础薄弱的地区，人力资源服务业同质化、低端化和粗放式发展倾向更为明显，进一步拉大了区域间的差距。

5. 扶持政策有待优化，监管服务有待加强

面上的宏观政策、指导性政策居多，对猎头、外包、灵活用工等行业细分领域的专项支持政策较少，一些情况比较复杂的问题还没有解决，难以对产业“精准滴灌”。针对灵活用工、互联网 + 人力资源、人力资源与实体经济、科技创新、现代金融深度融合的情况，还没有制定前瞻性的指导创新政策。少数机构的经营行为不规范，无证经营、“黑中介”、虚假招聘等现象仍然存在，监管查处有待进一步加强。行业协会运行机制不够健全，行业代表、行业自律、行业协调、行业监督等作用有待进一步发挥。

（二）重庆市人力资源服务业发展面临的新机遇

1. 国家高度重视为产业发展提供了新机遇

党的十九大报告中提出“加快建设实体经济、科技创新、现代金融、人力资源协同发展的产业体系”，将人力资源产业提高到了国家战略地位。2018 年国务院颁布了《人力资源市场暂行条例》，这是我国改革开放以来人力资源要素市场领域的第一部行政法规，对建设统一开放、竞争有序的人力资源市场，更好实施就业优先战略和人才强国战略具有十分重要的意义。之后，人社部印发了《关于进一步开展人力资源服务机构助力脱贫攻坚行动的通知》《国家级人力资源服务产业园管理办法（试行）》等政策文件，进一步加强了对行业的扶持和关注。2019 年国家发展改革委修订发布了《产业结构调整指导目录（2019 年）》，将“人力资源和人力资本服务业”列为

鼓励类第四十六类，进一步确立了产业地位，对人力资源服务产业的发展具有引导作用，这体现了对人力资源服务业的高度重视，奠定了对人力资源服务业全面、系统、深入扶持的基础。

2. 区域发展新格局为产业发展提供了新空间

当前，重庆市正处在产业结构调整的关键阶段，传统制造业加速转型，以人工智能、大数据、云计算为代表的科技产业迅速崛起，金融、物流、电子商务等服务业快速发展，产业结构的调整进一步激发对人力资源的需求，为人力资源服务业提供了广阔发展空间。重庆正全面融入“一带一路”和长江经济带，加快建设内陆开放高地，为人力资源服务机构“走出去”，开拓海内外市场提供了良好机遇。成渝双城经济圈的建设也对重庆市人力资源服务业的发展提供了新的契机。

3. 新经济形态为产业发展提供了新动能

随着现代科技快速发展，新兴的大数据、云计算、人工智能等产业形态深刻改变、赋能人力资源服务业，由此催生了灵活用工、互联网 + 人力资源、人力资源金融服务等新兴业态。例如，人力资源服务与金融融合形成的社保网上快捷支付系统，利用移动互联技术开发的移动式员工考勤系统、薪酬绩效测评系统，行业优质机构的上市、跨界收购与兼并等，在促成行业新一轮“洗牌”的同时，也为人力资源服务业的创新发展提供了新动力和新空间，为行业高质量发展提供了原动力。

三 促进重庆市人力资源服务业进一步发展的路径

（一）健全行业发展政策体系

加强顶层设计，在重庆市人力资源和社会保障事业发展“十四五”规划中增加人力资源服务业发展目标与指标，科学编制“十四五”时期人力资源服务业发展规划，进一步促进行业发展。加快人力资源市场立法进程，尽快出台《重庆市人力资源市场条例》。研究制定新时期促进人力资源服务业发展的政策措施，从降低市场准入门槛、加大购买服务力度、落实税收优惠政策、大力发展猎头业态、加强行业队伍建设等方面引导和支持人力资源服务业发展。

（二）加大政府支持力度

推进政府向人力资源服务机构购买服务，将开展就业援助、春风行动、民营企业招聘、高校毕业生就业服务、职业技能培训、公共就业创业服务、档案整理与数字化加工、人力资源市场供求信息监测等纳入政府购买服务指导目录。鼓励人力资源服务机构参与创业孵化基地、就业见习基地创建，经认定后可享受相关扶持政策。支持人力资源服务机构参与人才引进，并根据引才工作绩效给予奖励。支持人力资源服务机构接受用人单位委托，为用人单位代办社会保险事务。人力资源服务机构派遣（外包）至困难企业、小微企业的劳动者，可以同等享受困难企业、小微企业社保降费优惠政策，并可根据被派遣（外包）劳动者实际用工单位所在行业或者根据多数被派遣（外包）劳动者实际用工单位所在行业对应的费率档次确定工伤保险费率。

（三）加强行业人才队伍建设

鼓励市内高校设置人力资源服务专业，培养行业发展所需专业人才。实施人力资源服务从业人员技能提升培训计划，采取集中授课、网络教学、实地考察、讨论交流、专家指导等方式，分阶段、分层次把全市从业人员轮训一遍。鼓励人力资源服务机构申办职业培训学校，参与人力资源服务从业人员技能提升培训。探索举办国（境）外人力资源服务业高级研修班，继续举办人力资源服务机构业务骨干培训班，不断提升从业人员的综合素质和能力水平。积极引导人力资源服务机构从企业文化、团队协作、业务实操、政策法规等方面加强企业内训，多渠道培养人力资源服务专业人才。加强人力资源服务业领军人才培养，对评为国家级、市级人力资源服务业领军人才的，给予一定奖励。

（四）推动人力资源服务创新升级

研究制定职业指导服务规范等人力资源服务地方标准文本，推动出台高级人才寻访服务规范等地方标准。开展新时期促进人力资源服务业发展路径等行业重大课题研究，为促进人力资源服务业发展、加强人力资源市场监管服务提供理论支撑。鼓励人力资源服务机构加大研发经费投入，加强人力资源服务理论、商业模式等方面的研发和应用。鼓励人力资源服务机构运用云计算、大数据、移动互联网、人工智能等新技术，创新人力资源服务产品，拓展服务渠道，促进人力资源服务业发展。支持人力资源服务机构发展灵活用工、高级人才寻访、人才测评、人力资源管理咨询等业态，推进人力资源服务创新和产品创新。

（五）实施骨干企业培育计划

深入贯彻人社部《人力资源服务业发展行动计划》，实施人力资源服务骨干企业培育计划。探索开展全市人力资源服务骨干企业遴选工作，重点培育一批有核心产品、成长性好、竞争力强的人力资源服务企业集团。鼓励人力资源服务机构开展自主品牌建设，对获得国家驰名商标或者国家级、市级骨干企业的人力资源服务机构，按规定给予一定奖励。支持本市人力资源服务机构在沪深港交易所上市、新三板挂牌或在重庆股份转让中心成长板挂牌。

（六）推进人力资源服务产业园建设

充分发挥中国重庆人力资源服务产业园的示范引领作用，将中国重庆人力资源服务产业园打造成为引领带动全市人力资源服务业高质量发展的重要载体。鼓励有条件的区县（自治县）结合当地经济社会和重点产业发展需要，规划建设一批区域性、专业性的市级人力资源服务产业园，形成区域衔接、优势互补、资源共享、层次合理的布局，促进人力资源服务业集聚发展。鼓励社会资本以独资、合资、参股、联营等方式参与市级人力资源服务产业园建设发展。鼓励中国重庆人力资源服务产业园创新发展，支持在跨区办理社保业务、人力资源结算中心建设、猎头基地、灵活用工等方面先行先试，探索积累经验。

（七）改善人力资源服务业发展环境

充分利用电视、报刊、手机客户端等媒体，大力宣传人力资源服务业的政策法规、发展情况和先进典型，不断提升行业影响力和知名度。精心办好西部人力资源服务博览会、猎头行业发展峰会、HR 能力大赛等活动，搭建人力资源服务供需双方交流平台，促进人力资源服务供需双方交流合作。定期发布重庆市人力资源服务业发展报告，引导行业发展。鼓励人力资源服务机构参加各类人力资源服务博览会、交易会、创新创业大赛，提高人力资源服务机构的知名度和影响力。进一步完善人力资源诚信服务创建机制，定期开展人力资源诚信服务示范机构推荐工作，建立人力资源服务机构诚信档案，引导人力资源服务机构诚信、守法经营。

（八）强化人力资源市场监管服务

贯彻落实《人力资源市场暂行条例》，全面实施人力资源服务行政许可备案报告等制度。实施人力资源服务机构年度报告公示制度，引导人力资源服务机构如实报告行政许可和备案事项、注册资本实缴情况、经营活动情况、财务情况等内容。深入开展清理整顿人力资源市场秩序、人力资源市场安全隐患排查整治等专项行动，严厉打击无证经营、“黑中介”、虚假招聘等违法违规行为。加强行业协会建设，支持行业协会制定行业自律规范和行业公约倡议，维护会员合法权益，强化对会员的监督，促进行业公平有序发展。

参考文献

孙继伟：《重庆人力资源服务业走上发展快车道》，《中国人力资源社会保障》2018年第 9 期。

孙承豪、张攀、孙继伟、张国宇：《人才向产业企业聚集问题研究》，《重庆人才发展报告 2018》，重庆出版社，2019。

B.23

云南省人力资源服务行业发展分析

董诗波*

摘　要： 2019年，云南省人力资源服务业快速发展，机构数量快速增长，行业从业人员队伍素质整体提升，行业年度营业总收入持续保持成倍增长。但云南省人力资源服务业发展起步较晚，还存在服务产品单一、服务能力偏弱，同质化现象突出，人力资源测评、咨询、高级人才寻访等高端服务供给不足等短板问题。

关键词： 人力资源服务业　人力资源服务机构　业态

2019年，云南省人力资源和社会保障厅认真贯彻落实《人力资源市场暂行条例》，实施人力资源服务业发展行动计划，制定出台了《云南省贯彻人力资源市场暂行条例促进人力资源服务业发展的实施意见》，全省人力资源服务业实现持续健康发展，为全省经济社会发展提供了有力的人力资源服务保障。

一　全省人力资源服务业整体呈现高增长态势

（一）行业总体营业收入情况

2019年底，全省人力资源服务业年营业收入220.15亿元，同比增长

* 董诗波，云南省人力资源和社会保障厅人力资源流动管理处一级主任科员。

113.09%。其中，民营性质人力资源服务机构营业收入183.04亿元，占83.14%，同比增长128.64%；国有性质人力资源服务机构营业收入27.59亿元，占12.53%，同比增长37.12%；政府所属人力资源服务机构营业收入3.11亿元，占1.41%，同比增长4526.52%；港澳台及外资性质人力资源服务机构营业收入0.59亿元，占0.27%，同比增长68.51%；其他性质人力资源服务机构营业收入5.82亿元，占2.64%，同比增长222.59%（见表1）。

表1　2019年人力资源服务业总收入（按机构性质分）

单位：亿元，%

项目	营业总收入	同比增长	占行业总收入比例
政府所属人力资源服务机构	3.11	4526.52	1.41
国有性质人力资源服务机构	27.59	37.12	12.53
民营性质人力资源服务机构	183.04	128.64	83.14
港澳台及外资性质人力资源服务机构	0.59	68.51	0.27
其他性质人力资源服务机构	5.82	222.59	2.64
全省营业综合收入	220.15	113.09	—

资料来源：《云南省人力资源市场统计年报》。

1. 从年营业总收入看，全省年营业总收入持续保持成倍增长

2019年云南省年营业总收入持续保持成倍增长，主要原因表现在三个方面。

（1）不断完善支持政策措施。认真贯彻《人力资源市场暂行条例》，制定出台了促进人力资源服务业发展系列政策措施。通过简政放权、转变政府职能、降低准入门槛，有效地激发了市场活力。

（2）加大从业人员队伍建设。近年来，云南省不断加大行业从业人员队伍建设，依托省内外高校，采取请进来、送出去的方式，强化业务素质提升培训，拓展了思维视野，更新了发展理念观念。

（3）积极营造良好发展环境。持续开展人力资源市场秩序清理整顿专项执法行动，严厉打击扰乱市场秩序的违法违规行为，开展人力资源服务诚信主题创建活动，大力宣传先进典型示范机构，营造了规范有序的发展

环境。

2. 从不同性质人力资源服务机构营收数据看，民营性质人力资源服务机构成为整个行业的主力军

2019 年，民营性质人力资源服务机构营收行业占比持续增长，较好发挥市场主力军作用，市场在人力资源配置中的决定性作用得到更好发挥。政府所属人力资源服务机构营收快速上升，体现政府职能深入转换，公共服务供给不断丰富，政府作用得到更好发挥。国有性质服务企业营业收入保持上升，占当年全年营业总收入比例有所下降，持续发挥市场引领作用；港澳台及外资性质人力资源服务机构营业收入占比最小，但随着中国（云南）自由贸易试验区建设，对中外合资和外资人力资源服务机构准入政策的放宽，这将在一定程度上吸引中外合资和外资人力资源服务机构进驻云南，行业发展前景良好；其他性质人力资源服务机构营业收入占比持续上升，体现了整个行业服务多元化、灵活化的态势（见图 1）。

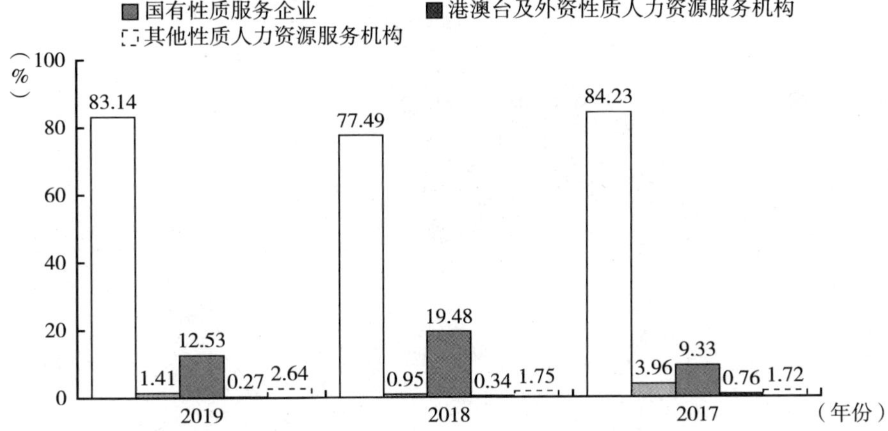

图 1　2017～2019 年人力资源服务机构营业收入占比情况

资料来源：《云南省人力资源市场统计年报》。

3. 从区域人力资源服务行业营收占比看，地区发展不平衡

2019 年，昆明人力资源服务行业营业收入 150. 54 亿元，占全省营业总

额的68.38%，同比增长134.26%；昭通4.37亿元，占1.99%，同比增长297.27%；曲靖1.27亿元，占0.58%，同比下降44.05%；玉溪13.85亿元，占6.29%，同比增长13.43%；保山3.02亿元，占1.37%，同比增长480.77%；楚雄1.51亿元，占0.69%，同比下降11.7%；红河3.99亿元，占1.81%，同比增长35.71%；文山3.56亿元，占1.62%，同比下降35.97%；普洱2.94亿元，占1.34%，同比增长9.7%；大理8.65亿元，占3.93%，同比增长1501.85%；德宏20.19亿元，占9.17%，同比增长190.50%；丽江1.96亿元，占0.89%，同比增长833.33%；版纳1.73亿元，占0.79%，同比增长311.9%；怒江0.45亿元，占0.2%，同比增长36.36%；迪庆0.42亿元，占0.19%，同比增长5.0%；临沧1.43亿元，占0.65%，同比增长286.49%。营收占比排名见图2。

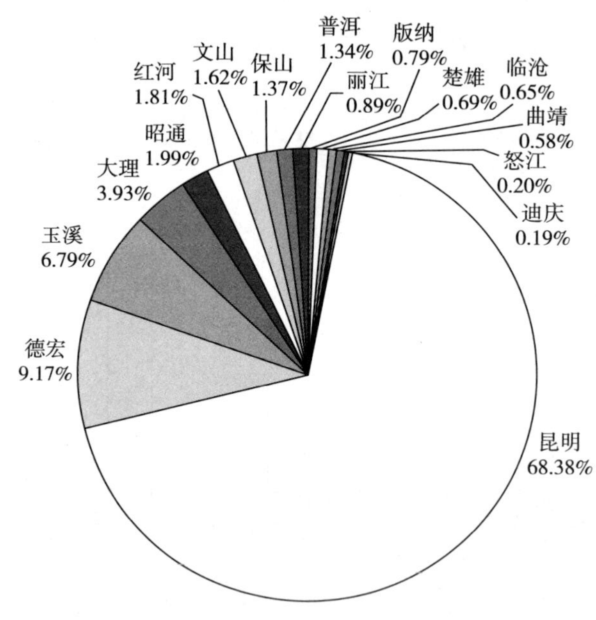

图2　2019年云南省各区域人力资源服务行业营收占比

资料来源：《云南省人力资源市场统计年报》。

行业营收仍然是以昆明高增长为中心点，逐步辐射到经济发展快，对服务业需求大的地区。大理、昭通、德宏、保山、丽江、版纳、临沧占比增速皆在100%以上，体现了当地经济发展对人力资源服务需求的扩大化；曲靖、楚雄、文山占比呈现负增长，为当地人力资源服务机构服务范围的拓展、服务质量的提升提出了更高的要求；其他地区保持平稳发展态势。

（二）人力资源服务行业提供服务情况

全省人力资源服务行业服务各类人员648.92万人次，同比下降20.59%；累计帮助209.29万人实现就业和流动，同比增长2.36%；为28.41万家用人单位提供人力资源服务，同比下降44.88%；设立固定招聘场所1745个，同比增长107.49%；建立人力资源市场网站384个，同比增长30.61%；管理流动人员人事档案210.26万份，同比增长10.87%。

服务企业和累计人次虽略有下降，线下的招聘场所、线上的市场网站、流动档案的托管却呈上升趋势，最终实现就业和流动呈同比小幅上涨，显示出招聘向网络化、就业向灵活化、服务向专业化发展的态势。

（三）人力资源服务机构数量情况

2019年，全省共设立各类人力资源服务机构2014家，同比增长97.26%。主要从以下三个方面分析。

1. 机构类型

政府所属人力资源服务机构246家，占人力资源服务机构总量的12.21%；国有性质人力资源服务机构96家，占4.77%；民营性质人力资源服务机构1339家，占66.48%；港澳台及外资性质人力资源服务机构3家，占0.15%；其他性质人力资源服务机构330家，占16.39%（见表2）。

2. 地域分布

昆明945家，占人力资源服务机构总量的46.92%；昭通112家，占5.56%；曲靖70家，占3.48%；玉溪131家，占6.5%；保山94家，占

4.67%；楚雄 20 家，占 0.99%；红河 135 家，占 6.7%；文山 89 家，占 4.42%；普洱 66 家，占 3.28%；大理 112 家，占 5.56%；德宏 87 家，占 4.32%；丽江 59 家，占 2.93%；版纳 41 家，占 2.04%；怒江 15 家，占 0.74%；迪庆 11 家，占 0.55%；临沧 25 家，占 1.24%（见图 3）。

表 2　2017～2019 年各类人力资源服务机构数量变化情况

单位：家，%

年份	政府所属人力资源服务机构	占比	国有性质人力资源服务机构	占比	民营性质人力资源服务机构	占比	港澳台及外资性质人力资源服务机构	占比	其他性质人力资源服务机构	占比
2017	208	31	35	5.2	387	57.68	2	0.30	39	5.81
2018	231	22.62	58	5.68	614	60.14	1	0.10	117	11.46
2019	246	12.21	96	4.77	1339	66.48	3	0.15	330	16.39

资料来源：《云南省人力资源市场统计年报》。

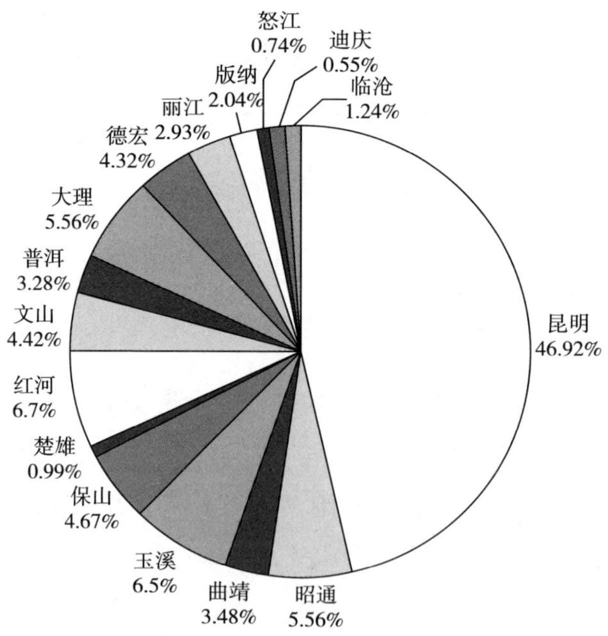

图 3　2019 年各区域人力资源服务机构占比情况

资料来源：《云南省人力资源市场统计年报》。

全省各类人力资源服务机构中，除政府所属和国有性质人力资源机构占比略有下降外，其他类型机构均保持稳步增长，民营性质人力资源服务机构仍是行业主力军。从地区数据来说，昆明市机构数量和行业占比份额均保持第一，机构数量较2018年同期增长118.08%，实现数量翻番。紧随其后的红河、玉溪两地机构数量增加，但行业占比份额略有下降，反映出行业规模在扩大的同时，以单纯劳务输出、劳务派遣为主的服务内容亟待升级。

（四）人力资源服务业从业人员情况

随着人力资源服务业的快速发展，行业从业人员数量逐年增加。2019年，全省从业人员共38690人，同比增长5.33%。从业人员中取得职业资格证人员共14434人，同比增长111.3%，占从业人员总数的31.13%。

从不同性质的人力资源服务机构从业人员分布情况看，政府所属人力资源服务机构4044人，占行业从业人员总数的10.45%；国有性质人力资源服务机构5276人，占13.64%；民营性质人力资源服务机构25416人，占65.69%；港澳台及外资性质人力资源服务机构156人，占0.4%；其他性质人力资源服务机构3798人，占9.82%（见表3）。

表3　2018～2019年人力资源服务业从业人员情况（按机构性质分）

单位：人，%

机构性质	人员总数		占行业总数比例	
	2018年	2019年	2018年	2019年
政府所属人力资源服务机构	3471	4044	9.45	10.45
国有性质人力资源服务机构	4378	5276	11.92	13.64
民营性质人力资源服务机构	19989	25416	54.42	65.69
港澳台及外资性质人力资源服务机构	111	156	0.30	0.4
其他性质人力资源服务机构	8782	3798	23.91	9.82

资料来源：《云南省人力资源市场统计年报》。

从学历层次看，硕士及以上学历451人，占行业人员总数的1.17%，同比下降22.51%；本科学历9662人，占行业人员总数的24.94%，同比增长37.11%；大专及以下学历28577人，占行业人员总数73.86%，同比下降1.8%（见表4）。

表4　2018～2019年人力资源服务业从业人员学历情况

单位：人，%

年份	硕士及以上	占比	本科学历	占比	大专及以下学历	占比	取得职业资格证	占比
2018	582	1.58	7047	19.19	29102	79.23	6831	18.60
2019	451	1.17	9662	24.94	28577	73.86	14434	31.13

资料来源：《云南省人力资源市场统计年报》。

从业人员数量连续三年实现增长，民营机构中的人员数量和占比均上升较快，是吸纳新增行业从业人员的主阵地。从人员学历结构来看，呈现从高中低端逐渐增大的三角形结构向中间人员比重扩大的菱形结构转变，预示着从业人员总体素质逐渐提高的态势。

（五）人力资源服务业态发展数情况

人才招聘服务。2019年，全省各类人力资源服务机构举办现场招聘会7832场，同比增长22.20%。其中举办毕业生专场1284场，同比下降20.94%；举办农民工专场5213场，同比增长32.41%；参加招聘会用人单位12.55万家，同比减少20.27%。提供招聘岗位320.23个，同比增长18.08%；参会求职人员223.94万人，同比减少11.37%（见图4）。通过网络发布招聘岗位信息120.14万条，同比下降1.26%，发布求职人员信息126.81万条，同比增长32.49%（见图5）。

劳务派遣。全省各类人力资源服务机构共派遣27.9万人，同比增长4.57%；派遣服务用人单位1.29万家，同比减少8.43%。

人力资源管理咨询、人力资源服务外包、档案管理。各类人力资源服务机构为3.59万家单位提供人力资源管理咨询服务，同比减少27.82%，为5307家用人单位提供人力资源外包服务，同比减少59.22%，保存流动人员

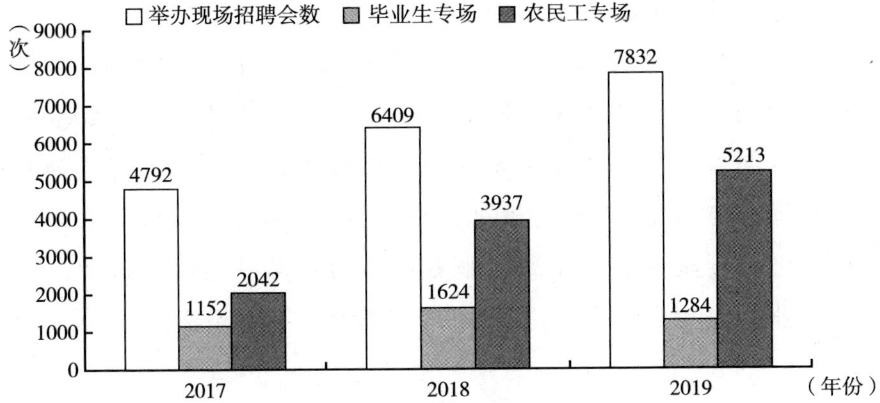

图 4　2017～2019 年全省举办现场招聘会次数

资料来源：《云南省人力资源市场统计年报》。

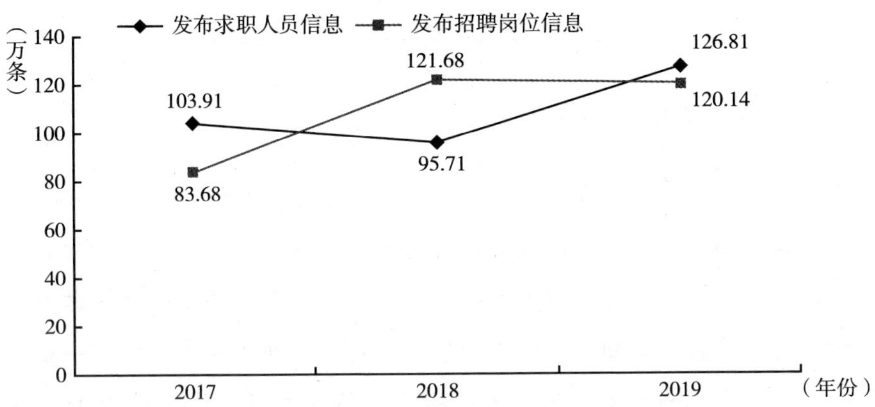

图 5　2017～2019 年全省网络招聘服务信息发布数量

资料来源：《云南省人力资源市场统计年报》。

档案 210.26 万份，同比增长 10.87%。

人力资源培训。举办各类培训班 2.9 万次，同比增长 109.59%，共培训 175.54 万人，同比增长 66.26%。

高级人才寻访。高级人才寻访（猎头）服务成功推荐选聘各类高级人才 1.68 万人，同比增长 27.65%。

从上述数据分析，2019 年，各类人力资源服务业务总体保持迅速发展态势。现场招聘毕业生专场数缩减，农民工专场数逐年上升，反映出云南省农村劳动力资源丰富，人力资源服务机构服务脱贫攻坚、促进农村劳动力转移就业作用明显。同时，网络招聘服务受到求职者和用人单位的青睐，特别针对高校毕业生群体，网络招聘将成为其求职的主渠道。与2018 年同期相比，与2018 年所有细分行业均呈正增长不同，细分行业中的人才测评服务、人力资源外包服务、举办招聘会等板块业务呈现负增长，主要原因是2018 年的超速增长带来的缓冲期。

二　人力资源服务业发展的显著特点

2019 年，云南省人力资源服务业发展呈现六个特点。

（一）政策体系不断完善

为深入贯彻《人力资源市场暂行条例》，云南省研究制定了《云南省贯彻人力资源市场暂行条例促进人力资源服务业发展的实施意见》，对全省加强市场建设、促进人力资源服务行业发展、规范人力资源市场秩序做出了总体设计和安排部署，特别是在产业园建设、骨干企业培育等领域进一步加大了政策支持力度；制定下发了《云南省人力资源和社会保障厅关于做好人力资源服务行政许可及备案有关工作的通知》，进一步规范了依法开展人力资源服务行政许可、人力资源服务备案管理和人力资源服务机构年度报告公示工作，推进了审批服务便民化；转发实施了《关于进一步规范人力资源市场秩序的意见》，持续规范人力资源市场秩序，为营造规范有序的发展环境提供了行动指南。

（二）行业营业收入持续保持高速增长态势

2016 ~2019 年人力资源服务业实现营业收入分别为25. 98 亿元、45. 75

亿元、103.31亿元、220.15亿元。实现连续三年营收翻番的高速增长，呈现行业前景巨大的喜人态势。

（三）民营性质人力资源服务机构更加显现行业主力军地位

2019年民营性质人力资源服务机构营业收入183.04亿元，占全省营业总收入的83.14%；服务机构1339家，占全省机构总数的66.48%；从业人员25416人，占全省从业人员总数的65.69%，以上数据充分说明，民营性质人力资源服务机构进一步成为人力资源服务业发展的主力军，在积极服务云南省GDP增长的同时，在人力资源优化配置、服务就业和人才培养等方面发挥越来越重要的作用。

（四）人力资源市场配置能力进一步提升

全省各类人力资源服务机构为648.91万人提供各类服务，累计帮助209.29万人实现就业和流动，同比增长2.36%；共设立固定招聘（交流）场所1745个，同比增长107.49%；建立人力资源服务网站384个，同比增长30.61%；管理流动人员人事档案210.26万份，同比增长10.87%；举办现场招聘会7832场，同比增长22.20%，提供招聘岗位320.23个，同比增长18.08%；通过网络发布求职人员信息126.81万条，同比增加32.49%。随着线上线下多种方式的搭建，市场配置的能力进一步提升。

（五）服务脱贫攻坚的能力进一步增强

举办农民工专场招聘会5213场，同比增长32.41%。云南省脱贫攻坚中一系列人社扶贫举措的实施、大量人力资源服务机构主动参与农村劳动力转移就业等工作，有效促进了边疆少数民族地区、贫困地区农村剩余劳动力就业。新冠肺炎疫情发生以来，全省1000余家人力资源服务机构踊跃参与脱贫攻坚，想尽办法，组织农村劳动力转移就业。截至2020年3月26日，全省人力资源服务机构共组织农村劳动力转移就业157.91万人，其中省内105.61万人、省外52.35万人，充分发挥了人力资源机构在战疫情、服务企业复工复产和脱贫攻坚战中的重要作用。

（六）人力资源服务网络化、信息化迅速发展

互联网技术的突飞猛进，移动互联网技术、云计算以及大数据的发展，在改变和影响人们的生活及行为方式的同时，也给人力资源服务业带来了巨大变化，促使人力资源服务业不断利用这些新技术创新产品服务。特别是新冠肺炎疫情发生后，全省人力资源现场服务全部暂停，人力资源服务机构快速反应，应用信息技术、互联网技术，大力发展人力资源服务新业态，传统现场服务向线上服务转移，网络招聘、网络培训、不见面服务等新业态迅速壮大，占据大量市场份额。“互联网+”人力资源服务迅速发展壮大，广大求职者及用人单位选择网络发布信息、网络双向选择、视频面试等一站式网络服务将成为行业发展趋势。

三　人力资源服务业发展存在的主要困难和问题

（一）区域发展明显不平衡

云南省人力资源服务业起步晚，大部分地区基础较为薄弱，发展较慢。从区域来看，昆明地区呈现一区独大状况：全年营收150.54亿元，占全省营收总额的68.38%；服务机构945家，占机构总数的46.92%；从业人员12835人，占行业从业人员总数的33.17%。其他地区与昆明相比发展差距巨大，市场发展还不充分、不活跃、不主动，不利于全省人力资源服务业的协同快速发展。

（二）从业人员总体素质仍需提升

从学历层次看，硕士及以上学历451人，占行业人员总数的1.17%，

同比下降22.51%；本科学历9662人，占行业人员总数的24.94%，同比增长37.11%；大专及以下学历28577人，占行业人员总数的73.86%，同比下降1.8%。可以看出，云南省人力资源服务行业人员总体素质已有一定提升，从三角形结构逐步向菱形结构转变，中端人员数量在逐步增加。但随着服务要求的不断提高、服务质量的不断提升、服务需求的不断扩大、服务产品的不断深化，对从业人员的要求也在向专业化、综合化、规模化、层次化和定制化发展。当需求与供给不能同步发展时，势必会限制甚至阻碍行业的布局和发展。

（三）人力资源服务创新能力不足

当前云南省人力资源服务业态主要集中在一般的劳务派遣、招聘、职业培训等传统业务，同质化竞争较激烈，在智能化、网络化、专业化、综合化、国际化、集聚化、融合化等方面与发达地区存在巨大差距，与邻近的四川、重庆等省市相比也存在明显不足。云南省本土人力资源服务机构创新意识不够强，行业整体向高端业态发展的能力不足，跨省跨区域的本土企业欠缺，行业市场细分不够充分，机构发展能力参差不齐，利用新技术、新模式的能力不足。

四　下一步工作设想

2019年11月，国家发改委颁布了《产业结构调整指导目录（2019年本)》，自2020年1月1日起施行。新版的产业结构调整指导目录，最大的变化就是“人力资源和人力资本服务业”列为鼓励类第四十六类，从2011年版的“第三十二类商务服务业”中独立出来，成为国家产业目录中的独立一类，确立了“人力资源和人力资本服务业”作为一个产业的地位。人力资源服务业产业地位的确立，对云南省人力资源也提出了新需求，人力资源服务业大有可为。下一步，云南省将深入贯彻《人力资源市场暂行条例》，落实《云南省贯彻人力资源市场暂行条例促进人力资源服务业发展的

实施意见》，充分发挥市场在人力资源配置中的决定性作用和更好发挥政府作用，激发人力资源市场主体活力，规范人力资源市场活动，提高人力资源服务业发展水平，促进人力资源合理流动和优化配置，服务就业创业和人才发展。

（一）健全政策制度体系

清理人力资源市场管理法规规章和规范性文件，提出“立、改、废、释”意见，停止执行与《人力资源市场暂行条例》规定不一致或者相抵触的规定。根据《人力资源市场暂行条例》的贯彻落实情况，结合云南实际，适时推进云南省人力资源市场立法。针对骨干企业培育、领军人才培养、人力资源服务产业园建设等，研究出台配套政策。

（二）实施人力资源服务业发展行动计划

围绕推进行业集聚发展，培育行业龙头企业，培养行业领军人才，实施“互联网 + 人力资源服务”，不断加强部门间统筹协调，整合各方资源，发挥政策合力，助推行业发展。培育人力资源服务行业协会，充分激发行业协会在行业代表、行业自律、行业协调等方面的功能，支持行业协会在人力资源服务业发展中更好地发挥作用。

（三）加强人力资源服务发展平台建设

持续推进人力资源服务产业园建设政策引导，研究制定《云南省人力资源服务产业园管理办法》，规范产业园建设、申报、授牌和管理工作，促进人力资源服务企业集聚发展。

（四）加强人力资源服务骨干企业建设

扶持发展专业化的人力资源服务企业，重点培育一批有核心产品、成长性好、竞争力强的企业，推动人力资源服务产品创新、管理创新和服务创新，推动人力资源服务向价值链高端延伸，推动人力资源服务企业借力资本市场做大做强，鼓励有条件的人力资源服务企业加强国际国内交流合作，承接国际人力资源服务，特别是围绕“一带一路”倡议，为“走出去”企业提供有效的人力资源服务，努力打造在全国有一定影响力的人力资源服务品牌企业。

B.24

广西人力资源服务业发展现状与展望

蒋艳生　王龙娟　赵海明*

摘　要： 2019年，广西充分发挥区位优势，优化人力资源配置，人力资源服务行业规模逐步扩大，产品供给逐步满足社会需求，行业产值平稳向好，人力资源服务整体水平不断提升、促进就业效果明显；但同时仍存在产业集聚不高，区域发展不平衡，行业领军企业缺乏，规模以上企业少，服务产品业态不够丰富，服务层次偏低，人力资源服务企业效益近年增长放缓等问题，各类问题亟待破解。当前及“十四五”时期，广西处于加快推进中国（广西）自由贸易试验区建设，全面对接粤港澳大湾区建设，形成21世纪海上丝绸之路与丝绸之路经济带有机衔接的重要门户的关键时期，将着力加强顶层设计和统筹规划，健全完善人力资源市场制度体系，打造人力资源市场集聚平台，加强人力资源市场监管，加大人力资源服务业资金扶持力度，做大做强人力资源服务企业，促进广西人力资源服务业高质量发展。

关键词： 广西　人力资源服务业　就业　行业规模

* 蒋艳生，广西壮族自治区人力资源和社会保障厅人力资源流动管理处处长，主要研究方向为人力资源管理；王龙娟，广西壮族自治区人力资源和社会保障厅人力资源流动管理处副处长，主要研究方向为人力资源市场建设、人力资源服务业发展；赵海明，广西壮族自治区人力资源和社会保障厅人力资源流动管理处一级主任科员，主要研究方向为人力资源服务产业园建设。

近年来，广西人力资源和社会保障部门认真贯彻国家及自治区党委、政府的决策部署，围绕实施就业优先战略和人才优先战略，充分发挥广西区位优势，优化人力资源配置，大力实施人力资源服务业发展行动计划，有力地促进了广西人力资源服务行业的发展。2019 年，广西人力资源服务业营业收入达到 112 亿元，首家自治区级人力资源服务产业园——广西（柳州）人力资源服务产业园及北海市市级人力资源服务产业园——北部湾人力资源服务产业园开园运营，有两家人力资源服务机构被推荐为全国人力资源诚信服务示范机构，12 家人力资源服务机构被评选为广西人力资源诚信服务示范机构。防城港、百色等市相继成立市级人力资源服务行业协会，柳州、桂林、崇左等市的行业协会也在积极筹建中。广西人力资源服务机构逐步发展壮大，本土企业广西锦绣前程人力资源股份有限公司成为“新三板”挂牌上市企业，国际国内一流人力资源服务公司如北京外服、中智、红海、锐仕方达等先后入驻广西。广西建立了包括人力资源管理咨询、高级人才寻访、人力资源外包、劳务派遣、培训、测评、招聘、人力资源软件服务、跨境劳务等在内的人力资源服务产品体系，广西人力资源服务业逐步成为广西经济社会发展的重要支柱产业。

一　广西人力资源服务业发展现状

（一）行业规模逐步扩大

1. 行业产值增长平稳向好

近年来，政府机构改革、简政放权、转变职能，有效激发市场活力，人力资源服务的需求增加，促进了人力资源服务业规模的扩张。2017 年，广西人力资源服务业营业总收入为 89.8 亿元，比 2016 年的 47.9 亿元增加 41.9 亿元，同比增长 87.5%。2018 年营业总收入 113 亿元，2019 年营业总收入为 112 亿元，总体呈现平稳向好的态势，占全区商务服务业营业收入的 50% 以上。

2. 机构数量不断攀升

2017 年，广西有各类人力资源服务机构 450 家，比 2016 年的 390 家增加 60 家，同比增长 15.4%；2018 年机构总数 488 家，同比增长 8.4%；2019 年达到 684 家，同比增长 40.2%，全区各类人力资源服务机构共服务各类人员 600 多万人次。目前，广西已基本形成以公共服务机构为基础，以经营性人力资源服务机构为主体，公共服务与经营性服务协调发展的人力资源服务体系。

3. 行业从业人员整体素质显著提升

2018 年，从业人员总数 8225 人，其中，研究生及以上学历 161 人，本科 2538 人，大专及以下 5526 人。2019 年，从业人员总数为 9109 人，同比增长 10.7%。其中，研究生及以上学历 214 人，同比增长 32.9%；本科 3442 人，同比增长 35.6%；大专及以下 5453 人；取得职业资格人数 2711 人，同比增长 70.8%。

（二）产品供给逐步满足社会需求

从人力资源服务产品供应的种类来看，2019 年，广西人力资源服务产品既有传统性人力资源服务产品（培训、劳务派遣、人事代理、人力资源服务外包等）的供给，也有中高端人力资源产品（管理咨询、测评、就业与创业指导等）的供给（见图 1）。

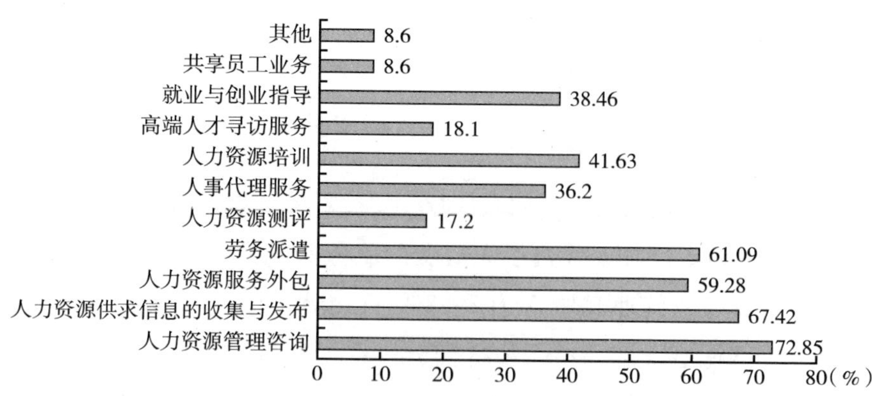

图 1　2019 年广西人力资源服务产品供给现状（部分机构采样）

行业服务对象涵盖党政机关、企事业单位、社会团体和各种社会组织，涉及社会各个方面，服务地域已从广西扩展到全国，已有部分企业通过“一带一路”跨境服务方式将业务发展到海外服务市场（见图2）。

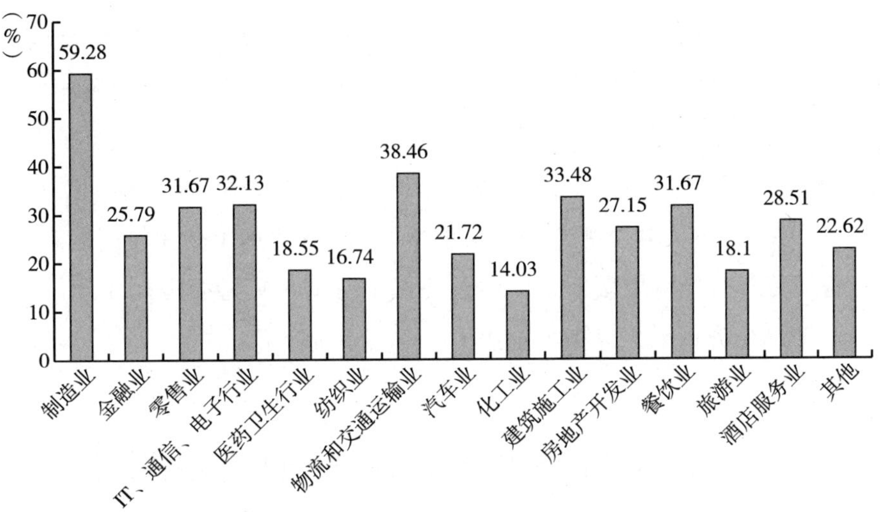

图2　2019年广西人力资源服务机构服务对象分析（部分机构采样）

（三）促进就业效果显著

广西人力资源服务机构基础设施日益完善，服务能力显著增强，提高了应聘者与岗位匹配的效率，有效解决了劳动者与用人单位之间信息不对称的问题，缓解了广西企业“招工难”和劳动者“就业难”的结构性矛盾。举行了2019年春季全区人才交流大会，共有912家用人单位参会，提供5.2万个工作岗位，入场参会人才达到8万多人。2019年，举办毕业生现场和网络专场招聘会100场，参会用人单位1.7万家次，提供毕业生就业岗位51.46万个。2019年7月，首次面向困难群体毕业生推出“123”职场准备行动（1次职业测评、2次就业指导、3次职场技能培训的组合帮扶措施），帮助毕业生建立合理就业预期，提升职业素养和工作能力，共组织4355人参加就业见习，见习期满留用率达到51.84%。举办南宁市退役军人专场招

聘会，共有 80 多家企业进驻，提供各类就业岗位 2300 多个，进场求职的退役军人有 800 多人，达成就业意向 200 多人。

（四）跨境劳务合作试点取得阶段性成效

经自治区人民政府同意，从 2017 年开始，明确了崇左、防城港两市为中越跨境劳务合作试点城市，与越方举行跨境劳务合作洽谈并完善相关政策措施，实行党委政府主导、人力资源和社会保障部门牵头，公安、外事、边境管理等部门配合的方式，跨境劳务合作有序展开。至 2019 年，崇左市共有 83 家劳务公司从事跨境劳务派遣业务，有 336 家用工企业使用越南劳工。中越跨境劳务合作有效缓解了广西边境城市劳动密集型企业用工短缺问题，减轻了企业经济负担，提高了企业生产率。

二　广西人力资源服务业发展面临的机遇和挑战

（一）主要机遇

1. 国家“一带一路”倡议和中国（广西）自贸区建设为人力资源服务业发展带来新机遇

广西面向东盟，背靠大西南，毗邻长三角经济发达地区，具有得天独厚的沿海沿江沿边的区位优势，在服务于国家“一带一路”倡议中，通过继续深化与“东盟”的合作，发挥“桥头堡”作用，实现广西经济社会的快速和可持续发展。2019 年，国务院批复同意设立中国（广西）自由贸易试验区，又为广西带来大开发大发展的大好机遇。广西战略性发展前景给广西人力资源服务业发展提供了难得的机遇，涉及的行业领域均与人力资源服务机构所服务的行业高度相关。广西人力资源服务业的发展规划应紧紧围绕广西的发展形势，并向专业化、国际化、多元化方向转变，加快自身服务机制和模式创新，为广西各产业提供更加优质、高效、快捷、专业的人力资源服务，为广西经济和社会发展提供人力资源服务支持和产业人才保障。

2. 广西实施“十四五”发展规划为人力资源服务业发展带来新机遇

“十四五”时期是我国“两个一百年”奋斗目标的历史交汇期，是全面开启社会主义现代化强国建设新征程的重要机遇期，也是广西开启“建设壮美广西，共圆复兴梦想”新征程的第一个五年。实施“十四五”发展规划，国家及广西必将研究推出一批稳就业、惠民生，推动经济发展的重大政策、重大改革举措、重大工程项目，更加注重发挥社会力量的作用。这些强有力的改革措施与发展规划给广西人力资源服务行业的快速发展带来了新的发展机遇，在解决民生及就业问题上必将大有可为。

3. 广西不断优化营商环境为人力资源服务业发展带来新机遇

随着广西营商环境的不断改善，广西人力资源服务许可审批实施主体已下放到自治区设区市、县（市、区）人力资源和社会保障行政部门或依法授权的行政审批部门，各地自主权加大，更利于人力资源服务机构的成长。同时，为进一步优化广西营商环境，广西不断规范人力资源市场秩序，推行人力资源服务机构诚信体系建设，吸收社会力量参与监督，开展经营行为日常检查，强化劳动保障监察执法，取缔不法中介，形成了工作机制，也为人力资源服务机构营造了健康有序、公平竞争的良好氛围。特别是当前，《广西壮族自治区优化营商环境条例》已正式通过，于2020年7月1日起正式施行，标志着广西优化营商环境工作进入法治化、规范化轨道，解决行业企业普遍关注的减税降费、融资服务等问题，有利于进一步激发和增强市场主体活力，推动广西行业企业的健康稳定发展。

（二）主要挑战

1. 产业集聚度不高，区域发展不平衡

与全国其他省区相比，广西人力资源服务产业园建设相对滞后，目前仅有柳州一家自治区级人力资源服务产业园及北海市市级人力资源服务产业园挂牌运营，南宁、钦州等市市级和自治区级人力资源服务产业园正在规划推进中，人力资源服务产业集聚效应不大。同时，区域间发展也不平衡，广西作为西部省区，行业产值规模不大，人力资源服务业收入占广西生产总值的比重较低，人力资源服务业地区间发展差异大，行业服务企业主要集中在南宁、桂林、柳州等中心城市，其他城市发展势头较弱。从区域上看，南宁市较强，其他市较弱，2019 年，广西人力资源服务业产值 112 亿元中，南宁市产值 86.75 亿元，占广西的 77.5%，行业区域发展不平衡。

2. 行业领军企业缺乏，规模以上企业少

广西人力资源服务业中，以政府为主导的公共服务体系最为完整，以企业为主体的经营性服务发展不充分，本土缺少行业领军型、规模型企业，在 2017~2019 年“广西服务业企业 50 强”中，广西仅有 2 家人力资源服务业企业上榜，多数企业规模小，中小型企业占绝大多数。

3. 服务产品业态不够丰富，产品单一，服务层次偏低

通过对 221 家区内经营性人力资源服务机构的采样调查分析，仅有 60 家经营性人力资源服务机构从事高端人才寻访服务等高端服务业态，占比仅为 27.1%，其余 161 家都从事较低端的服务业态。从调研结果得知，目前广西人力资源服务业态比较单一，基本上还是大众化、低层次、粗放型的。主要业态是人力资源供求信息的收集与发布、劳务派遣、人力资源外包、人事劳动事务代理。处于人力资源业态中较高层次的高端人才寻访、人力资源测评、自主开发课程的人才培训、共享用工等新兴服务业态供给不足、专业性不强，有待挖掘。在企业人力资源服务行业中，制造业占据主要地位，其余行业的数据分布较小。服务对象以“体力劳动力”“办公室职员”“技术人才”这三类中低端劳动力人才为主，中高级人才服务人数不多。行业业务层次较低，不能适应用人单位和劳动者多元化的要求，且同质化竞争严重。

4. 政策扶持力度仍显不足

引导行业发展所需的人才、产业、税收、财政、金融等扶持政策及服务体系尚未完善，在行业研究、政策引导、市场预测、风险警示、信息交流等方面资源不足，影响行业发展。目前，广西尚未出台人力资源服务业发展的专项政策文件。相关促进人力资源服务业发展的扶持政策主要分布于全区服务业（现代服务业）或者其他行业领域中。

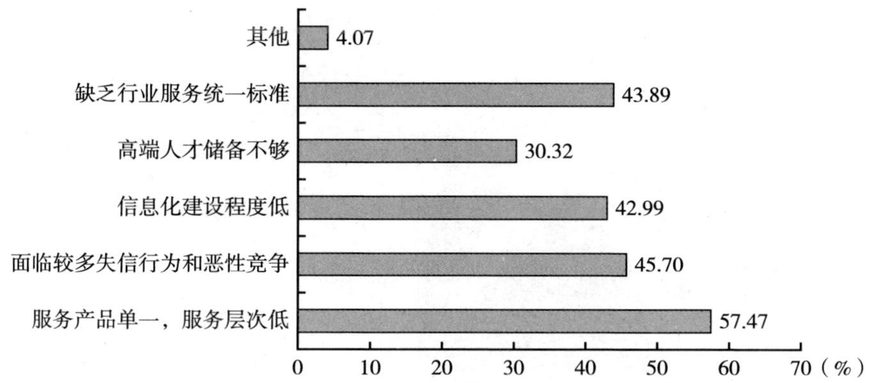

图 3　对影响广西行业发展的主要问题占比统计分析（部分机构采样）

5. 人力资源服务企业营业收入和效益近年增长放缓

营业收入作为衡量企业经营业绩的重要指标，2019 年表现的状况却不甚理想。采样的部分企业中有 68.33% 的企业 2019 年服务费收入在 50 万元以下，51 万～100 万元的占 9.05%，101 万～200 万元的占 7.24%（见图 4）。企业经营效益增长率无大幅度增长，44.79% 的企业表示经营效益有所增加，但有较大增长的企业较少，仅占 4.52%；38.46% 的企业表示效益一般，无明显增长；16.74% 表示效益呈现负增长（见图 5）。

6. 从业人员素质参差不齐

在 2019 年从业人员中，大专及以下从业人员 5453 人，占总数的 59.9%，未取得职业资格证书的 6398 人，占总数的 70.2%。从业人员队伍建设亟待加强，管理服务水平、规范服务能力亟待提升。97% 的企业认为从业人员的素质基本可满足企业发展需求，其中，完全满足的仅占 11%。提升从业人员素质方面，企业希望能从人力资源专业知识、人力资源服务业业务实操、行业政策法规等方面开展系列的专业培训。

三　广西人力资源服务业发展展望

当前及“十四五”时期，广西正处于与全国同步向社会主义现代化迈

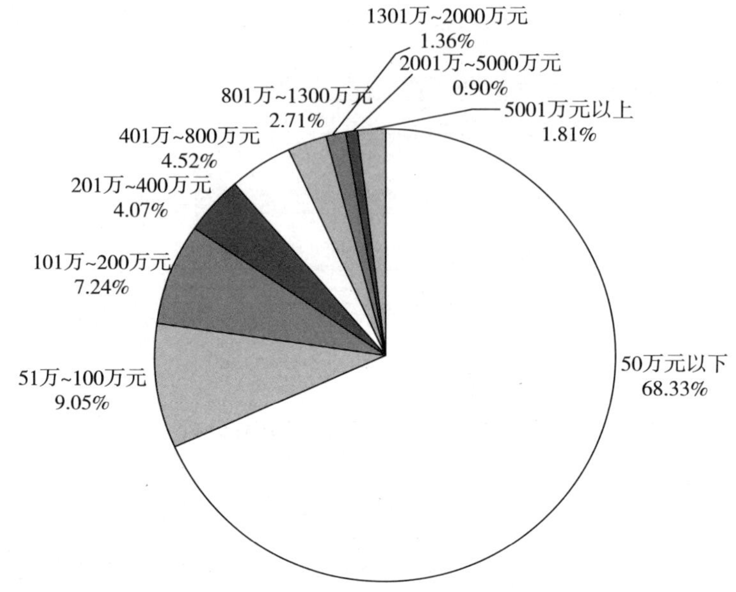

图4　2019 年广西人力资源服务机构服务费收入分析（部分机构采样）

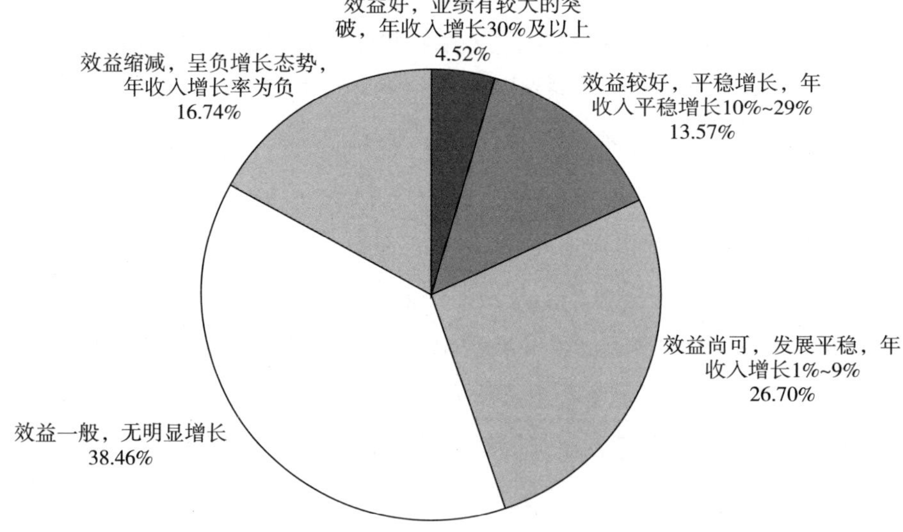

图5　2019 年广西人力资源服务机构经营效益增长率分析（部分机构采样）

进，加快推进中国（广西）自由贸易试验区建设，全面对接粤港澳大湾区建设，形成21世纪海上丝绸之路与丝绸之路经济带有机衔接的重要门户的关键时期。国家战略布局为广西人力资源服务业发展提供了难得的历史机遇。我国经济发展已经进入新常态，从高速增长向高质量发展转型必然需要高质量的人力资源服务提供新动能。为此，广西要充分把握当前人力资源服务发展面临的机遇和挑战，加强顶层设计和统筹规划，把握好人力资源服务产业集聚载体建设的契机，做好“一带一路”沿海沿边的“大文章”，促进广西人力资源服务业高质量发展。

（一）“十四五”发展总体思路

以党的十九大和十九届三中、四中全会精神为指导，落实国家行业发展规划指导意见，紧跟我国人力资源服务业发展趋势，突出产业引导、政策扶持和环境营造，以完善广西人力资源公共行政服务体系、建立健全市场和社会化服务体系为抓手，发挥市场在广西人力资源配置中的决定性作用，提升人力资源服务行业服务广西社会发展、服务经济发展的能力，促进广西人才加快聚集和人力资源服务业更好发展，为广西重点产业发展、重大产业工程项目实施、社会发展进步，建设面向东盟、沿海沿边开放、和谐发展的新广西，提供优质高效的人才保障和智力支撑。

（二）“十四五”发展目标

“十四五”期间，要逐步实现公共服务有效保障，市场经营性服务覆盖面广，产业服务链相对完整，服务就业创业与人力资源开发配置能力显著提高，初步建立具有开展境外服务能力的人力资源服务体系，更好发挥人力资源服务业对整个经济社会发展的保障、支撑和助推作用。

1. 产业规模

人力资源服务业营业收入年均增速15%以上，到2025年，行业营业收入规模超过200亿元。人力资源服务机构数量超过700家。

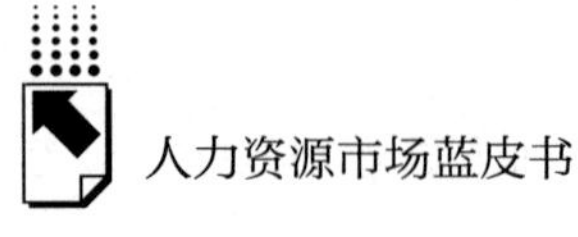

2. 产业业态

产业服务业态涵盖供求信息、人力资源配置、人才和职业技能培训、人才评价、人事代理、职业指导、人才（劳务）派遣、人力资源外包、管理咨询、人才测评、高级人才寻访（猎头）、人力资源金融服务，基本覆盖人力资源服务全产业链。

3. 产业队伍

到2025年，广西人力资源服务行业从业人员力争达到2万人左右，人力资源服务行业从业人员数年均增速保持在15%以上，能基本保障社会发展对行业服务的需要。

4. 产业影响力

建立立足广西、面向东盟、辐射中南、西南的国家级人力资源服务产业园区，在各市、自贸试验区、边境地区建立若干个人力资源服务产业集聚区；集聚世界100强、大中华区50强人力资源服务机构10家左右；力争有两家以上本土企业进入广西服务业企业50强。

（三）“十四五”发展产业布局

以自治区产业发展规划布局为基础，形成主线，打造全区“一核心三支点”的人力资源服务产业空间布局。即以南宁为核心，打造中高端人才服务、人力资源综合服务集聚区，连接支线城市，构建支撑国家级人力资源服务产业园区发展的产业空间布局；“三支点”，以柳州市、钦州（自贸试验区）、崇左（凭祥自贸试验区）为支点，形成与中高端人才服务相结合的人力资源基础服务集聚区，构建国家级人力资源服务产业园发展延伸区；逐步将自治区产业规划中地位突出的热点城市、国际合作园区、边境重点开放口岸城市等纳入促进人力资源服务业优先发展的政策区域，形成点线面结合、境内境外相容的布局优势，为广西人力资源服务产业发展拓展更大空间。

（四）“十四五”发展主要任务

1. 健全人力资源市场制度体系

加快《广西壮族自治区人力资源市场条例》立法步伐，为人力资源服务业健康发展提供法律保障。目前，《广西壮族自治区人力资源市场条例》已通过广西壮族自治区司法厅立项评审，列入2020年广西壮族自治区人民政府、自治区人大立法计划预备项目。2020年重点推进人力资源市场条例立法调研，修改完善《广西壮族自治区人力资源市场条例》，力争列入2021年自治区人大立法计划完成项目。

2. 打造人力资源市场集聚平台

推进人力资源市场建设，构建完善的国家级、自治区级、市级的三级人力资源服务产业园体系。统筹推进自治区级人力资源服务产业园建设，全力打造国家级人力资源服务产业园。助力广西南宁强首府战略的实施和中国（广西）自由贸易试验区建设，按照国家级人力资源服务产业园标准，以自贸区南宁片区作为主体，建设自治区级人力资源服务产业园。同时，继续推进广西（柳州）人力资源服务产业园的建设发展。加大对市级人力资源服务产业园建设指导力度，推动有条件的市申报建设自治区级人力资源服务产业园。收集研判兄弟省份国家级人力资源服务产业园相关政策，研究制定促进广西人力资源服务产业园建设的优惠政策，提升平台的集聚效应促进高质量发展。

3. 加强人力资源市场监管

进一步完善市场监管体系，巩固“放管服”改革成果，理顺与行政审批部门的衔接配合，规范实施人力资源服务行政许可及备案工作。制定中国（广西）自由贸易试验区投资领域统一内外资人才中介机构投资者资质要求的规定，落实中国（广西）自由贸易试验区人力资源服务机构行政许可告知承诺制。进一步规范人力资源市场秩序，加大执法检查力度，形成事中事后监管机制，开展清理整顿人力资源市场秩序专项执法行动。通过弘扬先进促进监管，组织开展人力资源服务机构诚信服务主题创建活动，打造广西人力资源诚信服务品牌。

4. 加大人力资源服务业资金扶持力度

按照人力资源和社会保障部《关于充分发挥市场作用促进人才顺畅有序流动的意见》中“推进人才管理服务市场化，安排专项资金扶持人力资源服务业发展”“各地设立人力资源服务业发展专项资金”等有关要求，借鉴京津冀、长三角、珠三角等发达地区促进人力资源服务业发展的创新举措，加快研究制定促进广西人力资源服务行业高质量发展的相关政策，探索建立人力资源服务产业发展专项资金，加大对广西人力资源服务机构在财政、税收、金融等方面的资金扶持力度。建立政府购买人力资源服务目录，支持经营性人力资源服务机构通过政府购买服务的方式参与公共人才服务和公共就业服务等公益性人力资源服务活动，引导社会通过市场购买人力资源服务。支持新经济融合的创新型人力资源服务平台建设，研究推动社税、金融、人力资源、科技信息融合的一体化新经济融合平台落地，给予集群注册、代征代缴、核定征收相关政策支持。

5. 培育扶持人力资源服务企业做大做强

通过“内育外引”的方式促进人力资源服务企业快速发展。积极培育龙头领军企业，推动一批品牌影响力较大、有市场竞争优势的本土企业做大做强。探索本地领军企业自主品牌塑造行动，通过专项资金实施骨干企业培育工程，支持帮助有市场、有特色、有潜力的专业人力资源服务骨干企业向价值链的高端延伸，向高端业态发展，实现人力资源服务的细化专业分工；加大对人力资源服务业优质企业创新发展的支持力度，对创新发展能力强、服务业态新、技术含量高的中小型人力资源服务企业在政策上予以激励，在服务上予以关注，推动本土人力资源服务业发展。同时，积极引进国内外知名人力资源服务产品，推动人力资源服务供给侧结构性改革，丰富人力资源服务产品业态，延伸广西人力资源服务价值链条，弥补广西人力资源服务产品短板。加大力度引进培育国内外高端人才猎头、人才中介组织等专业化服务机构，吸引知名人力资源服务机构在广西落户，带动本土人力资源服务机构发展壮大。通过内外发力，加快培育出有竞争力的知名人力资源服务企业，形成多元、差异、有辐射力的人力资源服务产业集群，打造立足当地、服务广西、辐射中南西南、面向东盟的人力资源服务业辐射地。

6. 推进人力资源服务业发展创新

挖掘人力资源服务业创新资源要素，通过推动服务新产品开发、优化服务项目、拓展和延伸服务领域，提高行业创新服务能力；通过推动本土人力资源服务企业与国内外知名企业的多形式务实合作，学习借鉴国际先进人力资源服务企业的先进服务理念、服务技术和管理模式，不断细化行业专业分工，提升行业创新竞争能力；引导产业资金和社会行业投资资金扶持企业开发创新服务产品、人才测评服务、信息系统服务等高端人力资源服务，促进优质企业向现代化、专业化、综合服务一体化方向创新，区域内形成服务产品全、专业化服务水平高、服务技术含量高的行业服务供应体系，增强广西人力资源服务业的发展竞争力。

7. 建设人力资源服务业跨境服务体系

发挥广西濒临南海、接壤越南、面向东盟国家的地理优势，引导行业企业积极参与面向东盟国家的国际人力资源服务竞争，发挥区位优势，提升广西人力资源服务行业服务东盟国家的竞争力，通过产业引导、政策扶持和环境营造等措施，统筹规划、整合资源，打造服务于“一带一路”建设、面向东盟国家，具有西南边境行业服务特色的跨境人力资源服务体系。通过举办人力资源服务业国际合作论坛等方式，支持本土人力资源服务企业为境外机构提供人力资源服务；鼓励有条件的人力资源服务机构“走出去”，在共建“一带一路”国家开设分支机构，利用广西沿边、沿境的区位优势，鼓励人力资源服务机构尝试开展国际劳工合作模式创新和区域间交流合作，力争使广西成为我国人力资源行业服务东盟国家的高地、东盟国家了解中国人力资源服务产品的“窗口”和进入中国人力资源服务市场开展务实合作的门户，为广西经济和社会发展集聚人才助力。

B.25

中国企业领导层及其管理能力研究

苏永华*

摘　要： 本文通过对领导力胜任力模型、领导力素质测评模型及测评真实结果进行分析，以帮助企业了解当前中国企业领导力发展现状，更为精准地把握领导与管理人才的特点。内容主要包括：第一，提出 VUCA 时代对中国企业领导力发展的挑战；第二，领导力标准分析，指出领导力体系构建中的指标共性特点；第三，从能力、个性、动力三个方面进行领导力评估，反映当前领导力发展中的成功信号与困难信号、个性特征及动力需求。

关键词： 领导力　领导与管理人才　胜任力

一　VUCA 时代中国企业领导力发展的挑战

无论是经济全球化的冲击给政治格局、经济格局带来的变化，还是由于技术革新所引发的市场环境变革，都显示了企业正在面对一个不确定的外部环境，具体表现为 Volatility（易变性）、Uncertainty（不确定性）、Complexity（复杂性）、Ambiguity（模糊性），也称“VUCA 时代”。在风云变幻的 VUCA 时代，中国企业领导与管理人才在发展领导力的过程中可能会遇到三大挑战。

---

* 苏永华，心理学博士，诺姆四达集团董事长、总裁，教授，主要研究方向为组织管理心理学、人才评价与选拔、领导心理学与领导力发展、企业人力资源管理体系构建。

（一）选拔与晋升的挑战

目前，企业处在多变无常、不确定的市场环境中，更快、更精准地发现具有晋升潜力的领导与管理人才，成为企业赢得竞争优势的关键。作为领导与管理人才，当他们想要晋升到上一层级时，如果不能满足不同的工作环境对其提出的全新挑战与要求，他们将在晋升、提拔上面临重重阻碍。因此，如何让领导与管理人才能力的评价和发展能够有方向、有目标，使企业不同层级、不同发展阶段的领导与管理人才的能力得到发展、潜力得到挖掘、劣势得到改变是企业必须突破的领导力发展困局。

（二）发展领导个性的挑战

对于企业领导与管理人才而言，最难的挑战既来自能力也来自个性。个性会直接影响人的行为风格和工作表现，领导与管理人才优良的个性品质能够提升工作绩效，使下属乐意追随。而个性中的缺点则会与企业的发展不相适应，阻碍事业的发展。如何找到领导与管理人才个性中的优点和积极部分，把这些优点用来为组织做出贡献，认识并努力克服领导个性中的缺点是企业和领导与管理人才共同面临的挑战。

（三）激发领导动力的挑战

VUCA 时代使产业的起落和兴衰加剧、科技创新与变革的步伐加快，也使人才的流动增强。企业领导与管理人才是支撑企业发展的宝贵财富和中坚力量，这部分人才的流失将会给企业的经营带来巨大的损失。因此，明确不同层级领导与管理人才的动力源，制定有针对性的激励措施，激发领导与管理人才的持久动力，是企业当前面临的重大挑战之一。

二　领导力标准

领导力标准的建设是领导与管理人才选拔与发展的基础。领导力标准反映了企业对领导与管理人才的诉求和期望。为了更加精准地了解企业当前生存和未来发展对领导与管理人才所提出的要求标准，本部分通过对不同管理层级的领导力胜任力模型和领导力 APM 模型中使用的指标进行频率统计与分析，反映各个层级领导与管理人才在能力要求上的特点。为帮助读者进一步厘清领导力胜任力模型和领导力 APM 模型之间的差异，现做简要说明。

领导力胜任力模型是用行为方式来定义和描述绩优领导与管理人才所需要具备的关键能力。通过不同层级的具体行为描述，确定核心能力的组合并很好地完成特定工作所要求的能力水平。这些行为和能力是稳定的、可衡量的、可观察的、可培养的、与绩效高度相关的，对领导与管理人才的个人绩效及企业成功产生关键影响。领导力胜任力模型是区分绩优领导与管理人才和普通领导与管理人才的标准，是一种行为标杆，通俗来讲，就是一种榜样。领导力胜任力模型一般是根据管理层级来构建的，这样既能关注到同一层级管理者在领导力方面的共性要求，也能够体现出管理层级上的领导力差异。

领导力 APM 模型是人才素质模型，重点强调的是用个体的潜在特质来定义和描述领导与管理人才所需要具备的重要素质。领导力 APM 模型将领导与管理人才的素质分为能力（Ability）、个性（Personality）和动力（Motivation）三部分，分别用来解决人才素质评价中“能不能”、“合不合”和“愿不愿”的问题。

能力（Ability）：能力类的鉴别性因素解决一个人会不会做管理工作的问题，会不会以一个管理者的角色要求处理管理问题。这里的能力既包括知识、经验、技能，也包括潜在的能力。

个性（Personality）：个体所具有的独特的、稳定的态度及行为模式，具体体现为领导与管理者身上所表现出来的与管理工作效能相关的个性特征。

动力（Motivation）：激发领导与管理人才从事某项工作或者完成某项任务的内在动力，是较为深层次的素质，位于冰山下的深层。

领导力 APM 模型能够全面支撑和精准预测与高绩效相关的工作行为，

并且挖掘领导与管理人才的动力需求和发展潜力，使领导与管理人才的激励与发展更加有的放矢。

在本报告中，领导与管理人才将被按照工作内容和岗位划分为基层、中层和高层三个层级。基层管理者是指第一线管理人员（一线主管），如班组长、项目主管等。中层管理者包括所有处于基层管理者和高层管理者之间的各个层次的管理者，如部门经理、项目经理等。高层管理者位于层级组织的高层，如事业部总经理、职业经理人、集团职能总监等。

（一）领导力胜任力模型

1. 数据来源与分析对象

本次分析的诺姆四达领导力胜任力模型构建项目一共有 142 个，涉及企业 142 家，一共构建 689 个模型。来自能源/化工行业的企业数量最多，占比达到 33.33%，其次是贸易/消费/制造/营运行业（26.19%），再次是会计/金融/银行/保险业（11.91%）（见图 1）。

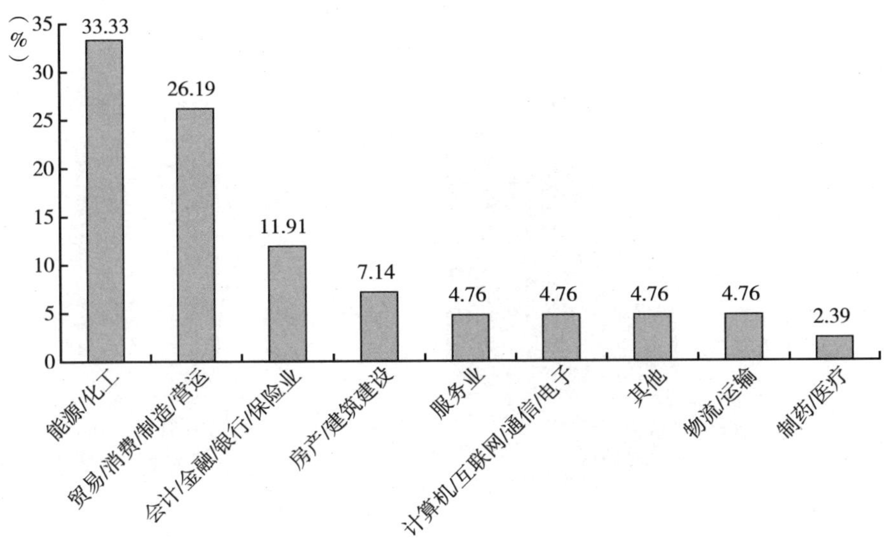

图 1　企业所属行业

有超过六成（64.29%）的企业是国有企业，民营企业占28.57%，外资（合资）企业占7.14%（见图2）。在这些领导力胜任力模型中，有近六成（59.31%）是中层管理人员模型，基层管理人员模型占比为16.55%，高层管理人员模型占24.14%（见图3）。

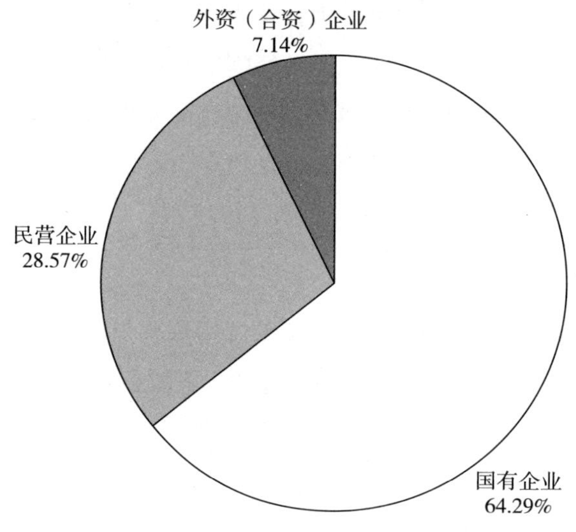

图2 企业所属类型

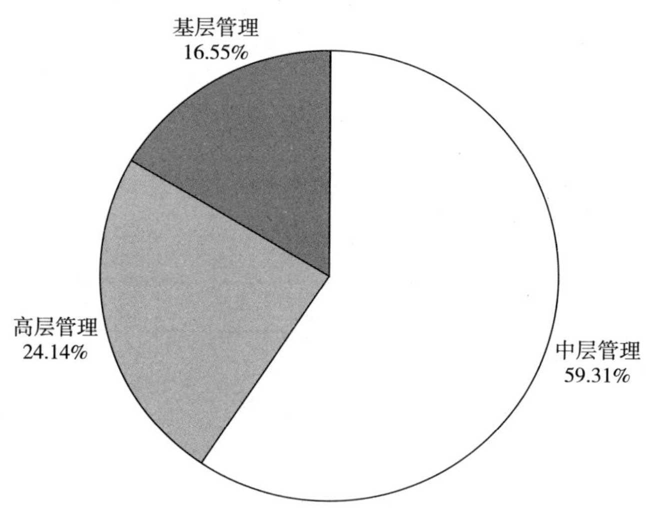

图3 管理层级分布

2. 领导力胜任力指标频率分析

此次分析将具有相同或者相似含义的胜任力指标进行归并，梳理出基层、中层、高层管理人员胜任力模型中出现频率排在前5位的指标。

（1）基层管理者胜任力指标频率分析。如图4所示，系统思考、团队激励在基层管理者胜任力模型中出现频率最高，为25.00%；其次是有效沟通（20.83%）；再次是督导控制、协调能力、客户导向、执行推动，出现频率均为16.67%%）；最后是严谨细致、勇担责任、主动学习，出现频率均为12.50%。

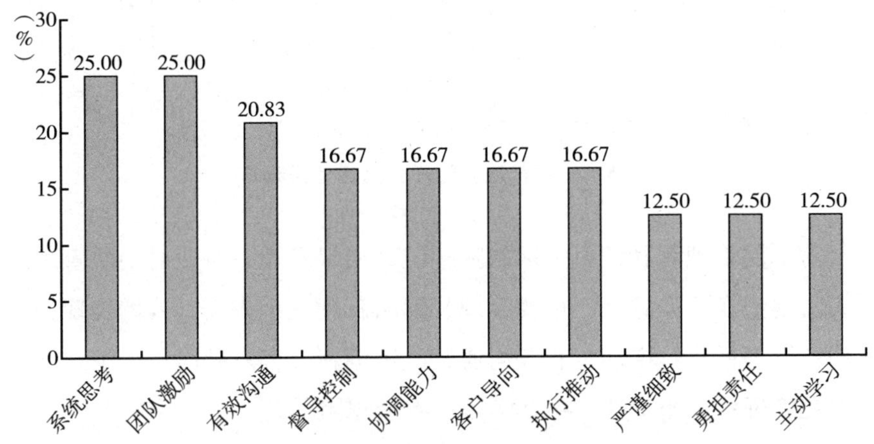

图4　基层管理者胜任力指标使用频率

从对基层管理者胜任力指标的频率统计结果发现，企业对基层管理者的能力关注集中在任务管理、自我管理、团队管理三个方面，具体表现如下。

任务管理：有效沟通、协调能力、客户导向、执行推动、督导控制。

自我管理：系统思考、严谨细致、勇担责任、主动学习。

团队管理：团队激励。

（2）中层管理者胜任力指标频率分析。如图5所示，执行推动、有效沟通在中层管理者胜任力指标中的使用频率最高，为22.09%；其次是改进创新、团队激励，均为20.93%；再次是发展他人，使用频率为18.60%；

接着是勇担责任、客户导向，均为17.44%；然后是主动学习（15.12%）；还有组织规划、系统思考，均为12.79%。

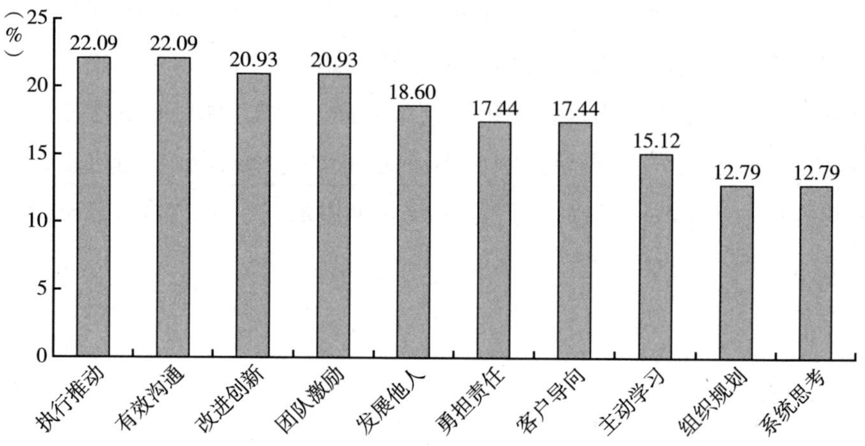

图5　中层管理者胜任力指标使用频率

从对中层管理者胜任力指标的频率统计结果发现，企业对中层管理者的能力关注集中在任务管理、自我管理、团队管理三个方面，具体表现如下。

任务管理：执行推动、有效沟通、改进创新、客户导向、组织规划。

自我管理：勇担责任、主动学习、系统思考。

团队管理：团队激励、发展他人。

（3）高层管理者胜任力指标频率分析。如图6所示，战略导向、团队激励在高层管理者胜任力指标中的使用频率最高，为25.71%；其次是战略规划、影响感召、队伍建设，使用频率为22.86%；再次是追求卓越（20.00%）；决策能力、主动学习、诚信正直，使用频率均为17.14%；还有经营能力（14.29%）。

从对高层管理者胜任力指标的频率统计结果发现，企业对高层管理者的能力关注集中在经营管理、自我管理、团队管理三个方面，具体表现如下。

经营管理：战略导向、战略规划、决策能力、经营能力。

自我管理：追求卓越、主动学习、诚信正直。

团队管理：团队激励、队伍建设、影响感召。

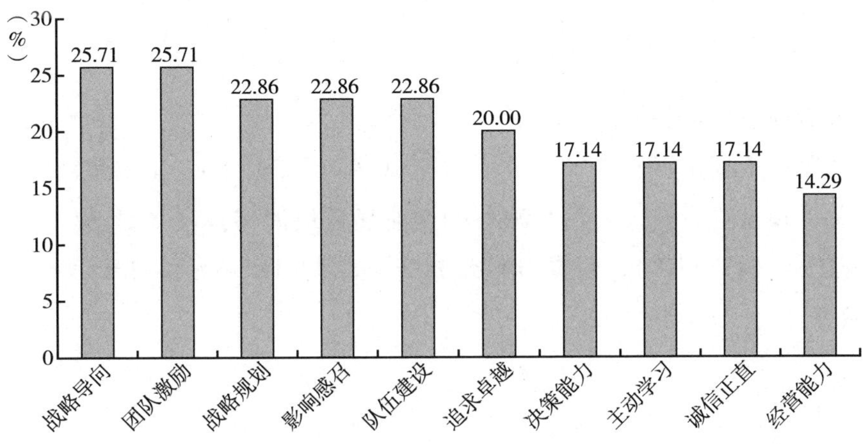

图 6　高层管理者胜任力指标使用频率

3. 关键发现

如表 1 所示，企业对基层、中层管理者的要求集中在任务管理、自我管理、团队管理方面，对高层管理者的要求集中在经营管理、自我管理、团队管理方面。其中，执行推动、有效沟通、客户导向、勇担责任、系统思考是对基层、中层管理者的共同要求和期待。主动学习、团队激励是对三个层级的共同要求和期待。

表 1　企业关注的胜任力指标

<table>
<tr><th></th><th>指标分类</th><th>基层</th><th>中层</th><th>高层</th></tr>
<tr><td rowspan="9">不同层级胜任力模型指标</td><td>任务管理</td><td>有效沟通
协调能力
客户导向
执行推动
督导控制</td><td>执行推动
有效沟通
改进创新
客户导向
组织规划</td><td>—</td></tr>
<tr><td>自我管理</td><td>系统思考
严谨细致
勇担责任</td><td>勇担责任
系统思考</td><td>追求卓越
诚信正直</td></tr>
<tr><td rowspan="4">团队管理</td><td colspan="3">主动学习</td></tr>
<tr><td colspan="3">团队激励</td></tr>
<tr><td rowspan="2"></td><td rowspan="2">发展他人</td><td>队伍建设</td></tr>
<tr><td>影响感召</td></tr>
<tr><td>经营管理</td><td>—</td><td>—</td><td>战略导向
战略规划
决策能力
经营能力</td></tr>
</table>

（二）领导力 APM 模型

1. 数据来源与分析对象

本部分根据诺姆四达 2017 年 1 月至 2019 年 12 月 1080 家企业领导力测评活动的模型进行梳理，参与测评的企业涵盖快消零售业（24. 37%）、能源/化工业（13. 45%）、贸易/消费/制造/营运（11. 76%）等十几个行业（见图 7）。

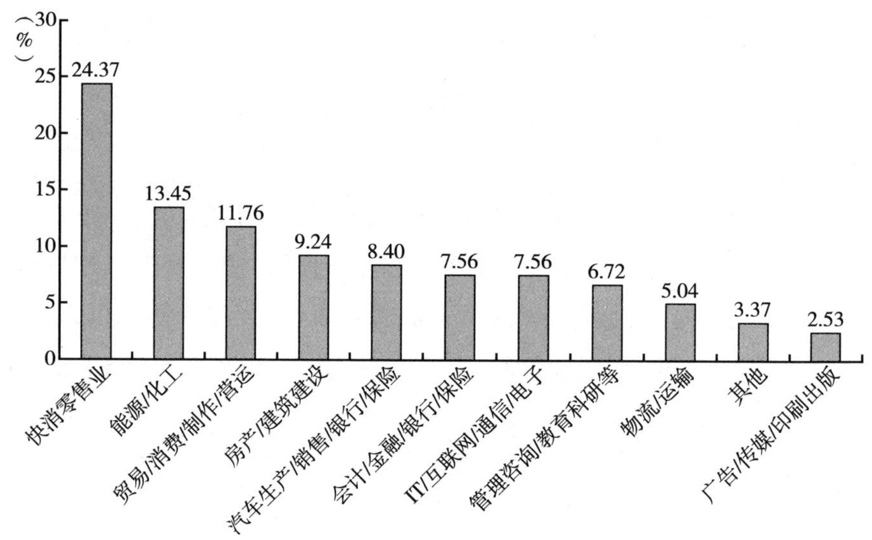

图 7　企业所属行业

超过五成（56. 03%）的企业为民营企业，国有企业占 34. 48%，外资（合资）企业占 9. 49%（见图 8）。近四成（38. 52%）的测评者是基层管理者，中层管理者占 37. 94%，高层管理者占 23. 54%（见图 9）。

2. 领导力 APM 能力测评指标频率分析

本部分选取基层、中层、高层领导力测评素质模型中出现频率在 50% 及以上的能力指标，重点分析企业对不同层级领导与管理人才能力的期待和要求。

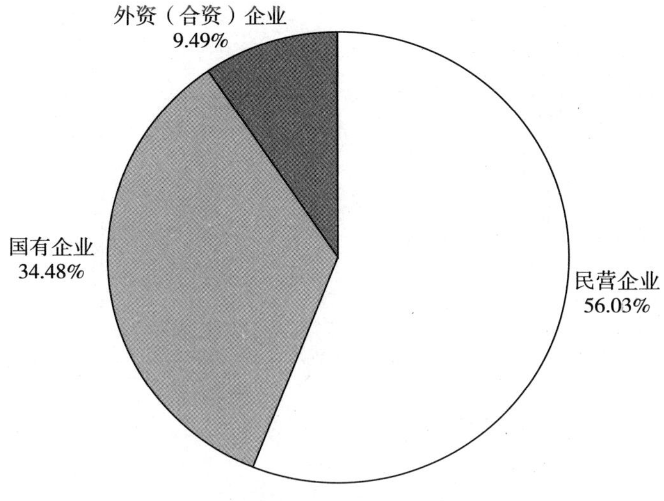

图 8　企业属性

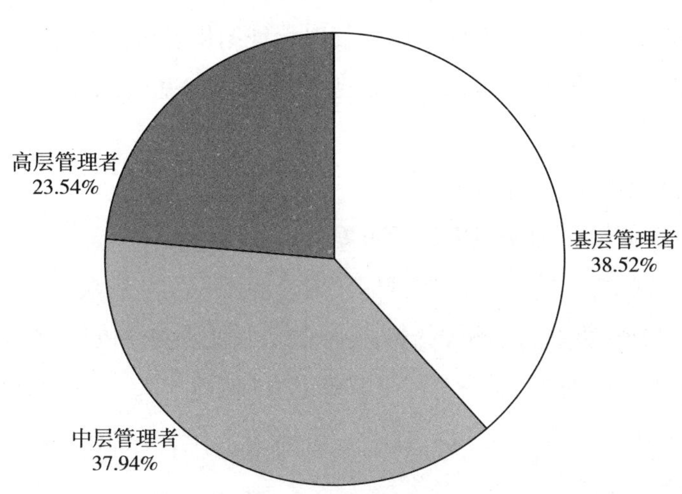

图 9　管理层级分布

（1）基层管理者能力测评指标频率分析。如图 10 所示，在基层管理者中，培养他人使用频率最高，为 93.75%，其次是执行推动（87.50%）、沟通能力（81.25%）、学习能力（81.25%）、识人用人（75.00%），最后是目标导向（68.75%）、问题识别与解决（68.75%）。

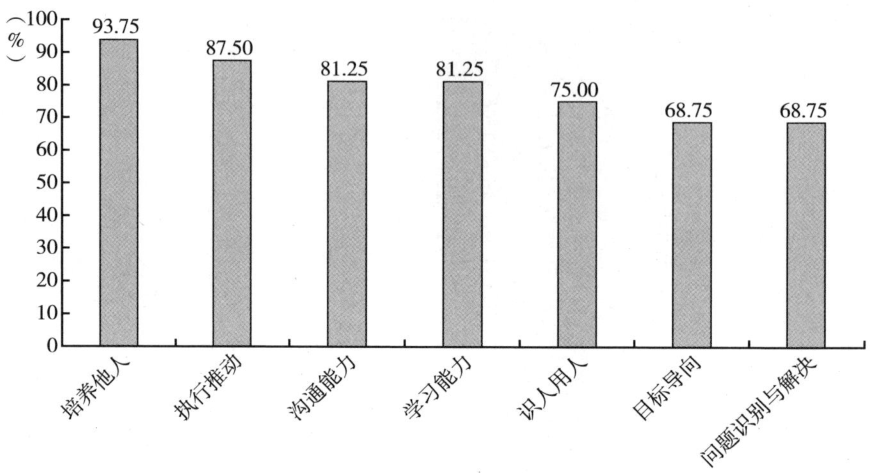

图 10　基层管理者能力指标使用频率

从对基层管理者能力测评指标的频率统计结果发现，企业对基层管理者的能力关注集中在团队管理能力、任务管理能力、基础工作能力三个方面，具体表现如下。

团队管理能力：培养他人、识人用人。

基础工作能力：沟通能力、学习能力。

任务管理能力：执行推动、目标导向、问题识别与解决。

（2）中层管理者能力测评指标频率分析。如图 11 所示，在中层管理者中，计划能力、问题识别与解决、协调能力、培养他人、激励能力使用频率最高，均为 100%，其次是执行推动、跨部门合作、说服引导、组织能力，均为 82.35%。

从对中层管理者能力指标的频率统计结果发现，企业对中层管理者的能力关注集中在任务管理能力、基础管理能力、团队管理能力三个方面，具体表现如下。

任务管理能力：问题识别与解决、执行推动、跨部门合作、说服引导。

基础管理能力：计划能力、协调能力、组织能力、激励能力。

团队管理能力：培养他人。

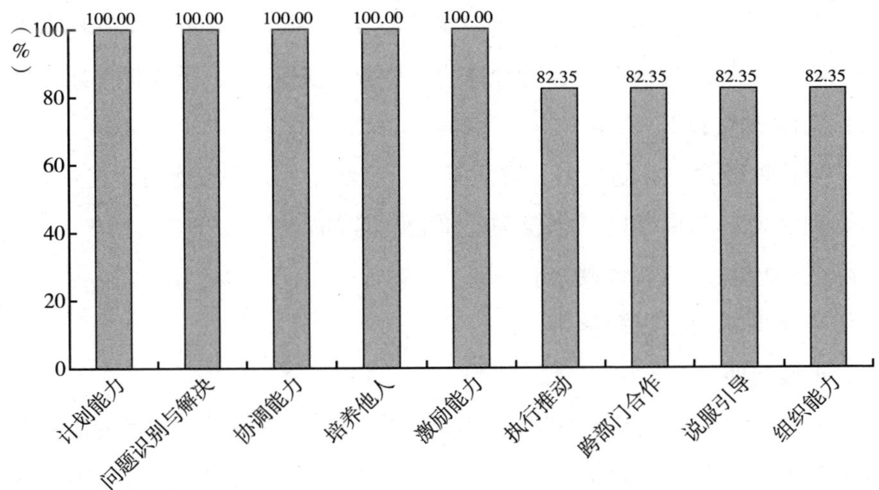

图 11　中层管理者能力指标使用频率

（3）高层管理者能力测评指标频率分析。如图 12 所示，在高层管理者中，决策能力使用频率最高，为 81.82%，其次是计划能力、控制能力、结果导向，均为 72.73%，再次是创设沟通平台、激励能力、全局观、有效授权，均为 63.64%，最后是资源整合、协调能力，均为 54.55%。

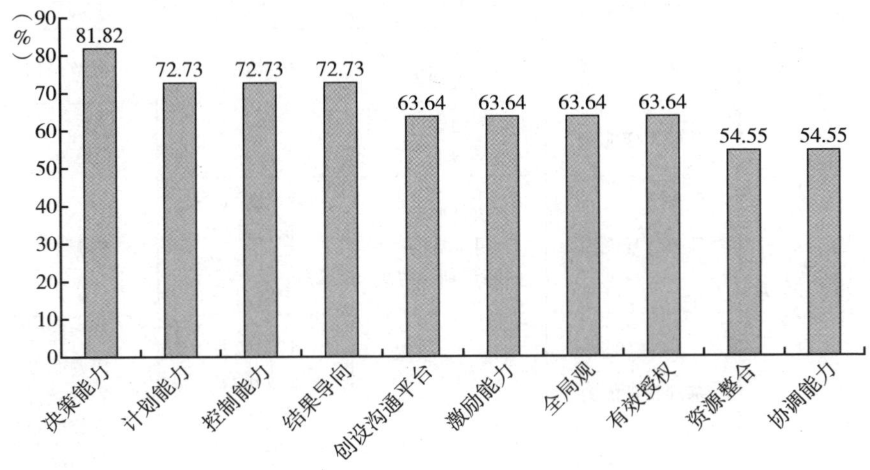

图 12　高层管理者能力指标使用频率

从对高层管理者能力指标的频率统计结果发现，企业对高层管理者的能力关注集中在基础管理能力、管理潜力、团队管理能力、任务管理能力几个方面，具体表现如下。

基础管理能力：计划能力、激励能力、协调能力、决策能力、控制能力。

管理潜力：结果导向、创设沟通平台、全局观。

团队管理能力：有效授权。

任务管理能力：资源整合。

3. 关键发现

如表2所示，在不同层级的领导力测评中，企业对基层管理者的能力要求集中在团队管理能力、基础工作能力、任务管理能力。对中层管理者的能力要求集中在团队管理能力、任务管理能力、基础管理能力。对高层管理者的能力要求集中在团队管理能力、任务管理能力、基础管理能力及管理潜力。其中，培养他人、问题识别与解决、执行推动是对基层、中层管理者的共同要求和期待。计划能力、协调能力、激励能力是对中层、高层管理者的共同要求和期待。

表2　企业关注的能力测评指标

	指标分类	基层	中层	高层
不同层级能力测评指标	团队管理能力	培养他人 识人用人	培养他人	有效授权
	基础工作能力	沟通学习 学习能力	—	—
	任务管理能力	执行推动 目标导向 问题识别与解决	问题识别与解决 执行推动 跨部门合作 说服引导	资源整合
	基础管理能力	—	计划能力 协调能力 组织能力 激励能力	计划能力 协调能力 激励能力 决策能力 控制能力
	管理潜能	—	—	结果导向 创设沟通平台 全局观

三　领导力评估

领导力评估是领导与管理人才选拔与发展的关键环节，具有承上启下的作用。一方面，对领导力的评估需要基于一定的标准，另一方面，领导力评估结果可以作为领导力培养与发展的依据。本部分依据领导力 APM 模型，从能力、个性、动力三个方面，对企业领导力现状进行评估，旨在帮助企业了解不同层级的领导与管理人才在领导力发展中的成功信号与困难信号，以及领导与管理人才的个性、动力特征。

（一）能力评估

本部分能力指标的选取来自诺姆四达 2017 年 1 月至 2019 年 12 月 1080 家企业领导力测评数据。测评总量为 266830，其中有效测评量达 90%。在评估方法上则基于各层级领导与管理人才在能力指标上的得分进行统计，以指标的平均分高低反映领导力发展的状况。对于能力水平的衡量，采用了标准 9 分的计分方式，即最高分为 9 分，最低分为 1 分，平均分为 5 分。得分越接近 9 分，表示领导力发展越成功，反之，低于 5 分则表示领导力发展困难。

1. 从管理自我到管理他人的领导力发展

如图 13 所示，在企业关注的基层管理能力指标中，本次分析得分排名前三位的是问题识别与解决（6.31 分）、培养他人（6.17 分）、执行推动（6.16 分），得分相对较低的是沟通能力（5.41 分）。

从管理自我到管理他人领导力发展中的成功信号，具体如下。

（1）有效解决工作问题。问题识别与解决（6.31 分）、执行推动（6.16 分）分别位列得分排名榜的第一和第三，意味着基层管理者在执行推动工作进展的过程中能够探寻问题根源所在，并着手解决它，将任务圆满地完成。

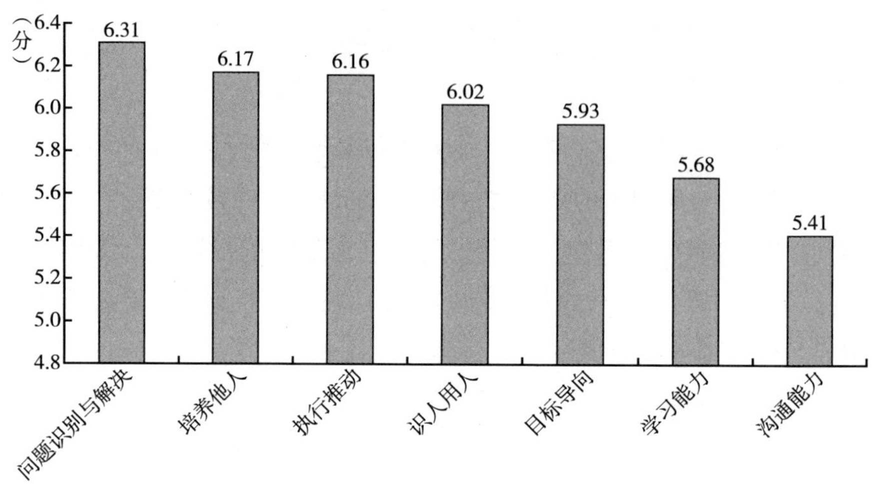

图 13　基层管理能力指标得分

（2）提高一线员工的胜任力。培养他人在企业关注的基层管理能力指标中得分排在第二位，为 6.17 分。这说明当从普通员工晋升为基层管理者时，他们明确知晓工作成果不再是通过自己亲自做去获得，而是由所带领的小团队共同努力而获得。

从管理自我到管理他人领导力发展中的困难信号，主要为沟通能力相对不凸显。

沟通能力在本次分析中的得分相对较低，为 5.41 分，可见该项能力相对不凸显。建议基层管理者要注重培养沟通的方式与技巧。善于沟通，才能更好地发挥领导潜能，更有效地传达信息和指导他人的行动。

2. 从管理他人到管理团队的领导力发展

如图 14 所示，在企业关注的中层管理能力指标中，本次分析得分排名前三位的是培养他人（6.43 分）、问题识别与解决（6.39 分）、执行推动（6.28 分），得分在平均分以下的是说服引导（4.90 分）、组织能力（4.56 分）。

从管理他人到管理团队领导力发展中的成功信号，具体如下。

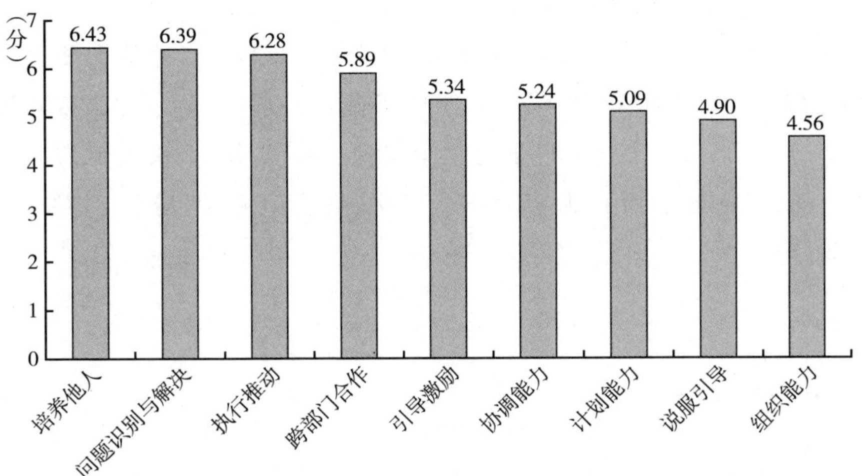

图 14　中层管理能力类指标得分

（1）选拔和培养有能力的基层管理人才。培养他人在本次分析中得分最高，为 6.43 分，预示着大部分中层管理者都将培养他人作为自己首要的任务之一。

（2）有效协调跨部门工作。问题识别与解决（6.39 分）、执行推动（6.28 分）分别位列本次分析的中层管理能力指标得分排名榜的第二、三名，说明中层管理者较好地延续了在基层管理时对问题的识别与解决，以及执行推动本部门工作进展的能力优势。值得一提的是，跨部门合作（5.89 分）的得分相对较高，排在第四位，意味着中层管理者在推动跨部门合作上也有较为成功的转型，较好地履行促使本部门和其他部门之间有效协同的职责要求。

从管理他人到管理团队领导力发展中的困难信号，具体如下。

（1）缺乏对基层管理者的引导与引领。说服引导在本次调研的得分（4.90 分）略低于平均分，表明现阶段部分中层管理者在说服他人接受和采纳自己的见解方面的能力相对不足。

（2）团队整体计划的失误。在本次分析中，组织能力得分最低，为 4.56 分，说明当前部分中层管理者较为欠缺对团队的整体计划能力。

3. 从管理团队到管理组织的领导力发展

如图 15 所示，在企业关注的高层管理能力指标中，本次分析得分排名前三位指标是结果导向（5.54 分）、激励能力（5.38 分）、有效授权（5.32 分），得分在平均分以下的是全局观（4.90 分）、决策能力（4.86 分）、创设沟通平台（4.85 分）、资源整合（4.81 分）、控制能力（4.62 分）。

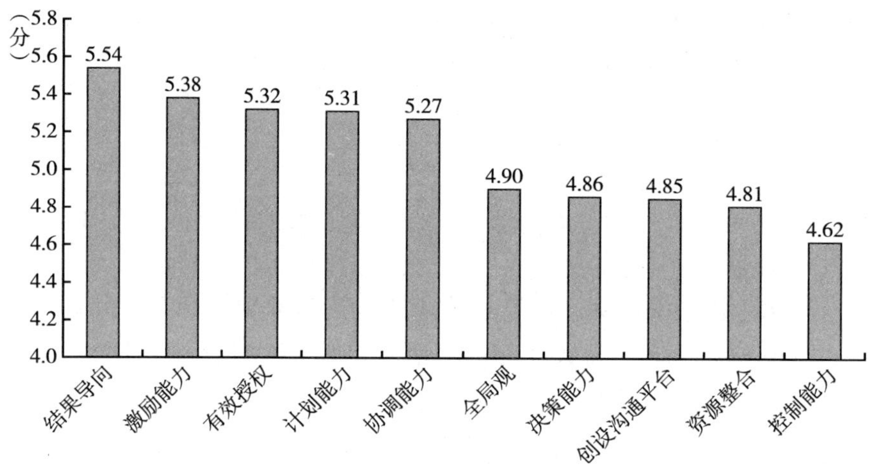

图 15　高层管理能力指标得分

从管理团队到管理组织领导力发展中的成功信号，具体如下。

（1）以终为始，重视目标和结果。结果导向在本次分析的高层管理能力指标中得分最高（5.54 分），说明作为大多数高层管理者能够以终为始，高度重视目标和结果。

（2）整合并领导强有力的团队。激励能力（5.38 分）、有效授权（5.32 分）位列本次高层管理能力指标得分的第二、三名，说明高层管理者重视激励的作用，把打造高效的团队当成主要任务之一，懂得把具体的工作授权给下属，以集中精力从事战略性的工作。

从管理团队到管理组织领导力发展中的困难信号，具体如下。

（1）缺乏对大局的掌控。全局观（4.90 分）、决策能力（4.86 分）、资源整合（4.81 分）、控制能力（4.62 分）在这次分析的高层管理能力指标中分数偏低，均在平均分以下，表明现阶段一部分高层管理者缺乏对大局的掌控能力，具体表现为在思考时不够全面，在决策时有些许遗漏和失误，在重要资源的调配上、管理制度等的控制和执行上还欠佳。

（2）没有创建有效的沟通平台。创设沟通平台在高层管理能力指标中得分相对较低，为 4.85 分，说明当前部分高层管理者在建立多种方式、多样化的沟通平台上还存在一定的欠缺。

（二）个性评估

企业领导与管理人才在组织中扮演着重要的角色，是带领企业实现组织目标的核心人物，其领导管理行为的有效性直接影响组织的经营绩效。以往众多的研究发现个性特质与领导者的工作绩效相关。

此次报告分析了 2014 年 1 月至 2019 年 12 月领导个性测验的真实测评数据，数据总量为 151270，其中有效数据占 80.30%。如图 16 所示，领导个性测验从情绪稳定性、内外控、责任心、主动性、坚韧性、自律性、合群性、内外向、自信心、宽容性、进取性、成就性、创新性、自主性、灵活性、支配性这 16 个心理因素进行评估。此量表采用标准 9 分的计分方式，平均分为 5 分，越接近 9 分表示该领导个性因素强烈，低于 5 分表示该领导个性因素弱。经过数据分析发现，得分在前三位的领导力个性因素是情绪稳定性（6.24 分）、内外控（5.81 分）、责任心（5.45 分），这说明大多数领导与管理人才善于处理和控制自身的情绪、相信自身努力的价值终会显现，把追求高标准作为工作目标，对工作内容高度负责。得分在后四位的领导力个性因素是创新性（4.47 分）、自主性（4.45 分）、灵活性（4.44 分）、支配性（4.44 分），说明部分领导与管理人才还需提升自身的主导意愿，必要的时候应展现自身强有力的一面，果敢拿主意。在面临多重要求和突发事件时，需要灵活地调整处事方式。同时，要不断学习新事物，使自己在工作中有所创新和突破。

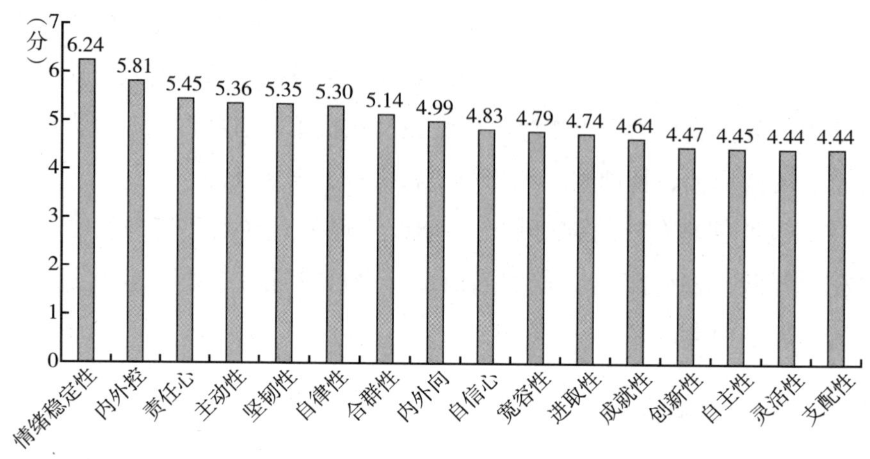

图 16　领导者个性特点

（三）动力评估

本部分分析了 101680 位领导与管理人才的领导者动力测评数据，主要从物质回报、组织归属、获得尊重、自我实现、理想抱负这五个动力因素对领导者动力进行评估。如图 17 所示，在基层、中层、高层管理者中，看重自我实现的人最多，分别占 41.71%、37.81%、35.97%，其次是理想抱负，分别占 21.61%、19.19%、29.50%。看重物质回报的人占比最少，分

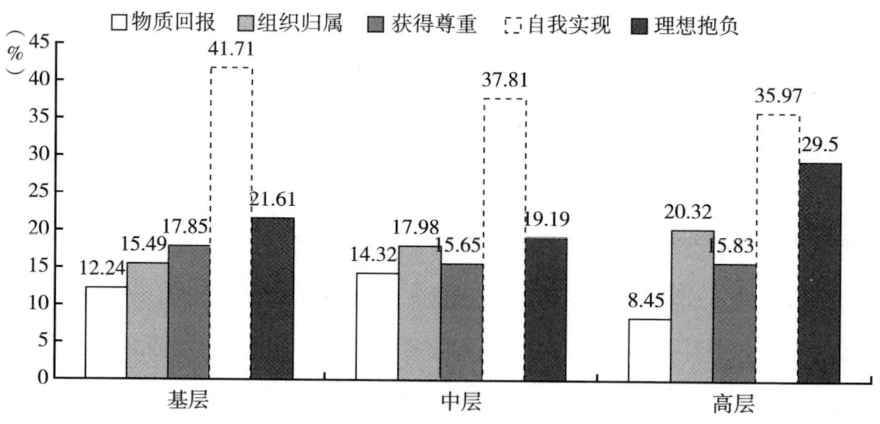

图 17　领导者动力特点

别为 12.24%、14.32%、8.45%。在基层管理者中，有 17.85% 的人看重获得尊重，是排名第三的动力源。在中层、高层管理者中，组织归属是排名第三的动力源，分别有 17.98%、20.32% 的人看重这项指标。

由此可见，不管处于哪个层级的领导与管理人才都看重自我实现、理想抱负，都将物质回报看得最轻，说明他们最期望在工作中能体现个人的创造力，希望企业能提供可供发挥的平台和可实现的发展通道，逐步实现个人价值。其次是期望所从事的工作是自己所追求的理想和事业，希望企业能够提供舞台和足够的支持，给予实现理想抱负的机会。

（四）关键发现

各层级领导力发展的成功信号与困难信号如图 18 所示。

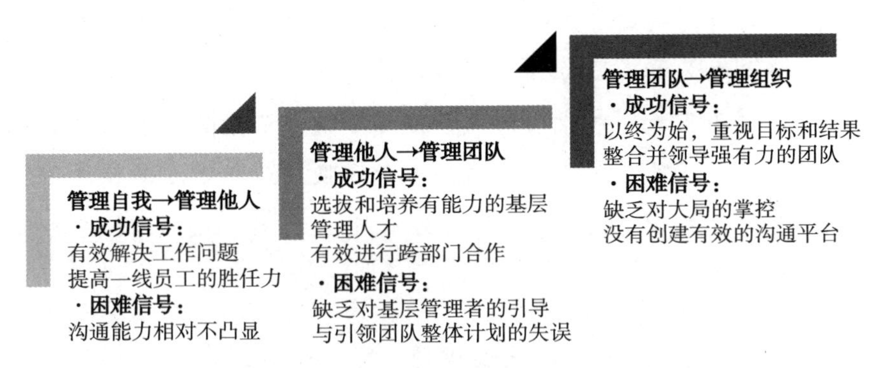

图 18　领导力发展成功与困难信号示意

大多数领导与管理人才善于处理和控制自身的情绪、相信自身努力的价值终会显现，把追求高标准作为工作目标，对工作内容高度负责。而部分领导与管理人才还需提升自身的主导意愿，果敢拿主意。在面临多重要求和突发事件时，还需灵活调整处事方式，以及不断学习新事物，以使自己在工作中有所突破与创新。

不论是哪个层级的领导与管理人才，最为看重的是自我实现、理想抱负，而较少看重物质回报。这说明领导与管理人才与企业之间的联结，是更深层次的自我实现价值、是更远大的理想抱负，而不是浅层次的物质激励。

B.26
区域人力资源服务业集聚发展分析

夏鸣 黄磊 郜成龙*

摘 要： 人力资源服务产业园集聚和推动人力资源服务业发展，是我国人力资源服务业发展的重要抓手和主要特色。上海博尔捷企业集团涉猎人力资源服务产业园开发研究近十年，规划人力资源服务产业园遍及10余个省份30余个城市，实际运营人力资源服务产业园区19个，积累了一定的基础。本研究通过对沪苏浙、粤桂湘、津鲁豫、川渝滇及新疆等省区市39个人力资源服务业集聚区比较研究，以服务业集聚的产业规模为重点，对我国区域人力资源服务业聚集发展的现状及特征、不足与挑战等区域人力资源服务业集聚发展情况进行分析，展望未来发展，以为政府、社会、企业提供借鉴和参考。

关键词： 人力资源服务业 集聚 区域

自2007年《国务院关于加快发展服务业的若干意见》，首次提出要发展人才服务业；2012年12月国务院印发《服务业发展“十二五”规划的通知》（国发〔2012〕62号），将人力资源服务业列为加快发展的12个生产

* 夏鸣，博尔捷产业平台研究院院长、上海博尔捷企业集团副总裁，主要研究方向为人力资源服务业发展及产业平台；黄磊，博尔捷管理咨询（上海）有限公司总监，主要研究方向为人力资源服务业发展与人力资源服务产业园建设；郜成龙，博尔捷管理咨询（上海）有限公司咨询顾问，主要研究方向为人才政策与人力资源服务产业园建设。

性服务业重点目录之一予以支持；2014 年 12 月，人社部、国家发改委、财政部联合下发《关于加快发展人力资源服务业的意见》（人社〔2014〕104 号）；2017 年 10 月人社部下发三年行动计划，明确了加快发展的具体举措。在国家一系列旨在推动人力资源服务业发展政策的支持下，政府公共行政服务和企业市场化服务相融合，形成了人力资源服务业集聚、孵化、培育及壮大发展的创新模式，成为新兴服务业中成长最快的行业之一。

2019 年 11 月，国家发改委将人力资源服务业列入一级产业目录，过往主要依附于其他产业而生的人力资源服务业，迎来发展新空间，步入发展新阶段。

就我国人力资源服务业集聚发展现状进行分析，对推进人力资源服务业未来发展具有重要意义。

本研究基于博尔捷产业平台研究院近年来对人力资源服务业发展的跟踪研究，选取东、中、西部三大区域人力资源服务业集聚情况进行对比，重点走访考察上海、江苏、浙江、山东、广东、天津、湖南、广西、河南、四川、重庆、云南、新疆等省区市 39 个主要的人力资源服务业集聚区，访谈相关区域人社部门，查阅各地建设人力资源服务业集聚区的公开信息并进行系统分析。

鉴于我国地域辽阔，各地人力资源服务业发展不均，东、中、西部同一区域各省区市甚至同省内部各城市也可能存在较大的差异。因此本研究主要基于现有资料所反映的东、中、西部人力资源服务业集聚的整体性差异，以供参考。

一　我国人力资源服务业发展现状

（一）人力资源服务业发展现状

近年来，随着我国经济从高速发展逐步走入高质量发展阶段，对人力资源及其服务需求持续增长，带动我国人力资源服务业快速增长。人力资源服务领域不断扩大、行业营收规模不断提高，占全国 GDP 比重持续提升，从业机构数与从业人数稳步增长。我国人力资源服务业规模从 2012 年的 5765 亿元增长到 2019 年 1.96 万亿元，年均保持 20% 左右的高速增长；从业机构超过 3.96 万家，从业人员达到 67 万人。经过近十年的发展，人力资源服务业积累了基本具备与国家经济社会相适应的发展基础（见图 1 和图 2）。

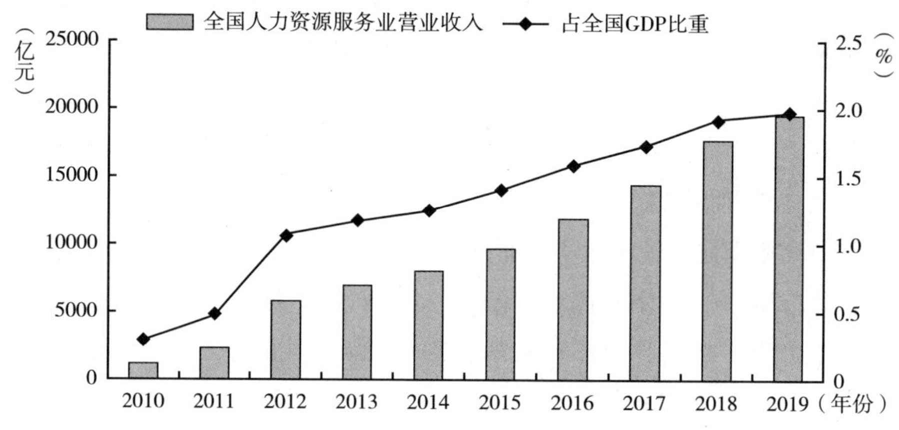

图 1　2010～2019 年全国人力资源服务业发展情况

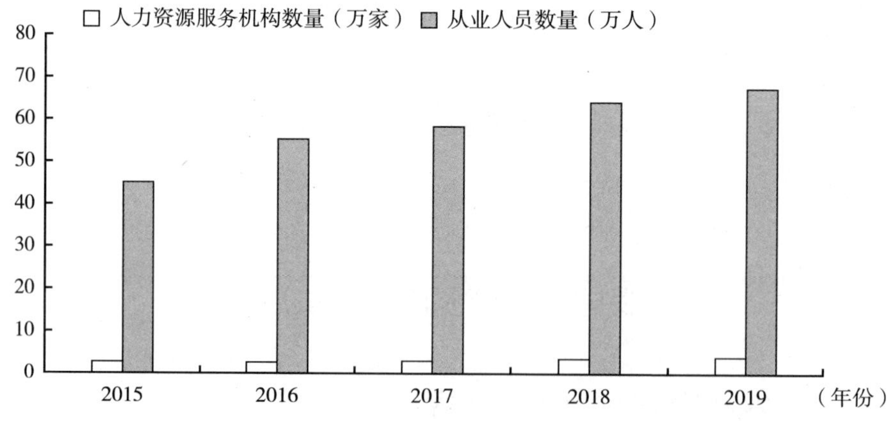

图 2　2015～2019 年人力资源服务机构与从业人员发展情况

资料来源：人社部 2019 年度人力资源服务业发展统计报告，国家统计局官网数据库。

（二）人力资源服务业集聚形式

伴随人力资源服务业的发展，我国人力资源产业从无到有、从小到大、从弱到强，逐步走向集聚发展。

从目前已经出现的各地人力资源产业集聚形式看，总体分为两种类型：一种是依托各地人力资源服务产业园形成服务集聚，服务业态较为丰富，人力资源机构较为优质；另一种是依托大型工业园区或当地人力资源市场，在周边形成人力资源产业集聚，大多数人力资源机构主要以“夫妻店”形式存在，业务以劳务派遣、职业介绍等基础服务为主，形成劳务派遣、职业中介“一条街”。

人力资源产业集聚发展一方面是人力资源产业本身规模化、集约化、多元化高质量发展的内在需求；另一方面也是国家和地方出于经济社会健康持续发展的需要，对人力资源产业进行有意识地集聚发展引导。后一种产业集聚更多的是基于当地市场用工需求而形成的人力资源机构形式上的集中，主要提供周边需要的基础性人力资源服务，无法实现产业集聚带来的培育市场、孵化企业、打造产业链、促进行业创新升级的作用，距离真正意义上的产业集聚还有一定差距。

因此，我国目前的人力资源产业集聚主要以人力资源服务产业园（简称“产业园”）的形式在各地存在。

二　区域人力资源服务业集聚特征

（一）区域人力资源产业集聚概述

我国经济发展腹地广阔，东、中、西部经济社会发展不均衡。总体来看，东部地区省份的地区 GDP、人均 GDP 水平总体上处于全国前列，西部地区省份地区 GDP、人均 GDP 水平总体上处于相对靠后位置（见表 1）。

表1 2019年东中西部各省份GDP及人均GDP

单位：亿元，元

地区		地区GDP	GDP排名	人均GDP	人均GDP排名
东部地区	广东	107671	1	94172	6
	江苏	99632	2	123607	3
	山东	71068	3	70653	10
	浙江	62352	4	107624	4
	福建	42395	8	107139	5
	上海	38155	10	157279	2
	北京	35371	12	164220	1
	河北	35105	13	46348	26
	辽宁	24909	15	57191	15
	天津	14104	23	90371	7
	海南	5309	28	56507	16
中部地区	河南	54259	5	56388	17
	湖北	45828	7	77387	8
	湖南	39752	9	57540	14
	安徽	37114	11	58496	13
	江西	24758	16	53164	21
	山西	17027	21	45724	27
	黑龙江	13613	24	36183	30
	吉林	11727	26	43475	28
西部地区	四川	46616	6	55774	18
	陕西	25793	14	66649	12
	重庆	23606	17	75828	9
	云南	23224	18	47944	24
	广西	21237	19	42964	29
	内蒙古	17213	20	67852	11
	贵州	16769	22	46433	25
	新疆	13597	25	54280	19
	甘肃	8718	27	32995	31
	宁夏	3748	29	54217	20
	青海	2966	30	48981	22
	西藏	1698	31	48902	23

资料来源：国家统计局官网数据库。

东、中、西部经济发展总体水平的差异，造成东中西部人力资源服务业发展出现相应差异。从已公开的部分省份人力资源服务业发展数据看，广东、江苏、山东、上海等东部省市人力资源服务业规模显著高于中西部绝大部分地区，总体上各省区市人力资源服务业营业收入规模与各地区的经济体量正相关。从人力资源服务业营业收入占 GDP 比重情况看，只有少数地区占比高于全国平均水平（1.93%）。人力资源服务业营业收入占当地 GDP 比重较高的上海市（12.43%）、广东省（1.80%）、江苏省（1.61%）、重庆市（1.42%）、天津市（1.35%）、湖北省（1.24%）的人均 GDP 排名分别位于全国第 2 位、第 6 位、第 3 位、第 9 位、第 7 位、第 8 位，人力资源服务业已成为当地重要的产业构成，在上海市甚至成为支柱产业之一。人均 GDP 排名靠后的省区市大多人力资源服务业占当地 GDP 的比重较低，一般不足 1%，部分省区市甚至不足 0.5%（见图 3）。

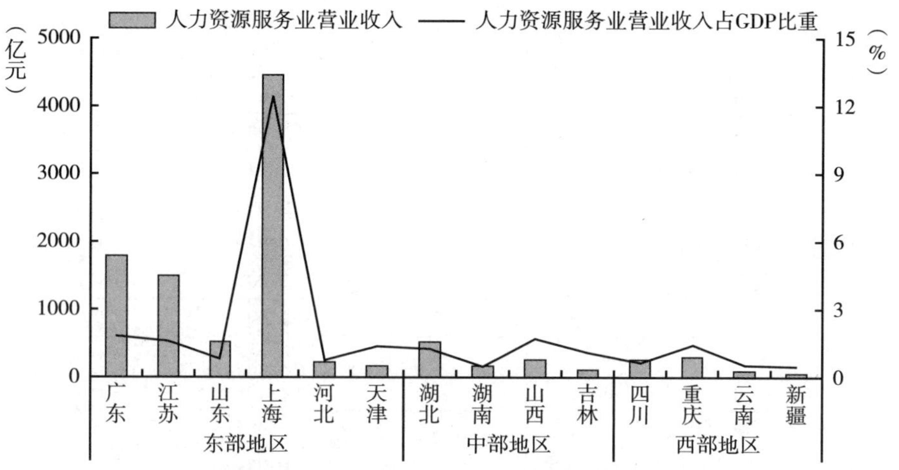

图 3　2018 年东中西部部分地区人力资源服务业规模情况

资料来源：相关省人社厅公开数据，其中广东、新疆数据来源省人社厅调研。

截至 2020 年 5 月，全国人力资源服务产业园[①]有 220 个。其中东部地区 149 个，中部地区 42 个，西部地区 29 个，占比分别为 68%、19% 和 13%，

① 此处统计的人力资源服务产业园含已开园和筹建中的人力资源服务产业园。在统计中，“一园多区”分布的产业园计为多个产业园。

东、中、西部平均每个地级市分别有产业园 1.32 个、0.40 个、0.22 个。东中西部的人力资源服务业集聚区从总量上呈现明显递减趋势。从东中西部各省区市人力资源服务业集聚区的分布情况看，无论是平均每个地级市（含省会，省辖地州、地区，下同）拥有的人力资源服务业集聚区数量，或每万平方公里拥有的人力资源服务业集聚区数量，东、中、西部整体上都呈现依次减少的结果。人力资源服务业最发达的江浙沪地区平均每个地级市拥有的人力资源服务产业园超过 2 个，而西部的云南、内蒙古、贵州、新疆、甘肃、青海、西藏平均每个地级市拥有的产业园不到 0.2 个，差距十分明显（见表 2）。

表 2　2019 年各省区市人力资源服务产业园数量情况

地区		地级市数量（个）	产业园数量（个）	产业园数量/地级市数量	产业园数量（万平方公里）
东部地区	广东	21	35	1.67	1.94
	江苏	13	26	2.00	2.53
	山东	16	31	1.94	2.02
	浙江	11	23	2.09	2.25
	福建	9	4	0.44	0.33
	上海	1	3	3.00	4.76
	北京	1	2	2.00	1.19
	河北	11	8	0.73	0.43
	辽宁	10	12	1.20	0.82
	天津	1	4	4.00	3.54
	海南	19	1	0.05	0.29
中部地区	河南	18	6	0.33	0.36
	湖北	13	8	0.62	0.43
	湖南	14	3	0.21	0.14
	安徽	16	8	0.50	0.57
	江西	11	9	0.82	0.54
中部地区	山西	11	1	0.09	0.06
	黑龙江	13	3	0.23	0.07
	吉林	9	4	0.44	0.21

续表

地区		地级市数量（个）	产业园数量（个）	产业园数量/地级市数量	产业园数量（万平方公里）
西部地区	四川	21	8	0.38	0.17
	陕西	10	5	0.50	0.24
	重庆	1	1	1.00	0.12
	云南	16	2	0.13	0.05
	广西	14	4	0.29	0.17
	内蒙古	12	2	0.17	0.02
	贵州	9	1	0.11	0.06
	新疆	14	2	0.14	0.01
	甘肃	14	2	0.14	0.04
	宁夏	5	2	0.40	0.30
	青海	8	0	0.00	0.00
	西藏	7	0	0.00	0.00

国家级人力资源服务产业园大多是国内规模较大、辐射带动作用较强的重要人力资源产业集聚区，对行业的发展起着重要的带动作用。从截至2020年5月建成的19个国家级人力资源服务产业园的分布情况看，东部地区10个，中部地区6个，西部地区3个，也与东、中、西部人力资源服务业集聚区的分布特征较为一致（见表3）。

表3 国家级人力资源服务产业园分布情况

单位：个

地区		产业园数量	产业园名称
东部地区	广东	2	中国广州人力资源服务产业园 中国深圳人力资源服务产业园
	江苏	1	中国苏州人力资源服务产业园
	山东	1	中国烟台人力资源服务产业园
	浙江	2	中国杭州人力资源服务产业园 中国宁波人力资源服务产业园

续表

地区		产业园数量	产业园名称
东部地区	福建	1	中国海峡人力资源服务产业园
	上海	1	中国上海人力资源服务产业园
	北京	1	中国北京人力资源服务产业园
	天津	1	中国天津人力资源服务产业园
中部地区	河南	1	中国中原人力资源服务产业园
	湖北	1	中国武汉人力资源服务产业园
	湖南	1	中国长沙人力资源服务产业园
	安徽	1	中国合肥人力资源服务产业园
	江西	1	中国南昌人力资源服务产业园
	吉林	1	中国长春人力资源服务产业园
西部地区	四川	1	中国成都人力资源服务产业园
	陕西	1	中国西安人力资源服务产业园
	重庆	1	中国重庆人力资源服务产业园

（二）区域人力资源服务业集聚特点

由于我国各区域经济社会与人力资源服务业发展的水平差异，各区域人力资源服务业集聚有不同的特点。

1. 东部地区人力资源服务业集聚特点

（1）人力资源服务业集聚的规模、分布密度较大。东部地区整体上属于我国经济发达地区，环渤海经济圈、长江三角洲、粤港澳大湾区等我国经济发展最活跃、开放程度最高、创新能力最强的区域均位于东部。良好的经济基础也催生了东部较为发达的人力资源服务业，人力资源服务业营收规模、行业机构与从业人数大多位于国内前列。例如上海、江苏、广东人力资源产业规模超过 1500 亿元，山东、浙江人力资源产业规模也超过 500 亿元。广东、江苏人力资源机构数量分别超过 2800 家、7800 家，两省人力资源产业从业人数均超过 5 万人。较发达的东部人力资源产业也培育了一批优质人力资源机构，境内外上市或新三板挂牌的人力资源机构，大部分企业总部位于东部地区。较大的行业规模和机构数量基础，使东部地区出现了一批较大的人力资源服务业集聚区，例如中国上海人力资源服务产业园营收规模超过700亿元，入驻机构超过260家；苏州高新区人力资源服务产业园营收规模超过80亿元，入驻机构近100家。

东部地区整体上经济发展水平较高且相对均衡，人力资源服务业发展较早，除福建、海南外，东部地区大多数城市都已建成或正在积极筹建产业集聚区。东部一些经济发达城市，一个人力资源服务业集聚区已难以以服务和辐射全市，许多发展成多个服务业集聚区的分布格局，如上海在静安区、杨浦区、浦东新区均有人力资源服务业集聚区，杭州在江干区、下城区、余杭区、萧山区等均有集聚区，苏州在高新区、工业园区、吴江区、相城区、常熟市、昆山市等均有集聚区，北京、深圳、广州也都有多个人力资源服务业集聚区（见表4）。

表4　东部地区没有产业园的地区数量情况

单位：个，%

地区	地级市数量	没有产业园的地级市	
		数量	占比
广东	21	4	19
江苏	13	1	8
山东	16	0	0
浙江	11	2	18
福建	9	6	67
上海	0	0	0
北京	0	0	0
河北	11	4	36
辽宁	10	4	40
天津	0	0	0
海南	4	3	75

（2）人力资源服务业集聚的业态丰富，创新动力足。东部地区经济发达，各类人力资源服务都有较多的市场需求，人力资源服务业集聚区一般也集聚了各类人力资源机构，提供招聘、派遣等基础性人力资源服务和培训、猎头、咨询、外包等中高端人力资源服务。

由于人力资源服务业的相对发达，以及行业竞争的推动，人力资源机构开始重视细分领域的专精化发展或综合服务能力的提升，积极探索行业服务创新，如人力资源金融、人力资源 SaaS、人力资源房地产、共享员工、灵活用工等新型服务接连出现。同时由于东部地区人力资源产业集聚区众多，各地也纷纷探索结合本地禀赋的特色化集聚区发展道路，如探索人力资本服务、人力资源平台经济、数字化智慧园区建设、与港澳台的人力资源服务合作以及人力资源产业与本地特色产业融合发展等。

（3）人力资源服务业集聚区的区位、交通条件较好。东部地区出于对本地经济社会发展以及培育人力资源服务业的需要，政府较为重视人力资源产业集聚区的建设，许多产业集聚区选址的周边商业配套较为完备或交通条件较好，位于城市较便利区域，为人力资源产业集聚区后期的运营、发展奠定了良好的基础。

2. 中部地区人力资源服务业集聚特点

（1）省会城市人力资源服务业集聚效应明显。中部地区河南、湖北、湖南、安徽等地区经济基础相对较好，经济增速较快，人力资源较为丰富。当地经济发展与产业升级也带动了人力资源服务业的快速发展。中部地区的产业园大多在近几年建成或进行筹建。在 2019 年最新批准的 4 家国家级人力资源服务产业园，有 3 家都位于中部地区。

中部地区省会发展较快，对全省经济带动作用强，人力资源产业集聚区的建设也全省领先。除黑龙江外，中部地区七省省会的人力资源产业园均已开园运营，无论从集聚区建设规模、营收规模，还是入驻人力资源机构数量和质量，均已成为各省最具规模和影响力的人力资源产业集聚区。

（2）省会外其他区域人力资源服务业集聚进程较慢。中部地区省会人力资源产业集聚区建设成绩显著，但是在省会外其他地区，人力资源产业集聚进程缓慢，大部分地区都还没有形成产业集聚。已经建成的产业集聚区，由于人力资源产业基础薄弱，优质机构主要从外地引进，产业集聚区的影响力一般局限于本市（见表 5）。

表 5　中部地区省会外其他城市产业园建设情况

单位：个，%

地区	省会外其他地级市数量	没有产业园的地级市	
		数量	占比
河南	18	12	67
湖北	13	7	54
湖南	14	12	86
安徽	16	9	56
江西	11	5	45
山西	11	10	91
黑龙江	13	10	77
吉林	9	5	56

3. 西部地区人力资源服务业集聚特点

（1）人力资源服务业集聚处于初始阶段，产业集聚的规模、分布密度较小，绝大多数地区还未形成产业集聚。西部地区整体上属于我国经济欠发达地区，除重庆、成都、西安少数重点城市外，其他地区人力资源产业发展较为落后，建成的人力资源服务业集聚区年营业收入规模一般不超过 5 亿元，集聚的机构数量一般在 30 家以内。西部许多欠发达地区经济规模不大，对人力资源服务需求主要集中在用工招聘上，人力资源产业规模不大且发展较慢，政府主动引导人力资源产业集聚的积极性不高。另外，由于人力资源服务业发展还处于初级阶段且规模有限，产业集聚发展的内生需求不强，也难以自发形成产业集聚（见表 6）。

表 6　西部地区产业园城市数量情况

单位：个，%

地区	地级市数量	没有产业园的地级市	
		数量	占比
四川	21	15	71
陕西	10	8	80
重庆	1	0	0
云南	16	14	88

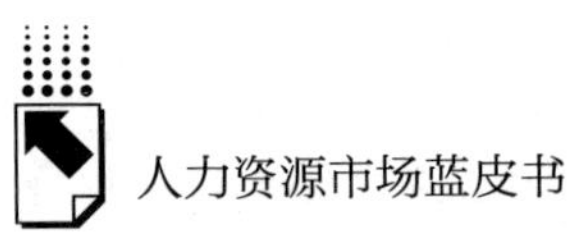

续表

地区	地级市数量	没有产业园的地级市	
		数量	占比
广西	14	10	71
内蒙古	12	10	83
贵州	9	8	89
新疆	14	13	93
甘肃	14	12	86
宁夏	5	3	60
青海	8	8	100
西藏	7	7	100

（2）人力资源服务业集聚的业态较为简单。重庆、成都、西安依托西部龙头城市的优势，打造较为完善、业态丰富的人力资源产业集聚区。除此之外，其他西部人力资源服务业集聚区集聚的业态以当地市场主要需求的招聘、派遣、培训等为主。猎头、人才测评、咨询等中高端服务市场需求不大，难以集聚和培育此类的优质人力资源机构。

（3）人力资源服务业集聚的公共服务配套、区位和交通条件有待改善。西部地区许多人力资源产业集聚区由于建设时间较晚，一些人力资源服务相关的公共服务已被整合进入行政服务大厅、市民中心等“一站式”公共服务平台，导致服务业集聚区的许多人力资源相关的公共服务缺失。

西部大部分城市城区较小，市区内区位、交通便利的场所紧缺。政府出于城市建设的考虑，规划的人力资源服务业集聚发展的区位、交通等条件往往不甚理想，也影响了集聚发展的效果。

随着西部经济发展以及承接东部产业的转移，一些西部地区出于招商引资、招才引智和促进就业的需求，对人力资源服务业的发展逐步加大重视，开始主动引导产业集聚，培育市场，大力发展本地区需要的人力资源服务，引育一些中高端服务业态。但由于经济基础、人力资源服务市场需求和人口规模的原因，预计西部一些地区的人力资源产业集聚只能有限地发展。

三　人力资源服务业集聚发展面临的问题与挑战

我国人力资源服务业经过几十年的发展，取得了巨大的成就。行业经历了从无到有、从小到大、从弱到强的发展阶段，多元化、多层次的人力资源服务体系已经初步形成，人力资源服务业集聚发展将是产业未来发展的重要趋势。从发展的空间载体看，人力资源服务业的许多优质机构将逐渐向人力资源服务业集聚区集聚，获取更多的发展资源。各地人力资源服务业集聚区为促进产业发展，积极出台税收优惠、房租减免等政策，吸引人力资源服务机构进驻。从行业结构上看，为应对行业的激烈竞争，人力资源服务业将加快推进转型升级步伐，将逐步由传统的低附加值、低技术含量的产业业态向高端型、附加值高、技术含量高的创新型业态集聚发展，人力资源服务业将进入提质增效的高质量发展阶段。

但也要看到，人力资源服务业的集聚发展依然面临一些问题和挑战。如区域间产业发展不平衡、不协调，尤其是东、中、西部发展不均衡问题十分突出。中、西部人力资源产业总体实力不强、产业规模偏小、专业化程度不高、支撑保障能力不足，难以有效满足经济社会快速发展对人力资源服务不断增长的需求等，也影响产业集聚的高质量发展。

（一）区域间人力资源服务业发展不均衡

人力资源服务业的发展水平是行业集聚发展质量的基础。目前，我国人力资源服务业发展存在明显的区域发展不平衡现象，东部发展较快，中部次之，西部发展相对落后。相较于我国丰富的人力资源，人力资源机构数量还比较少，各地经济发展的不平衡也造成人力资源机构的地域性分布存在不平衡的现象。作为现代服务业的重要门类，人力资源服务业如今已经成为一个地区经济社会发展的“晴雨表”，北上广深和其他沿海省市等东部地区的人力资源服务业发展迅速，新兴业态不断涌现，与互联网、金融、保险等产业的跨界融合近年纷纷出现，而在中部和西部地区人力资源产业发展则相对滞后，以传统的劳务派遣、职业介绍、招聘为主，优质的本土从业机构不多，影响中、西部人力资源产业集聚发展的效果。

（二）人力资源服务业集聚区内企业业务同质化严重

近些年，我国人力资源产业发展取得了长足的进步，市场规模不断扩大，行业影响力显著增强，集聚区初具规模。东部地区，尤其是北上广深及其他沿海发达省份集聚区发展良好，服务产品涵盖整个人力资源服务全产业链。但总体而言，我国有相当数量的集聚区发展水平不高。一些集聚区在招引人力资源机构时，重量轻质，导致集聚区内企业在业务上关联度并不高，业务同质化竞争严重，尤其是部分集聚区提供劳务派遣、现场招聘和人事代理等基础服务业态的企业扎堆。由于这些企业的中高端服务和新产品开发能力较弱，服务细分度不高，产品同质化严重，提供个性化服务、复合型服务的能力不足，为抢占市场，恶性低价竞争时有发生，甚至违法违规开展业务，影响集聚区内良性竞争与发展。

（三）人力资源服务业从业人员素质偏低

人力资源服务业集聚发展需要人才的支撑，人才的不断涌入必将促进行业的繁荣发展。但目前我国人力资源服务业从业人员的整体学历不高，主要是大专及以下学历，研究生及以上学历占比很小。大量本科及以上从业人员集中在公有制人力资源机构、外资人力资源机构以及提供人力资源咨询、猎头等高端人力资源服务的企业中，而占市场主体数量的民营机构的人员学历水平整体偏低。多数从业人员缺乏专业的人力资源管理知识，对人力资源服务业发展整体理解不到位，对行业发展趋势、相关法律法规、政策变化等内容掌握不透彻，高素质、专业化的人才紧缺，难以适应行业“专、精、深”的发展趋势要求，不利于产业集聚发展与创新。

（四）人力资源服务业集聚区对优惠政策依赖性较强

目前我国大多数人力资源产业集聚区由政府主导，一般通过租金减免、税收奖励等政策吸引人力资源机构入驻集聚区从而形成服务业空间上的聚集。由于这种模式对人力资源机构的集聚往往未能理顺市场与产业集聚的内在联系，这些在空间上已形成一定集聚的人力资源机构并未显现出强烈的植根于当地市场的倾向。而人力资源产业的轻资产特点，当人力资源服务业集聚区的租金及税收政策相比其他产业集聚区有所弱化时，或者其他产业集聚区采取更有力度的扶持政策时，集聚区的一些机构就可能考虑向扶持政策更有力度的产业集聚区迁移，或将新的业务转移到政策更加优惠的产业集聚区。这种流动将导致各人力资源服务业集聚区之间产业结构乃至形态上的趋同，以及各产业集聚区之间在扶持政策上的不良竞争。

（五）人力资源服务业集聚区的管理与服务有待提升

人力资源服务业作为一门新兴现代服务业，其发展对产业链生态、市场营销、行业研究、服务创新、行业平台建设等方面有较高的需求。目前多数人力资源产业集聚区由政府主导运营或委托人力资源机构运营，许多集聚区的运营管理还停留在提供物理空间、产业招商和物业服务的基础层面，导致人力资源产业简单集聚、个体发展、粗放服务，难以满足行业集聚高质量发展的需要。引导和发展专业的市场化的运营服务商，为人力资源服务业集聚发展提供专业优质的管理和运营服务，为集聚机构发展赋能，提升集聚机构的发展速度、质量和效益，将成为影响产业集聚发展的重要因素。

四　人力资源服务业集聚发展的展望和建议

我国未来经济社会高质量发展以及京津冀协同发展、粤港澳大湾区建设、长三角一体化发展、新时代推进西部大开发、“一带一路”等国家战略的实施，也对我国人力资源服务业集聚发展提出了更高质量的要求。为促进人力资源服务业优质集聚，助力我国经济高质量发展，展望未来，建议从以下五个方面着手。

（一）结合区域差异化推进产业集聚发展

结合东、中、西部各地区发展差异，在推动人力资源服务业集聚发展时应各有侧重。

总体上，在东部地区，人力资源服务业相对发达，产业集聚发展应侧重集聚区的特色化发展，引导人力资源机构开展服务创新、模式创新，鼓励和促进人力资源与“互联网+”、金融、科技等融合，推动当地经济社会和人力资源产业的高质量发展，力争培育一批国内能够引领我国人力资源产业发展、参与国际竞争和合作的顶尖机构。

在中部地区，发达省会城市应对标东部发达地区提升人力资源服务集聚发展的质量。加速非省会城市的人力资源服务业集聚，完善人力资源服务链，提升当地人力资源服务业和从业机构整体发展水平，推动中部人力资源产业整体发展。

在西部地区，重庆、成都、西安等大型城市可对标东部沿海发达地区，结合西部地区区情区况推进产业集聚建设。其他欠发达地区可根据各地市场需求规模合理引导产业集聚，更应侧重产业集聚的社会效益和产业功能实现，服务当地经济社会发展。加强产业集聚，提升行业社会影响力，改善人力资源产业发展环境，加强市场培育，促进人力资源产业发展。

（二）发挥政府作用引导服务集聚有序推进

发挥政府的推动和引导作用，出台相关人力资源服务业集聚扶持政策的目的应从招引人力资源机构进驻上升到促进当地经济高质量发展和加强产业集群建设上来，淡化政策优惠导向，突出市场服务和产业发展生态建设，加强产业集聚发展与本土市场根植性的联系。政府在制定扶持政策时，着力引导推动产业链和产业生态体系的打造。在政府采购人力资源公共服务与人力资源市场培育时，可适当向行业集聚区倾斜。

（三）加强服务人才队伍建设促进产业集聚

加快人力资源服务业人才队伍建设，促进产业集聚和高质量发展。加强行业人才培养，积极开展人力资源服务业从业人员的各类交流培训、学习考察，组织从业人员参加行业活动、会议会展等方式，拓宽从业人员眼界，提升从业人员的专业能力。针对当地区域人力资源服务业发展所需的重点人才，结合当地人才政策加强引进力度，促进服务业人才的集聚进而推动产业集聚。

（四）培育行业龙头推动集聚优质发展

加强对本土人力资源龙头企业的培育，鼓励本土人力资源服务机构采取兼并、收购、联盟等方式，打造一批实力强、影响力大、极具竞争力的人力资源服务大型企业，推动其进入产业集聚区发展。发挥龙头企业在产业发展中的示范带动作用，吸引更多优质机构积聚，推进产业集聚区高质量发展。

（五）提升运营服务水平赋能产业集聚发展

人力资源服务业集聚的深化发展，对服务集聚区的运营和服务提出了更高要求，行业的信息整合以及市场机会的协同开发、汇总、交流、碰撞和再造等软环境的打造将成为产业集聚发展的关键成功要素。

厘清政府和市场的职责，在有条件地区鼓励服务集聚区市场化运作。服务集聚区管理方需及时转变“房东”的思维，选聘专业的市场运营机构，提供高质量的运营服务，为行业集聚发展赋能。积极为集聚区人力资源机构培育商机，为行业从业机构提供行业梳理、资源整合、品牌建设、产业链深化完善等方面的服务，引导和帮助集聚机构通过相互了解与优势互补，结成战略联盟，开拓市场、创新服务，促进产业集聚和高质量发展。

B.27
我国上市人力资源服务公司经营现状分析

郑怡玮 *

摘 要： 伴随着数字化时代的进程，人力资源服务市场的复杂与多变愈益明显，新时代人力资源服务业呈现产品多元化、操作智能化的新局面。目前我国人力资源服务公司的层次和技术含量总体偏低，具有行业带动效应的龙头企业不多。我国上市人力资源服务公司作为我国同行学习的榜样与标杆，本文旨在通过分析其产品结构、经营状况以及未来发展的策略，为国内同行更新发展理念、创新服务方式、把握时代潮流、实现转型发展提供借鉴的方向。

关键词： 人力资源公司 经营状况 产品结构

党的十九大上习主席指出“着力加快建设实体经济、科技创新、现代金融、人力资源协同发展的产业体系”，确立了人力资源的重要地位。同时，人力资源服务业近几年的快速增长，吸引了包括各类投资在内的各方关注，国内人力资源公司纷纷挂牌、上市。2017 年 6 月 8 日，科锐国际（300662）在创业板上市，“A 股人力资源第一股”的诞生对中国人力资源服务行业产生重大影响。随后有天下猎聘（06100. HK）、万宝盛华（02180. HK）、人瑞人才（06919. HK）相继在香港交易所上市，为未来要上

* 郑怡玮，上海晨达人力资源股份有限公司内审部经理助理，主要研究方向为人力资源服务产业发展。

市的人力资源服务公司和投资机构提供一定的估值标准。我国人力资源服务行业集中度较低，具有行业带动效应的龙头企业不多。除了上述四家外，还有前程无忧（JOBS），这五家企业作为我国人力资源服务公司的上市标杆企业，我们通过对其经营数据及产品结构分析，希望能够对国内的同行有所启发。

本文分析数据全部摘自深圳证券交易所、香港交易所、纳斯达克上各公司发布的年报、公开转让说明书及相关公告，或根据年报、公开转让说明书等披露的数据计算得出。

一　经营状况分析

随着人才需求的上升以及国家政策的大力支持，中国人力资源服务行业发展迅猛，按照人力资源和社会保障部公布的统计数据，2019 年中国人力资源服务业营业总收入达到 1.96 万亿元，比 2018 年的 1.77 万亿元增长 10.3%。从近 6 年来看，2019 年是增长速度最慢的一年，之前的增速都在 20% 以上。本文要分析的五家公司营业收入均呈上升趋势，如表 1 所示。科锐国际、万宝盛华、猎聘、人瑞人才营业收入增长都超过 20%，低于 20% 的是前程无忧，只有 5.77%。五家公司净利润除前程无忧同比下降外，其他均有所增长。

表 1　五家公司 2017 ~ 2019 年营业收入及净利润数据

单位：千元，%

公司	营收	营收增减	净利润	净利润增减
前程无忧	4000025	5.77	532318	-57.49
科锐国际	3584084	63.15	178803	30.47
猎聘	1513474	23.52	174120	68.63
万宝盛华	3041513	22.08	134975	19.20
人瑞人才	2287601	41.57	134262	98.35

（一）万宝盛华经营状况

万宝盛华于2019年7月10日在港交所上市，是大中华地区最大的人力资源管理公司，公司可根据不同阶段的客户需求提供灵活用工、人才寻猎等综合人力资源服务。2019年公司经营性净现金流1.11亿元，占净利润的比例为92.3%。2019年实现营业总收入30.42亿元，同比增长22.08%，2017~2019年连续三年增长率均维持在20%以上；分业务看，收益的增加主要源于集团在中国的灵活用工业务扩张，2019年实现收入26.85亿元，占比提升到88.3%，同比增长26.4%，且连续三年增长率持续上升；招聘流程外包业务2019年收入为0.34亿元，同比增长11.60%；其他人力资源服务收入为0.78亿元，同比增长20.20%；公司仅人才寻猎业务呈下降趋势：公司人才寻猎业务2019年收入为2.45亿元，同比下降10.10%，2019年寻猎业务收入占比下降至8.05%。公司实现归属母公司持续经营业务的净利润1.10亿元，同比增长12.22%；扣除一次性上市开支、商誉减值亏损及授出购股权开支影响后，实现归属母公司的持续经营业务的经调整利润1.35亿元，同比增长19.20%；每股盈利0.62元。集团2019年末共有1248名雇员，人均营收为240万元，人均经调整净利润为10万元，较上期增长34.10%。

表2　万宝盛华2017~2019年营业数据

单位：千元，%

项目	2017年	2018年	2019年	2018年增幅	2019年增幅
营业收入	2006922	2491494	3041513	24.15	22.08
灵活用工	1696087	2124304	2685217	25.25	26.40
人才寻猎	230714	272343	244902	18.04	-10.10
招聘流程外包	25642	30143	33643	17.55	11.60
其他人力资源服务	54479	64704	77751	18.77	20.20
毛利	457414	564513	586597	23.41	3.91
毛利率	22.79	22.66	19.29	-0.13	-3.37
归属母公司净利润	84389	98156	110149	16.31	12.22
调整后归属母公司的净利润	—	113235	134975	—	19.20

（二）人瑞人才经营状况

人瑞人才于2019年12月13日在港交所上市，是国内知名人力资源外包服务供应商，主要包括灵活用工服务、O2O招聘平台及其他人力资源服务。公司2019年实现营业收入22.88亿元，同比增长41.57%，近三年复合增长率为72%，是行业平均水平的3倍以上。分业务看，灵活用工业务2019年同比增长41.98%，2018年同比增长114.51%，2017年同比增长122.54%，连续三年保持高增长率，专业招聘同比下降7.11%，其他人力资源解决方案2019年同比增长124.55%，但营业收入占比远小于灵活用工。2019年业务毛利达2.41亿元，同比增长55.45%，此增长主要是公司的核心系统升级大幅提升了公司营运效率及效果。2019年公司整体毛利率为10.5%，较上年增加0.9个百分点，净利润率连续三年保持增长（见表3）。

表3　人瑞人才2017~2019年营业数据

单位：千元，%

项目	2017年	2018年	2019年	2018年增幅	2019年增幅
营业收入	776247	1615891	2287601	108.17	41.57
灵活用工	706232	1514950	2150950	114.51	41.98
专业招聘	58645	68369	63509	16.58	-7.11
其他人力资源解决方案	11370	32572	73142	186.47	124.55
毛利	87748	154956	240885	76.59	55.45
毛利率	11.3	9.6	10.5	-1.7	0.9
经调整净利润	9870	67690	134262	585.82	98.35
净利润率	1.3	4.2	5.9	2.9	1.7

（三）科锐国际经营状况

科锐国际是国内首家登陆A股的人力资源服务企业，公司主要为客户提供灵活用工、人力资源咨询、培训与发展等综合人力资源服务。2019年公司实现营业收入35.84亿元，同比增长63.15%，分业务看，灵活用工业务2019年同比增长82.91%，2018年同比增长130.38%，2017年同比增长42.27%，连续三年保持高增长率，招聘流程外包2019年同比下降4.87%，中高端人才寻访同比增长16.22%，连续3年保持增长，其他业务2019年同比增长87.70%，但营业收入占比远小于灵活用工。归属于母公司的净利润1.52亿元，比上年同期增长29.38%。扣除非经常性损益归属于母公司所有者净利润1.33亿元，比上年同期增长22.91%。同时，公司宣布每10股派发现金红利1.67元（见表4）。

表4　科锐国际2017～2019年营业数据

单位：千元，%

项目	2017年	2018年	2019年	2018年增幅	2019年增幅
营业收入	1135070	2196782	3584084	93.54	63.15
灵活用工	656346	1512062	2765752	130.38	82.91
招聘流程外包	122080	157871	150182	29.32	-4.87
中高端人才访寻	316984	448732	521527	41.56	16.22
其他业务	39660	78117	146623	96.97	87.70
营业利润	109180	164439	217244	50.61	32.11
净利润	85461	137042	178803	60.36	30.47
归属母公司的净利润	74338	117674	152242	58.30	29.38
销售毛利率	22.46	18.12	14.31	-4.34	-3.81

（四）前程无忧经营状况

前程无忧是在美国上市的中国人力资源服务企业，是国内领先的专业人力资源服务机构，在中国具有广泛影响力。2019年公司实现营业收入40.00亿元，同比增长5.77%，较2017年23.22%与2018年31.26%的增长率有明显下降，且低于行业平均增长率，分业务看，公司在线招聘业务2019年营收24.71亿元，同比增长1.62%；其他人力资源相关服务2019年营收15.29亿元，同比增长13.24%，主要包括人事代理、劳务派遣、灵活用工等。2019年公司毛利为27.78亿元，较上年略有增长；归属母公司净利润5.32亿元，同比下降57.49%（见表5）。

表 5　前程无忧 2017～2019 年营业数据

单位：千元，%

项目	2017 年	2018 年	2019 年	2018 年增幅	2019 年增幅
营业收入	2881215	3781946	4000025	31.26	5.77
在线招聘	1871700	2431898	2471179	29.93	1.62
其他人力资源相关服务	1009515	1350048	1528846	33.73	13.24
毛利	2085152	2700935	2778090	29.53	2.86
销售毛利率	73.2	72.22	69.45	-0.98	-2.77
归属母公司净利润	371889	1252319	532318	236.75	-57.49

（五）猎聘经营状况

猎聘于 2018 年 6 月 29 日在港交所上市，是一家专业的中高端人才发展服务平台，主要为客户及个人提供招聘及就业服务。2019 年公司营业收入为 15.13 亿元，同比增长 23.52%，主要收入来源为向企业客户提供人才获取服务。公司 2019 年来自企业客户的收入为 14.31 亿元，同比增长 23.11%；来自个人用户的收入为 0.80 亿元，同比增长 32.07%。公司对企业客户的服务主要包括：人才获取服务的基本服务、薪酬报告以及人才背景调查的增值服务，以及公司首创的猎头辅助闭环人才获取服务。2019 年公司的毛利为 11.68 亿元，较 2018 年的 9.87 亿元增加 18.23%；毛利率由 2018 年的 80.60% 下降至 2019 年的 77.15%（见表 6）。

表 6　猎聘 2017～2019 年营业数据

单位：千元，%

项目	2017 年	2018 年	2019 年	2018 年增幅	2019 年增幅
营业收入	824662	1225308	1513474	48.58	23.52
向企业客户提供人才获取服务	795756	1162605	1431285	46.10	23.11
向个人用户提供专业就业服务	27243	60547	79967	122.25	32.07
投资物业租金收入	1663	2156	2222	29.65	3.06
毛利	692977	987650	1167685	42.52	18.23
销售毛利率	84.03	80.60	77.15	-3.43	-3.45
归属母公司净利润	8998	7737	120353	-14.01	1455.55
经调整的净利润	—	103257	174120	—	68.63

二 产品结构分析

根据灼识咨询的报告，我国人力资源服务市场可划分为人才获取、人力资源外包和其他服务三块，2018 年的整体规模高达 4086 亿元，其中招聘平台所在的人才获取市场规模为 1352 亿元，这是一个庞大的市场。而中国灵活用工服务市场自 2014 年的 232 亿元扩大至 2018 年的 592 亿元，复合年增长率为 26. 4%，增速强劲。

而人工智能、云计算、移动互联网技术实现人力资源服务公司的在线服务交付的智能服务平台已经成为现实。人工智能、区块链、云计算、大数据等科技基础服务将成为一个赋能者。

（一）万宝盛华产品结构

万宝盛华 2017 ~2019 年的招聘流程外包与人才寻猎业务占比持续减少，灵活用工业务近三年稳步增长，可见公司将灵活用工作为重点业务，如图 1 所示。

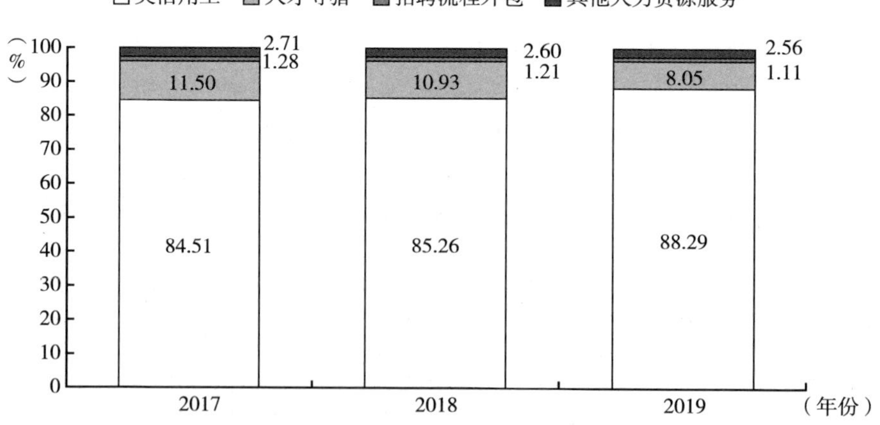

图 1 2017 ~2019 年万宝盛华产品结构

公司在2019年推动“All-inStaffing”战略计划，实施向现有客户及新客户交叉销售灵活用工业务。公司投资和研究开发人力资源平台，目前已推出员工招聘平台“天天U才”“天天U福”、职业技能平台“WoSkill”，2020年上半年计划推出“天天U单”智能招聘平台，加快科技布局。同时，公司与万得科技成立了专注于金融服务行业的灵活用工公司，加快细分行业渗透。

（二）科锐国际产品结构

科锐国际2017～2019年的招聘流程外包业务与中高端人才寻访业务占比持续减少，灵活用工业务近三年快速增长。2019年公司灵活用工产品创造收入27.66亿元，在总营收中占比近八成，累计派出雇员16.06万人次。其他业务占比虽小但在近三年均稳步增长，具体见图2。

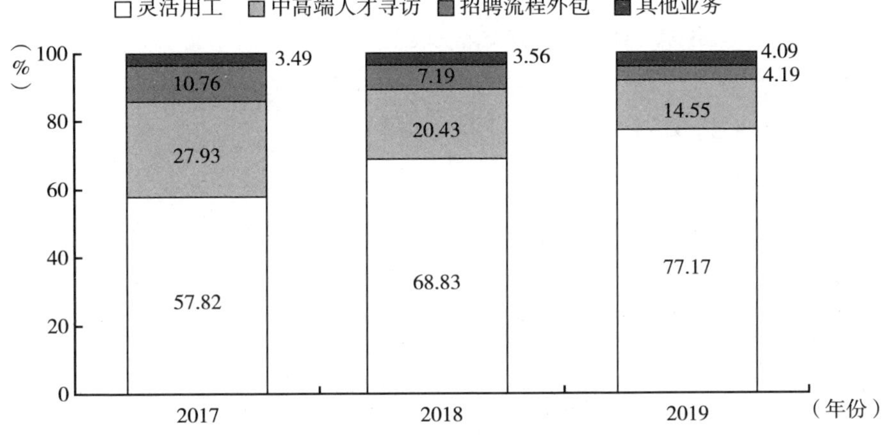

图2　2017～2019年科锐国际产品结构

2019年公司加大技术投入，追加投资“才到”，基于才到的系列HR SaaS产品，包括招聘、入职、考勤、薪税、福利管理等；基于科锐优职的岗位和行业细分招聘平台，包括大学生、大健康、零售等垂直细分领域；基于共享众包模式打造的人力资源合作伙伴平台“禾蛙”。公司抓住“一带一路”倡议所带来的业务机会，在中国大陆以外市场收入占公司总营收比重超三成。

（三）前程无忧产品结构

前程无忧 2017 ~2019 年的在线招聘业务占比持续减少，其他人力资源相关服务近三年稳定增长，同时，从前程无忧的 2019 年 4 份季度报告来看，截至第四季度其他人力资源相关服务占比已达 45.87%，公司未来的业务重点是其他人力资源相关服务。长期以来，在线招聘平台的商业模式也较为单一，网络效应是招聘平台的一大特征，而足够的双边用户数量则是达成商业规模的基础。对于中小企业招聘需求缩减的现状，前程无忧的策略是重点服务大客户，以保持盈利的效率。

但是，这也只是在现有业务上的改进，并不能逃过增长难的困境。当下的疫情在一定程度上加速了这一趋势。受疫情影响，前程无忧 2020 年第一季度的总收入在 7.25 亿 ~7.75 亿元，同比下降约 18%（见图 3）。

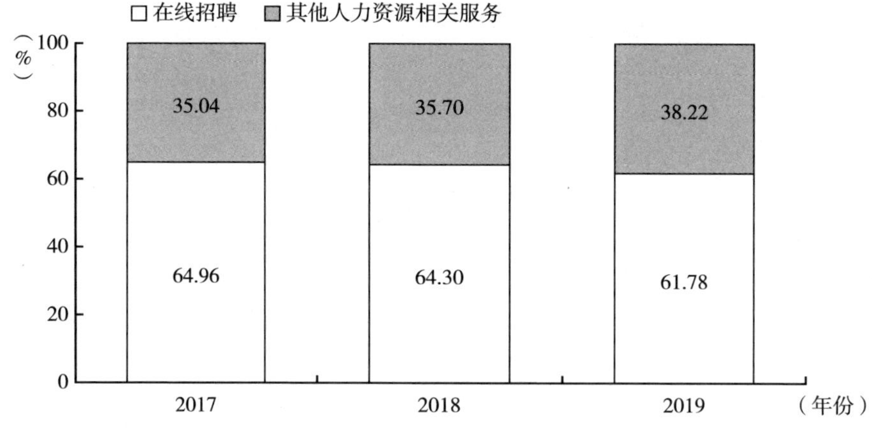

图 3　2017 ~2019 年前程无忧产品结构

（四）猎聘产品结构

猎聘近三年持续发展多元化产品，进军灵活用工服务行业，收购灵活用工平台勋厚；推出考核及培训平台乐乐班，作为考核及培训应用程序与 SaaS 平台，提供视频培训，为人力资源提供工具以组织及监控在线培训和进行考核，并为雇员提供灵活的培训和考核时间；战略投资调查 SaaS 平台问卷星；推出创新产品多面 App，为企业和政府提供了视频面试的工具（见图 4）。

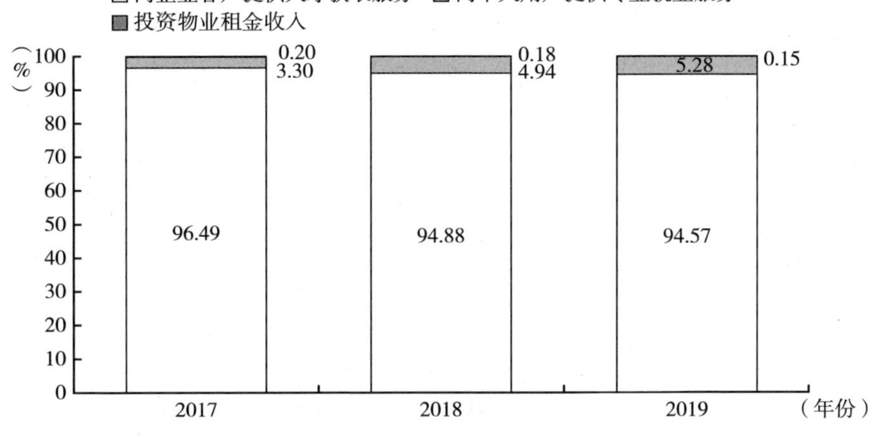

图 4　2017～2019 年猎聘产品结构

猎聘平台 2019 年的企业用户为 56.0 万家，同比增长 39.46%，每个企业用户带来的平均收入为 2.76 万元，同比增长 14.7%。2020 年，在疫情下，企业对于线上招聘、面试、培训等拥有极大的需求，公司在 2019 年的布局，在这次突发情况下发挥了重要作用，并抢占了先机，在 2020 年经济环境不太乐观的情况下依然可以产生增长动力和效益。

（五）人瑞人才产品结构

人瑞人才的主营业务是面向新经济领域的灵活用工，服务客户主要是新经济领域的公司，如字节跳动、腾讯、网易、小红书、去哪儿等。2017～2019 年公司灵活用工业务占比保持持续增长，且高达 94.03%。专业招聘业务持续递减，其他人力资源解决方案占比稳定增长，如图 5 所示。

人瑞人才十分注重科技能力的提升，通过完善一体化人力资源生态系统推动降本增效。公司于 2019 年优化了香聘、瑞聘、瑞家园、瑞云管理系统，同年 10 月引入瑞杰系统，推进服务标准流程化。通过使用系统，人均效能从

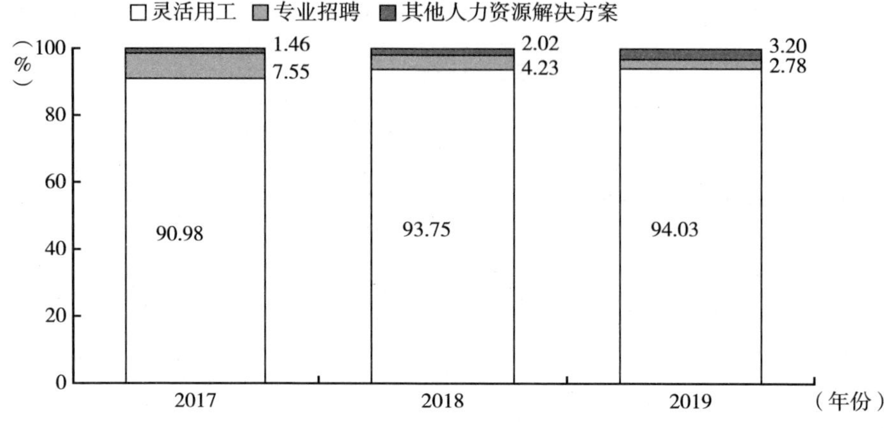

图5 人瑞人才产品结构

2018 年的 11.69 万元/人，提升至 2019 年的 21.55 万元/人，是原来的近一倍。

从上述五家产品结构中我们可以得出以下共性：①扩大灵活用工业务是近年来业务发展的重点方向；②以投资或自主研发形式开展 HR SaaS 业务；③关注职业技能培训，开展线上培训平台，如万宝盛华的“WoSkill”、前程无忧投资的“高顿教育”、猎聘推出的考核和培训平台“乐乐班”；④投资和开发招聘平台，虽然招聘业务不作为公司产品结构中的重点，但作为灵活用工的辅助支持，各公司在招聘业务上也需跟上步伐。前程无忧投资的有拉勾网及应届生求职网，猎聘推出新产品多面 App，人瑞人才在成立早期就开始自主研发人才招聘系统，并且在 2016 年上线了 O2O 招聘平台香聘。

三 未来发展策略

为贯彻落实 2020 年 1 月 1 日实施的《外商投资法》精神，人社部对《人才市场管理规定》等三份部门规章进行了专项的修订，取消了人力资源服务业外资的准入限制。规章修订后，人力资源服务市场将全面开放，这对国内原有人力资源服务商将形成新的威胁与挑战。结合上述五家上市人力资源公司以及市场情况，将未来发展策略总结如下。

（一）持续发展灵活用工业务

随着“临时性、替代性”工作安排需求增加，结合企业用工成本增加的情况，灵活用工业务将持续走强。金柚网研究院的《2019 中国灵活用工及灵活就业研究报告》指出：2018～2025 年，中国灵活用工市场的复合年均增长率将高于 23%；预测到 2025 年，国内灵活用工市场规模将超过 1600 亿元。①

灵活用工有利于企业专注于自身发展的主要核心业务，将其他事务性工作交给第三方。同时，用人单位将用工风险转嫁给第三方，有效避免了各种风险，如此次疫情发生后的裁员风险。遇到季节性及临时性用工时，如物流行业的“双十一”业务，灵活用工可以很好地满足企业需求，以解燃眉之急。

目前，在国内的灵活用工业务，主要是中低端岗位招聘，如送餐员、服务员、保安等，可复制性较强。本次疫情期间，盒马和西贝推出的共享员工就是一次不错的实践案例。但盒马和西贝并非专业人力资源公司，用工如何做到合规合法，双方合同签订，用工风险的承担等，应该由熟悉劳动法规、有丰富经验、能掌握大量用工需求的人力资源服务公司来承担。

（二）重点关注人才技能及新职业培训

移动互联网和信息技术的发展孕育出一系列“新职业”。2019 年，人力资源和社会保障部、市场监管总局、国家统计局正式发布 13 个新职业，包括“人工智能工程技术人员、物联网工程技术人员、大数据工程技术人员、云计算工程技术人员、数字化管理师、建筑信息模型技术员、电子竞技运营师、电子竞技师、无人机驾驶员、农业经理人、物联网安装调试员、工业机器人系统操作员、工业机器人系统运维员”。② 新职业在发展过程中面临的最大的问题是职业教育没有跟上行业发展步伐，人才技术培训的重要性前所

① 金柚网研究院：《2019 中国灵活用工及灵活就业研究报告》，2019 年 7 月。

② 孟凡华：《第十三批新职业：新型技能人才培养的风向标》，《职业技术教育》2019 年第 15 期。

未有地凸显。

2019 年李克强总理提出拿 1000 亿元用于职工技能提升和转岗专业培训，同年 5 月国务院办公厅发布了《关于印发职业技能提升行动方案（2019～2021 年）》，提出“2019 年至 2021 年，三年共开展各类补贴性职业技能培训 5000 万人次以上，其中 2019 年培训 1500 万人次以上；到 2021 年底技能劳动者占就业人员总量的比例达到 25% 以上，高技能人才占技能劳动者的比例达到 30% 以上①。”2019～2021 年是人力资源培训机构的重大机遇期。人力资源服务企业应趁此机会增加或扩大人才技能培训、开发相关培训产品。

（三）应用人工智能与人力资源服务相结合

随着互联网技术的日益发展，人力资源与之相结合开发出了一系列的产品。在本次疫情下，AI 面试与视频化迅速成为在线招聘平台发展趋势。以拉勾的探秘视频为例，以不到 5 分钟的短视频，展示公司的办公环境，餐厅、休息室、健身房等公共设施福利，以及在职员工的工作状态，很好地解决了因为疫情而不能了解公司的情况。

腾讯捕捉先机，2019 年中便成立了人力资源科技中心。现代人工智能的发展重心，不再是将机器做得更像人，而是使用最基本的技术，取其实用的部分，替代人力事务性的工作，效率将远高于无人工智能的系统。

（四）跨界合作

随着人力资源服务行业的发展，行业边界不断地被扩展延伸，与其他产业、其他行业的边界在逐步模糊。从起初最简单的中介服务向专业服务发展，再结合互联网和人工智能，人力资源服务业态呈现多元化的趋势，复合、跨界人才需求量明显增多。在国外，互联网巨头跨界切入招聘市场，

① 《2019 年政府工作报告：拿出 1000 亿用于职工技能提升和转岗专业培训》，《职业》2019 年第 11 期。

Uber（优步）推出 Uber Work，雇主在平台上发布任务，其他用户则来接单。在国内，美团推出馒头直聘，主推服务业领域人才招聘平台，商家全部来自美团点评合作门店，工作环境真实可见。跨界合作是人力资源行业发展的趋势，同时也为人力资源服务提供了新的增长点。

（五）注重业务的合规性

多年来，对于灵活用工人员的劳动保护方面一直缺少关注。有很多企业恶意地逃避税收，不承担应有的责任。2020 年，在大趋势下，国内各地地方政府纷纷发布新业态下灵活用工的指导意见。社保合法规范管理是大趋势，2019 年社保改为税务征收，审查模式从原来的社保审计及社保稽查，转变为现在的税务稽查，数据来源从原来的企业申报到现在的金税三期数据库，而且数据均联网，法律责任除了补缴以外，另外增加了罚款及滞纳金。税制的改革对企业的合规要求加大，而采用灵活用工这项业务模式，在合规的基础上解决了企业的困境，这将是人力资源服务企业的更大市场。

从 2020 年开始，我们将从原来的中国制造走进中国智造的新时代，在各个领域，人们将把工作中的资源、设备、信息等互联，更科学地调整利用资源，各行各业都将更加专业化以及高效运作。人力资源服务行业也将和其他行业一样，进入加快转型变化的时代，新业态、新产品会不断出现，这是人力资源发展的大趋势。

B.28
我国石油企业海外人员的人力资源需求分析

王 瑱　孙 超*

摘　要： 随着我国经济的持续发展与"一带一路"建设的布局，石油企业已经成为中国公司走向海外的领头羊。我国石油企业通过深挖国际化人才潜力等措施，紧紧围绕海外产业经济建设所需要的核心人才队伍建设做文章。目前我国石油企业海外工作人员包括三个部分：企业外派到海外工作的人员，项目所在国家的本土人员，海外地区公司向第三方国家招聘的专业人才。本文主要探讨的是国有石油企业外派到海外工作人员的人力资源需求分析。

关键词： 石油企业　外派人员　人力资源需求　人才队伍建设

近年来，我国仍然对海外石油有非常高的依存度，拓展海外石油项目必不可少。人力资源在其中起到了突出作用，因其涉及面最广、最为活跃、影响力最深远，具有特殊性和重要性，被经济学家称为第一资源。管理学家德鲁克较系统地揭示了人力资源在经济发展战略中的决定性作用，德鲁克观点

* 王瑱，中国人才研究会副秘书长，北京首经人力资源开发中心主任，主要研究方向为教育培训、人才素质测评、人力资源开发建设、招聘与甄选；孙超，北京首经人力资源开发中心副主任，主要研究方向为人才培训体系建设、人才招聘与选拔评价、人力资源信息化建设与应用。

的重点是经济竞争中人力资源的地位与作用，他关注的是人力资源的数量、质量与产出决定了经济竞争的激烈程度。

为促进我国海外石油项目的高效运行，非常有必要对海外人力资源需求进行研究，本文的主要数据来自中国石油天然气集团公司下属有关公司在海外的地区公司和投资项目。

一　我国石油行业及海外机构人力资源现状分析

（一）我国石油行业的发展现状概括

石油是关系我国经济发展的战略资源和重要商品。

毋庸置疑的一点是，我国石油产业的开拓、发展与变化受到全球性工业的影响，中国石油产业是世界石油产业的重要组成部分，从中国石油企业由国内走向海外的进程来看，无论是有效结合全球经济、技术、贸易路径等各方面需求，还是强调与国际著名石油企业的强强联手与互补合作，都给全球石油工业的进步带来了积极影响，同时我国石油工业走出国门的发展方式也进一步满足了我国国民经济发展对于能源的需求。

国际金融市场的基本稳定，为世界石油经济复苏提供了良好的经济环境。从 2019 年来看，世界经济增长步伐加快，复苏稳健。中国报告大厅数据显示，世界经济增速达 3%，比 2018 年提高 0.6 个百分点。发达经济体增长势头较强，欧元区经济增长 2.4%，美国和日本经济增速分别达 2.3% 和 1.7%；由此我们可以看到，发展中国家及有关新兴经济主体的快速增长，成为拉动全球经济复苏的强劲助力。2019 年全球原油供应量为 9740 万桶/日，而该年全球原油需求为 9780 万桶/日，国际原油由供应过剩转为供应缺口，国际油价步入上升通道。

2019 年 1 ~ 12 月，我国油气开采业投资额 3424.9 亿元，同比下降 5.7%，而 1 ~ 11 月同比增长 0.8%，上年同期同比增长 6.1%；石油加工、炼焦及核燃料加工业投资额 2538.6 亿元，同比下降 20.9%，降幅较 1 ~ 11

月缩小 1.6 个百分点，而上年同期则同比增长 7.1%；化学原料及化学制品制造业投资额达 14990.9 亿元，同比增长 3.3%，增速较 1～11 月回落 0.8 个百分点，较上年同期回落 7.2 个百分点。

从累计产量来看，2019 年 1～12 月，汽油产量累计为 12103.6 万吨，同比增长 9.4%，增速较 1～11 月回落 0.2 个百分点，较上年同期回落 2.9 个百分点；煤油产量累计 3001.1 万吨，同比增长 21.9%，增速较 1～11 月上升 0.1 个百分点，较上年同期提高 2.5 个百分点；柴油产量累计 17757.5 万吨，同比增长 1.4%，增速较 1～11 月回落 0.2 个百分点，较上年同期回落 1.0 个百分点。

目前，我国成品油需求的增速处于不断放缓的过程，我国乘用车市场由高速发展的趋势进入缓慢发展阶段，新能源车辆呈现高速增长的态势，短时间内仍然不能对汽油消费产生颠覆性的影响，但此态势将会限制成品油的增速。2020 年我国实行加大推动成品油出口的策略，此措施将对成品油的供需压力起到一定的缓解作用，在这个阶段我们考虑到整体炼油能力的基数较大，必将出现终端资源的竞争愈发激烈的情况。

（二）海外机构人力资源现状

与国际老牌石油公司相比，中国石油海外项目人力资源管理的方式、技术、涉及领域和相关处理方法尚处于初步阶段，海外石油项目更注重技术提高和资金运作，忽视了人力资源管理。此状态与诸多原因有关，其中最重要的原因是石油工业的历史体制因素，这使我国在海外开展石油业务的经济主体，在开展人力资源管理的过程中，所采取的管理模式和技术仍受到计划经济的影响，不能与国际成熟的石油巨头相比较，具体表现在人才吸引、建设、应用和激励等方面。虽然海外石油项目的人力资源管理伴随自身发展在不断主动完善，保障了海外油田项目的正常运转，但在一定程度上仍然存在局限性。

海外石油项目的工作重点是建立良好的国际关系、组建顺畅的工作机制和奠定积极的业务基础，因此受到项目负责人的业务水平、人格魅力、开拓风格影响较大，因此海外石油项目的负责人对于项目经济和管理的权力很大，在项目的发展和运行中具有举足轻重的作用，在人力资源管理中体现出极强的个人管理风格，由于公司总部大多赋予项目经理很高的管理职权，在管理集权制的影响下，员工没有参与管理决策的权利，团队成员的价值容易遭到忽视。

因此，部分海外项目核心负责人认为优质人才的吸引和激励核心就是薪酬到位即可，他们普遍将关注点放在了项目资金的获取上。这给人才的内部凝聚力和外部吸引力带来了非常消极的影响，甚至可能影响项目持续发展。

石油行业工作的艰辛是无法用语言来衡量的，尤其是海外市场，在项目调研中我们发现，石油工作现场普遍生态环境恶劣，生活内容枯燥，员工休假制度执行不良，业务工作和生活后勤条件都由海外项目单元自行处理，同时持续单调的工作方式、繁重杂乱的工作内容使员工存在一定程度的工作不适。

长期的海外工作为中国的石油产业培养了大批的复合型人才，他们不仅能够流利地使用外语开展商务交流，更能跨越文化障碍，跟项目本土国员工、第三国的外籍员工在工作中融洽相处，工作表现卓越，在海外项目投资和经营中起到了关键作用。员工海外工作时间越长，思念亲人的感情越甚，父母年事已高、夫妻分离、孩子求学等问题凸显，导致工作情绪恶劣、行为浮躁，甚至传递给工作伙伴，让年轻员工对于走出国门工作这件事产生疑惑、丧失勇气，造成了海外项目人才后继无力、替补紧张的状况，因此逐步采用海外劳务派遣方式不失为一种缓解人才紧张矛盾的办法。

近几年经过选拔派驻到海外项目的年轻人具有很高的海外工作适应性和跨国文化融合能力，在解决项目难题上起到了重要作用，日益成为海外生产骨干。但是这些年轻人独立思考能力很强，关注内心成长，独生子女居多，自我管理能力较差，容易对简单粗暴的管理制度产生抵触情绪，因此他们也是人员流失的主体，也会对公司整体人才发展产生消极影响。

二　海外机构相关工作人员调研数据

2017 年 10 月至 2019 年 5 月，我们针对中国石油企业海外机构的决策管理人员、技术研究人员、金融财务人员、党建纪检人员、人事行政人员、现场勘探人员等陆续开展了以问卷填答为主要形式的调研，数据分别来自中亚地区、中东地区、非洲地区、拉美地区、俄罗斯地区和公司总部，共收集到有效问卷 265 份。需要注意的是，虽然有些数据样本来自公司总部，但是被调研对象均拥有丰富海外工作经验，从事管理、技术或业务工作，具有海外人力资源事务方面的发言权，其提供的观点可以采纳，属于正确调研样本。

（一）海外人员基本情况

1. 调研对象地区分布情况

调研对象所在公司和地区分布情况见图 1。

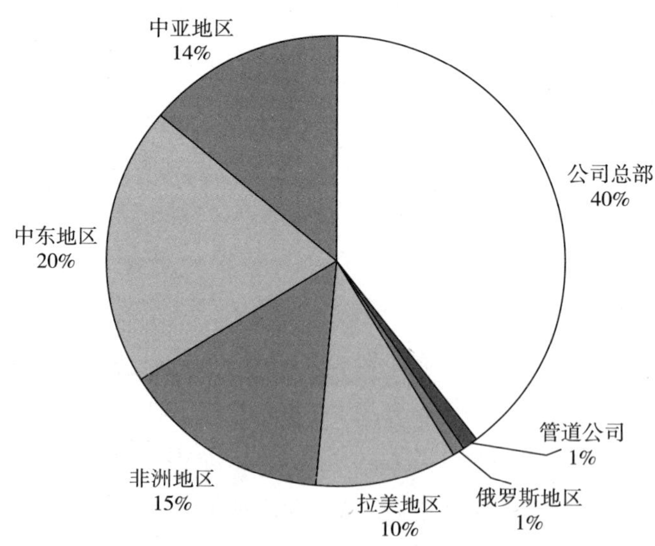

图 1　调研对象所在公司和地区分布情况

2. 调研对象年龄分布情况

调研结果显示，调研对象的整体年龄偏大，40 岁以上的员工占比为 59%，40 岁及以下的员工占比为 41%，其中 30 岁以内的员工仅占 9%。说明人员梯队建设情况并不理想，有可能出现年轻员工队伍青黄不接的现象，这个现象在后续的现场人员调研中也得到了证实（见图 2 和表 1）。

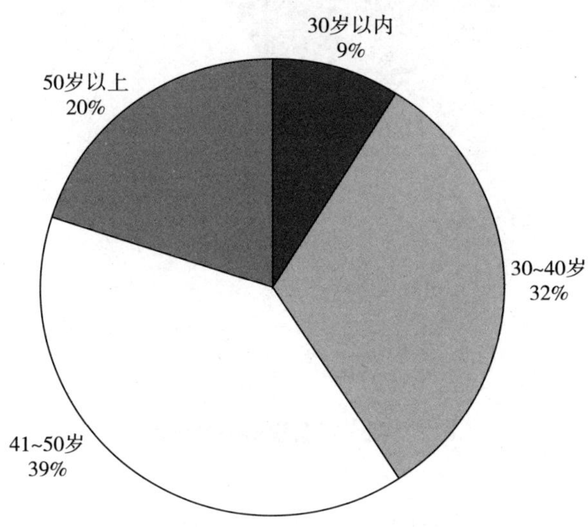

图 2　调研对象年龄分布情况

表 1　调研对象年龄细分

单位：人

类别	公司总部	俄罗斯地区	管道公司	拉美地区	尼罗河地区	中东地区	中亚地区
30 岁以内	5	0	0	2	13	1	3
30～40 岁	26	1	1	3	21	23	11
41～50 岁	46	0	0	18	6	23	10
50 岁以上	29	0	0	4	0	7	12

3. 调研对象学历分布情况

调查结果显示，调研对象的整体学历水平较高，本科及以上的人员占比为 91%，大专及以下员工占比为 9%。该结论符合中国石油目前的人才引进战略，随着我国石油工业的持续发展和对人才要求的不断攀升，需要更高学历的人员加入，以促进行业整体化建设（见图3和表2）。

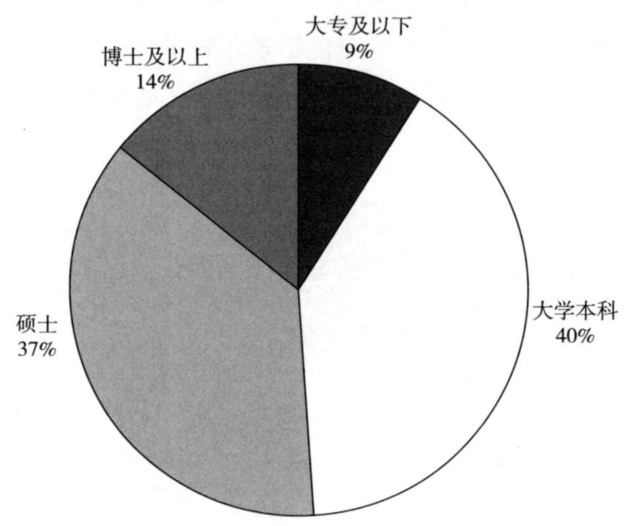

图3　调研对象学历分布情况

表2　调研对象学历细分

单位：人

类别	公司总部	俄罗斯地区	管道公司	拉美地区	尼罗河地区	中东地区	中亚地区
大专及以下	4	0	0	1	0	18	1
大学本科	41	0	1	9	23	31	11
硕士	54	1	0	14	14	5	17
博士及以上	7	0	0	3	3	18	7

4. 调研对象在石油化工领域工作年限情况

调研对象大多数为工作经验丰富的资深员工，其中工作年限10年以上的员工占比为82%，10年以下的员工占比为18%，在石油化工领域累计工作年限超过20年的调研对象占到总调研群体的57%。结合调研对象的年龄分布情况进行分析，我们可以看到，人员年龄层次明显偏大，累计年限超过30年的员工在未来几年内存在退出职业生涯的可能，也面临累计年限超过

20 年的员工可能存在提出退居二线的需要，无论是管理还是生产还是国际关系和营销，都需要人才的培养成熟期，因此急需补充年轻人员，建立符合人员成长周期规律的路径方式（见图 4 和表 3）。

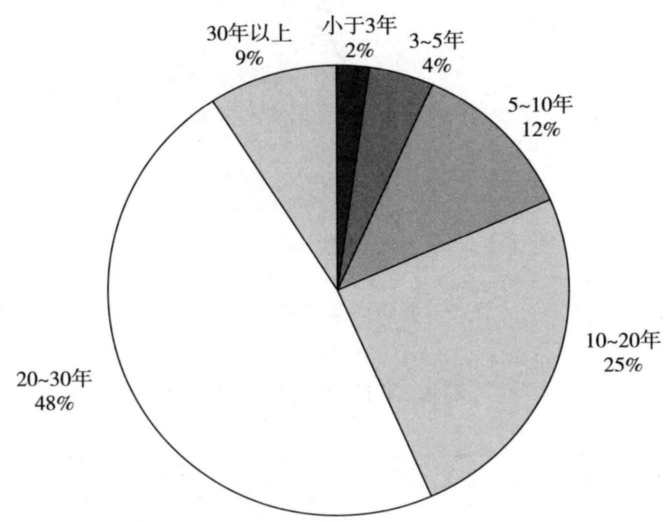

图 4　调研对象石油化工领域累计工作年限情况

表 3　调研对象在石油化工领域累计工作年限细分

单位：人

类别	公司总部	俄罗斯地区	管道公司	拉美地区	尼罗河地区	中东地区	中亚地区
小于 3 年	3	0	0	2	0	1	0
3 ~ 5 年	4	0	0	0	2	2	4
5 ~ 10 年	15	1	1	1	2	6	5
10 ~ 20 年	21	0	0	3	11	22	9
20 ~ 30 年	49	0	0	19	22	22	14
30 年以上	14	0	0	2	3	1	4

5. 调研对象职位级别情况

结果显示，调研对象中中层管理者和基层员工居多。其中决策层占比 6%，中层管理者占比 49%，基层员工占比为 45%（见图 5 和表 4）。

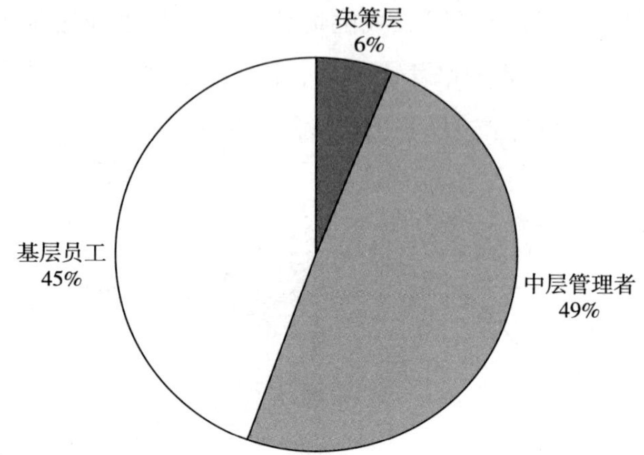

图 5　调研对象职位级别情况

表 4　职位级别情况细分

单位：人

类别	公司总部	俄罗斯地区	管道公司	拉美地区	尼罗河地区	中东地区	中亚地区
决策层	8	0	0	1	1	0	3
中层管理者	50	0	1	13	22	23	22
基层员工	48	1	0	10	17	31	11

6. 调研对象职称情况

调研对象中，大多数人员拥有高级职称，占比为 68%，中级职称占比为 28%，初级职称占比为 4%。在后续的工作过程中，受任务需求驱动影响，可以进一步鼓励青年员工通过考试评价等方式获得专业职称（见表 5 和图 6）。

表 5　职称情况细分

单位：人

类别	公司总部	俄罗斯地区	管道公司	拉美地区	尼罗河地区	中东地区	中亚地区
高级	68	0	0	20	29	41	23
中级	30	1	1	5	11	12	13
初级	8	0	0	2	0	1	0

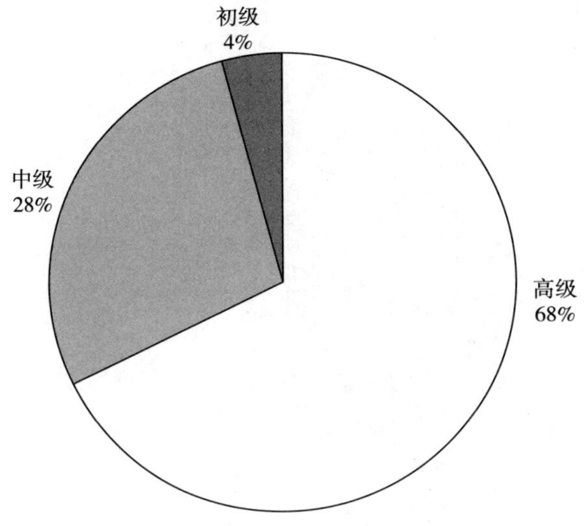

图 6　调研对象职称情况

7. 调研对象岗位类别情况

数据显示，调研对象中技术研究人员的占比最高，为 41%，这是出于我国石油产业在海外的任务目标需要。在我国海外石油资源的业务拓展过程中，拥有高水平的开发技术就能够在所在国获得更高质量的石油储备资源，其次，人事行政、现场勘探、金融财务人员总体占比 27%，为做好石油勘探提供保障工作（见表 6 和图 7）。

表 6　岗位情况细分

单位：人

类别	公司总部	俄罗斯地区	管道公司	拉美地区	尼罗河地区	中东地区	中亚地区
决策层人员	8	0	0	6	3	1	4
技术研究人员	37	1	0	12	16	25	17
金融财务人员	9	0	0	2	4	7	2
党建纪检人员	4	0	1	0	0	1	0
人事行政人员	14	0	0	1	4	5	3
现场勘探人员	5	0	0	1	5	5	5
其他	29	0	0	4	8	10	5

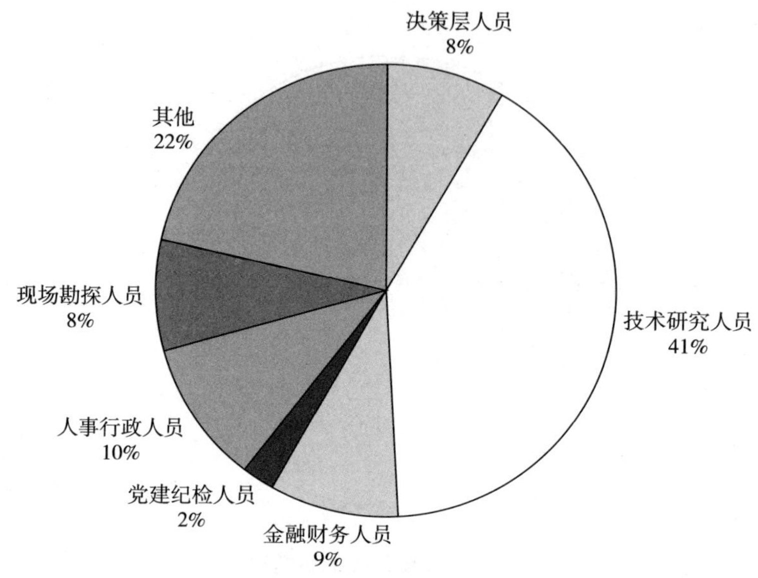

图 7　调研对象的岗位类别情况

（二）海外人力资源需求现状分析

1. 调研对象对海外人才政策的了解

调研结果显示，在调研对象对海外人才培养政策的了解程度中，非常了解、比较了解、一般、比较不了解、非常不了解的比例分别为 7%、31%、44%、13%、5%。将近 38% 的调研对象对海外人才政策有较好的关注度，将近 50%（44%）的调研对象了解程度一般，占比较大，反映出部分员工对人才政策的关注度有待提升，且海外机构对人才政策的宣传力度需要进一步地提升（见表 7 和图 8）。

表 7　调研对象对海外人才培养政策的了解情况细分

单位：人

程度	公司总部	俄罗斯地区	管道公司	拉美地区	尼罗河地区	中东地区	中亚地区
非常了解	9	0	0	1	3	1	6
比较了解	28	1	0	9	16	16	11

续表

程度	公司总部	俄罗斯地区	管道公司	拉美地区	尼罗河地区	中东地区	中亚地区
一般	46	0	0	13	19	26	12
比较不了解	14	0	1	4	2	9	5
非常不了解	9	0	0	0	0	2	2

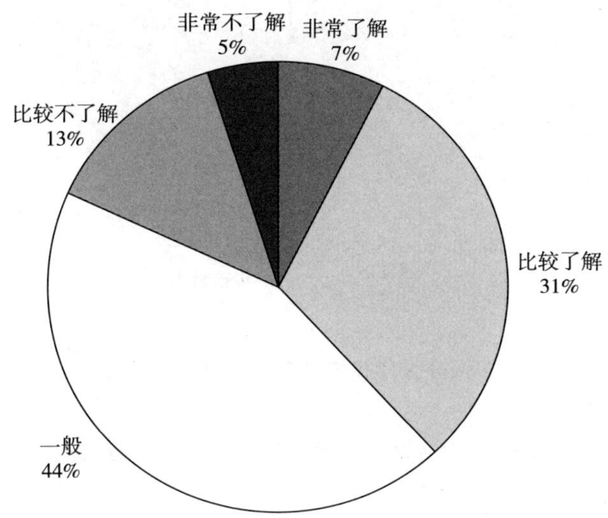

图 8　调研对象对培养海外人才政策的了解情况

2. 调研对象对海外人才政策对个人发展驱动的需求

海外人才政策对调研对象的个人发展有相对完整的促进作用，其中人才资源汇聚、安置任用、能力培养、激励促进、提拔晋升、职业发展、合理考核、报酬福利给付、人才结构优化、队伍稳定、增强竞争力、其他分别占比 11%、9%、13%、8%、9%、10%、6%、9%、6%、10%、8%、1%（见图 9 和表 8）。

数据显示，海外人才对能力培养方面的要素驱动的需求最强烈，占比 13%，说明海外工作对于人才的职业素养、工作水平的需求较高，应给予海外人才充分的价值提升空间和激励。海外人才对于合理考核和人才结构优化的感受值最低，说明海外人才的业绩考核等方面还需要优化和深化，也进一步验证了前述关于人才梯队建设不合理的观点，需要从海外人才结构的稳定性和充分性等角度进一步提升。

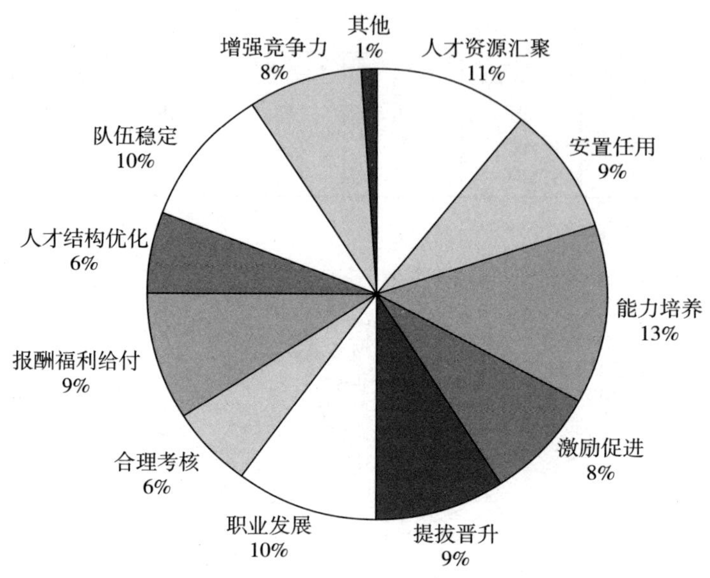

图9　海外人才政策对个人发展驱动的需求

表8　海外人才政策对个人发展驱动需求细分

单位：人

类别	公司总部	俄罗斯地区	管道公司	拉美地区	尼罗河地区	中东地区	中亚地区
人才资源汇聚	53	0	1	12	23	24	19
安置任用	44	0	1	17	23	12	15
能力培养	63	1	1	18	28	29	24
激励促进	30	0	1	11	24	18	13
提拔晋升	37	0	1	12	22	18	15
职业发展	44	1	1	16	23	24	18
合理考核	28	0	1	12	12	12	10
报酬福利给付	48	0	1	13	20	17	15
人才结构优化	25	1	1	7	17	19	10
队伍稳定	38	1	1	15	27	28	15
增强竞争力	31	0	1	10	19	21	14
其他	5	0	0	1	0	4	1

3. 调研对象对目前薪酬福利待遇的满意情况

数据显示，调研对象对薪酬和福利待遇不满意的情况较少，大约占到15%，其中34%的调研对象对薪酬福利待遇表示满意，仍旧有超过50%的调研对象对薪酬福利待遇持一般满意度，这是因为我国石油产业刚开始国际化进程时，海外人员与国内工作人员工资差距倍数较大，海外人员的薪酬远远高于国内工作人员，然而目前海外人员与国内工作人员的工资差距已经不明显，其收入水平无法令家庭成员感到满意并承受聚少离多之艰辛有关系。因此调研对象需要更高、更全面、更理想的全薪酬支付方式，并存在较高期望（见图10和表9）。

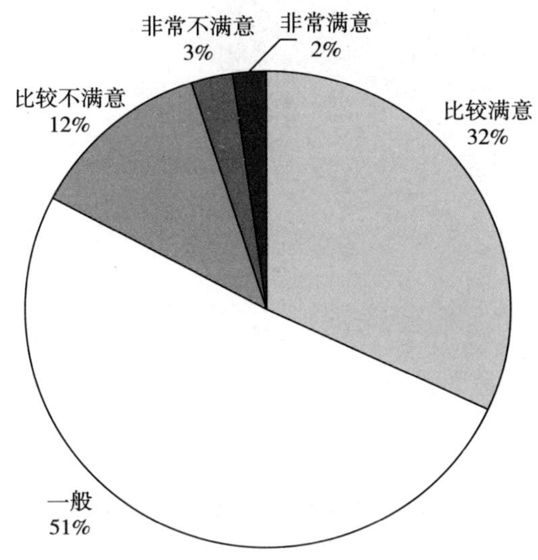

图10　调研对象对目前的薪酬福利待遇的满意情况

表9　对薪酬福利待遇等满意情况细分

单位：人

程度	公司总部	俄罗斯地区	管道公司	拉美地区	尼罗河地区	中东地区	中亚地区
非常满意	2	0	0	0	4	0	0
一般	59	1	0	15	15	28	17
比较不满意	13	0	0	2	1	8	7
非常不满意	5	0	0	1	0	1	1

4. 调研对象对目前休假时间的满意情况

调研对象对目前休假制度表示满意的占到42%，按照海外工作3个月可以回国休假 1 个月的方式，能够满足一部分人员的休假需求，但仍然有 23% 的人员对休假方式不满意。根据实际情况分析，主要原因集中在年轻员工对于现代化生活方式的追求，对个人感情发展、组建家庭和子女抚养等实际困难等方面（见图 11 和表 10）。

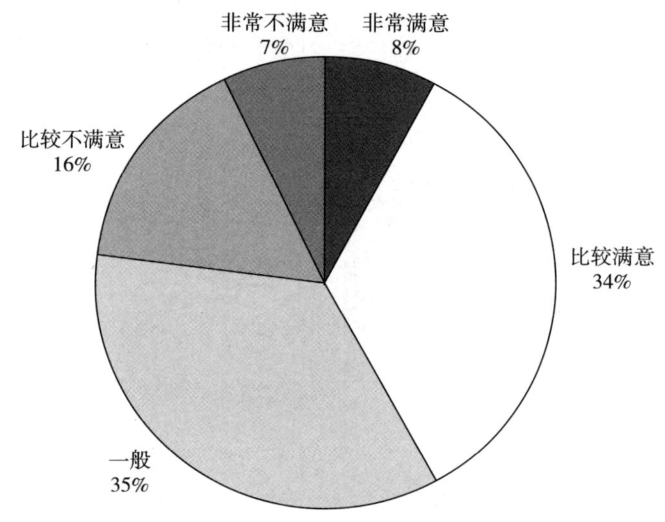

图 11　调研对象对目前休假时间满意情况

表 10　调研对象对目前休假时间满意情况细分

单位：人

程度	公司总部	俄罗斯地区	管道公司	拉美地区	尼罗河地区	中东地区	中亚地区
非常满意	2	0	0	0	8	10	2
比较满意	31	1	1	15	16	18	9
一般	52	0	0	8	6	17	10
比较不满意	15	0	0	3	7	8	9
非常不满意	6	0	0	1	3	1	6

5. 调研对象对于个人专业提升培训的需求

调查结果显示，调研对象对于所接受专业培训感到满意的占比是 30%，说明培训具有一定程度的支持作用，能够支持员工的个人成长，这与已经建立了的远程培训方式有分不开的关系。但是感受一般的调研对象仍然占到近

50%，21%的调研对象表示不满意，对进一步向个人提供提升和成长方面有明显需求，这也说明应当在海外人才的培训效度、频次、目标人群选择等方面持续加强（见图12和表11）。

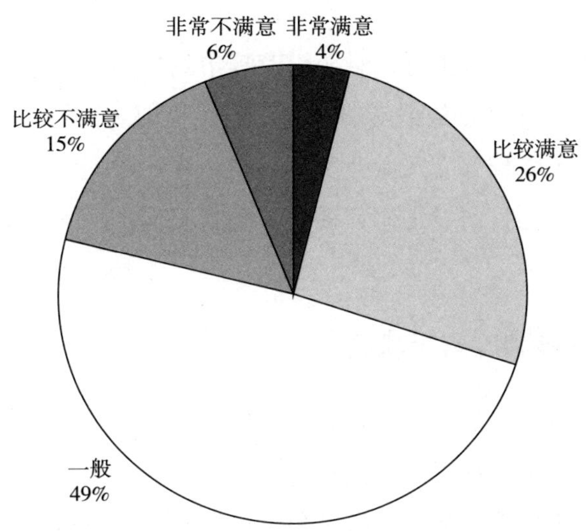

图12　调研对象适时提供高效有价值的培训的满意程度

表11　调研对象适时提供高效有价值的培训满意情况细分

单位：人

程度	公司总部	俄罗斯地区	管道公司	拉美地区	尼罗河地区	中东地区	中亚地区
非常满意	3	0	0	0	2	2	2
比较满意	22	0	0	12	7	7	9
一般	66	1	1	9	28	28	14
比较不满意	10	0	0	6	12	12	6
非常不满意	5	0	0	0	5	5	5

三　基于海外机构人力资源需求分析的优化建议

（一）在招聘方式创新模式

传统的招聘工作方式不能满足新时代海外项目人才的需求，尤其面临国

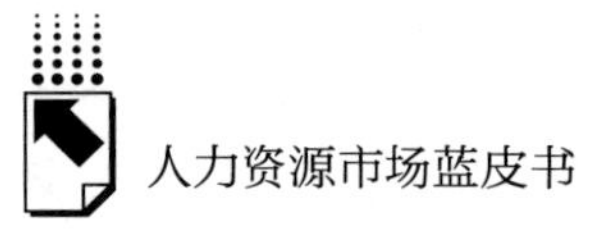

内派出人才、资源国人才、第三国优秀产业人才的同时引进，该三类人才具有不同的特点，因此在人才来源和招聘方式上要有不同的选择，并且必须注重比例构成，人力资源管理部门要根据海外项目的真实需求加以分析，确定招聘实施计划。

除了内部招聘、人员推荐、猎头引荐等市场化招聘方式外，还应当充分利用互联网技术、自媒体传播等方式进行宣传，吸引合格人才参与应聘环节；此外在与高等院校等有关专业院系开展合作的过程中，还可以让在学的专业人才参与海外项目研发工作，提前了解其工作水平和入企意愿，进一步提升招聘的有效性。

（二）从考核制度着手激励

确保海外项目人才的绩效考核结果能够真实准确地反映工作贡献、工作表现和工作成就，关键在于是否能够将绩效考核的机制、模式和内容切中海外项目的真正输出价值，从人才激励角度出发，充分对考核的前端、执行过程和结果落实的末端进行把控，避免出现绩效考核工作不能实现激励员工的作用，影响员工的积极性，出现项目进度慢、产出差、效能低，导致我国石油产业的国际竞争力不足。

因此，必须对海外人才的绩效考核机制进行调整，摸清海外项目的规律，找准海外人才的需求，把握项目实际，确保考核结果的激励本质。充分利用绩效考核结果，对海外人员进行绩效引导，在岗位胜任的基础上，充分发挥国际业务开发和对外合作的主观能动性。

（三）从奖惩机制体现公平

我国石油企业和海外地区公司的人力资源管理部门要建立健全合理化奖惩机制，结合所在国家项目的实际情况和特点，紧紧围绕项目目标和阶段任务，对做出了突出贡献的海外人员给予奖励，在肯定员工价值的前提下，可通过职位、职级晋升、嘉奖等方式，给予员工充分尊重，稳定全体员工队伍，激发团队活力，充分从管理上松绑，结合项目所在国家的政治特点，优化业务环境，促进决策层决策更准确、管理层管理更到位、执行层执行更高效。

（四）从员工培训推动成长

跨出国门、进入国际经营平台的石油企业的长久发展，离不开稳定可靠的高素质人才供应，这就要求在海外项目要向员工提供素质能力建设手段和方式，向员工的工作水平建设提供实用有效的培训培养措施。首先，应当充分使用更有效率效果的培训模式，结合海外项目建设的需要，加强新老员工的技能传递，建立新员工在项目中学习、向老员工学习的方式，做好“新人上老项目”“老人上新项目”的以海外项目养人措施，“专业人员学外语”“外语人才学专业”的互认式学习方式，构建石油企业国内和海外员工的“三年可轮换、六年必轮换”的成长机制，确保海外项目员工的专业能力和综合素质能够得到大幅度提升。

（五）从薪酬改革优化管理

薪酬关乎海外项目人才队伍持续稳定乃至海外工作大局稳定，是人才工作效能得以切实落实的风向标，与人才的切身利益有关，因此在提出优化方案的前期，应深入开展调研，重点调研员工最关注的薪酬分配问题，缓慢推进、平稳运行，将关键问题着眼于实行差异化薪酬分配制度，从而体现个人贡献与集体贡献的关系；优化薪酬分配体系，提高薪酬分配的激励性和导向性作用，充分调动我国石油企业海外员工的积极性和主观能动性。

我国石油海外人才的薪酬改革可以结合所在地区和国家的薪酬水平和地区薪酬系数，改革薪酬结构，加大实现以国际业务目标为核心的绩效考核，做活分配体系，坚持央企模式、国际视野、对标国际石油巨头的原则进行管控，树立“能增能减、奖罚分明”的分配理念，落实岗位价值、智力价值和劳动价值，尊重海外工作额外付出，突出跨文化认可，塑造具有激励作用的薪酬管理体系。

（六）以海外引进人才增强竞争力

基于海外项目所在地区和国家的石油资源储备挖掘的紧迫性，根据我国石油企业在海外项目投资投入、资本并购业务的需要，我国石油企业对于优质人才的需求日渐迫切。所以应围绕海外发展战略，放眼世界，立足国内，加大海外人才的遴选和招募力度，将具有专业能力、行业实力、愿意为我国石油行业做贡献的跨国界优秀人才为我所用，突出长效发展。

我国石油行业海外项目还能够通过与国际石油企业的资本合作方式，直接将所收购或兼并的企业人才纳入我国石油企业海外项目队伍，拓宽人才引进渠道，引入素质稳定、能力可靠的人才。

石油行业工作环境的艰苦在一定程度上降低了对人才的吸引力，但是行业的高成长性和在国际经济中占据的资源主导地位的优势能够激发优质人才的成就感和荣誉感，在较高薪酬标准的吸引下，有利于吸纳全球化人才，增强我国海外石油的竞争实力。

参考文献

高强、孙浩：《中国石油企业在中东地区人力资源管理对策研究》，《石油教育》2016 年第 5 期。

张永刚：《石油企业人力资源管理现状分析》，《人力资源开发》2018 年第 15 期。

成雯：《新时期石油企业面临的人力资源管理挑战》，《湖北农机》2019 年第 23 期。

朱长林：《渤海钻井总公司海外项目人力资源开发研究》，中国石油大学（华东）硕士学位论文，2015。

Abstract

Based on statistics and and survey data from the National Bureau of Statistics, the Ministry of Human Resources and Social Security, relevant departments, well-known institutions of higher education and human resources service organizations, this book provides a systematic analysis of the supply and demand relation in human resources market, employment and unemployment, remuneration and human resources services, including five subjects on General Report, Macro Analysis, Regional Human Resources Market, Salary Status and Human Resources Service in 28 reports.

The General Report analyzes the scale of human resources market supply, regional distribution, competence structure, etc. , the performance and characteristics of human resource supply and demand matching in urban and rural areas, regions, industries and other dimensions as well as the workforce's salary status by region, industry and nature of business/organization etc.

The Macro Analysis chapter systematically analyzes China's human resources market on the issues of spatial layout, mobility and training by focusing on the geographic spatial reconstruction of the labor market, the demands for online recruitment, the scale and structure of talent demands, the trend of urban labor mobility among the five major urban clusters and the development of education and training in the insurance industry under the new development concept.

Based on surveys and statistics from each region, the Regional Human Resources Market chapter focuses on the research of talent supply and demand, mobility, and job – seeking behaviors of workforce in the human resources markets of Shanghai, Jiangxi, Urumqi, Chengdu, Qingdao and Kunshan.

In the Salary Status chapter, the salary status is analyzed from two aspects: industry and region, based on the survey data. In terms of the industry, the salary levels and trends of workforce in high – tech, financial, medical and health care industries and smart manufacturing industries are analyzed; in terms of the region, the salary levels of workforce in Beijing and Guangdong Province are analyzed and studied.

The Human Resources Service chapter analyzes the current development of China's human resources service industry from two dimensions: industry and region. In terms of the industry, it analyzes the development of human resources service industry, the development of regional human resources service industry clusters, the operation status of listed human resources service companies, big data in human resources and their analysis applications, the market trend of financial and taxation services in the new types of business and the characteristics of human resources demands of overseas personnel of oil enterprises under the Covid – 19 pandemic; in terms of the region, the development of human resources service industry and the status quo of talents in Shanghai, Chongqing, Yunnan, Guangxi and Xiong'an New Area are analyzed and discussed.

Keywords: Workforce; Talent Supply and Demand; Salary; Human Resources

Contents

Ⅰ General Report

Abstract: In this paper, China's human resources market is systematically analyzed on the basis of the statistics and survey data from National Bureau of Statistics, human resources and social security departments, some human resource service agencies, universities and other scientific research institutions mainly from the following aspects: first, supply scale, areal distribution, and capability and quality structure of the human resources market, and industrial structure, constitution of unit types and structure of capacity needs of the demand side; second, the performance and characteristics of human resources supply and demand matching in the urban and rural, regional, industrial and other dimensions; third, analysis of labor income by region, industry and nature of organizations.

Keywords: Human Resources Market; Capacity Structure; Matching; Employment; Salary

Ⅱ Macro Analysis

B. 2 Regional and Spatial Reconstruction of the Labor Market under the Guidance of the New Development Philosophy and Policy Enlightenment

Lai Desheng, Shi Danxi / 032

Abstract: The evolution of regional and spatial arrangements in the labor market is accelerated by the country's city cluster or metropolitan circle strategy, regional coordinated development policy, the secondary disaster caused by the COVID - 19 pandemic, the scientific and technical and industrial revolutions, rural revitalization, new-type urbanization and so on in the new historical circumstances. Whether from the perspective of short-term handling or long-term development, it is necessary to stick to Xi Jinping's Thought on Socialism with Chinese Characteristics for a New Era as the guideline, center on the development philosophy of "being innovative, coordinative, green, open and sharing", vigorously innovate to improve the art of macroscopic regulation and control over the labor market, intensify oriented, well-timed and targeted regulation and control over the labor market, develop systematic, legal, integrated and source governance, and take the panoramic transformation of education development, government administration and the development of economy and society as a focus for the purpose of better transforming our country's advantages in the employment system into our country's governance efficiency in employment.

Keywords: Labor Market; Regional and Spatial Reconstruction; Innovation in Macroscopic Regulation and Control; Panoramic Transformation

B. 3 Analysis of Online Recruitment Needs Based on Big Data

Yang Weiguo, He Junzi and Guan Lijun / 049

Abstract: In such a digital economy era as data pervade everywhere, online recruitment is becoming the main approach for job-searching. This study explores the operation law of labor market demand from macroscopic and microcosmic aspects based on big data by taking all recruitment information on the whole network as the study object from multiple dimensions including region, industry, enterprise, education background and so on. The study shows that online recruitment needs will work as the the bellwether guiding labor flow, and predicative recruitment will greatly contribute to the rise of the matching efficiency in the labor market. The rapid development of new retail business and consumer-oriented service brings about a great quantity of recruitment needs. New demand hastens the emergence of new occupations and reflects new economic growth points. Meanwhile, the new recruitment mode will effectively enhance employment services and experiences. Big data, user profiling and other digital advantages will facilitate the realization of high-quality employment.

Keywords: Online Recruitment; Big Data; Recruitment Number; Average Salary

Abstract: Automation technology driven by high productivity and high profit affects demand for talents and even the whole employment environment: the deep integration of AI and big data technology into the e-commerce field urges the upgrading of industrial talents and triggers the sharp rise of demand for quality staff talented in AI, big data, cloud computing and the Internet of Things; the talent demand scale and structure of manufacture changes from reliance on a mass of labor to reliance on technical personnel and equipment as the industry transforms from labor-intensive to technology-intensive; the innovative economy pushes the upgrading of infrastructure construction, while the steady development of transportation and public utilities creates more job opportunities for this field; the government's measures help unleash the market potential of the Greater Bay Area, and stimulate great demand for international talents; large enterprises with a slower increase rate in the number of employees but in steady need of innovative talents are more capable of innovating and resisting risks; with further upgrading of technology and improvement of automation levels, technical talents are in great demand; a shortage of talents will be a new normal due to accelerated changes in skill requirements and job roles; reshaping staff's skills will become an enterprise's sustainable solution to issues regarding human resources.

Keywords: Quality Talent; Technical Talent; Skills Reshaping

B. 5 Analysis of the Tendency of Urban Labor's Flow between Five Urban Clusters *Tian Yuanyuan, Xie Chen and Chang Meng* / 091

Abstract: Talent flow is an essential element of the labor market. This report analyzes urban labor's flow between China's five urban clusters that took place in 2018 and 2019 mainly for the purpose of employment based on the big data from online recruitment platforms. The study finds that all the five urban clusters have improved their ability of retaining regional talents and that the migrant stream is mainly composed of well-educated young talents. The mobility of high-tech talents is more frequent and scattered, while blue collar workers are more willing to be given promotion. At the same time, obvious differences exist between the five urban clusters in terms of attractiveness to talents and the degree of coordinated development.

Keywords: Five Urban Clusters; Talent Flow; High-tech

B. 6 Current Situation of Education and Training in China's Insurance Industry and the Pandemic's Corresponding Impact

Liu Na, Wang Jiao / 112

Abstract: As China's insurance industry grows rapidly, insurance companies under the background of the new economy and new business pattern are facing fiercer competition from their counterparts. Products in the insurance market are virtually the same, so nurturing high-quality insurance practitioners is the key to enterprise development. Besides clients, the education and training in the insurance industry mainly targets insurance practitioners. This paper analyzes the current situations of both the traditional education and training market as well as the new one under the influence of the COVID –19 pandemic in the insurance industry, and explores in depth the development tendency of the education and training market in China's insurance industry.

Keywords: Insurance Industry; Education and Training Market; Online Training

Ⅲ Regional Human Resources Market

Abstract: The operation mechanism of our country's labor market has undergone a significant revolution since the reform and opening up, with labor's mobility growing remarkably. The migrant labor entering Shanghai from different parts of China has become the main force driving Shanghai to innovate, transform and develop as a constituent part of Shanghai's urban population. Under the social background of "scrambling for the working population" escalating without cease, in Shanghai, migrant labor's behavior in the matter of job hunting and their employment status assume distinct characteristics of the times, group features and regional uniqueness. Under new circumstances, there is a need to comprehensively and systematically study the employment status of migrant labor, for meeting the objective requirements of studying and judging the employment situation, laying down employment policy and improving employment service, which is also practically required for pushing the quality development of Shanghai's economic society.

Keywords: Labor Market; Migrant Labor; Service for Public Employment

Abstract: Based on the basic data from the human resources market in Jiangxi province and monitoring data of human resources market from the administrative department of human resources and social securities, along with previous survey results on the main participants of human resources market, this article systematically analyzes the overall situation, the supply and demand of human resources, and the effectiveness of human resources services in Jiangxi. According to research findings, the human resources market in Jiangxi develops prosperously, and the supply and demand of human resources market become more balanced, which are closely related to the improvements in supply capacities of human resources services. However, the matching efficiency between the supply and demand of human resources services is not high enough. Based on this, countermeasures and suggestions are put forward to strengthen the construction of human resources market and to further improve the balance between supply and demand of human resources.

Keywords: Human Resources Market; Services; Supply and Demand; Jiangxi

Abstract: This paper conducts a deep-going investigation of talent supply and demand in major enterprises of Urumqi from 2019 to 2020 in a bid to know talent supply and demand status and types of talents in urgent demand in these enterprises.

It provides the government with data and bases for decision making so that the authority can formulate relevant policy special for bringing in and motivating talents, and supply theoretical bases for the development of special talent introduction schemes and profession matching service.

Keywords: Talent Introduction; Talent Cultivation and Development; Human Resource Service

B. 10 Analysis on Supply and Demand of Talents of Chengdu

Yin Bangze, Jiang Chun and Xue Chi / 182

Abstract: Taking 2019 as the reporting period, this paper is formed through classification comparison and characteristic analysis based on the statistics of on-site job fairs in Chengdu Talent Service Center and the recruitment and job hunting data of Chengdu Talent Network (www. rc114. com) as well as the results of sampling survey on recruitment and job hunting behavior, aiming at reflecting the main situation of both recruitment and job hunting in Chengdu Talent Service Center in the certain period by data and brief explanation. It can be used as a reference to reflect the supply and demand of talents in Chengdu during the reporting period.

Keywords: Supply and Demand of Talents; Market Allocation; Chengdu

B. 11 Analysis on Supply and Demand of Talent Market of Qingdao

Qingdao Talent Service Center / 189

Abstract: In 2019, Qingdao Talent Service Center accelerated the optimal allocation of human resources in the city through multi-channel and market-oriented operation mode. A total of 136 talent recruitment activities were held, with more than 6, 000 service units (times) and 61, 000 jobs. The demand for talents in diversified business groups firmly ranked first, with undergraduates and graduates from college and technical secondary schools accounting for more than 85% of the total demand for talents.

Keywords: Talent Recruitment; Educational Background; Salary; Characteristics of Supply and Demand

B. 12 Analysis on Supply and Demand of Human Resources Market of Kunshan

Zhu Xinjie / 195

Abstract: Kunshan human resource market focuses on brand building and service upgrading, and actively plays the leading role of state-owned enterprise. After years of operation, "Tiantian Market" has become a resounding brand for local on-site job hunting and attracting talents by enterprises. Its supply and demand data has important reference significance for human resource supply and demand development planning in Kunshan. In 2019, the downward pressure on the macro economy was still relatively large. Under the new situation, the recruitment methods of enterprises were constantly innovating. The amount of participating enterprises, job demands and job hunters in on-site recruitment declined to varying degrees, while the structural contradictions in the employment market still existed. This paper systematically analyzes the supply and demand situation of Kunshan human resource market in 2019 from macro and micro perspectives.

Keywords: Kunshan; Human Resources Market; Supply and Demand Analysis; Recruitmenct; Job

Ⅳ Salary Status

B. 13 Analysis on Salary of High-tech, Financial, Medical and Health-care Industries

Fu Xiaowei / 206

Abstract: Understanding the talent gap, source of acquisition, qualification and salary of key industries can better help enterprises attract and retain crucial talents and provide reference for formulating talent strategy. Based on the senior industry consultants' understanding of industry, this paper explores the talent trend and salary situation of three key industries in depth .

Keywords: Talent Gap; Hot Position; Salary Trend

Abstract: In order to understand the general situation of talent composition and salary of intelligent manufacturing industry in 2019, the website (www. job1001. com) and talent big data center of job1001. com carry out data statistics and characteristic analysis on the talent composition and salary of intelligent manufacturing industry in 2019 by the data collected through various channels, combined with industry characteristics and development trend, which could be a reference for employers, employees and research institutions in the industry.

Keywords: Intelligent Manufacturing; Salary Composition; Personnel Composition

Abstract: Based on the questionnaire survey, typical cases and data comparison, this paper tracks and studies the starting salary level, structure, growth and salary satisfaction of graduates from different colleges, educational backgrounds and majors in various companies, industries, ownership systems and job types in Beijing. Statistical analysis is conducted on the employment channels, difficulties faced in job-searching and employment guidance of the graduates. The study puts forward suggestions on strengthening the salary information service for college graduates in Beijing, which can provide decision support for the recruitment of employers, the job hunting of graduates and the employment guidance in colleges and universities in Beijing.

Keywords: Beijing; College and University Graduates; Salary Survey; Salary Analysis

Abstract: The salary level of an enterprise will undoubtedly directly affect the capability of the enterprise to attract and retain talents in the market, and then affect the competitiveness of the enterprise in the industry. By analyzing and studying the salary data of Guangdong Province, this paper finds that: (1) the salary level of high-income groups in Guangdong Province is growing relatively fast, while that of middle-income and low-income groups is growing relatively slowly, and the income gap is widening; (2) the average salary of the financial industry continues to lead, the salary gap between industries is still obvious, and the income gap within the industry is gradually widening; (3) the salary of employees is positively correlated with the size of the enterprise, educational background and length of service, which has obvious influence; (4) the salary level gap between the contract system employment and labor dispatch employment has widened.

Keywords: Guangdong Province; Salary Survey; Salary Level

V Human Resources Service

Abstract: The COVID −19 epidemic has brought adverse effects on the production and operation of human resource service organizations. In order to observe and understand the impact of the epidemic on the human resource service industry, the China Association of Foreign Service Trades (CAFST) carried out a special questionnaire survey on the "impact of the epidemic on production and operation activities of member units". On this basis, a survey and analysis report on the impact of COVID −19 epidemic on human resource service organizations is prepared. This report studies and analyzes the operation modes and main difficulties of human resource service organizations during the epidemic period, as well as the policies and measures to help them overcome and tide over the difficulties from the perspectives of the business conditions of member units during the epidemic period, the impact of the epidemic on business operations, and the thinking on solving the impact of epidemic.

Keywords: COVID −19 Epidemic; Human Resource Service Organizations; Employment Policy

Abstract: Facing the current economic situation, all kinds of organizations are actively carrying out digital transformation. We believe that the digital transformation of organizations is inseparable from the digitization of human resource management, and the success of digitization of human resource management depends largely on the data analysis ability of human resource practitioners. Based on this, we have conducted follow-up researches on big data in human resources and on corresponding analysis and application in different types of organizations, investigating the current situation and existing problems concerning this field as well as analyze factors that restrict the development of big data in human resources and future needs. The research results will provide insights and references for different types of organizations which want to improve their data analysis abilities in human resources and to promote digital transformation of human resources.

Keywords: Digitization of Human Resources; big Data; Industry Structure

Abstract: At present, China is in the period of industrial structural transformation triggered by the new business pattern of the emerging economy. The country is engaged in building the system and mechanism suitable for the new pattern in the emerging economy at a faster pace, improving the capability of independent innovation, leading the new normal, strengthening the new business pattern and seeking for new power. All industries depend on modern information technology and "the Internet +", and a great many traditional industries voluntarily transform and upgrade, which is accredited to "the Internet +" and the platform economy. Moreover, affected by this, multiple new business and employment patterns come into being, and the exit of the labor capital market is diversified. We predict that future legislation for finance and taxation will be operating in the "fast lane" and the principle of taxation by law will be put into practice. Under the influence of the above factors, tremendous changes will take place in service products and industrial rules with relation to the finance and taxation service market in the human resources industry. This paper analyzes the development tendency of the finance and taxation market in the human resources industry following the business pattern of the new economy from different angles such as market demand and development trends of products based on the investigation report (hereinafter referred to as 2020 Demand Investigation Report by FESCO), produced by the National Bureau of Statistics and Beijing Foreign Enterprise Human Resources Service Co., Ltd. (hereinafter referred to as

FESCO), on the employment trend of shared employees and the finance and taxation service needs of this industry of 2020.

Keywords: Economic Transformation; Employment in the new Business Pattern; Taxation by law

Abstract: The human resources service industry is regarded as an international sunrise industry. After 40 years' history, the human resource service industry in Shanghai has achieved rapid development, perfected its service products, and joined the course of internationalization. It has also made plentiful achievements in establishing standard industry systems and building industry brands. Through the data analysis of human resources service industry in Shanghai over the years, as well as the development achievements in marketization, internationalization and standardization of the industry, this article comprehensively reflects the development of human resources service industry in Shanghai.

Keywords: Human Resources Service Industry in Shanghai; Internationalization; Brand System; Standard System

Abstract: Talent introduction and development are indispensable for the prosperity of Xiong'an New Area. This article will explore and analyze urgently-needed talents and the introduction of talents in Xiong'an New Area and attempt to propose some strategies for introducing talents. In terms of talent demands, based on the research data on urgently-needed talents from 397 companies in Xiong'an New Area, the current situation of urgently-needed talents will be analyzed and summarized from three aspects: job requirements, professional needs and academic requirements. In terms of talent introduction strategies in Xiong'an New Area, the effectiveness of introducing and utilizing talents will be first summarized. Then, with the current situation of talents being taken into consideration, challenges for introducing talents will be analyzed. Finally, by drawing on the experiences and strategies of introducing talents in advanced areas, countermeasures and suggestions for introducing talents in Xiong'an New Area will be put forward from the following four aspects: talent coordination, talent migration, special talent policies and talents for special zones.

Keywords: Xiong'an New Area; Urgently-needed Talents; Talent Introduction Strategies

B. 22 Analysis on Development of Human Resources Service Industry in Chongqing

Sun Chenghao, Li Xianbai, Liu Yang and Sun Jiwei / 366

Abstract: This article sorts out the measures taken by Chongqing in recent years to promote the development of human resources service industry, presents the development status of the industry in Chongqing, analyzes the opportunities and challenges for the development of human resources service industry in the city, and proposes further paths for its development. Research has shown that the human resources service industry in Chongqing has been expanding in scale. The quality of its employees has been further improved, and the service targets mainly focus on private companies. The role of employment promotion has been further demonstrated, and the industrial agglomeration has been further strengthened. Chongqing will further promote the development of human resources service industry by perfecting the development policies, improving the development environment of the industry, and strengthening the construction of talent teams in the human resources service industry.

Keywords: Chongqing; Human Resources Service Industry; Industry Scale; Product Innovation

Abstract: In 2019, the human resources service industry in Yunnan Province witnessed a fast development, along with a rapid increase in the number of service agencies. The overall quality of employees in the industry was greatly enhanced and the annual gross revenues continued to grow exponentially. But there were still some weaknesses in the human resources service industry, such as relatively late start, single service products, weak service capacities, intense product homogeneity, and insufficient supply of high-end services in human resources evaluation, consultation and senior talent searching.

Keywords: Human Resources Service Industry; Human Resources Service Agencies; Business Types

Abstract: In 2019, Guangxi gave full play to its regional advantages and optimized the allocation of human resources. The human resources service industry was gradually expanding in scale; the supply of service products gradually met social demands; the output values of the industry was steadily increasing; the overall standards of human resources services were continuously improved; and the effect of employment promotion was remarkable. But there are still some challenges that have to be addressed urgently for its human resource service industry, such as low industrial agglomeration, unbalanced regional development, lack of industry leaders, fewer enterprises above designated scale, insufficient types of service products, low service levels, and slower growth in the profitability of human resources service companies. At present and during the "14th Five-Year Plan" period, Guangxi is at a critical stage of accelerating the construction of China (Guangxi) Pilot Free Trade Zone, fully integrating with the construction of the Guangdong-Hong Kong-Macao Greater Bay Area, and establishing an important gateway that links the 21st century Maritime Silk Road and Silk Road Economic Belt. Efforts will be made to strengthen top-level design and overall planning, improve the systems of human resources market, establish an agglomeration platform for human resources market, enhance supervision over human resources market, increase financial support for human resources service industry, and expand human resources service companies, thus promoting the high-quality development of the human resources service industry in Guangxi.

Keywords: Guangxi; Human Resources Service Industry; Industry Scale

B. 25 Studies on Corporate Leadership and Management Ability in China

Abstract: This article analyzes the leadership competence model, the leadership evaluation model and the tangible evaluation results to help companies understand the current development of corporate leadership and the features of leadership and managerial talents in China. The content mainly covers the following three aspects. First, challenges that the era of VUCA has posed on corporate leadership development in China will be listed. Second, leadership criteria will be analyzed by pointing out the common characteristics of indicators in the construction of leadership system. Third, leadership from the perspective of ability, personality and motivation will be evaluated to reflect the success and difficulty signals, personality characteristics and motivation needs in current corporate leadership development.

Keywords: Leadership; Leadership and Management Talents; Competence

Abstract: The clustering of human resource service industrial parks and the promotion of the development of human resource service industry are important starting point and main feature for the development of human resource service industry in China. Shanghai Bridge HR Group has been involved in the development and research of human resource service industrial park for nearly ten years. It has planned human resource service industrial parks in more than 30 cities of 10 provinces and actually operated 19 human resource service industrial parks, which has accumulated a certain foundation. Through the comparative study of 39 human resource service industry clusters in Shanghai, Jiangsu, Zhejiang, Guangdong, Guangxi, Hunan, Tianjin, Shandong, Henan, Sichuan, Chongqing, Yunnan and Xinjiang (provinces, municipalities and autonomous regions), this study focuses on the industrial scale of service industry cluster, analyzes the current situation, characteristics, shortcomings and challenges of regional human resource service industry cluster in China, and looks forward to the future development, so as to provide reference for the government, society and enterprises.

Keywords: Human Resource Industry; Cluster; Area

B. 27 Analysis on Operating Status of Listed Human Resources Services Companies in China *Zheng Yiwei* / 446

Abstract: With the progress of the digital age, the complexity and variability of the human resources service market have become increasingly apparent. The human resources service industry in this new era has presented a new situation of product diversification and intelligent operation. At present, human resources service companies in China have shown a relatively lower development level and technical content, with few leading companies playing a role of driving industry development. Listed human resources service companies in China can thus serve as models and benchmarks from which other companies in the industry can learn great experiences. By analyzing the product structure, operating status and future development strategies of the industry, this article aims to provide some insights and references for companies to update development concepts, innovate service methods, follow the latest trends, and achieve transformation and development.

Keywords: Human Resources Companies; Operating Status; Product Structure

B. 28 Analysis on Human Resources Demand for Overseas Employees of Chinese Petroleum Companies

Wang Zhen, *Sun Chao* / 460

Abstract: With the continuous development of China's economy and the strategic layout of the Belt and Road Initiative, an increasing number of Chinese companies choose to enter overseas markets. Petroleum companies have been leading in Chinese companies going overseas. However, there are still some restricting factors, including insufficient reserves of overseas talents, unclear needs of talent growth, and a relatively lower level of advanced management. By fully exploiting the potential of international talents, drawing supports from human resources service agencies, and establishing a long-term mechanism of talent training, Chinese petroleum companies have made significant efforts to improve their overseas economic performance and build teams of core talents. At present, overseas employees of Chinese petroleum companies can be divided into three types: employees expatriated by the companies to work overseas, local employees in the country where the project is located, and professional talents recruited from third countries by overseas agencies of companies. This article mainly focuses on analyzing the human resource demand for employees expatriated overseas by state-owned petroleum companies.

Keywords: Petroleum Companies; Expatriates; Demand for Human Resources; Talent Team Building

皮 书

智库报告的主要形式
同一主题智库报告的聚合

❖ 皮书定义 ❖

皮书是对中国与世界发展状况和热点问题进行年度监测，以专业的角度、专家的视野和实证研究方法，针对某一领域或区域现状与发展态势展开分析和预测，具备前沿性、原创性、实证性、连续性、时效性等特点的公开出版物，由一系列权威研究报告组成。

❖ 皮书作者 ❖

皮书系列报告作者以国内外一流研究机构、知名高校等重点智库的研究人员为主，多为相关领域一流专家学者，他们的观点代表了当下学界对中国与世界的现实和未来最高水平的解读与分析。截至 2020 年，皮书研创机构有近千家，报告作者累计超过 7 万人。

❖ 皮书荣誉 ❖

皮书系列已成为社会科学文献出版社的著名图书品牌和中国社会科学院的知名学术品牌。2016 年皮书系列正式列入“十三五”国家重点出版规划项目；2013~2020 年，重点皮书列入中国社会科学院承担的国家哲学社会科学创新工程项目。

中国社会发展数据库（下设 12 个子库）

整合国内外中国社会发展研究成果，汇聚独家统计数据、深度分析报告，涉及社会、人口、政治、教育、法律等 12 个领域，为了解中国社会发展动态、跟踪社会核心热点、分析社会发展趋势提供一站式资源搜索和数据服务。

中国经济发展数据库（下设 12 个子库）

围绕国内外中国经济发展主题研究报告、学术资讯、基础数据等资料构建，内容涵盖宏观经济、农业经济、工业经济、产业经济等 12 个重点经济领域，为实时掌控经济运行态势、把握经济发展规律、洞察经济形势、进行经济决策提供参考和依据。

中国行业发展数据库（下设 17 个子库）

以中国国民经济行业分类为依据，覆盖金融业、旅游、医疗卫生、交通运输、能源矿产等 100 多个行业，跟踪分析国民经济相关行业市场运行状况和政策导向，汇集行业发展前沿资讯，为投资、从业及各种经济决策提供理论基础和实践指导。

中国区域发展数据库（下设 6 个子库）

对中国特定区域内的经济、社会、文化等领域现状与发展情况进行深度分析和预测，研究层级至县及县以下行政区，涉及地区、区域经济体、城市、农村等不同维度，为地方经济社会宏观态势研究、发展经验研究、案例分析提供数据服务。

中国文化传媒数据库（下设 18 个子库）

汇聚文化传媒领域专家观点、热点资讯，梳理国内外中国文化发展相关学术研究成果、一手统计数据，涵盖文化产业、新闻传播、电影娱乐、文学艺术、群众文化等 18 个重点研究领域。为文化传媒研究提供相关数据、研究报告和综合分析服务。

世界经济与国际关系数据库（下设 6 个子库）

立足“皮书系列”世界经济、国际关系相关学术资源，整合世界经济、国际政治、世界文化与科技、全球性问题、国际组织与国际法、区域研究 6 大领域研究成果，为世界经济与国际关系研究提供全方位数据分析，为决策和形势研判提供参考。

法律声明

权威·前沿·原创

皮书系列为

“十二五”“十三五”国家重点图书出版规划项目